An Evolutionary Theory of Economic Change

by Richard R. Nelson and Sidney G. Winter

経済変動の進化理論

リチャード・R・ネルソン／シドニー・G・ウィンター

後藤晃／角南篤／田中辰雄=訳

慶應義塾大学出版会

AN EVOLUTIONARY THEORY OF ECONOMIC CHANGE
by Richard R. Nelson and Sidney G. Winter
Copyright © 1982 by the President and Fellows of Harvard College

This translation published by arrangement with Harvard University Press
through The English Agency (Japan) Ltd.

To

KATHERINE   GEORGIE

MARGO   JEFF

LAURA   KIT

経済変動の進化理論

日本語版への序文

　かなりまえのことになるが，我々が経済変動の進化理論に取り組み始め，その利点についての議論を始めたときには，いくつかの理由があった．なかでおそらく第1の，最も重要な理由は，次のような我々の信念であった．すなわち，多くの大変に興味深い経済現象は，定常的というよりはほとんど常に変化を遂げ続ける経済的な状態，行動，構造を含む，というものである．このことは，ともに我々2人が研究をし，教えている産業経済学の分野でとりわけ顕著である．多くの産業で，イノベーションは競争の主要な手段であったし今でもそうである．そうして企業は持続的に変化する状況のもとで生き残りをかけて苦闘している．同様に，そのなかで国際貿易が進展し，労働市場がはたらき，より一般的には経済活動が進行する文脈では，厳密に将来を予想することが可能ではなく，経済主体はなんとかしてそれに適応するしかないというような持続的な変化が特徴的となる．このような経済変動のもとでの経済的活動は，その当時に標準的であったような種類の経済理論──すなわち経済主体はなんらかの方法で最適な行動のコースを選択することができ，システム全体は均衡にある，と言う仮定にもとづいていた，そしていまでももとづいている理論──では適切に問題を設定し，分析することはできない，と我々は主張した．

　第2の理由は，多くの場合，既存の理論はデータと広い意味では整合的な予測を導き出しうるが，理論それ自体はきわめて"非現実的"とみなされていた，という事実である．我々は支配的な意見とは異なり，この現実性の欠如は些細な問題ではないと判断した．もっとも，現実性についての適切な基準という問題は究極的には深遠な問題であることは認めるが．より重要なの

は，我々にはより〝現実的〟な理論があり，これが役割を同等あるいはそれ以上に果たせると確信していたということである．ここで我々は，とりわけ既存の標準的な企業の理論を念頭においている．既存の理論では企業は利潤を最大化する行動を選択すると仮定しているが，いかにしてそれを成し遂げるかについては口をつぐんだままである．この理論は，企業における意思決定プロセスを予測する理論と解釈されるならば，現実のプロセスについて知られていることと明らかに一致しない．当時の，そうして今日の組織論の研究者や実証志向の経済学者の多くの研究が，いかなるときにおいても，企業行動はその大部分が，企業が様々な状況のもとで実際におこなってきたことによって強くかたちづくられている一連のルーティーン，意思決定ルール，発見的手法，そうして慣行によって導かれているということをきわめて説得的に示している．

　これに関連して，我々が懸念していたのは，既存の経済理論が，この理論に固執する経済学者にとって，隣接する心理学，政治学，社会学（とりわけ組織論）や，経営史，技術史といった分野の研究者と意思疎通する上での大きな障壁となっている，という点であった．これらの分野の研究者は，人々が不確実性に直面したときに実際にいかに振舞うか，企業は実際にどのようにして意思決定をおこなうか，企業組織と技術は時間とともにどのように変化してきたか，といった経済学にとって中心的な重要性をもつ問題について研究し，書いてきた．これらの研究において得られた知見は既存の経済理論の言語で表されていないために，経済学者はそれらに注意を払わないか，この理論のフォーマットにそれらを押し込めるか，押し込めることがむずかしければ経験的な事実について争おうとするかのいずれかであった．実のところ，経済学のなかでも同じような断絶が，理論の信奉者と，標準的な理論の教義に固執せずに研究と著述を行う多くの実証志向の経済学者との間にも存在するのである．

　これら三つの懸念の源は決してばらばらなものではなく，我々の研究が進展するにともない，これらの間の相互依存性が問題の全体にとってますます中心的なものと思われるようになってきた．とりわけ重要なのは，常に変化し続ける世界において，経済主体の機会集合もまた変化し続ける事柄の中の

ひとつである，と言う事実である．機会集合が変化するとき，経済主体の能力についての非現実的な想定――主に経済学の偏狭な党派性によって支えられてきた想定であるが――によってつくりだされたゆがみは大きく拡大されてしまう．シュンペーターは次のような印象深いことを述べている．「新しい計画を実行することと，なじみ深い計画にしたがって行動することとは，道路を建設することとその上を歩くことほどに異なっている」．（『経済発展の理論』p. 85）．

これらの，またこれらに関連した懸念や信念にもとづき，我々は幅広い経済理論を構築した．それは経済変動を進化論的プロセスとして取り扱い，そこではいかなるときにおいても経済主体の行動は，様々な状況で自らの行動によって形作られた一連のルーティーンによって導かれるが，同時に学習とイノベーションを通じて変化していくもの，として表される．我々の提案する理論的視点の革新が，本書での中心的な関心事を研究している実証志向的な経済学者，ならびに，我々の理論的視程が自らの信念と合致していると考える他の分野の社会科学者の双方にとって魅力的なものであることを願っている．さらにまた，それが分野を超えたより活発な交流を可能にするものであってほしいとも願っている．

本書の最後のパラグラフで，我々は以下のように述べた．「総じて述べると，進化理論による分析の有利なところは，ものごとを違う角度から明らかにしていることである．こうした見方に慣れてくると，見えてくるほとんどのものはよく見慣れた事である．しかし，見慣れた事のなかにあるこれまで気付かなかった特徴が明白になり，一方，正統派の視点では明らかだったいくつかのものは不思議なことに突然消えてしまう．それらはいったい事実であったのか幻想であったのか．これまで，見過ごされていたものが見え始める．それは，これまでよく知られているものではあるが今までとは違った特徴が見え始めるというだけではなく，まったく新しいものも含まれる．全体として，異なった観点のおかげで，歪められた暗闇から救い出されるようにより明瞭な視点が得られる．この考え方の価値が幅広く認められるよう願っている」．

我々はこの考え方の価値が認められるようになってきたことを喜んでいる．

技術変化を研究する大きな学際的コミュニティは，技術変化のプロセスは進化理論的なものとして理解されるべきだという点でいまや一致している．このような議論をしているのは我々だけというわけではないけれども，この本がこの分野に，とりわけこの分野のなかの社会科学者の間で大きな影響を与えたことは明らかである．我々は技術進歩についての進化理論的視程が経済学者やこの分野で研究をしている他の社会科学者と歴史学者の研究の志向性を引き寄せることに貢献することを願っていたが，明らかに実際そうなった．

我々が採用した企業の能力と行動の理論は，企業経営と戦略についての幅広い研究の基盤と枠組みを提供した．とりわけ，我々が強調した組織ルーティーンはこれについての多くの重要な研究と著作を生み出した．この分野では我々の貢献は他の研究者の研究，とりわけ（当時の）カーネギー・テックの組織論研究者の研究に大きく依存している．我々が強調した，組織能力の基盤としての組織ルーティーンと，古いルーティーンの再構成と新しいルーティーンの習得による能力の強化という考え方は，明らかにこの分野の研究の発展に影響を与えた．

進化理論を発展させるという我々の関心は，上からも分かるように，イノベーション，不確実性，そして不均衡を強調したシュンペーターの競争の本質についての説明こそが，重要産業において競争と産業構造の決定因を理解する方法だ，という認識に強く影響されている．標準的な経済理論化のやり方は，この種の競争の分析にとってはまったく不適切であるようにおもわれる．我々が本書をあらわしてから，経済学者は，進化理論にもとづき，競争の大部分がイノベーションを通じて行われる産業におけるシュンペーター的競争と，産業のダイナミックスに関する数多くの実証的理論的研究を行ってきた．

本書が最初に出版されてから4分の1世紀の間，新しい研究が本書の主張を補強し，支持してきたことに大いに励まされる．それはすぐ上で述べたような特定の分野にとどまらず，より広い領域で見られた．このような研究のいくつかは我々の主張に対応することを意図して行われたが，ほとんどは我々が低くしようとしていた分野の間の壁を越えて予期しない領域から起こってきた．あるいは，我々の研究と近いテーマについて自らの展望にもとづ

いて研究をしていた経済学者によってもたらされた．我々の研究が，これらの優れた研究すべてに刺激を与えたなどと言うつもりは毛頭無い．ただ，これらの研究は現に存在して，その大半は我々の主張を支持しているということは述べておきたい．この研究の幅と量からみて，本書でこれらの研究をリストアップすることはできそうもない．ここでは取り上げられたいくつかの領域とキーワードを確認し，さらに，この序文の最後に，短い参照すべき展望論文の短いリストをつけた．ここであげた論文には進化理論の主張についての展望，その源泉と進展の状況，さらに，事実と理論の特定の話題についてのさらなる研究が豊富に示されている．

　個人および組織行動についての我々の説明には，暗黙知と今日，手続き的記憶とよばれるものが含まれている．この幅広い説明は導入されて以降，心理学における多くの研究（手続き的記憶，状況的認知，分散的認知）によって補強され，支持されている．この心理学の研究には，これらの現象を心理学的レベルで追求したものが含まれており，これは，経済理論の真のミクロ的基礎——そういうものが存在したとすればだが——であろう．この本の最初のほうで，正統派の批判をおこなったところで，我々は，企業の理論について，〝どこに知識が存在しているのか〟を問い，その後にこれに対する答えを提示した．それ以降，学問の世界においても，現実の経営の世界においても，一般的な組織知の問題について非常に大きなブーム（クオリティ・マネジメント，知識マネジメント，組織学習）が起こった．さらに，我々は組織知をルーティーンの制御と考えているが，この考え方は，技術移転とプロセス改良の諸研究からきわめて大きな支持を得ていて，我々の最初の微妙な問題提起がほとんど初歩的なもののように思えるほどである．すなわち，組織知はほぼ，ルーティーン（〝慣行〟あるいはときには〝システム〟ともよばれる）のなかに存在するのである．

　我々は，シュンペーターにしたがって，イノベーションそれ自体がしばしばその重要な側面においてルーティーン化されうることに注意を喚起した．経営学の文献においては，この概念は「ダイナミック・ケイパビリティ」という名前のもとに広く探求され，実り多い結果をもたらしている．我々は，企業レベルの革新的な活動とより幅広い知識の文脈との関係についてもっと

深く考察するよう主張した．後者のより幅広い知識の文脈は，企業間の情報のフローと，多様な制度的取り決めや政策の両方によって形づくられている．このテーマについても広範な研究が行われてきており，制度が技術変化を支える仕方が国によって，あるいは単純に，場所によって異なっていることを明らかにしていくことが重点的に行われてきた．国のイノベーションシステムと，セクターのレベルでのイノベーションシステムについての研究と著作が蓄積されてきている．

なかでも重要な制度は，企業がイノベーションからの利益を専有する能力に影響を与える制度と，企業のイノベーションの努力をそれが拠っている科学的な分野に結びつける制度である．これらの点については，我々は他の研究者と協力して多くの新しい知見を生み出してきており，とりわけ，我々の理論がそのような知見がとても必要とされていると示唆する分野に光をあててきた．

我々のモデル化の努力においては，解析的なテクニックとシミュレーションの方法をともに用いて，重要な点で互いに異なる企業の集団のモデルを検討した．「企業は多様である！」と主張し，このことが持つ意味を追求するためのモデルを提示した．このように主張したとき，理論経済学は「代表的企業」という抽象化に強く毒されているか，あるいは企業の能力の背後にある知識は典型的には公共的知識である（あるいは知的財産権の保護がなければ公共的である）という考え方を反映したものであるかのいずれか，あるいはその両方であることが明らかになった．その後の年月において，企業の事業が大筋において似ていても，また法的保護があまり働いていない場合でも，企業は著しく異なっていて，その差異は持続的であることが圧倒的に明確になった．このことは様々な文献において様々な方法で示されてきた．とりわけ，米国の統計局経済分析センターによって行われた作業のような，各国の政府機関によるセンサスから得られる大規模データを利用した一連の研究を指摘しておきたい．しかし，不思議なことに，依然として多くの経済学者は，企業は互いに非常に異なっているという最新の証拠を突きつけられたときに，驚愕するようである．

我々はまた，産業構造を，たえざる進化理論的プロセスのひとつの〝結

果"として，ダイナミックな考え方の中で理解することの重要性を主張した．この領域の一部は企業の規模分布の説明と関わっている．この規模分布の問題は，当時は，産業組織の経済学において，ほとんど意義のあるものとは受け取られていなかった．というのは，またしても，事実が経済学の教科書が描く姿と際立って異なったものであったからである．この問題は，早い段階から有望な領域を認められており，進化理論的モデルが容易に正しい認識を与えることができる領域であった．この分野では多くの研究が，モデル化と実証の両面で行われ，問題は意義のあるものとして認められるようになった．しかし，この領域は依然として"有望な"領域としてとどまっており，重要であるがよく理解されていないことが多く残されている．

　この本は，我々の提案にとって実際のところきわめて中心的な位置を占める二つの関連した分野について，ほとんど沈黙している．第1に，企業のルーティーンとケイパビリティがそもそもどこから来るのか，ということについてあまり述べていない．我々はそれらがどういうものかを議論することに努力を傾けた．第2に，産業のダイナミックスをモデル化するとき，さまざまな歴史的事件の中での産業群の発展の典型的パターンには触れなかった．我々は，それよりも，いくつかの鍵となるメカニズムを明らかにすることに力を注いだ．

　幸いなことに，その後の研究は，これらの問題の検討を怠るという我々の前例を受け継ぐことはなく，まったくその逆であった．いくつかの異なる種類の研究の蓄積のおかげで，進化プロセスのこれらの鍵となる様相についてずっと多くのことが知られるようになり，また，その重要性についてはるかに多くのことが（我々や他の研究者によって）明らかにされた．我々は，いかにして新しい企業や産業における学習の努力からルーティーンやケイパビリティが生まれてくるか，またこのプロセス自体が過去から借りてくるという要因をしばしば明確に含んだ進化理論的なものであるか，についてよく理解するようになっている．また，多様な企業からの多様な提案を選択する環境として市場が最も明確に機能している例，すなわち経済的進化のプロセスの最善のそして最も鮮明な例は，新しい産業の初期の時期に見られることが多いということも理解している．

多くの日本の研究者も，我々が経済変動の進化理論をつくる努力のなかで提案した概念やテクニックを用い，さらに進展させてきた．いま，後藤晃，角南篤，田中辰雄がこの本を日本語にするための大きな努力をおこなった．これにより，より多くの日本の読者が我々の研究を参照し，さらに発展さすることが可能となった．我々はこのような聡明な研究者が進化理論の思想をさらに前進させるために重要なコミットメントをしてくれたことに対し，心より感謝し，名誉に思う次第である．

　　　　　2007年1月　　　　　　　　　リチャード　R．ネルソン
　　　　　　　　　　　　　　　　　　　　シドニー　G．ウィンター

展望論文リスト

ウィンター (2005). Winter, S. G. "Developing evolutionary theory for economics and management." In *Great Minds in Management: The Process of Theory Developmented*. M. A. Hitt and K. G. Smith. Oxford: Oxford University Press.

ネルソン (1993). Nelson, R. R., (ed.) *National Innovation Systems: A Comparative Analysis*. New York: Oxford University Press.

ネルソン (2006). Nelson, R. R., "Commentary on Sidney Winter's 'Toward a Neo-Schumpeterian Theory of the Firm'." *Industrial and Corporate Change* 15: 145-149.

ネルソン，ウィンター (2002). Nelson, R. R. and S. G. Winter. "Evolutionary theorizing in economics." *Journal of Economic Perspectives* 16: 23-46.

ドシ，マレーバ (2002). Dosi, G. and F.Malerba. "Interpreting industrial dynamics twenty years after Nelson and Winter's Evolutionary Theory of Economic Change: a preface." *Industrial and Corporate Change* 11: 619-622

ドシ，マレーバ，ティース (2003). Dosi G., F. Malerba, and D. Teece. "Twenty years after Nelson and Winter's An Evolutionary Theory of Economic Change: a preface on knowledge, the nature of organizations and the patterns of organizatioal changes." *Industrial and Corporate Change* 12: 147-148.

フリーマン，パヴィット (2002). Freeman, C. and K. Pavitt. "Editorial: Special Issue 'Nelson+Winter+20'." *Research Policy* 31: 1221-1226.

レヴィン，クレボリック，ネルソン，ウィンター (1987). Levin, R. C., A. Klevorick, R. R. Nelson and S. G. Winter. "Appropriating the returns from industrial research and de'velopment." *Brookings Papers on Economic Activity* No. 3: 783-820.

はじめに

　我々はこの本を 10 年以上前に書き始めた．しかし，経済変動を進化理論的視点からモデル化することの可能性と問題点について議論を始めたのはそれよりもさらに数年さかのぼる．我々 2 人にとって，この本は博士論文を書いて以来の研究の到達点をなしている．

　我々の最初の方向性は異なっていた．ネルソンにとっては出発点は長期的な経済発展のプロセスに対する関心にあった．研究の早い段階から，その関心は経済発展の鍵となる駆動力としての技術変化と，技術変化のスピードと方向性に影響を与えるものとしての政策が果たす役割とに焦点が絞られていった．ウィンターにとっては，最初は企業行動の標準的な諸見解を支持するものとして提示されたさまざまな進化理論的な議論の強みと限界に関心の焦点があった．これはすぐに拡大していき，経済学における〝理論と現実〟に関する一般的な方法論的な論点，企業行動の理解に対する他の学問分野の貢献，そうしてより現実的な企業と産業行動の理論のフレームワークとなりうるものとしての進化理論的視点の再考，などへと発展していった．我々が知り合って間もないころから，これらの研究関心がかなり重なっており，また相互に関連していることは明らかであった．ネルソンは，技術変化の詳細なプロセスについての研究を通じて，このプロセスが不確実で，手探りをするような，整然としていない，過ちに満ちたものであること，そうして，このような現実に対して正統派的な理論的スキームでは十分に取り扱うことはできないこと，を認識するにいたった．ウィンターの場合は，企業の研究開発支出の決定要因についての実証的研究によって，企業行動の大部分は，将来へと延びる意思決定のツリーの遠くの小枝までを詳細に検討した結果として

よりも，企業の過去からくる一般的な慣習や戦略的方向性の反映としてよりよく理解できると考えるようになった．

しかし，その目的と可能性が，我々が興味をもっている分野の間の二つの関係性のなかでより明確にできる，とわかってきたのは，最終的にこの本に結実した共同研究がかなり進んでからであった．その関係性とは，第1に，現実の経済における技術変化の役割を理解することを阻害する要因のなかでも大きなものは，今日の標準的な経済理論による企業と産業の取り扱いが不十分である，という点である．第2は，経済分析と企業の意思決定の現実とを統合的に理解しようとする理論的アプローチから得られる多くの有益な示唆のなかでもっとも重要なものは，技術変化と競争的なプロセスのダイナミックスについてのよりよい理解が得られるという点である．

我々の知的な協働作業は1960年代に，2人がサンタモニカにあるランド・コーポレーションに勤務していたときに始まった．この驚くほど刺激的で知的に多彩な場所で，多くの人々が我々の考え方に影響を与えた．なかでもバートン・クラインは特別である．彼は，知識の歴史のなかでたびたび認識されてはいたがしかしなぜか再発見され，再解釈され，説得的な説明が必要とされる一連の真理を我々に教えてくれた．創造的な知性とは，技術の分野でもそのほかの分野でも，自律的できまぐれで，また強迫的で奇抜なものである．それが理論家であれ，企画者であれ，教師，批評家であれ，創造的なプロセスの外にいるものによって押しつけられる規範的で叙述的な制約のなかにおとなしく横たわっているものではない．創造的な思考が世界を導くところを理解しようとするという仕事を進めていくには，まず何よりもこの仕事は決して完成することがないのだ，ということを理解することが必要である．まさにここに我々の経済変動の進化理論のスピリットがある．つまり，それは経済の現実を，一定とみなされている所与のデータの反映として解釈することではなく，存在する事実について十分に理解している観察者が将来を覆い隠している霧を透して少し先を見ることを助けるスキームのことなのである．

我々はネルソンがイェール大学に，ウィンターがミシガン大学に移った後もこの本を書くことにコミットした．最初の数年の間は長距離をへだてて共

著を続けることは難しく協働作業のスピードは低下した．しかし，他方で，我々の考えを，異なるそれぞれの大学が提供してくれる場で試すというプラスの面もあった（もちろん，距離的に離れていたことは結果的に航空会社と電話会社にも利益をもたらすこととなった）．1976年にウィンターがイェール大学に移ったことでコミュニケーションのためのコストは激減し，我々は研究を一冊の本にまとめる，ということをさらに真剣に考え始めた．1978年，1979年に主要な部分を完成させるための研究が進んだ．我々の家族，同僚，そうして編集者がすべてよく知っているように，「ほぼ出来た」という状態はほとんど3年間続いた．

このように研究と執筆が長引くなかで，さまざまな形でさまざまなソースから支援と協力を得た．ここでいくつかにまとめて我々が負っている主要なものをあらためて記しておくことを試みるが，リストのいくつかは残念ながら不十分なものであろうことを認めざるをえない．

我々が知的にもっとも負っているのはジョセフ・シュンペーターとハーバート・サイモンである．シュンペーターはまさに重要な問題を指摘している．すなわち，いかにして経済変動を理解するか，ということである．彼のヴィジョンはその解答の主要な点の多くにわたっている．サイモンは，我々の理論モデルに反映されることになった多くの人間や組織の行動についてさまざまな洞察を与えてくれている．しかし，もっとも重要なのは，サイモンの研究は，現実世界における合理的な行動の問題にはオーソドックスな経済理論の言語によって何とか叙述しうる以上のものがあるという我々の見方を勇気づけてくれた点である．

我々の研究への財政的な支援はいくつかのソースから得られた．ナショナル・サイエンス・ファウンデーション（NSF）の社会科学部門からの大きなグラントは研究の初期の段階を進める上での重要な推進力となった．本書に収められているもっとも新しい研究のいくつかもNSFの政策研究・分析部門からのグラントによって支援を受けて行われたものである．スローン財団はイェール大学での応用ミクロ経済学ワークショップへのグラントを通じて，我々の研究をNSFのグラントの谷間の期間に支えてくれた．加えて，ミシガン大学の公共政策研究所（Institute of Public Policy Studies, IPPS）

およびイェール大学の社会・政策研究所（Institution for Social and Policy Studies, ISPS）から財政的，その他の支援を受けた．この間のこれらの研究所の所長たち —— IPPS の J. パトリック・クレシーンとジャック・ウォーカー，ISPS のチャールズ・リンドブロム —— には特に謝意を表したい．彼らは我々を励ましてくれ，また社会科学のさまざまな分野のなかでの知的な接触を促進するという微妙な仕事を上手に成し遂げてくれた．

フォーマルな進化論的理論の一つのタイプとしてコンピューター・シミュレーション・モデルを開発するにあたっては，多くの熟練したプログラマーや研究助手の協力に大きく依存した．この仕事に携わってくれた人たちは，幸運にも，我々の研究の内容にも知的に関わり，技術的な知見とともに基盤にある経済理論についても示唆してくれ，批評してくれる人たちであった．このなかで最初にあげるべきは，ハーバート・シュッテである．彼は本書の第9章として収められている研究の多くの部分に貢献してくれ，この研究を最初に公表した際には共著者となった．我々は彼の貢献をここで再度記しておきたい．スティーブン・ホーナーとリチャード・パーソンズは我々のシュンペーター的競争のシミュレーション・モデルの最初のプログラミングを行ってくれ，またその定式化について多くの有用な貢献をしてくれた．ラリー・スパンケークはこのモデルをイェール大学のコンピューターへ移すのをてつだってくれた．エイブラハム・ゴールドスタインとピーター・ライスはこの仕事を受けついで，イェール大学において我々の要求にこたえてこの厄介なモデルにフィードし，調整していき，モデルの挙動を理解するための分析の多くに協力するという役割を果たしてくれた．

多くの研究者が我々の報告を聞き，草稿や論文を読み，助言，励まし，批評をくれた．イェール大学でのセミナーや会話においては，とりわけ，以下の人たちから学んだ．スーザン・ローズ・エッカーマン，ドナルド・ブラウン，ロバート・エバンソン，リー・フリードマン，エリック・ハヌシェック，ジョン・キンバリー，リチャード・レビン，リチャード・ムーネイン，ガイ・オーカット，シャロン・オスター，ジョー・ペック，ジョン・クイグリー，マーティン・シュービック．ウィンターはミシガン大学に在籍した間には，以下の人々との交渉のなかから同様に恩恵をうけた．ロバート・アクセルロ

ッド，マイケル・コーエン，ポール・クーラント，J.パトリック・クレシーン，ジョン・クロス，エベレット・ロジャース，ダニエル・ルービンフェルド，ピーター・スタイナー，ジャック・ウオーカー，ケネス・ウォーナー．

また，我々は，多くの友人や同僚がさまざまな機会に，感想や批評を寄せてくれるという恩恵にもめぐまれた．とりわけ，以下の人たちには謝意を表したい．リチャード・デイ，ピーター・ダイアモンド，アビナッシュ・ディキシット，クリストファー・フリーマン，マイケル・ハナン，ジャック・ハーシュライファー，ジェームス・マーチ，キース・パビット，アルマリン・フィリップス，マイケル・ポーター，ロイ・ラドナー，ネイサン・ローゼンバーグ，スティーブ・サロップ，A.マイケル・スペンス，デビット・ティース，オリバー・ウイリアムソン．

我々の研究が進展していくなかで，研究を論文として以下のようなジャーナルに発表していった．*The Economic Journal, The Quarterly Journal of Economics, Economic Inquiry, Research Policy, The Bell Journal of Economics, The American Economic Review*．我々はこれらのジャーナルの編集委員会に対し，我々の初期の論文の一部を本書のなかで使用することを許可してくれたことに対して感謝する．該当する章において個々の引用については明記した．我々は同様に，ノースホランド社にも負っている．同社は 12 章に既発表のものを使用することを許可してくれた．

リチャード・レビン，リチャード・リプシー，B.カーティス・イートンの 3 人は我々の草稿の多くの部分を読み，詳細なコメントをくれるという，きわめて大きな貢献をしてくれた．我々は，彼らに大きく，負っている．最終的な結果に対して，彼らが責任を負うべきでないことは特に明確にしておきたい．これ以外にも多くの人が草稿のさまざまな部分に対して有益なコメントをくれた．とりわけ，キャサリン・ネルソンとジョージィ・ウィンターに謝意を表したい．

草稿を最終的なタイプされたバージョンに仕上げていくのは締め切りとの戦いであった．我々はマージー・クックのすばらしいタイピングの技量の恩恵に浴することができ，幸運であった．

この最終的な局面で，出版をハーバード大学出版局に託する，という我々

の決定によって我々のプロジェクトは大きな恩恵を受けることとなった．同出版局の編集者のマイケル・アロンソンは示唆と励ましをくれたし，コピー・エディターのマリア・カウェッキは我々の文章を改善するために尽くしてくれた．彼女はこの仕事をすばらしいセンスと，我々がいおうとしていたことは何なのかということについての驚くべき洞察力とをもって行った．もとの草稿にあった誤りや表現の不完全さがいまだに一部でも残っているとすれば，それはコピー・エディターのせいではなくほとんどが著者の側の頑固さのせいである．

　本書の各章はそれぞれ独自の歴史をもっており，これらのほとんどは複雑なものである．予備知識のある読者は，ある章はもっぱらネルソンのものでありまた別の章はもっぱらウィンターのものであると見分けることができるかもしれない．しかし，ほとんどの章では我々のそれぞれの貢献は十分につき合わされており，すべての章は双方の著者の手によって形づくられている．我々はともに全体に対して責任をもつ．我々両名は我々の友人や批評をくれた人たちにはこの本について責任がないことを明らかにすると同時に，再度，関心をもってくれたことに感謝の意を伝えたい．本書の場合には，このように他の人々には責任がないことを明らかにしておくことは単なる形式的なもの以上の意味がある．というのは，上で記して謝意を表した人々のなかには，我々の努力はそのほとんどが間違った方向に向けたものであるとみなす人々がほぼ確実に含まれているからである．

　我々の共同作業は決して生活のなかの切り離された自足的な部分ではなかった．むしろ我々および我々の家族にとって生活の一部であった．子供たちはこの研究を始めたときにはまだ小さかったが，「あの本」とともに成長していった．最初の時期には，この本のためにニューヘブンとアンナーバーとを行き来することとなった．近年には，この本はケープコッドにおける夏の休暇の背景となった．いやむしろ，休暇のほうが背景となったといったほうが適切な場合もしばしばであった．我々はこの本の（ある段階の）完成を祝うディナーを共にするのが習慣となった．家族はこれらのすべてをともにした．我々の家族は充足感と，安堵と，成し遂げられたことへの驚異とを感じていることを我々は知っている．彼らにこの本を捧げる．

目次

日本語版への序文

はじめに

第Ⅰ部　概観と本書のねらい

第1章　序章　3
1. 議論されるべき概念——〝正統派的〟と〝進化理論的〟　6
2. 進化理論的モデル化　13
3. 本書のプラン　24

第2章　進化理論の必要性　27
1. 正統派による経済変動の取り扱いの不適切さ　28
2. 診断と処方箋　35
3. 進化理論の味方と先人　40
4. 経済学における実りある理論化の性質　54

第Ⅱ部　経済進化理論の組織論的基礎

第3章　現在の正統派理論の基礎　61
1. 企業の目的　63
2. 生産集合と組織の能力　71
3. 最大化選択という行動　80

第4章　スキル　88
　　1．プログラムとしてのスキル　90
　　2．スキルと暗黙知　93
　　3．スキルと選択　101
　　4．スキルを表す名称の有用性　105
　　5．範囲の曖昧さ　109
　　6．ビジネスマンのスキル　113

第5章　組織の能力と行動　119
　　1．組織的記憶としてのルーティーン　123
　　2．一時的休止状態としてのルーティーン　133
　　3．目標としてのルーティーン——管理，再現，そして模倣　139
　　4．ルーティーンとスキル——その類似性　155
　　5．最適なルーティーンと最適化のルーティーン　157
　　6．ルーティーン，ヒューリスティックス，そしてイノベーション　161
　　7．要約——遺伝子としてのルーティーン　168

第Ⅲ部　教科書的経済学の再考

第6章　淘汰均衡の静学　175
　　1．経済淘汰過程の特性を把握する　177
　　2．経済的淘汰のモデル　181
　　3．複雑さと潜在的な問題　194

第7章　市場条件の変化に対する企業と産業の反応　204
　　1．企業と産業の反応の説明　206
　　2．マルコフモデルと要素代替　219
　　3．それがどのような違いをもたらすのか　228
　　　付録　232

第IV部　成長理論

第8章　新古典派成長理論——批判的検討　241
1．経済成長の残差による説明　244
2．経済成長理論への進化理論的アプローチの必要性　252

第9章　経済成長の進化モデル　253
1．モデル　256
2．シミュレートされた経済の成長の記録　266
3．実験　278
4．要約と結論　281

第10章　純粋な淘汰過程としての経済成長　282
1．経済発展と後発性——技術が二つのときの進化モデル　283
2．多くの技術と変数のインプット　289

第11章　探索と淘汰に関するさらなる分析　295
1．探索戦略とトポグラフィー　296
2．淘汰の環境　312
3．要約　323

第V部　シュンペーター的競争

第12章　動学的競争と技術進歩　327
1．シュンペーター的理論の複雑な構造　331
2．モデル　334
3．特別なケースにおけるモデルの展開　341
4．イノベーションと模倣の間の競争のシミュレーション　344
　付録1　358
　付録2　360

第 13 章　シュンペーター的競争下で集中を促進する力と抑制する力　363
　　1．仮説と実験の設定　366
　　2．結果　368
　　3．結論とまとめ　379

第 14 章　シュンペーター的トレードオフ再考　384
　　1．トレードオフと政策ツール　384
　　2．実験　388
　　3．シミュレーション結果　393
　　4．政策的実証的含意　403

第Ⅵ部　経済厚生と政策

第 15 章　進化理論的視点による規範的経済学　409
　　1．よく知られた問題の再考　410
　　2．厚生経済学の標準的問題の再評価　420

第 16 章　公共政策の進化と理論の役割　427
　　1．メカニズムとアクター　428
　　2．政策形成における分析の役割　436
　　3．産業における研究開発に対する政府の政策　445

第Ⅶ部　結語

第 17 章　本書を省み，将来を展望する　461
　　1．本書を省みる　461
　　2．経済学の知的自己完結性についての補足　467
　　3．将来を展望する　470

訳者あとがき 481
参考文献 483
人名索引 503
事項索引 507

第Ⅰ部　概観と本書のねらい

第1章　序章

　本書において，我々は市場環境のもとで活動を行っている企業の能力と行動の進化理論を展開し，この理論と整合的ないくつかのモデルを構築し，分析する．進化理論がもたらす幅広い視程は，製品需要の変化ないし生産要素の供給条件の変化，あるいは，企業によるイノベーションに起因する経済変動に関わる多様な現象を分析するのに有効である，ということを主張する．さらに，我々が構築する個々のモデルは企業や産業の市場条件の変化への対応，経済成長，イノベーションを通じた競争，といった経済変動のさまざまな局面に焦点をあてている．我々は進化理論の規範的，および実証的な含意を導き出す．

　我々の研究の最初の前提は議論の余地の少ないものであろう．それは単純なもので，経済変動は重要で興味深い，というものである．たとえば，経済史の分野での主要な知的作業のなかで，過去数世紀の間において人類の状況を大きく変えた技術と経済組織のきわめて複雑な累積的変化を理解することほど関心を寄せるに値するものはありえない．今日の世界の経済に関する政策課題のなかで，現代の経済発展の水準の格差およびキャッチアップしようと苦闘する社会の重圧に関わるものほど，希望と危険が入り混じった重要な問題はない．他方で，先進経済においては，近代化の成功は進んだ産業社会の長期的な生態的持続可能性という新たな問題をもたらし，また，物質的な成功とより根源的な人間の価値との関係という問題を再度投げかけている．近年における理論経済学の中心的な関心事のひとつは，情報の役割，経済主

体の期待の形成，さまざまな〝不完全性〟の存在するもとでの市場の詳細な分析，そうして市場機構の効率性という昔ながらの問題の新たな問い直しであった．これらの研究の多くは，時間とともに発生してくる経済的事象を定型化された理論的設定のなかで理解しようとするものであった．それゆえ，経済変動の過程の理解に何らかの重要な進歩がみられると，そのことは，大きな社会的に重要な意味をもつ知的に挑戦的な一連の問題に新たな光を投げかけることになるのである．

　しかし，経済学者は我々の研究の第2の前提を受け入れることには逡巡するであろうと思われる．それは，経済変動の理解が大きく進展するためには，我々の研究分野の理論的基礎の大きな再構成が必要である，という点である．我々が本書で展開する全体的な理論と個別的なモデルは，現在受け入れられている正統派の企業と産業の行動の理論とは相反するものである．我々の進化理論における企業は，利潤によって動機づけられ，利潤を増加させる方法を探すことに従事しているものとして扱われるが，しかし，その行動は，明確に定義され外生的に与えられる選択肢のなかから利潤最大化を行うものとしては想定されていない．我々の理論は，もっとも利潤を獲得する企業のグループが利潤を獲得できない企業のグループを倒産に追い込むことになるということを強調する．しかし，我々は，〝産業の均衡〟，すなわち，産業には利潤を上げられない企業はもはや存在せず，他方で利潤を上げている企業は望ましい規模にある，という仮想的状態に分析の焦点をあてることはしない．これに関連して，我々が用いるモデル化のアプローチは，企業の行動を表す式を導出するのにおなじみの最大化の計算法を用いることはしない．その代わりに，我々の理論では，企業は単に所与の時点においてある種の能力と意思決定のルールをもっているものとしてモデル化されている．時間の経過とともに，これらの能力とルールは，意思的な問題解決の努力と偶然の事象の結果，修正されていく．そうして時間とともに，市場がどの企業が利潤を上げることができ，どの企業が利潤を上げることができないかを決定し，後者を排除していくことにより，経済的な自然淘汰が働く．

　実際，かなりの経済学者は今日のミクロ経済学のあり方に不満をもっている[1]．経済学は現代の一般均衡論によって切り開かれた知的領域からさら

に進んでいくための一貫した持続的な進展へと導く経路をいまだに見出しえていない，という感触はひろく共有されている．このような経路の発見には一般均衡論においては取り上げられなかった重要な経済的実態の諸側面のいくつかを理論的に取り上げることが必要である，と考えられる．過去20年にわたるもっとも重要な理論的研究の多くは，可能な理論的な取り組みのなかでどれがもっとも重要かということについてのさまざまな推測に導かれた探査的な試みであったとも解釈することができよう．情報や競争の不完全性，取引コスト，分割不可能性，収益逓増，そうしてこれらの間の関係のいくつかのものについて多くの注目が集まった．資本主義の諸制度についての一般均衡論による単純化された記述が，きわめて不適切であることはこのような現実に取り組むとただちに明らかになる，ということ，および，同時に，現実の市場機構において用いられている制度的工夫は理論研究にとって複雑なそうしてやりがいのある対象である，ということは認められてきている．このような探査的研究の成果はそれ自身で学問的に重要なものを多く含んでおり，その多くは経済的現実のある部分を理解するのに有効であり，いくつかは，経済学が将来どのようなコースをたどろうとも長くその価値をたもつとみなされるものである．探査的研究とはいえ，その大部分は正統派が経済行動の解釈のために提供している基本的な概念的構造のほとんどすべてを維持している（あるいは少なくとも維持しようと意図している）．

---

1) 1970年からアメリカ経済学会における会長講演のいくつかは経済学の現状を憂慮するものであったことは注目される．レオンチェフの講演（1971）は明確に，ミクロ経済学が実証的な現実を把握することができていないということに関するものであった．トービンの講演（1972）とソローの講演（1980）はマクロ経済学に焦点をあてたものであったが，正統派のミクロ経済学がマクロ経済学に提供する理論的な基盤の不満足さに大きく関わるものであった．同様の指摘は他の学会でもなされている．ハーン（1970），フェルプス・ブラウン（1972），ワースウィック（1972）などを参照．*Journal of Economic Literature* におけるいくつかの展望論文においても同様の不満が示されている．シュービック（1970），サイアートとヘドリック（1972），モーゲンスターン（1972），プレストン（1975），ライベンシュタイン（1979），マリスとミューラー（1980），ウィリアムソン（1981），はすべて，現在受け入れられている理論が次のような問題とまともに取り組んでいないということに明確に不満を表明している．すなわちその問題とは，不確実性，限定的合理性，大企業の存在，制度的複雑性，現実の調整過程のダイナミックス，といった問題である．我々はここの脚注において，あるいは本書全体において，より深い診断や治療法では差異があるものの，少なくとも問題に対する一次的な診断においては考えをおなじにする人々をすべてあげることはしないが，この点で，我々は大きなグループの一員であることは明らかである．

我々は，この構造は，それがなじみ深いもので，また発展した段階にあることから短期的には理論的進展をもたらすものであるかもしれないが，長期的には理論的進展を深刻に妨げる過去のお荷物であると考えている．ここにおいて，明らかに我々の現状認識は上述した〝一般的な不満〟といったものよりははるかにより根源的なものである．我々が本書のなかで提示するのは，以下のようなものである．すなわち，我々が主張するような方向での根本的な再構築を行うことによって，経済変動の理解における大きな前進の基盤を作ることができると同時に，経済学における今日までの重要な成果のほとんどを統一し保持することができる，という可能性を示すことである．このような可能性を実際にすべて実現することは，2人の著者，あるいは1冊の本をはるかに超えるものである．

1．議論されるべき概念——〝正統派的〟と〝進化理論的〟

我々は正統派的経済理論といわれるものについて上ではじめてこれを取り上げたが，これについてはこれからもたびたび取り上げることになる．本書を通してさまざまな問題に対する我々の立場を〝正統派的〟な立場と対比させていく．このような方法は，本書のように幅広い問題について理論的な視点の大きな転換の必要性を主張する研究においては，不可避的なものである．しかし，科学的探求に一般的に共通する幅広く共有された規範や価値に対するコミットメントをこえて，経済学に〝正統〟なるものが存在することを否定する人もいるかもしれない．あるいは，多くの経済学者を結びつける知的な視程と科学的なアプローチに明らかに共通するものがある，という叙述的な意味で正統が存在するという意見に賛成する人もいるだろう．しかし，そのような人でも，正統派的な立場が一連の狭い基準を提供しておりそれが経済問題についてのある見解が尊重されるべきものであるか否かの安直で単純なテストとして用いられている，という意見や，そのような意味での正統性が存在するとしてそれが強制されているといった意見には強く反対するであろう．しかし，我々の思考，経験から，正統派は上に述べた意味で存在しており，かつ，広く強制されていると確信している．確かに今日的な正統派は

柔軟で常に変化しており，その限界は容易に定義できるものではないことは認める．そこで，我々がこの正統派という用語を，定義までにはいたらないとしても，どのように用いているかについて明確にするように試みることは重要であると思われる．

　まず最初に，ここでの正統派とは，幅広い西欧の経済学的思想の伝統の現代的な定式化と解釈を意味しておりそれはスミスとリカードからミル，マーシャルそしてワルラスにまでさかのぼることができる．さらに，それは理論的正統派であり，経済分析の方法に直接関わっているが，実質的な重要性をもつ特定の問題には間接的にしか関わっていない．それはミクロ経済学に中心をおいているが，その影響は経済学全般に広がっている．

　今日の正統派の内容を描写するのは大変な作業であるが，これについては本書のなかで折に触れて行っていく．ここでは，ある見解やアプローチが〝正統派〟であるかどうかをいかにしてチェックするか，という問題について答えておこう．いい換えれば，我々は，わらの人形あるいは陳腐化した稚拙な形の経済学を攻撃しているにすぎないという主張から我々自身をいかに守るか，という問題である．このことを考えるためには，最初に，中級のミクロ経済学の比較的標準化された学部のコースで用いられるテキストブックを見てみよう．これらのテキストやコースは経済学の理論的基礎をもっとも単純化されたレベルで説明している．これらは一般的に，経済学の応用分析を理解するための重要なバックグラウンドを提供するものとして，さらには，高度な知的レベルでの応用研究の必須のバックグラウンドを提供するものとみなされることも実際には多い．テキストのなかのもっとも優れたものは，明確に抽象的概念と形式的な理論化の科学的な価値を主張し，用いられている大幅な単純化と抽象化についてはほとんど釈明しない．また，さまざまな環境のもとでの理論の予測の信頼可能性について注意深く但し書きをすることにあまりスペースをさくこともしていない．これらの，さらにはそのほかの点で，理論のより高度なテキストやコースにおけるこの問題の取り扱いかたも同様である．実際のところ，経済理論の博士課程レベルのコースと中級レベルのコースとの差は，少なくともコアとなる課題に関しては，用いられている数学的なツールの違いだけであるように見えることが多い．

もちろん，現代の経済学を大学の2，3年生に説明するようなテキストブックはある程度は簡略化したものにならざるをえないだろう．完全情報，財は2種類しか存在しない，静学的均衡などの強い仮定の多くは学生の理解力をおもんばかってのことであり，経済学そのものがこれだけのものでしかないということではない．さらに，分析の結論がきちんとその限定条件を強調することなく提示されるとしても，それは必ずしもこのような限定条件の重要性を著者が理解していないからではない．むしろ，学生に議論の論理と格闘した褒美を与えたほうがいい，さらに，学生が試験問題にたいする明快な答えを積極的に求めているからだ，と考えられているからであろう．多くの点で，正統派は中級のテキストに代表されるイメージよりも精妙で，柔軟である．

　しかしながら，上に描いたような正統派の姿は重要な点を含んでいる．第1に，中級のテキストの論理的な構造は，経済学者やかなりの経済学の素養のある人たちの経済問題や政策に関するインフォーマルな議論の多くのものの基盤になっている．このことは，とりわけ市場機構の効率性に関する見解においてあてはまる．この問題についての議論においては，より高度な理論は面倒くさがって投げ捨ててしまい，より初歩的で荒っぽい形をとりがちである．この意味で，「経済学がどのような状態にあるか」を示すものとしては，中級レベルの分析の結論のほうが，理論的により洗練されているが理論家でない人には難しく親しみにくい評価によるものよりも，明確に示しているように思われる．第2に，中級のテキストの強い単純化のための仮定と同様のものは，より進んだ研究，理論のフロンティアにある研究にまで見られる．正統派を静学的均衡と同一視するのはおかしなことであるが，一貫して均衡分析に依存しているために，経済学は，そのもっとも柔軟な形のものでも，歴史的変化に関連した現象には目をつぶっているという観察は間違ってはいない．同様に，正統派が完全情報の仮定への批判に対しては意味がないとみなすのは当然かもしれないが，しかし，すべての起こりうる状況を予見することができ，その帰結も測ることができる，という仮定に対して批判されると，正統派の擁護者の立場は危ういことになる．このように，正統派を完全情報と静学的均衡の仮想的状況にのみ関わっているという烙印をおすの

は適切でないが，より高度なレベルの研究においても類似の制約が多く見られるので，象徴的な意味でこの批判に妥当性を与えている．

　最後に，正統派の思考の構造において，中級から先端的な理論へとすすんでも大きくは緩和されない一つの鍵となる仮定がある．それどころか，その仮定はより大きな荷重を支えるためにいっそう強くなる．この仮定は，経済的なアクターは，最適化行動をとる，という意味で合理的である，という仮定である．入門的な教育ないしは一般向けの説明の場合であればこの経済合理性の仮定は，人々は目的をもっており，それをある程度の一貫性，能力，事前の準備をもって追及している，という現実的な観察によって正当化される概念的な方便であるとして提示することができるかもしれない．中級のレベルとなるとこの仮定は，きわめて単純化された様相をもたらすようになり，信じやすい人でも疑問をもつようになるが，中級の理論というものはそもそもかなり単純化されたものである．正統派のさらに進んだ理論においては，情報やそのほかの"不完全性"が認識されることにより，アクターが何を知っているかについての一般的な理論的な描写は和らげられるものの，このような現実との妥協は経済的合理性の取り扱いにはなんら影響を与えていない．経済的アクターの面する問題の理論的描写が現実的な複雑さをますにともなって，また，変数の値についての不確実性に関する認識にともなって，アクターはそれにあわせるように予想と計算を巧妙にこなすようになり，また自らに帰属する利益もより明瞭にわかるようになる，というわけである．理論におけるアクターは状況の複雑さに混乱させられることも，瑣末な事柄に気をとられることもない．また，アクターは問題の誤った見方にずっととらわれることもない．実際にはよくあるような単純な誤りを犯すこともない．これが唯一の正しい理論の進め方である，というのが正統派の中心的な教義である．問題はより複雑であるということを認めることは，理論家にアクターの合理性はより微妙なものであることをいやおうなく認めさせることになってしまうのである．このように，合理性の仮定については，正統派の理論を入門レベルや中級の理論によって擁護することを許してしまうと，先端的なレベルでとりわけ意味あるものとなる一連の反論を放棄してしまうことになる．

これまでの議論によって，以下で繰り返し提起される問題の源が明らかになったはずである．理論的正統派にはさまざまなレベルがあり，それぞれに異なる強さと弱さをもっている．入門レベルの欠点のいくつかはより進んだレベルにおいては改められている．しかし，単にそのまま進んでしまうものもある．欠陥のいくつかは形は新しいが類似したものへと変化し，理論が〝洗練〟されるにともない深刻な問題がさらに悪化してしまうものもある．我々はこの複雑な状況に対応するために，正統派に言及するときは〝教科書的〟あるいは，〝単純な〟正統派と，〝より高度な〟あるいは〝近年の研究の展開〟のレベルとに区別することで明確にしようと試みた．また，論理的に構成された理論化に表される〝フォーマルな正統派〟と，より直感的で価値判断や常識で修正された〝アプリシエイティブな正統派〟とを区別することも行った（この区別は以下の章でさらに論じる）．このような工夫は我々にとって必ずしも十分に適切なものではないが，正統派の批判の際に明確化と論述のために議論を繰り返し中断するのは妥当とはいえないであろう．我々はここで，少なくとも経済学に親しんだ人にとっては適切な，詳細な批判を展開していく道筋についてのガイドを提供できたことと願っている．

我々が正統派に替わるものとして〝進化理論〟という言葉をどのような意味で用いているかについても，議論しておく必要があろう．これはなによりも我々が基本的なアイディアを生物学から借りてきている，ということのシグナルである．生物学からアイディアを借用することは，我々の先行者であるマルサスがダーウィンの思考に刺激を与えたことによって経済学者に永久に許されている権利を行使しているのである．すでに我々の図式のなかで中心的な位置をしめている他から借りてきたアイディアについてはふれた．すなわち，経済的〝自然淘汰〟である．市場環境は企業の成功とは何かということを明確に示す．この結果は企業が生き残り，成長する能力と密接に関係している．個々の企業の生き残りや成長のあり方は同じであっても，一群の企業のなかでの企業の生き残りと成長のパターンはそれぞれに異なっており，これが全体としての企業のグループの経済的な集計量を決定する．このような自然淘汰による進化を強調する我々の立場は，〝組織の遺伝学〟の見解によって支持されている．これは製品を生産し，利潤を獲得する能力を含む組

織の特徴が，時間のなかで遺伝されていくプロセスに関わるものである．我々は，組織は大きく変化する環境のなかよりも定常的な環境のなかでのほうが自己保存のタスクをよりよくこなせる，また，"おなじことが多い"という方向へ変わっていくことのほうがそれ以外の種類の変化よりもうまくこなせる，と考えている．組織の機能の仕方は比較的，硬直的なものである，というこの見方は，集計的な変化のどこまでが選択の力のみによってもたらせるのか，という問題への興味をいっそう大きなものにする．

"進化理論的"ということはより広い意味では長期的，連続的な変化に関わることを含んでいる．観察される現実の規則性は，静学的な問題への解として解釈されるのではなく，動学的なプロセスによって過去の既知の，あるいはもっともらしい推測から得られる諸条件から生み出された結果として，さらにはこの同じ動学的プロセスによってそれからまったく異なる将来が生まれるであろう途中の一つの段階の特色として，解釈されるであろう．この意味において，自然科学のすべては今日，根源的な点において進化理論的である．おそらく，この点をもっとも劇的に示すものとして，宇宙論においてビッグバンがより広く受け入れられるようになっていることがあげられよう．知られている実体のすべては一つの大きな事象から持続的に進化してきたとみなす考えかたである．より身近なレベルでは，科学は，大陸は地下での散発的な激しい動きとともに移動している，太陽の動きの変化が人間の歴史に影響している，産業化の帰結として世界の気候が大きくそしておそらく不可逆的な脅威にさらされている，とみなすようになっている．このような知的な背景にてらしてみると，現代の経済学の多くは少し時代錯誤的に見える．その調和した均衡は，静謐とはいえないかもしれないが，少なくともより楽観的であった時代を思い出させる．あたかも経済学は子供のころの経験を本当には乗り越えられず，ニュートンの物理学が模倣に値する唯一の科学であり，天文力学がそのもっとも目覚ましい到達点であるという世界にいまだにいるようである[2]．

そのほかにも，我々自身の進化理論的アプローチに，よくても限定的な意味であるが，関連するいくつかの含意がある．たとえば，しばしば"進化理論的"と"革新的"という対比によって想起される漸進的な発展という考え

方がある．我々は経済プロセスにおいてはある種の継続性が重要であることを強調してはいるが，（現代の生物学も）変化はときには急激であることを否定してはいない．また，生物学的進化の解釈における目的論的謬見にとくに敏感な人々は，"盲目的"な進化に基づく解釈と"意思的"な目的追求に基づく解釈を明確に区別するように主張する．生物学的進化の理論の文脈においてこのような区別をすることの利点が何であれ，我々の企業の理論の文脈においては，このような区別は有用ではないし，議論をそらすものである．"盲目的"なプロセスと"意思的"なプロセスとを併せもった企業行動のモデルを展開することは難しいことでも，考えられないことでもない．実際，人間の問題解決それ自体において，両方の要素が含まれており，それを解きほぐすことは困難である．この点に関連して，我々の理論は，きわめてラマルク的である．すなわち，我々の理論は獲得された"形質"と，困難な状況という刺激のもとでの変種のタイムリーな発生との両方の要素を考慮しているのである．

我々は，生物学的アナロジーをそれ自身のために，あるいは，既存の一連の諸理論を取り込んだ抽象的なより高度な進化理論へ向けての進歩のために，追求しようという意図は毛頭ないことを強調しておきたい．経済問題を理解するのに役立つと思われる生物学の考え方なら何でも利用しようと思うが，それと同時に，不適切に思われるものは何でも無視するつもりであるし，あるいは，よりよい"経済"理論を得るというこのために既存の生物学の諸理論を大胆に修正する用意もできている（我々のラマルク主義の利用を見よ）．また我々の理論を人間性が生物学的進化の産物である，という見方の上に組み立てようとはしていない．ただし，最近のその方向への研究は伝統的な経済人の概念からの離脱への有望な試みだと考えてはいる．

2）バートン・クラインはその著書 *Dynamic Economics*（1977）においてこのように経済学が自然科学とりわけ物理学でおこった"科学とはなにか"という見方についての大きな変化を理解できていないということについて詳しく論じている．現代の正統派経済学の問題についての彼の感じ方は多くの点で我々と通じるものがある．

2．進化理論的モデル化

　正統派の理論が何であるかを正確に述べるのは容易ではない．本書で我々が展開する進化の理論もまた同様に，フレキシブルで，それぞれの問題の目的に応じて多様な形をとる．しかし，それぞれの理論に付随した特徴的なモデル化のスタイルがある．そのスタイルは多様なモデルが共通にもっている性質によって定義される．本節の主要な目的は進化理論的モデル化の一般的なスタイルを記述することにある．この仕事に取りかかる前に，対比させて見るために，正統派のモデル化について同様の描写を行ってみよう．

正統派のモデルの構造

　現代の企業行動と産業についての正統派理論のほとんどすべてに用いられている，容易に確認することができるいくつかの構成要素と分析の道具がある[3]．この同じ構造が非常に多様な一連の個別具体的な問題に関わる多くのモデルにわたって見て取ることができるのである．我々の正統派の様式についての議論はきわめて一般的であるが，読者は企業と産業の行動についての正統派のモデル化についての中心的でもっともよく知られた例を覚えておくことが有益であろう．すなわち，企業と産業の投入物と生産物と価格の決定についての標準的な教科書におけるモデルである．

　正統派の理論においては，企業は，外部（市場）条件と内部（利用可能な資本ストックなど）条件の関数として決められている，どのように行動するかを決定する一連の意思決定ルールに基づいて行動しているとみなされている．この理論は〝なぜルールはそのようになっているのか〟という問いに対する明確な答えを含んでいる．この答えはまたルールの範囲あるいは性質についての予測ももたらす．ルールは企業の側での最大化行動を反映している．これが，正統派のモデルの一つの構造的な柱となっている．

---

[3] ここでは我々は正統派のモデルの構造を一般的な用語で記述することのみに関わっている．次の二つの章では，経済変動についての正統派のモデル化の妥当性について論じ，さらに，基本的な正統派の概念についての批評を行う．

企業行動についての最大化モデルは通常，三つの分離可能な構成要素を含んでいる．第1に，産業において企業が最大化しようとしているのは何であるかということについての特定化がある．これは通常は，利潤ないしは現在価値であるが，場合によっては，目的は別のものであったり，複雑なものであったりする．第2に企業がいかにして行うかを知っている事柄についての特定化が行われる．焦点が伝統的な意味での生産である場合には，これらは，行動ないしは技術として特定化され，それにより行動の性質やその混合可能性についての仮定や決定された〝生産集合〟の性質についての仮定が決定される．しかし，他の問題に関わっているモデルにおいては企業がいかにして行うかを知っている一連の事柄は広告政策ないしは金融資産のポートフォリオであるかもしれない．最大化モデルの第3の構成要素は，企業が知っている可能な代替的な行動，市場条件，そうしておそらくそのほかの内部的制約（たとえば，短期には固定されている生産要素の利用可能な量）を所与として，企業の行動はその目的が達成される程度を最大にする行動の選択の結果として見ることができる，という想定である．最大化行動の定式化において情報についての不完全性，費用，制約を取り入れているモデルもある．

　最大化アプローチは企業が用いる一つのあるいは一連の意思決定ルールあるいは一連のルールを導くことを可能にする．このルールあるいは一連のルールは企業の能力と目的を所与として，企業の行動を市場条件の関数として特定化するものである．それは企業の意思決定ルールの源を探しその性質を最大化の手続きとこれらの背景となる条件に関連させつつ説明するという意味で，企業の意思決定ルールを理論的に説明しようとするものである．意思決定ルールそのものが理論のオペレーショナルな部分となっているのである．最大化モデルが意思決定ルールの形についての予測をもたらすこともある．たとえば，生産集合は厳密に凸で企業が価格をパラメータとして取り扱うとすれば，生産量と価格をむすびつける〝生産物供給ルール〟は連続的で価格上昇は供給される生産量を低下させることはない．より一般的には，最大化仮説は，企業がなぜあることをそのように行っているか，あるいは異なる条件のもとではどのような異なる行動をするのかをその目的と選択可能な集合を基礎として解明しようとする分析へと導く．

正統派モデルのもう一つの主要な構造上の支柱は均衡の概念である．これは非常に強力でフレキシブルな概念である．すなわち，正統派モデルにおける完全均衡は，モデルの全体的な構造のなかの多様な構成要素ないしは変数に関わる，二つあるいは三つの区別される意味での均衡のうちのどれか一つを意味している．これらすべての均衡条件の役割と帰結は，モデルの論理のなかで経済行動それ自体についての結論を生み出すことである．これは最大化分析によって生み出される行動のルールについての結論とは区別される．もっとも基本的な例では，市場における供給曲線と需要曲線は単に個々の売手と買手の行動ルールの集計にすぎず，市場価格のさまざまな可能な値に対しそれぞれの売手と買手にとってもっとも望ましい取引量を示すものである．現実の価格の値，そしてアクターの実際の行動は需要‐供給均衡条件によって決定されるが，それは集計された希望購入量が売手が売りたいと欲する集計量とちょうど一致するその価格である．詳細な点では異なっており，もっと複雑かもしれないが，経済学における均衡分析の精神はいつでもこの基本的な例におけるものと同じである．すなわち，均衡条件を課すことはモデルを特徴づける数学的体系に方程式を一つ追加することであり，これによりモデルのなかでもう一つの変数の値を決定できるようになるのである．

　最大化と均衡という正統派の中心的な概念を体現したフォーマルなモデルはさまざまな数学的ツールを用いて構築されてきている．実際，本質的には変わらない一連の理論的な概念を探求するのに幅広い，変化のスピードの速い一連の数学的手段が用いられているということは，このプロセスで鍵となっているメカニズムは，数学的なツールと分析対象との深い親和性などではなく，研究者とその読者の数学的洗練さの水準ではないか，との疑いをいだかせる．しかし，計算のテクニックはこの分野における中級および上級の教育においてますます中心的な地位を占めるようになっており，また，それはこれまで長く重要な研究のツールであった．それは正統派の鍵となる考え方，とりわけ最大化に関わる考え方のいくつかを表現するのに自然で効率的な方法を提供しているように思われる．選択集合の形状や連続性や，その他の制約条件についての副次的な仮定が与えられると，最大化の選択は適切な導関数をゼロとおくことによって導かれる．制約条件に関わるラグランジェ乗数

は価格決定の理論的理解と自然な関連をもつ．問題とする一群の企業の均衡は，それらの企業の最大行動を表すそれだけの式が同時に満足されることを意味する．このような数学的な考え方は分析対象に非常によく適合するように思える．それは，疑いもなく，少なくとも部分的にはそれが分析対象についての思考の展開に影響を与えたからなのである．

進化理論的モデルの構造

企業によって用いられる意思決定ルールは我々が提案する進化論的モデルにおいて，正統派モデルにおけると同様に，基本的な操作概念を構成している．しかし，我々は，意思決定ルールがなぜそのようになっているかの説明としての最大化モデルの考え方を拒否する．実際，我々は，大域的な目的関数，きちんと定義された選択集合，企業の行動の最大化の選択からの合理化，という最大化モデルの三つの構成要素を用いることはない．そうして，我々は〝意思決定ルール〟を生産の〝技術〟に概念的に類似したものとみなす．正統派はこれらを非常に異なったものと見ている．

企業の規則的で予測可能な行動パターンのすべてを表す我々の一般的な用語は〝ルーティーン〟である．この言葉を企業の以下にわたる性質を含むものとして用いる．すなわち，それは，物を生産するための明確に定義された技術的ルーティーンから，雇用や解雇，発注，需要の旺盛な製品の生産の増強，さらには，投資，研究開発（R＆D），広告に関する政策，製品の多角化や海外投資に関する企業戦略を含んだものをさしている．我々の進化の理論においては，これらのルーティーンが生物学的進化論で遺伝子が果たす役割を果たす．それらは生物の持続的な固有の特質であり，そのとりうる振舞いを決定する（ただし，現実の行動は環境にも影響される）．それらは，遺伝的なものであり，（たとえば新しい工場を建設することにより）今日の生物から発生する明日の生物は多くの共通した同じ性質をもっており，それらはあるタイプのルーティーンをもつ生物は他のものよりも有利であり，その結果母集団のなかでのその相対的な重要性は時間とともに増大していくという意味で，選択的である．

疑いなく，企業の行動のなかには通常の言葉の意味での〝ルーティーン〟

ではないものも多くある．同様に，個別企業の観点から見ても社会的な観点から見ももっとも重要な企業の意思決定は明らかにルーティーンではない．企業の上級の役員は，現代では，彼らが5年前に扱っていた同じ問題に同じ解決策をあてはめるという単調な日常をオフィスで過ごしてはいない．我々はルーティーンという概念のうえに企業行動の理論を構築するにあたって，これらの事柄を否定しようという意図をもってはいない．経済学的理論化の目的のためには，鍵となるポイントはやや異なっている．それは，企業行動についての定常的で，予測可能なもののほとんどはおそらく，「ルーティーン」という名のもとに包含されるであろうということである．とりわけ，ルーティーンという言葉が，企業が直面する非ルーティーン的な問題に対する企業のアプローチを形づくる比較的一定した傾向や戦略的発見的学習をも含むものと解釈する場合にはそのようにいうことができる．すべての企業行動が規則的で予見可能なパターンをとるものではないという事実は，進化理論においては，意思決定とその結果には確率的な要因があることを認めることによって考慮されている．事業上の意思決定に参加する人の観点からは，この確率的な要因は，混乱した会議ないし危機的状況での複雑な問題への遭遇の結果を反映するものであるかもしれない．しかし，より大きなシステムのダイナミックスを理解しようと欲している外部の観察者の観点からは，これらの現象の重要なポイントは，それらが予測し難いことにある．反対に，もしそれらが予測困難でなかったら，観察者は，混乱や危機感はある種の組織の儀式的なもの——すなわちルーティーンの一部である，と解釈することになろう．

　さまざまなタイプのルーティーンにいくつかの異なる言葉を用いるのは，ある種の目的のためには次のことが重要だという我々の認識を伝えたいからである．それは，そのオペレーションが機械と化学に厳密に制約されている一つの生産の技術と，ある時点においてどの技術を選択するかという手続きとを，区別することがきわめて重要である，ということであり，さらに，比較的低次の手続きないし意思決定ルール（たとえば新規の受注への対応や在庫の減少の確認とそれへの対応）と，高次の意思決定ルールないし政策（たとえば，石油と天然ガスの相対価格比があるレベルになったときに石油から

天然ガスへと燃料を切り替える，というルールないし，広告費を売上高のほぼ一定のある割合にしておく，という慣行）とを区別することが重要である，ということである．しかし，共通して〝ルーティーン″という言葉を使っていることから知られるように，我々はこれらの区別は微妙で連続的なものであり，明瞭ではっきりしたものではないと考えている．正統派の理論は選択集合と選択することの間，すなわち，ある特定の技術を用いることに関わる事柄と，どの技術を用いるかを決定することに関わる事柄との間を，明確に区別している．我々の進化理論はこれらの間に強い類似性を見ている．複数の原材料を混ぜ合わせる際には混合比率と反応温度が正しいかどうか，正しくなければどうするかという決定をしなければならない．正統派の方法においては，企業行動においてこのような選択の要因を技術の定義のなかに含めることによってその問題を理論的に認めることをしていないが，そうすることに根拠があるとすれば，それはおそらく，選択はルーティーン的な方法でなされているとみなしており，さらにおそらく，それらは企業の利潤に差が出る理由としては重要ではないとみなしているということに関わっているのであろう．しかし，価格決定，在庫管理，さらには広告政策についての実証研究は，これらの領域においても同様の〝ルールに従って″といった企業の意思決定方法が見られることを明らかにしている．すべてではないがいくつかのケースにおいては，おそらく財務，研究開発政策，あるいは規制への対応といった意思決定の領域の方がより重要なので，それ以外の領域ではルーティーン化が支配的となっている[4]．このように，正統派が〝行うこと″と〝選択すること″に含まれる類似した形のルーティーン化された行動に対して並行した取り扱いをしようとしないことは，謎であり，これは本書において繰り返し取り上げられることとなろう．

　いずれにせよ，進化理論的モデル化は異なる種類のルーティーンの間の類似性に光をあてる．いつでも企業のルーティーンは企業がどのように行動す

4）R.A.ゴードンの企業の意思決定に関する古典的な研究（ゴードン，1945）の主要なテーマは，以下のようなものであった．すなわち，経済理論が関心をもっている意思決定の多く（価格や生産量の決定など）はルーティーン的な手続きによってなされており，会社のエグゼクティブは実際はその時間をもっと重要な問題――それは正統派によるモデル化が困難なものであるのだが――に費やしている，というものである．

るかを，さまざまな外部変数（主として市場条件）と内部の状態変数（たとえば企業の現在の機械のストック，あるいは，最近の期の平均利潤率）の関数として（おそらく確率的に）決定する一連の関数を定義する．このようにして決定された関数のなかには，次のようなものが含まれているであろう．たとえば，必要な投入量と，生産される生産物とを関連させる関数（企業の技術を反映する），企業によって生産される生産物の量と市場の条件とを関連させる関数（伝統的な理論における供給曲線），投入物の組み合わせの比率とそれらの価格やその他の変数とを関連させる関数などである．しかし，正統派の理論においては利用可能な技術は一定のデータであり意思決定ルールは最大化の帰結である，と仮定されているのに対し，進化理論ではそれらは，それぞれの時点において企業の行動を支配する歴史的に与えられたルーティーンを反映するものとして取り扱われる．

　ある特定の時点での行動を支配するルーティーンはその時点においては所与のデータであるが，その時点での一般的なルーティーンの性質はそれらを形づくった進化のプロセスに言及することによって理解される．このプロセスを分析するためには，三つのクラスのルーティーンを区別することが便利である．

　そのうちの一つは，現在の工場，設備，その他の短期においては容易には増加させることのできない生産要素のストックを所与として，企業がどのように行動するか，ということに関わる（ここで，我々はマーシャルの〝短期〟に対応する我々の進化理論のモデル化における基本的な〝期間〟の単位を定義しているのである）．これらの短期の行動を支配するルーティーンは〝実行上の特性〟と呼ぶことができるだろう．

　第2のルーティーンは，企業の資本ストック（短期には固定されていた生産要素）の期間から期間の間での増加ないし減少を決定する．現実の投資行動が予測可能なパターンに従う程度はおそらく状況によってかなり異なるであろう．新規に工場を建設すべきかどうかという問題を取り巻く意思決定が，不調の特定の機械を使用し続けるか，あるいはそれを停止し修理を行うか，という意思決定とそう変わらない場合もあろう．あるいは，新プラントに関する意思決定が，新たに開けつつある技術的フロンティアについて本格的な

研究開発を行うという意思決定により類似しており，現実に先例が存在せず，その場で工夫をして対応せねばならない問題である場合もある．この二つのパターンのうちどちらがあてはまるかには，おそらく，企業の既存の活動に比した投資プロジェクトの相対的な規模が重要である．上で示唆したように，この現実に起こりうる可能性のスペクトラムは，進化理論においては，投資の意思決定を定式化するにあたって確率の要素が果たす多様な役割に対応している．本書で後に我々が展開するモデルにおいては，企業によって用いられる投資のルールは，企業の収益性やそのほかの変数に関連づけられている．そこで，利益が上がっている企業は成長し，そうでない企業は縮小していき，それゆえに利益が上がっている企業の実行上の特性が産業の活動のなかで大きな割合を占めるようになっていくであろう．

　ここでの選択のメカニズムは明らかに，生物学的進化論における純再生産率が異なる遺伝子型の自然淘汰に類似している．そうして，生物学の理論におけると同様に，我々の経済学的進化理論においても，成功あるいは失敗に対する企業の成長率の感応度はそれ自体がその〝遺伝子〟によるものである．

　最後に，我々は企業がその実行上の特性のさまざまな面を時間の経過にともなって修正していく働きをするルーティーンを保有していると見ている．ある意味では，進化理論におけるモデル企業は，市場分析部門，操業の状態を調査するグループ，研究開発を行う研究所をもっていると考えることができよう．あるいは，これらの機能は組織的な形では企業には組み込まれてはいないが，少なくとも，おりにふれて，企業のなかの誰かが，改善ないし，大幅な改革を念頭に，企業が何をしており，なぜそれをしているかを精査している，と考えることができる．我々はこれらのプロセスは他のものと同様に〝ルールに基づいている〟ものであると主張している．我々は意思決定ルールにおける次のようなヒエラルキーを想定している．すなわち，高次の手続き（たとえば，現在用いられている生産技術の精査，あるいは，広告政策をどのように変革することができるかの調査）がときおり，低次の手続き（特定の部品を生産するのに用いられている技術，あるいは，用いられている原材料の組み合わせ，あるいは，広告支出に関する現行の決定ルール）を修正する，というものである．そうして，さらに高次の手続きが存在するか

もしれない．すなわち，ときどき，行われる現在の研究開発政策の適切さや広告政策の基礎としている市場調査の方法の妥当性についての検討がそれである[5]．

　このルーティーンに導かれたルーティーンを変化させるプロセスは以下の意味で「探索」としてモデル化されている．探索によって見出すことができるルーティーンの修正ないし新しいルーティーンの母集団の性格づけが行われる．企業の探索の政策は探索によって見出すことができるものの確率分布を決定するものとして定義することができる．そうしてそれは多くの変数，たとえば企業の研究開発支出（それはさらに，企業の規模の関数であろう）の関数である．企業は検討されるルーティーンの変更を評価するある種の基準をもっているとみなされる．実際においては，すべての我々のモデルにおいて基準は予想される利潤である．探索のために用いられる具体的な個々のモデルは検討している問題に依存する．

　我々の探索の概念は生物学的進化論における突然変異に対応する．そして探索を部分的には企業のルーティーンによって決定されるものとしての取り扱っているのは，生物学において突然変異を部分的には生物の遺伝子的な組成によって決定されるという取り扱いに対応している．

　正統派におけるように，進化理論において企業の特性を示していくことは，産業あるいはそれ以外のより大規模な経済組織の単位の分析にむけての一歩である．本書におけるモデルは産業についてのモデルである．すなわち，広い意味で類似した企業が製品需要曲線と投入供給曲線によって特徴づけられる市場のコンテクストのなかで相互に作用しあう状況である．このような状況をモデル化するにあたって，一期間に市場において単一の価格を成立させるプロセスのような短期の動学的プロセスを抽象化して，"一時的な均衡"が達成されたと仮定すると便利な場合がしばしばある．しかし我々は産業のモデルが長期の均衡にあると仮定したり，長期均衡の性質について必要もないのに焦点をあてたりすることは決してしない．

---

5) この高次のルールが低次のルールの変更を決定する，というルールのヒエラルキー的構造のイメージは基本的にはサイアートとマーチ（Cyert and March, 1963）によって提示されているものである．

進化理論の核となる関心事は企業行動のパターンと市場の結果が時間とともに同時に決定されるダイナミックなプロセスにある．これらの進化のプロセスの典型的なロジックは次のようなものである．各時点において，企業の現在の実行上の特性，その資本ストックの大きさ，そのほかの状態変数が投入物と生産物の水準を決定する．当該企業にとっては外生的である市場の供給と需要の条件とあいまって，これらの企業の意思決定が投入物と生産物の市場価格を決定する[6]．このようにして個々の企業の利益率は決定される．利益率は企業の投資についてのルールを通じて，個々の企業の成長ないし縮小の率を決定する主要な決定因の一つとして働く．企業規模がこのようにして変化するにともない，同じ実行上の特性が新しい投入と産出の水準を決めるであろう．そうして，新しい価格と利益率のシグナルを決定していき……というようになっていく．明らかに，この選択の過程により，個々の企業の実行上の特性は変わらなくとも，産業の集計的な投入量と産出量と価格水準はダイナミックに変化していく．しかし，実行上の特性もまた，企業の探索のルールを通じて，変化にさらされる．探索と選択は同時的であり，進化のプロセスにおいて相互に作用する．すなわち，選択のフィードバックをもたらすその価格がまた探索の方向に影響するのである．探索と選択の共同作用をとおして，企業は時間とともに進化し，各期の産業の状況が次の期のその産業の状況の種を生み出す．

　ちょうど正統派の考え方のいくつかが微分法にそのもっとも自然な数学的表現方法を見出したように，以上の経済的進化の言葉による説明は自然にマルコフ過程の記述に移し変えられるように思われる．ただし，かなり複雑な状態空間におけるものとなるが．鍵となる考えはすぐ前のパラグラフの最後の文章にある．すなわち，各期の産業の状況が次の期のその産業の状況の種を生み出す，という箇所である．まさにこのある期から次の期への推移の捉え方において，進化理論の主要な理論的コミットメントが直接的に関連してくる．しかし，これらのコミットメントはこの過程が決定論的ではない，という事も含んでいるのである．すなわち，探索の結果は特に部分的には確率

---

[6] あるいは，企業の意思決定と市場価格は各期ごとに同時に決定されているかもしれない．

的である．かくして，ある特定の期の産業の状態が実際に決定するのは，次
の期の状態の確率分布なのである．もし t 期の前の期の産業の条件は t 期と
$t+1$ 期の間の推移確率に何ら影響を与えないという重要な仮定を加えるな
らば，我々は，まさに産業の条件の時間を通じた変化，あるいは〝状態〟の
変化はマルコフ過程であると仮定したことになる．

　もちろん，きわめて多様な具体的なモデルが上で定義した幅広い理論的図
式のなかで構築されうる．それぞれのモデルはそれぞれのマルコフ過程を定
義する．それは一般的なマルコフ過程の数学的定理の助けをかりて分析する
ことができよう．しかし，このような分析が経済学的に興味ある結論をもた
らすためには，多くの具体的な経済的内容がモデルのなかに存在しなければ
ならない．マルコフ過程の一般的な定理はそれ自身では経済学的な意味がな
い．それらは，特定の仮定を通じてモデルにもちこまれた結論を抽出する際
に有効なツールにすぎない．たとえば，産業が，静学的状態としての，ある
いはずっと先の将来のすべての時点にまであてはまる産業の状態の確率分布
としての〝長期均衡〟に接近するとして示すことができるかもしれない．そ
うしてこのような均衡への接近が実際にモデルの仮定に内包されているなら，
たとえば生き残る企業の実行上の特性を記述する，というようにそのような
均衡のいくつかの性質を記述することが通常は可能であろう．

　このような結論を導く試みが成功するかどうかを決定する重要な要因は，
モデルの複雑性にある．このことは，進化理論の範囲について，さらに，と
りわけ産業の進化についての一連のマルコフ・モデルの範囲についての重要
な問題へと導く．抽象的なレベルでは，このモデル化のスキームはきわめて
広い一般性をもっている．我々は〝企業の状態〟を以下のものについての記
述を含むものとして考えることができよう．すなわち，企業の物理的状態
（工場や設備），情報の状態（引き出しの中身や人間の記憶），実行上の特性，
投資に関するルール（物理的状態の変化に影響を与える），記録に関するル
ール（情報の状態の変化に影響を与える），そうして，探索に関するルール
（実行上の特性，記録に関するルール，探索に関するルールすべてに影響を
与える）である．これらはすべて原則としてきわめて詳細に記述することが
できる．我々はある〝産業の状態〟の記述を，現在存在している企業，潜在

的な企業，すでに消滅した企業のすべてについての企業の状態の記述のリストと，所与の時間の関数と企業の状態の関数のいずれかないし両方として決定される環境変数のリストとして考えることができる．このような複雑な産業の状態の変化のルールはおおむねここでの説明それ自体に内在している．実行上の特性が物理的状態と情報の状態を今日の行動にマッピングする．今日の行動とそれぞれの時点によって環境変数が決定される．それぞれの企業ごとに今日の企業の状態と環境変数の値が，投資，記録，そして探索に関するルールを適用することによって新しい企業の状態にマッピングされていく．そうしてこのプロセスが続いていくのである．

　以上については，抽象的な概念化としては何ら問題はない．しかし，モデル化の努力のポイントは，システムを単に記述することではなく，システムのはたらきがある程度理解されるように記述することにある．この理由によって本書のあとのほうで出てくるいくつかのモデルはいま述べたような抽象的なスキームのそれぞれきわめて単純な例となっている．正統派と同様に，我々も用いる理論的な考察の力と，一般性と，我々の特定のモデル化の努力とがこれまでに生みだしたずっと限定された結果とを明確に区別する．

3．本書のプラン

　次の章では，正統派の理論のいくつかの重要な欠陥を検討し，診断する．このような欠陥についての我々の反応は，過去に行われた正統派への批判と，経済思想のより広い伝統という背景のなかで位置づけられる．

　第Ⅰ部の終わりにおいて，我々は選択肢を提示する．多くの読者が，経済理論に深く根づいているある種の不適切さに対する確かな治療法を提供しようとする我々の試みに興味をもってくれることを希望している．これらの不適切さは，もちろん，個人と組織の能力と行動についての経済学者の基本的な仮定に表れている明らかな現実の歪曲を意味している．第Ⅱ部でこの試みを開始する．そこにはフォーマルなモデル自体は含まれていないが，むしろ，それ以降のモデル化において基盤となりまた指針となる個人と組織の働きについてのイメージを展開する．まずはじめにこれらの点についての正統派の

取り扱いの概念的な基礎を注意ぶかく精査する．その上で，一連の調整された行動，すなわち，個人のスキルと組織のルーティーンに焦点をあてたこれに取って代わる見解を展開する．とりわけ，この分析は行動の成果と行動の選択の間には明確な区別はないのだということを明らかにする．もっとも重要なのは，5章において次のことを明確にすることを目指しているということである．すなわち，本書で後に現れてくるフォーマルなモデルは一般的に組織の能力と行動の，とりわけそこでの継続性の根源についての，現実的な説明に十分に根ざしたものであるということを明確にすることである．フォーマルなモデルの仮定は第II部において説明されている詳細なメカニズムから生起してくる主要な傾向のいくつかをとらえようとするものである．

　進化理論をとらえたフォーマルな理論化に興味をもっている読者もいるだろう．また，進化の理論が標準的な分析的問題にどう答えるかについて，あるいは，より扱いにくい経済問題にどのようにあらたな分析をくわえているかについて興味をもつ読者もいよう．これらの読者は第II部をとばして第III部に進むことをおすすめしたい．第III部では，企業と産業の行動についての実証理論において探求される中心的な二つの問題を取り扱う．すなわち，産業の均衡の性質と，市場条件の変化に対する企業と産業全体の反応である．これらの伝統的な問題を進化理論の概念とツールを用いて探求することによって，我々は方法と結果の両面において正統派との比較の基盤を展開する．そこでは，多くのなじみ深い理論的結論があらたな基盤にうつっても生き残ることが，しかしそこでは新たな解釈と注意がそれらを取り囲んでいることが明らかにされる．

　第IV部においては，長期経済成長についてのいくつかの進化モデルを発展させ，追求していくことが行われる．そこでは進化のモデルにおけるイノベーションの取り扱いが，技術進歩を表す変数を導入することによって修正された新古典派のモデルよりも，技術進歩によってもたらされる経済成長をモデル化する際のよりよい基盤となることが論じられる．とりわけ，我々は，進化理論的成長論が，技術進歩のミクロとマクロの局面を統合するにあたって，より正統派的なフォーマルなアプローチよりもはるかに優れたフレームワークを提供する，という論点を展開する．

第Ⅴ部では，伝統的な理論的ツールでは効果的なアタックができなかった問題に取り組む．すなわち，ジョセフ・シュンペーター（1934, 1950）によって記述されたイノベーションを通じた競争のプロセスの分析である．我々は，このようなプロセスに含まれている市場構造とイノベーションの豊かな関係の網の目のなかの縦糸を探求し，見出していくことを可能にするモデルを発展させる．探求される側面の一つは，成功したイノベーションと，企業の成長と，市場構造の変化とを結びつける因果関係の連鎖である．しかし，我々はより伝統的にとらえられたシュンペーター的〝トレードオフ〟と，それに付随した政策的問題のいくつかについても同様に検討する．

　第Ⅵ部では分析はよりフォーマルではないスタイルに戻る．そこでは，実証経済学についての進化の視点によって得られる展望から規範的経済学を論ずる．そこでは規範的理論における伝統的な問題の多くは，あまりに人工的であり現実の問題を効果的にとらえていないとして退けられ，また他のものは少し異なる答えが与えられ，正統派のレンズでは見えなかった多くの政策的問題が観察され，検討される．とりわけ，供給を組織化する手段としての企業の強みと弱みという問題を今日の厚生経済学によって得られるものとは大きく異なった光のもとに見ることができる．

　最後の章は本書で成し遂げられた進展を展望し，いまだ取りかかられていない作業のより大きなアジェンダをさし示す．

第2章　進化理論の必要性

　理論の方向性についての大きな変更を提案するものは，既存の理論の欠点，ないし，それに取って代わるべき理論の利点，望むらくはその両方を指摘することが求められる．進化理論の利点についての積極的な議論は本書を通じて理論のそれ自身の展開とその例解的な応用のなかで提示していく．この章においては我々の正統派に対する批判的検討を行い，それを正統派の伝統から決別した他の業績の文脈のなかに位置づけることを試みる．

　正統派理論は多くの局面で誤っているかあるいは不適切である．批判的検討はさまざまな視点のなかのどれからでも始めることができる．一つの可能性は方法論的な面を強調することである．正統派を個人と組織の行動に関する事実から覆い隠す防御的な目をそらさせようとする方策によって科学的な方法論としてきわめて疑わしい問題が提起されているからである．これらの事実のうちのより明確なものについてのサーベイがこれに代わる視点を与えてくれる．さらに，もう一つは正統派の説明のスキームを支えるものとしてしばしば提示されるような証拠についての批判的な検討を強調することであろう．これらのアプローチはすべて本書のいろいろなところで取り上げられる．しかし，正統派による経済変動のさまざまな局面の分析における問題点から始めるのが適切であると思われる．この分析こそ進化理論という正統派に取って代わる理論が主として関心をもっている理論的な課題である．

1．正統派による経済変動の取り扱いの不適切さ

　経済分析の多くは，変化を予測し，説明し，評価し，処方箋を書くことに関わっている．とすると，企業と産業の行動についての理論の適切さは，おおむね，市場条件の外生的変化への企業と全体的な産業との反応といった現象をいかに解明できているか，あるいは，イノベーションの源泉と帰結を明らかにすることができているか，といったことで評価することができるはずである．すでに指摘されているように，正統派の理論は最初の点については・・・・・・アドホックな取り扱いをしており，２番目の点については無視しているか機械的に取り扱っているだけである．

　最初の問題については今日の教科書やいくつかの研究書に提示されている企業と産業の行動についての理論は，確かに直接答えているように見える．実際，ほとんどこれこそが理論が関わっていることであるように思われる．フォーマルな正統派理論はさまざまな製品需要と要素供給条件のもとでの均衡価格，投入量，産出量の決定を説明するとしている．たとえば部分均衡産業分析の文脈において，理論的な作業の核心は，生産物供給関数（要素価格と製品価格の関数としての企業と産業の供給量）や，企業の投入要素の比率と投入要素の相対価格（等産出量曲線にそった動きを仮定したうえで）とを関連づける関数，などを導出することにある．しかし，この理論は，一見そうではないように見えるけれども，次の問題に直接に答えてはいないのである．すなわち，産業の製品に対する需要が増大したら何が起こるか，あるいは，特定の生産要素の価格が上昇したらどうなるか，といった問題である．行動の調整は即時的で，これらの市場条件の変化とその結果としての均衡価格は事前にだれにでも完全に予見されるという仮定を両方ともにおかなければ，直接に答えられてはいないのである．より現実的には，企業は，市場がいかにして落ち着いていくかについての不完全な情報に基づいて，予想していなかった市場条件の変化に対して，時間のかかる反応をするものとして理解しなければならないのである[1]．

　このもっともと思われる解釈に基づくと，市場条件が変化した直後の企業

行動は，問題の理論に含まれるその言葉の単純な意味において〝最大化〟として理解されるべきものではない．また，産業は少なくともショックのあと何がしかの間は均衡にはないと考えるべきである．完全予見の仮定ないしそれに非常に近いものが存在しない場合には，市場条件の変化は産業の少なくとも一部の企業にとっては予期せぬ驚きであると認めないわけにはいかないであろう．予期しない変化が訪れると，企業が現在ひろく採用している政策は誤った期待に基づいていたことになり，実際には利潤を最大化するものではなくなる．この問題を明確に認識しているモデルは，前の政策を最適ではなくしてしまうショックに面した場合には，企業はその政策を適切な方向へ変化させることで変化した条件に適応する，という仮定を導入している[2]．これらのモデルにおいて変化は即時的に起こるあるいは一度限りのものであるといった仮定がなされることはまれである．予見できないショックに対する適合的行動（最大化行動ではなく）を想定することは経済的適応においてある調整コストないし〝摩擦〟の存在への暗黙のあるいは明示的な部分的な譲歩である．しかし，摩擦は教科書における最適化行動の説明においては一般的には考慮されていない現象なのである．

　近年の論文のいくつかは，調整費用あるいは摩擦という現象を明確に認めており，調整費用を所与として，予見できないショックに対する反応の時間経路を最適であるとしてこれを取り扱おうとしている[3]．しかし，初期の不均衡価格の体系への産業における諸企業の反応が，これらの価格を事前には予想できなかったようなやり方で変化させるだろうということを認めたな

---

1) サミュエルソンはその *Foundations of Economic Analysis* (1947) においてショックに対する現実の企業と産業の反応が〝均衡からはずれる〟という性格について明確に述べている．この時期以降，経済学はこの問題に対して部分均衡分析の文脈において，いくぶん，無頓着になってしまった．たとえば，ヘンダーソンとクォント (1980, pp.159-169) 以降から思い出してつけ加えられたような，動学の取り扱いを見よ．
2) とりわけ，適応的行動の概念は応用計量経済学において分布ラグを用いることの暗黙ないし明示的な正当化の理由となっている．この種の統計的特定化が厳密な正統派の原理とは相いれないことを強調した議論として，グリリカス (1967)，ナーラヴ (1972) を見よ．
3) さまざまな形での経済的摩擦の影響についてのフォーマルな分析は投資行動と市場の機能を扱ったいくつかの高度な理論的論文において行われている．たとえばグールド (1968)，ルーカス (1967b)，トレッドウェー (1970)，および，フェルプス et al. (1970) に含まれている一連の論文を見よ．変化する市場条件に対する持続的な最適化調整を強調した実証的なアプローチとして，ナディリとローゼン (1973) を見よ．

ら，最初の完全予見の設定に戻らない限り，このような試みは失敗するだろう．実際，強い仮定をおかない限り，多数企業が存在する状況のもとでの最適な調整戦略を定義することでもすでに微妙で複雑な理論的な問題なのである．

　このように，多くの経済学者がもっている印象とは明らかに反して，変化する市場条件への企業と産業の反応についての操作可能な（とよぶことができればだが）理論は，利潤最大化と均衡体系という教科書的な定式化からは導くことはできない．むしろ，理論は現実の経済的出来事の解釈に実際に適用されたときには適応的変化を想定しており（これはいくつかの可能な方法のいずれによっても特定化できる），また典型的には二つの鍵となる仮定を含んでいる．そのうちの一つは，適合的反応の方向は利潤最大化の体系の変化の方向と同じである，というものである．2番目は適合的プロセスは究極的には新しい均衡体系に収斂していく，というものである．

　この理論はよくても最大化と適合的行動モデルのアドホックな混成物で，正統派が最大化アプローチの類のない妥当性を言葉を尽くして強調することとまったく整合的ではない．もっとも悪くすると，どこかで，深刻な分析的なつまずきにであうということであろう．もし意思決定が離散的な時間のなかで行われたなら，"正しい"方向への適応的調整は目標をオーバーシュートしてしまうかもしれない．これはよく知られたくもの巣問題である．離散的でない場合においてさえも，適合的反応の性質についての想定（たとえば，超過需要に対する反応として生産量が増加する，あるいは価格が上昇するといった）が安定条件に影響する．適合的モデルは均衡へ収斂する時間的経路を生み出すかもしれないし，生み出さないかもしれない．特定のケースにおいて均衡へ収斂する経路を生み出そうが生み出すまいが，もし適合的行動モデルが企業の予期しない出来事への反応を表すものとして受け取られるならば，それはそれによるプロセスの説明は多くの教科書や研究で詳しく説明されているフォーマルなモデルとは異なっているということは認識されなければならない．調整の言葉による説明は，とりわけ初歩的な教科書などにおいては，適合的行動の雰囲気がただよっている．この種の乖離は理論的な議論においては珍しいことではない．

一般均衡理論においては，同一の基本的な問題が異なる形で現れてくる．ここでの分析の目的は，もちろん，実際的で応用的な程度は低く，高度に概念化された体系の働きにより関心がある．F.H.ハーン（1970）はエコノメトリック・ソサエティーの会長講演において，数学的な一般均衡理論が達成した事柄についての展望を行っている．そこで彼は，経済学者は，一般競争均衡に収斂する不均衡調整のありうべきプロセスのモデル化についてほとんど進歩を実現できていない，という事実に注意を喚起している．彼は，現在の安定性の定理が依存している制度的な仮定（ワルラス的模索）は明らかに人為的であり，他方で，多少とも現実に近いモデルは現実的なケースについて望まれるときにその結果をもたらすことに失敗していると述べている．彼は，結論として，均衡のそとでの動学的な調整プロセスの理解がなければ，「均衡の研究だけでは経済学においては役に立たない．しかし，過去20年間の技術的に最良の研究はまさにそれに終始したといっても過言ではない．均衡の研究が存在することは結構だが，いまこそ経済がどのようにふるまうかということの分析にそれが役に立つのかを問うときが来たのではないだろうか．経済学においてもっとも知的に興味深い問題は依然として残されたままである．すなわち，私的な利益の追求がカオスではなく，一体性をもたらす，というのは正しいのか，もしそうなら，どのようにして一体性がもたらされるのか，という問題である」と述べている（ハーン，1970，pp.11-12）．

ハーンの"いまこそそのときが来た"という提起にもかかわらず，彼が明確にした問題については何ら重要な進展は見られないままに年月がたってしまっている．その理由は簡単である．最大化と均衡分析への徹底したコミットメントが経済的調整についてのいかなる現実的モデル化の試みにたいしても基本的な障害となっているのである．最大化へのコミットメントは不均衡から均衡がいかにして生まれるかの説明の試みにおいては条件がつけられるか，あるいは，さもなくば不均衡行動の理論的可能性は何らかの極端な現実の歪曲によって手早く片づけられている．応用的な研究は前者の経路をたどり，より抽象的な理論的研究は後者の経路をたどっていく傾向がある．

ほぼ同様の体質が正統派によるイノベーションと技術変化の分析を歪めている．まずはじめに，イノベーションと技術変化の分析は特殊専門化された

研究からなっており，ほとんどの教科書においてだけでなく，そのほかの研究においても無視されている，という点は特記すべきであろう．このような隔離された取り扱いは，技術変化とイノベーションが，経済の現実的な現象において孤立した現象であるから，というわけではもちろんない．むしろ，これは正統派の理論的エンジンがこのような変化という現象が存在しない（仮想的な）環境においてよりスムースに機能するという暗黙の証拠である．これらがもたらす複雑な問題に対応するという作業は，その課題の特殊な性質が明らかにそれ以外の選択を許さないというときにのみ，行われる．場合によっては，そうなっても行われないこともある．

　技術進歩はいまや多くの経済学者によって，生産性の成長，エレクトロニクスや医薬品のような産業における企業間の競争，製造業製品の国際貿易のパターンなど，さまざまな経済現象の背後にある中心的な要因であると認められている．しかしこの点がこのような文脈において認識されたのは，フォーマルなモデル化のなかでその役割をとらえようという試みよりもはるかに前のことである．このような試みは，技術進歩が取り込まれていない理論構造はいずれもデータによってはっきりと拒否され続けてきたことをしぶしぶ認めたことの反映であることが多かった．そうしてその結果としてのモデルは，技術変化に関わる変数を，標準的な理論的構造をできる限り保持しながら正統派の理論に接木した，というものであった．我々の見解ではこのような対応では不十分であった．

　このような知的な症候は第2次世界大戦後の長期的経済成長の理論化の特徴である．1950年代の実証的研究は，米国における労働者1人当たり国民総生産（GNP）の時間を通じた成長はその間の労働者1人当たりの生産要素の増加によっては説明しきれないことを明らかにしている．すなわち，そこには説明されていない大きな残差が存在している．このような残差が表れるのは〝技術進歩〟と呼ばれる何ものかの結果である，と〝予言する〟モデルが現れたが，そこでは正統派の静学的な理論のほとんどの様相は保たれたままであった．とりわけ，基本的な仮定，すなわち，企業は誤ることなく利潤を最大化し，体系全体は（移動）均衡にある，という仮定は維持されていた[4]．

しかし，西欧の市場経済——成長論がモデル化しようとしている対象である——においては，技術進歩のほとんどは企業による利潤を目的とした投資の結果である，ということは制度的な実態である．成功したイノベーションからの利潤は，少なくとも当該モデルが提唱している均衡の基準からいえば，不均衡の現象である．それはおもにイノベーションによって競争相手に先んじることができることから得られる．そうして，イノベーションが成功するかどうかを少しでも詳細に予測することはきわめて困難であるということもまた，一般にはよく知られた事実である．広い意味で同じ経済環境のもとにあっても，さまざまな意思決定者や企業は異なる予測のもとに行動し，事後的には誰かが成功し誰かが失敗することになる．これらの事実から，成長論において利潤最大化という静学的概念を維持したことは経済成長の理解を促進するというよりは妨げる事になったといえよう．逆説的であるが，これは，利潤追求が成長過程において果たす役割を過小に評価し，またあいまいにしてきたからこのような結果をもたらしたのである．正統派の教義に形式的に固執したために，成長論は不確実性，一時的な利得や損失，技術進歩の滑らかでない，手探りで進むという性質，そうして企業の特性と戦略の多様性，すなわち，まさに資本主義経済の動態の鍵となる性質を捨象してしまうことになった．

原則的には，これらの性質は正統派の理論的原理をより洗練された形で応用したより高度な理論によってより適切に取り扱うことができたであろう．実際のところ，今日においてもこのような理論が存在していないのは，そのような理論を発展させることの必要性を認識できていないからというよりもそのような理論を構築することが困難であるからだということによるのであろう．しかし，問題の複雑さのためにきわめて困難であることはそのとおりであるが，正統派の理論家は自らで課した追加的な厳しい制約のもとにあることも記しておくことは重要である．（正統派の基準で）適切に使用されれば，不確実性，多様性，そうして変化をモデル化するのに必要な最大化と均衡の概念はデリケートで，入り組んだ知的な装置である．これらの概念を用

4）これらの点については第IV部で詳細に論ずる．

いて適切に構築されたモデルにおいてはきわめて厳しい一貫性の基準が満たされなければならないのである．それはあまりに厳しいので，状況は単純化され，様式化され，そこではばかばかしさを超えて難しいパズルの域にまで達しているほどである[5]．このようなパズルを解くことにおける知的な達成は否定できないが，しかしこの業績は，正統派がきわめて熱心に理論化しようとしているように現実の世界の側が一貫したものだということを信ずる理由があればより興味深いものとなっていたであろうが．

　成長理論の研究者が，一般的に，成長という現象が正統派の理論化にたいして提起する（不可避的なそうして自ら招いた）複合的な困難さに正面から向き合おうとするのではなく，最大化と均衡という単純な概念化に依存することを選択するのは取り立てて驚くべきことではない．問題なのは，いっそうの妥協をしようとする気がきわめて少ないことであり，さらに，鍵となる実質的に重要な現象は放り出される一方で，最大化と均衡は理論における名誉ある地位を維持していることである．

　高い率でイノベーションが起こっている産業における競争の性質についての研究においても，同様の問題に対する異なった反応が支配的である．シュンペーターの基本的な貢献については，経済学者によるこのような産業における行動の記述的な説明においてはしばしば言及されるものの，フォーマルな理論化はきわめて少ない．経済理論家は，最大化と均衡という考え方を用いてきているので，このような部品でシュンペーター的競争のモデルを構築するのはきわめて困難であるということを骨身にしみて知っているのである．その結果，少なくとも最近までは，特定の限定された理論をデータでテストするあるいは計測するという動機ではなく，目の前にある経済現象を記述し，説明する，という動機で研究をしている経済学者はフォーマルな理論的な対応物がない記述的な理論的な説明を用いるほかはなかった．ときには，これらの経済学者は支配的な理論に基づく受容される経済的議論の教義への恭順

---

[5] "合理的期待"として知られる一般的な理論的アプローチは，真に正統派的で，合理的期待均衡に必要とされる一貫性の要求はきわめて厳しいものである．このアプローチにおいて注目すべきことは，個々の登場人物のレベルでの記述的正確さへの無関心に加えて，一貫性の美学へ完全に傾倒することによりモデルのステートメントにおいてもっとも極端な単純化の仮定を用いていることである．

を示し，利潤追求の行動を利潤最大化と呼んだり，動学的競争によって過去の成功したイノベーションによる準レントが消滅させられていく傾向を均衡とよんだりしている．しかし，このような利潤最大化と均衡の理解は教科書であれ高度なレベルであれ，現代の理論とは大きく異なるものであるということを認識しなければならない．さらに，シュンペーター的競争についての思考の知的な一貫性と力はきわめて弱いままであった．それは研究を導き，結びつけるよく考え抜かれた理論的構造が存在しないところではそのようなことになるのは容易に想像できることである．

　シュンペーター的競争をモデル化しようとする試みはいくつか行われてきた．これらのほとんどは最大化と均衡という正統派の部分品を用いている．これらのなかには優れたものもあった．それらは，シュンペーター的競争が行われている現実の世界では注目を集めるであろうある種の現象に注意を喚起し，それらに対し少なくとも断片的なもっともらしい説明をあたえることに成功している．しかし，不可避的に，これらは二つの限界をもっている．第1に，モデルが最大化と均衡という概念に厳密に執着しているため，研究開発のプロセス，産業構造，制度的環境などについて理論家は大幅に単純化することを余儀なくされている．第2に，用いられた単純化のための仮定は，我々がシュンペーター的競争の基本的な側面とみなすものをあいまいにしてしまっている．すなわち，それは，企業の特質と経験の多様性と，その多様性と産業構造との累積的な相互作用である．

2. 診断と処方箋

　正統派の分析に対する批判の多くは，少なくともそれが言及している個々の理論的文脈のなかではよく知られているものである．それほどには知られておらず，より議論をよぶものは以下のような我々の主張である．すなわち，これらの分析の問題は，基本的には，利潤最大化と均衡という正統派の教義となっている仮定から発生する根本的な限界を反映しているのだ，という主張である．もしこの主張が正しければ，問題はその分析の対象に完全に由来するというものではなく，また，他方で，正統派の理論化が究極的にはそれ

を克服と信ずる理由もない，ということになる．それらは，まったく異なるデザインによる理論的なツールがそれに向けられるまでは，持続するであろう．

　経済理論においては，他と同様に，新規なデザインであってもすべての面で新しいということはありえない．過去に大きく依存しているからである．このことはもちろん我々の提案にもあてはまる．以下に，我々が正統派と異なる主要な点を，そうして正統派と意見を同じくする点を，簡潔にまとめた．

　第1に，経済的アクターが――とりわけ，企業が――自ら追求する目的をもっているというのは強力な理論的仮説であると，考えられる．利潤はこのような目的のなかの重要なものの一つである．実際，本書において提示する個々の具体的なモデルにおいて，利潤は企業の目的として明確に認められる唯一のものである．そうしてこの利潤という想定された目的は我々の企業のモデルにおいても通常認められている役割を果たす．すなわち，検討された代替的な行動のなかからある行動を選択する際の基準としてはたらく．「利潤最大化」が意味するものがこの程度であれば，我々のモデルは利潤最大化行動のモデルだといえるだろう．

　しかし，フォーマルな正統派理論の利潤最大化の仮定は，上で同意した程度のものよりもはるかに強い．それは比較される代替案の性質についての，また比較のプロセスについての厳密なコミットメントを含んでいるのである．このコミットメントについては第3章でより詳細に検討する．ここでは論点を簡潔に，少し単純化のしすぎとも思えるほどに明らかにしておく．すなわち，正統派の仮定は，あらゆる客観的に利用可能な選択肢からなる所与の選択集合にわたっての大域的な，誤りのない，一度限りの最適化が存在するというものである[6]．これは明らかに，たとえば，次のような仮定とは相いれないものである．すなわち，企業は通常は現状維持の政策をとっており，必ずしも自らはコントロールできないプロセスのなかから代替策が起こってくるとその代替的政策の収益性を現在の政策と正確とはいえない方法でそのときどきに比較検討し，現状とくらべて現在提起されている代替策のほうが有利であれば政策を変更する，という仮定である．この後者の仮定はより進化理論の精神に近い．それは〝利潤追求〟ないしは〝利潤に動機づけられた

努力″の仮定であり，決して利潤最大化の仮定ではない．

　十分に落ち着いた，繰り返しが続く意思決定の文脈のなかでは利潤を求める努力と利潤最大化の相違は重要ではないかもしれないが，大きな変化が起こるという文脈のなかでは違いはきわめて大きなものとなる．最適化の概念を厳密に固守することは，変化の基本的な特性を無視することを要求する，あるいは，強く勧めることになる．その変化の基本的な特性とは，ナイト的な不確実性（ナイト，1921），見解の多様性，意思決定のプロセス自体の困難さ，高度に継起的な〝手探り″や，関連する情報を獲得するための幅広い注意深さの重要性，問題解決的，発見的学習の価値，事後的には誤っていたと判断される行動の想定される規模と範囲，などである．何年もまえに，シュンペーターは次のように述べている．「慣れ親しんでいる循環的な流れのなかでは，すべての個人は迅速にかつ合理的に行動することができる．というのは，彼は自分の立場がよくわかっており，循環的な流れに調整されたすべてのほかの個人の行動に支えられているからである．そのほかの個人の側もまた彼がいつもの行動をとることを期待している．しかし，彼が新しいタスクに直面したときには単にこれではすまない．新しい計画を実行することと，慣れ親しんだ計画にしたがって行動することとは，道路をつくることとそこを歩くことほどにも異なっているのである」（シュンペーター，1934，pp. 79, 85）．同様に，より近年には，ボウモルが次のように述べている．「これら（最大化モデル）において，ビジネスマンは最大化するロボットであり，そうして最大化するロボットであり続けるのである．このことは，我々の主要な理論は，そのこれまでの展開してきた結果を見ると，それが企業家的機能の記述と分析を効果的に行うという希望を何らあたえてくれない．最大化と

---

6) このような性格づけは厳しいものであるが間違ってはいない．いくつかの正統派の理論的教科書は表面的にはこの範囲から踏み出しているように見える．たとえば，最適探索のモデルやそのほかの継起的意思決定モデルは一回限りの最適化ではないように見える．しかし，厳密に検討すると，モデル化されているのは実際は，展開していく状況に対する最適な反応の戦略の一回限りの選択である．実際，一回限りの選択へと還元ができたという事実が戦略という概念の分析的な力の基本である．このことは，洗練された正統派のモデルの登場人物は，より単純なレベルのそれと同様に，真に予期されない情報に対しては反応できないものとして構想されているということを意味している．そこでの登場人物は問題にたいして最初から正しいか，あるいは予期されなかった環境にたいして「計算できません」としか反応できないのかのどちらかである．

極小化が我々の理論の基礎をなしている限り，まさにこの事実によって，この理論は企業家活動の分析を提供する能力を奪われているのである」（ボーモル，1968，p.68）．端的にいえば，変化は最大化ロボットが解決することができない明確な問題を提示する．それ故に，最大化ロボットを組み込んだ理論は変化を分析することができないのである．

　我々は同様に，競争と均衡という概念についても正統派とは（同様に重要な留保条件つきで）部分的にしか一致しない．競争の刺激と圧力は産業におけるそれぞれの企業の意思決定の環境の重要な部分であるということについては一致している．競争の圧力は企業の裁量的な決定を形づくるだけでなく，企業の意思決定に対する生き残りに関わる外生的な制約を課すようにもはたらく．そうして，競争圧力の理念的な構成の全体的な傾向を理解する試みのなかで，動学的プロセス全体が最終的にどのように落ち着くかを問うてみることは，すなわち，個々の力がもはや変化を生み出してはいない安定的な均衡の構造を求めることは，いうまでもなく，意義のあることである．

　正統派はここでもさらに，先へと行き過ぎてしまう．もっとも典型的な理論化において，競争と均衡はモデル化の論理の初期の段階で一対のものとして用いられ，考慮されるべき可能性の範囲を劇的にせばめるという結果をもたらしている．このようなモデルは，競争的な争いそれ自体を分析しておらず，効率的な，生き残った企業の間の関係の構造を説明しているだけである．明らかに，このようなモデルは競争的な争いの期間やこの間に起こされた誤りの持続可能性といった問題には答えることができない．

　この競争的プロセスを理論的に無視しているということは，これまでのセクションでの議論でも示されたように，一種の論理的不完全性の一部をなしている．多数の個別的な登場人物の最適化行動のモデルが実際に機能するのは均衡においてだけである．不均衡行動は（アドホックな仮定をべつにすれば）十分に特定化されていない．しかし，このことは〝均衡〟が定常点となる，よく定義された動学的プロセスが存在しないことを意味する．変化率がゼロということではなく，整合的な関係が均衡を定義するのである．いかにして均衡が達成されるかという問題は（アドホックな仮定なしには）完全に正統派の理論的概念では提起することができず，それゆえに必然的に答える

こともできないのである．

　要するに，経済的な変化を理解するためには正統派の経済の実態についての基本的な直感のほうが，その直感の現代的な理論化よりも潜在的にはるかに有用である，ということである．目的を明確にし，熟考することは企業行動をモデル化する際の有益な前提であるが，厳密な利潤最大化はそうではない．同様に，個別の企業の行動が他の企業の行動に依存し，さらに，それが他の企業の行動の変更も促すというプロセスをモデル化するのは正しく，実り多いことであるが，このプロセスが常に均衡あるいはその近傍にあると見るのは実り多いことではない．

　なぜ正統派のアプローチはこのように結局のところ建設的でないのであろうか．それは二つの欠点が組み合わさったからであり，このどちらも単独では致命的ではない．第1は，しばしば指摘される，行動と事象の性格づけにおける記述的なリアリズムの欠如である．極端な抽象化を厳密に固守することにより，正統派は経済学にとって大きな価値をもつと思われる情報と洞察の源——たとえば，経営の理論と実践，心理学，組織論，経営史などから，経済学をますます孤立させていっている．極端な抽象化とそれによる孤立化は，それが複雑なシステムの分析を可能にするという機能を適切に果たしているのであれば，それはそのためのコストとして正当化することもできよう．しかし，抽象化が本当の単純化の効果を果たすのは教科書レベルにおいてのみである．これが正統派の第2の欠陥である．すなわち，進んだ理論的研究や多くの応用において正統派の装置は面倒で取り扱いにくい．不確実性と変化という事実に面すると，それは選好と主観的確率の，苦心して作り上げた仮説的構造に説明の大きな部分を頼るのである．オッカムのレーザーに大きく反して，理論に操作可能な内実をあたえるというもっともな期待によって実際に必要とされる程度をはるかにこえて仮説を複雑にしてしまっている．

　もし，基礎が実証的に確実なものであるならば，惜しげもない関心を極度に修辞的な論理的上部構造に対して向けたことは理解することができる．もし，上部構造が簡潔で直接，現実的な有用性をもつものであれば，不安定な基盤であっても便宜的に関わることは正当化できる．正統派はもろい実証的な流砂のうえに華美な論理的宮殿を建てるようになっているのである．

3．進化理論の味方と先人

　知的な進化においては，他の場合と同様に，偶然の事故や事件が，比較的単純で混沌とした始まりから後の複雑な構造へと移行していく過程で重要な役割を果たす．今日の経済学の特性はその古典派における起源とその今日的な有用性という点の両方で期待を裏切るものとなっているが，しかし，この理論が今日とっている形を，このような理由を単独であるいは組み合わせることによって，完全に説明することができるとみなすのは誤っている．本来は，アダム・スミスは今日の正統派よりももっと頑健な知的後継者を，そうしてより適切な解釈をもてたはずである．

　知的な進化の明確な特色は，互いに争う継続的な年代の〝種〟は，それが将来とるコースをもちろん完全に予見できないために，進化理論的闘争自体についての自らの解釈をしばしば後の世代に委ねてしまうということである．今日の正統派を形づくった選択と偶然，改善と拡張についてはそれが起こったときに，また事後的に議論され反駁されてきた．本書で対象としている理論的な問題の多くは，経済学の文献のなかで，長く，複雑なそうしてときには煩瑣な歴史をもっている．それらは，今日〝主流派〟と見られている経済学者の仕事のなかで取り扱われているが，しかし，今日主として批判者や異端者と分類される人々の研究においてより明確に見られる．これらについてはいくつかの広いテーマがあり，個別の具体的な問題はそのなかに分類することができる．すなわち，企業と市場の過程と構造の性質と行動，より一般的な資本主義における社会的制度の性質，そうして方法論，哲学，価値に関わる一連の問題である．しかし，これらのテーマは相互におりあわさっており，そのパターンの歴史的な次元がいっそうこれを複雑にしている．

　前節では現代の正統派に同意する点と同意しない点の主要なものを提示してきた．この節では，幾人かの正統派に対して批判的な人たちと，初期の主流派の研究者について，同様の試みをする．この展望は必然的に包括的なものでも詳細なものでもないが，我々の研究のこの分野における位置を規定することとなる，主要な対照点，補完的な点，受けた知的な影響を示すのには

十分なはずである．

マネジリアリズムとビヘイビアリズム

最初に，ある種のフォーマルな理論化に比較的強くコミットしているという特色をもつ近年展開された企業の分析についての二つの異端的なアプローチを検討することにしよう．

"マネジリアリスト"の考え方によると，正統派理論の問題は企業の意思決定において直接的にはたらく動機を正しく表すことに失敗している，と診断される．正統派の主張とは反対に，企業が追求する目的は単に利潤だけではなく，それ以外のものも含んでいる．ボウモル（1959）は，利潤をもう一つの単純な目的——収入（利潤率の制約のもとで）——で置き換えることを提案しており，また，ウイリアムソン（1964）は，より一般的な経営者の効用最大化モデルを提案している．この2人はこのタイプの二つの重要な例である．株主あるいは資本市場が，制度的に，経営者が自らの目的を追求することを不完全ながら抑制するプロセスと手段にとくに注目している研究者もいる．マリス（1964），ウイリアムソン（1970），ジェンセンとメクリング（1976），グロスマンとハート（1980）をこのグループに含めることができよう．上の二つの例が示すように，また第3章でさらに論ずるように，マネジリアリストと正統派の分析とのギャップはときとして小さい．

我々の意見では，これらの提案は厳密な正統派のフレームワークでは分析できない（というのはそのフレームワークでは経営は単なるもう一つの投入要素にすぎないのであるから）経営者の行動と成果の問題について有益な洞察をもたらしてくれる．しかし，これまで述べてきた伝統的な理論についての固有の問題は，そうして我々の提案はそれに対して答えようとするものであるが，これらの"経営者の動機づけ"理論家によっては強調されてはいない．ボウモル，ウイリアムソン（外見は），そのほかの経営者モデルの構築者は，経営者は彼らがとりうるすべての可能な行動とそれらを選択した結果すべてを十分に認識したうえで彼らが最大化したいと求める何ものかを最大化すると仮定されている．我々の主要な懸念は，経営者がその目的を与えられときにいかに意思決定を行うかを特徴づけるものとして最大化を仮定して

いることにある．そうしてこの懸念は目的が利潤であれ，何か別のものであれ，あるいはより一般的なものであれ，あてはまるのである．

　マネジリアリスト的な見解とは明確に異なるが，そこに含まれる多くの要素とは一致するのが〝ビヘイビアリスト〟の立場である．ビヘイビアリストは，ハーバート・サイモンの研究（1955a, 1959, 1965）から影響を受けており，以下の要因のいくつかあるいはすべてを強調する．すなわち，人間の合理性は〝限定的〟である．現実の意思決定問題は理解するにはあまりに複雑であり，それゆえ企業は考えうるすべての代替案のなかから最大化することはできない．行動を導くには比較的単純な意思決定ルールや手続きが用いられる．というのは，限定的合理性の問題ゆえにこれらのルールや手続きはあまり複雑であってはならず，また情報コストや意思決定コストをも考慮した大域的な計算の結果を反映しているという意味で〝最適〟である，と見ることはできない．しかし，それらは企業が直面する問題を所与とすれば，企業の目的によってはきわめて満足のいくものであるかもしれない．企業は満足するのである．すなわち，企業は明確な大域的な目的関数をもっているようには思われない．というのは，一つは個人は彼らのすべての効用のトレードオフを考え抜いてはいないし，また一つには企業は企業内の社会的厚生関数に完全に反映されることは考えにくいさまざまな利益をもつ意思決定者の連合体であるからである[7]．

　我々はビヘイビアリストの理論家の考えの多くを分析に受け入れ，吸収している．我々の正当派への批判は限定的合理性の問題と結びついている．我々はモデルの基盤を，短期および中期には企業の行動は比較的単純な意思決定ルールと手続きで説明できるという考え方の上においている．しかし，我々の関心はビヘイビアリストよりもより強く経済の変化に向けられている．それゆえ，彼らよりも，企業の意思決定ルールと手続きと，変化する経済的環境とを結びつけるプロセスをより強調しているのである．

　我々は，ビヘイビアリストの立場に共感を覚える．すなわち，企業を代替案を比較するための安定的な細かく目盛りが刻まれた物差しをもっているも

---

[7] この点についての基本的な文献はもちろん，次のものである．サイアートとマーチ（1963）．

のとして見るべきではないし，我々のモデルのいくつかにはサイモン（1955 a, 1959）とサイアートとマーチ（1963）によって提唱された〝満足化〟の一種を採用しているのである．ライベンシュタイン（1966）は同様の考え方を用いており，それを〝慣性の領域〟とよんでいる．しかし，我々は別のモデルでは比較的伝統的な方法で利潤を物差しとして用いている．この点に関しては我々は実利的であり続ける．最後に，我々はコンピューター・シミュレーションを，種々の理由により分析的な取り扱いになじまない理論的図式のフォーマルな定式化とみなす点においてビヘイビアリストに従う．しかし，我々のシミュレーションというテクニックの利用は，たとえばサイアートとマーチに示されるようなものとは考え方や強調する点が異なっている．

　我々がビヘイビアリストと異なるのは，個々の企業の行動ではなく，産業の行動についての明確な理論を構築することに関心をもっているという点である．このことは，次のことを意味する．すなわち，一方では，我々の個別の企業の描写はビヘイビアリストのものよりも単純で様式的なものであり，他方で，我々のモデルは多数の企業の行動を結びつける多くの理論的装置を含んでいる．おそらく，将来は個々の企業の行動の詳細で現実的なモデルに基づいた産業の進化のモデルを構築し，理解することが可能になるであろう．もしそうであれば，その時点において我々の研究はビヘイビアリストの伝統と再度，一致してくるであろう．

企業の組織と戦略の分析

　企業の成長と収益性と，その組織構造，能力，行動との関係についてはかなり多くの研究が行われてきている．そこにはいくつかの互いに異なるもののおおむね補完的な流れが存在している．ペンローズ（1959）は企業の成長，構造と経営者機能の性質の関係についての分析に関わるいくつかの要因を提示した．ペンローズは明らかに，コース（1937）の企業の本質に関する取引費用アプローチについて気がついてはいなかったが，その分析はほぼそれと整合的なものであった．より最近では，ウイリアムソンはその多くの著作において，取引費用の主題をそのほかの概念的な流れと合流させ，一連のきわめて洞察に富んだ企業の範囲，組織構造，そうして関連する政策課題の分析

を展開した（1970, 1975, 1979, 1981）．

　ハーバード・ビジネス・スクールを中心とした一連の研究は企業戦略の概念を企業の組織との関連で検討した．なかでもチャンドラー（1962, 1977）のこの視点からの歴史的研究はとりわけ，影響力をもった．この考え方の流れのなかでの戦略の概念は特徴的である．少なくとも暗黙のうちに，限定的合理性の基本的な前提を受けいれており，経済の世界は企業が完全に理解するには複雑すぎると考えている．それゆえ，企業の努力は企業の主観的な見方ないしは経済的現実の解釈によって条件づけられたものとして理解されねばならない，とされる．このような解釈が，企業はその行動を導くために戦略を意識的に工夫していく，という考え方に結びついている．このような戦略は企業ごとに異なっている．それは一つには，経済的な機会と制約とについての解釈が企業によって異なっているからであり，また，さらには，企業は得意なことがそれぞれに異なっているからである．そのために，企業の能力はその組織構造に埋め込まれており，さらにそれに適合的な戦略とそうでない戦略とがある．そこで，ある一時点の戦略はつねに組織に制約されている．しかし，また企業の戦略の大きな変化は組織構造の大きな変化を必要とすることになる傾向がある[8]．

　すでに明らかなように，我々はこのようなタイプの分析にきわめて共感を覚えるものである．第II部における企業行動の取り扱いはウイリアムソンやそのほかの研究や，ビヘイビアリストから多くを得ている．我々のモデルのいくつかにおいて，企業が有するとしている高次の意思決定ルールないし政策は，比喩的な意味で戦略であると解釈することもできよう．これらのモデルにおいては企業は異なる戦略をもっており，主要な分析的な関心事は，異なる戦略をもつそれぞれの企業の存続可能性ないし収益性ということにある．そうして本書において示されているモデルにおいては，企業が戦略を変更するようにはなっていないが，我々の理論の論理のなかにおいては企業が戦略

---

[8] ケイブスとポーター（1977）および，ケイブス（1980）は，企業戦略論の文献の解釈を行い，その概念の産業組織経済学における妥当性と有用性を見出した．戦略論の文献における関心事と正統派ミクロ経済学の間のギャップは幾人かの経済学者の貢献により狭められた．とりわけ，スペンス（1979, 1981），またポーターとスペンス（1982）も参照．

を変えることは十分にありうることである．実際，進化理論においては，戦略ないし政策の変更は技術の変化とまったく同じように取り扱うことができるのである．

　我々はまた，企業組織はそれ自身で重要な分析の対象であるという見解に強く共感を覚える．企業の戦略とそれに適合的な組織構造，企業がもつ技術とその組織，との間にはそれぞれ密接な関係がある．おもに個別企業の行動と産業の行動を結びつける理論を確立するという理由のために，本書における我々のフォーマルなモデルは内部構造と組織変化の検討は行っていない．しかし，原則として，進化理論は組織イノベーションを技術のイノベーションと同様に取り扱うことができる．企業戦略の問題はビヘイビアリストによって取り上げられた問題のように，個別の組織の豊かで詳細なモデル化を必要とする．すなわち，長期的な課題は，大規模なシステムの分析において取り扱い可能な形で個別企業を十分に取り扱うことができるモデル化のテクニックと分析の方法を発見することにある．

　ここで取り上げた研究のほとんどのものと我々の分析を区別するひとつの特質は我々が，企業が最適化を行う主体であるという正統派の見解——これは戦略論においては維持されている傾向にあるが——を明確に拒否していることにある．我々の目からは，これは前述のシュンペーター的競争の議論において提示した状況と同じである．これらのインフォーマルな分析において企業が行うとされているようなタイプの〝最大化〟は正統派のモデルにおいて用いられている概念とはあまりにもかけ離れており，そこで最大化を引っ張り出すことは単に儀式的なものに思われる．そうして，儀式に浸ることは，フォーマルな理論がこれらの分野において実質的で実りある応用可能性をもつようになることを単に遅らせてしまうことになりがちである．

主体的行動をする企業という見解

　正統派の理論においては企業が受動的な性格をもつものとして描かれているという点を批判した著名な研究者が幾人かいる．彼らはもっともダイナミックな産業においては，企業は単に市場条件のもとでもっとも適切な技術を選択するという形で市場条件に反応する，というのではなく，その製品に対

する需要に影響をあたえようと試み，新技術の開発に従事する，と主張する．J.M.クラーク（1955），ガルブレイス（1967）そうしてもちろんシュンペーターは一般的に見られる市場構造は完全競争的ではなく，企業は広告や研究開発を主要な競争上の武器として用いると強調している．これに関連して価格競争の重要性，とりわけ標準的な競争モデルに表されている形での価格競争をあまり重視しないという傾向や，大企業と比較的集中した市場構造が，経済全体というほどではないにせよ，経済の〝興味深い〟部分の典型的なケースである，という見方が挙げられる．これらの見方は，大企業が現代の資本主義の制度的ダイナミックスの決定的な特質であり，比較的自生的な社会の手段とある程度はその実質的な結果とを選択する存在であり，また，自らが支配し，あるいは受け入れられる新しい社会的な制度の発展を起こさせる存在である，という評価へと合流していく．

　このような，一連の問題のうち，本書で我々が主として答えようとするのは実際のところ，技術変化における大企業の役割だけである．この問題においてさえも，我々のフォーマルなモデルは単純化のために企業が同質的な製品を生産する産業における〝体化されていない〟プロセス・イノベーションに限定されたものである．我々は広告は分析していないし，実際のところ，消費者理論を改革しようとしているわけではない．この点については我々のモデルに暗黙的に含まれている理論は正統派のものである．さらに，大企業の役割が中心的となる複雑な制度的デザインの問題に対して我々の理論がどのような意味をもっているかについては少し触れているだけである．

　これらの制約や欠落は我々がすべての重要な問題に一度に答えることができないということからきており，進化理論的アプローチに固有のものというわけではない．それらは本書の最後において，重要な未完の作業の長い課題のなかにとどめられている．

　我々の理論的改善への提案がすぐ前に述べたような著名な正統派に批判的な研究者たちと異なるところは，我々が分析的な力をもったフォーマルな理論的構造を展開することにあくまでもこだわっていることにある．経済理論の静学的な性質を批判した経済学者の多くはこの点を強調し，言葉でシュンペーター的競争について一般的なことを記述するだけで満足しているように

見える．我々は主として，フォーマルな理論の構築に関わっているのである．

シュンペーター

ジョセフ・シュンペーターの影響は我々の研究においてきわめて広範にわたっているので，ここでとくに言及しておくことにする．実際，"ネオ・シュンペータリアン"という言葉は"進化"という言葉と同じように我々のアプローチ全体を表す言葉として適切である．より正確には，我々はネオ・シュンペータリアンであるために進化理論の理論家である，ということができよう．すなわち，進化理論の考え方が，資本主義が継続的な変化のエンジンであるというシュンペーターの見解をより詳しく説明し，理論化するという問題に実行可能なアプローチを提供するからである．シュンペーターは経済発展の分析において進化論的考え方をあいまいなやりかたで引き合いに出すことに対しては厳しい言葉を書き記しているが (1934, pp. 57-58)，我々はシュンペーターが我々の進化理論的モデルを自らの考え方を展開する適切な手段として受け入れただろうと考えている．

もちろん，我々の展望や結論がシュンペーターのそれと異なっている，さまざまな程度の重要性をもった点が数多く存在している．その数が多く，またそれらの多くは微妙なものであることから，すべてをここで洗い出そうとすることは現実的でない．ここでは，以下の点を指摘しておくことが適切であろう．すなわち，シュンペーターのヴィジョンの影響は多年にわたって，構成要素となる，あるいは補完的な考え方が適切に発展されなかった（とりわけフォーマルな理論的発展がなされなかった）ことによって限られたものになっていたという点である．たとえば，シュンペーターが限定的合理性についての理論家であるということは，『経済発展の理論』の以下の一節によって何よりも明確に示されている．

行動が迅速で合理的であるという仮定はいつの場合にもフィクションである．しかし，論理を人の頭に叩き込むだけの時間があるのであれば，それは現実に満足のできるほどには近いこととなろう．これがあてはまる場合には，その範囲内において，このフィクションに満足し，諸理論をその

上に安心して打ちたててもよいであろう……この限界のそとではこのフィクションは現実への近接性を失う．伝統的理論がそうするようにそこでこれに固執することはまた，本質的なことを覆い隠すことであり，現実から乖離する我々の他の仮定とは異なり，理論的に重要で，それなしでは存在しなかったであろう現象の説明の源を無視することとなるのである（シュンペーター，1934, p. 80).

サイモンやそのほかの人たちが，行動が「迅速で合理的」でないときにはどのようなものとなるかを多く教えてくれたおかげで，我々はシュンペーターよりも「伝統的理論」に挑戦するにはよりよい立場にある．この点やそのほかの点において，我々はこれまでの研究の蓄積という巨人の肩の上にたっているので，やや異なった展望をもつことができるのである．

この点で我々は例外的な存在ではない．技術変化についての主流派の経済分析は限定的合理性の問題を抑圧してきたが，多くの技術変化についての研究者は，暗黙のうちの場合もあるが，これを認めてきた．我々のフォーマルな理論的見解は以下の研究者の見解と共鳴するものであると考える．すなわち，ローゼンバーグ（1969, 1974, 1976）やデイヴィッド（1974）のような歴史家，ペック（1962）やフィリップス（1971）のような産業組織論の経済学者，マンスフィールド（1968, 1971, 1977），パヴィット（1971），フリーマン（1974），クライン（1967, 1977）のような現代の産業技術の変化と公共政策上の問題の研究者である．これらの研究者はほとんど例外なしにそれぞれの現実についての暗黙裡の理論をフォーマルなものにしようという努力はしなかった．グンナー・エリアソンの研究（1977）は例外である．またカール・フティアの研究（1980）もそうである．我々の理論構造はフォーマルで，明示的に進化理論的であるという点で彼らの研究と共通するところが多い．

フランク・ナイトと現代オーストリア学派

シュンペーターは，イノベーションはルーティーン的行動からの逸脱であるという点を強調し，イノベーションは均衡を常にくつがえし続けると主張した．ルーティーンから乖離することの重要性を強調した研究者はほかにも

いたが，イノベーションを，少なくともそれが主要な新規性を意味するものとして，強調した人は少なかった．ナイト（1921）とハイエク（1945）はともに，経済の世界は常に新しい状況を投げかけており，そこでは状況を理解し適切にとらえるならば利潤を得ることができると主張した．寒気はフロリダのみかんの収穫をだめにしてしまうかもしれないし，パンダが流行するようになるかもしれないし，ケープ・コッドの下から油田が発見されるかもしれない．これらによってどのような有利な事業機会が生まれあるいは閉ざされてしまうだろうか．ハイエクは難しい経済問題とはこのような変化に適切に対応することだと強調した．ナイトは，このような変化の主たる特徴は，取るべき正しい行動を計算することが不可能だ，という点にあると主張した．すなわち，何が適切で，何が適切でないかは事後的に明らかになるだけである，ということである．

　近年，カーツナー（1979）はこれらの考え方を利用しさらに発展させて，市場行動の分析への（新）オーストリア学派的アプローチと彼が呼ぶものを展開した．彼は，理論的には均衡条件ではなく，市場プロセスに注目し焦点をあてるべきだと主張している．我々はもちろん同意するところである．リトルチャイルドとオーウェン（1980）は新オーストリア学派のアプローチを数学的に追求した．我々は，進化理論を，内生的なイノベーションによって引き起こされる変化の分析と，市場条件の自律的な変化の影響の分析とに用いている．我々の理論は市場プロセスについての理論である．

進化理論の理論家

　市場の競争は生物の競争と類似しており，企業は市場によって課される生存のためのテストをくぐり抜けなければならない，という一般的なアイディアはかなり昔から経済学の思想の一部であった．しかし，この考え方の体系的な展開を行った研究はずっと少ない．多くの場合，それは広い修辞的な意味において引き合いにだされるか，利潤最大化の仮定を弁護する際に副次的に言及されるだけである．第6章において，後者の関連でのその利用価値を簡単に展望する．

　進化理論の観点をより真剣に受け止めた研究のなかで，アルチアンの

1950年の論文，「不確実性，進化と経済理論」は，本書の我々の研究の直接の知的な先行研究として際立った存在である．この論文のなかで，アルチアンは標準的なミクロ経済理論を不確実性が存在するケースに拡張するにあたっての困難さを指摘し，とりわけ，ある種の行動は成功していた，別の行動は誤っていたと見ることができる事後的な観点から不確実性の役割を検討することの重要性を強調した．彼は，進化のメカニズムが，正統派の理論の予測に一致するような，企業の集団の側での市場条件の変化に対する反応をもたらすだろうと主張している．そうして，彼は，このような議論の展開が経済分析の標準的なツールを使用することの妥当性に対してより健全な指針を与えてくれるだろうと示唆している．しかし，彼はこのような基盤的変化が起こるならば，まったく異なったツールが適切であるということになるだろうということは強調していない．

アルチアンは彼のアプローチを反映した特定のモデルについてはいくつかの断片的な示唆を提供しているだけである．ウィンター（1964）は，経済的自然淘汰の議論の一般的な検討をするなかでその一部としていくつかの選択過程の微分方程式モデルを検討している．これらのモデルは，とりわけ，行動のルーティーンないしルールと特定の行動の間の区別（と関連）を強調するという役割を果たしている．すなわち，生き残りにとって重要なのは，繰り返し発生する環境においてとられる行動であり，まれにしかとられない行動や，決して起こらない環境条件に対してとられるだろうとルールから予想される潜在的な行動としてのみ存在する行動ではない．ファレル（1970）は，投機的行動についての単純な進化理論的モデルを，まったく異なる数学的モデル——分枝過程の理論——を用いて検討している．ダン（1971）は経済的，社会的発展について多くの点で我々の見解と類似した見解を提示している．しかし，彼はその分析をフォーマルには展開していない．

ペンローズは，その1952年の経済学における生物学的類推の利用についての評論において多くの疑問を提起しているが，とりわけ，遺伝的継承に経済的に対応するものがあるかという問題を提起している．ある程度はこの問題はアルチアン（1950，pp. 215-216）において予期されており，彼は行動ルールの模倣を通じた〝生殖〟を強調している．ウィンター（1971）はビヘ

イビアリストの研究との関連で，行動の直接の決定因としての観察される単純な意思決定ルールの役割と，新しいルールの探索過程における満足化原理の働きが，必要な遺伝的メカニズムを提供すると提案している．

　近年，生物学が経済学，そのほかの社会科学，法学と出合う学際的な知的交流活動が巻き起こっている．生物学における進化理論の研究者は現代のフォーマルな経済理論から直接，概念を導入している（後において我々は生物学の理論に最大化と均衡の概念をあまりにも厳格にもち込むことにともなう問題点のいくつかについて述べる）．さらに，いく人かの経済学者は，E.O.ウィルソンの本（1975）の出版以来盛んになってきた社会生物学の学際的研究に加わっている[9]．とりわけ，ハーシュライファー（1977a）は，社会生物学的考え方の社会科学における統合的，総合的な価値と，社会生物学と経済学が互いに相手から導き出すことができるさまざまな特定の洞察を強調している．社会生物学的研究，あるいはそのうちの人間の社会的行動の進化理論に適用できる部分は，生物学的選択のメカニズムの分析と長い伝統をもつ社会文化的な進化の研究とを結びつける．キャンベル（1969）はこの幅広い分野について優れた展望を与えており，さらに，社会文化的な進化についての変種と文化的淘汰——保持の理論の利点について論じている．我々自身の研究はこのような理論の特定化された一部と見ることができるかもしれない．それは，コモン・ローの進化についての経済学者や法学者の研究や，進化理論的な方向性をもつ組織論の理論家の研究もそうである[10]．実際，このパラグラフで挙げた（さらにより多くの）研究のすべてを結ぶ大きな知的な関連性の網の目がひろがっている．すなわち，共有された考え方は，ときには特定の実態に関わっており，またしばしば，分析的概念と理論に関わっており，そうして常に共通の進化の哲学に関わっているのである．

---

9) たとえばベッカー（1976）を見よ．また，その後のハーシュライファー（1977b），タロック（1977），ベッカー（1977）のやりとりも見よ．
10) 経済法の進化については，クーターとコーンハウザー（1980）およびそれに引用されている文献を見よ．組織論的分析における進化論的，エコロジカルなアプローチについてはハナンとフリーマン（1977）によって始められた．カウフマン（1975）も見よ．

古典派，マルクス派，新古典派における先行的研究

我々の理論的見解は明らかに今日の正統派と相容れないが，しかし，アダム・スミスから第2次世界大戦のころまでの時代に存在していたミクロ経済学の理論化の伝統とはきわめて共鳴するところがある．今日の正統派に代表されるものは，結局のところ，市場の機能と利己主義的行動に関するより幅広い伝統の中核となる考え方のなかの特異な（そうして必然的ではない）洗練化と構築の努力の結果である．洗練化のために焦点をきわめて狭く絞り，洗練された理論にはうまくあわない問題や現象を理論の主要な部分から隔離するという代償を支払うことになった．

『国富論』の第1部の題は，「労働の生産力の改良の原因，および労働の生産物がそれに従って異なる階級の人々に自然に分配される順序について」である．この本は今日であれば技術進歩の源泉と帰結とも題されるような議論で始まる．ジョン・スチュワート・ミルは，スミスと同様に，より狭い経済的分析の文脈を設定するために生産技術と経済的制度の両方の進化についての豊かな歴史的議論を述べており，彼の経済理論はかなりの程度，静学的ではなく，動学的である．

マルクス経済学の多くの部分は進化理論的である．近年のマルクス派の経済学者やより伝統的な傾向をもつ経済学者による，マルクスをフォーマルに取り扱おうとする試みの多くは，現代の正統派の分析ツールによって拘束されすぎているように思える．その結果，マルクスの経済変動の法則についての考えが正当に取り扱われていない．我々自身の考えのいくつかはマルクスのそれときわめて整合的である．すなわち，ともに，資本主義的生産組織が動学的な進化理論的システムを規定する，そうして，企業規模と利潤の分布もまた進化理論的システムの議論のなかで理解されなければならない，という二つの点を強調している．しかし，我々のモデルのいくつかのものにおいては，労働と資本の分配率は内生的であるが，分析を利潤と賃金の分配の決定要因にフォーカスするところまではマルクスおよびその現代の追随者たちに従ってはいない．また，本書で展開されているフォーマルな進化理論的モデルにおいて政治的権力はあまり役割を果たしていない．ただし，進化理論

的観点からの規範的経済学の議論においては，政府の政策の進化についての内生的理論のある程度の初期的なアウトラインを提示してはいる．マルクス派が我々の議論を批判するであろうと思われる点は，我々の理論的な進化理論的モデル化と規範的分析において，矛盾の概念と階級の概念を採用していないことである．我々にはこれらの概念はとくに有用だと思えなかった．

マーシャルは今日，現代のフォーマルな新古典派経済学の先駆者ないし源泉と一般的にみなされている．彼は経済学に今日の分析のための技術的装置を導入し，とりわけ，市場の分析は供給と需要の両面を考慮しなければならないという点を強調した，という意味においてはそのとおりである．しかし，『原理』に明確に述べているように，彼の真の関心は経済のダイナミクスにあった．

> 経済学のメッカは経済力学ではなく，経済生物学にある．しかし，生物学的概念化は力学のそれよりも複雑である．それゆえ，基礎的な本においては力学的類推におおきな地位を与えることとなる．そうして，均衡という言葉がたびたび使用されることとなる．これは何か静学的なものを示唆する．このことは，本書において現代の日常的な状態にもっぱら注意を集中していることとあわさって，本書の中心的な考え方は"動学的"ではなく，"静学的"であるという印象を与えるであろう．実際には，一貫して，変化を起こす諸力に関心をはらっているのである．そのキーノートは静学のそれではなく，動学のものである（マーシャル，1948, p. xiv）．

さらに，マーシャルの書いたものからは，進化するシステムの分析において，厳密な理論化の要求と，記述的な正確さの要求とのバランスに苦慮している様子が広く認められる（クープマンス［1957］，サミュエルソン［1967］を見よ）．このような緊張の影響についての目覚しい例は，静学的な規模に関する収穫逓増と，今日いうところの誘発的規模増大的技術変化との区別をマーシャルが明確にしていないことである．この点については今日，マーシャルが純粋に静学的な分析の論理を撹乱したことに対して批判する傾向にある．しかし，彼が（情報的な）収穫逓増が不可逆的な変化についての経済的

メカニズムとして果たす役割を正しく強調していたことはあまり注目されていない．この点およびそのほかの多くの点において，進化理論は今日の正統派よりもマーシャルのよりオリジナルな説に近い．

　同様に，ピグー（1957；その一部は『富と厚生』，1912 として発表されている）は今日の厚生経済学の祖と広くみなされているが，彼の先生であったマーシャルを受け継いで，経済世界の分析を持続的に変化するものとして分析しようと試みた．実際，ピグーにとって経済の変化と，変化に対して効果的に反応するという点での経済制度の遅さとが，彼の『厚生経済学』で詳述されている諸問題の主要な理由であった．この立場こそは，進化理論によって明らかにされる規範的な問題の取り扱いにおいて我々自身がとるものである．

　かくして，我々は以前の他の研究者が関わった多くの課題において今日の正統派とは異なるが，しかしまた，我々の理論はマーシャルから古典派にまでさかのぼる経済思想の流れとは整合的である，ないしはその自然な発展であるということも真である．このような評価は二つの関連した疑問を投げかける．第 1 に，なぜ経済理論は〝誤った道〟をたどったのであろうか．第 2 に，なぜ，今日の正統派の批判者は誤りを正すことにほとんど成功していないのであろうか．これらの問題や経済学の展開にはたらいている知的な諸力についてのより広い若干の問題が次のセクションで検討される．

4．経済学における実りある理論化の性質

　第 1 の疑問への回答はマーシャル自身が揺れ動いたことのなかに見出される．すでに示唆されているように，マーシャルのなかには彼が経済システムと経済プロセスの鍵となる構造的側面とみなしたものをとらえた理論を確立することと，分析的に扱いやすく論理的に完結した抽象的な理論を確立することとの間に強い緊張関係があった．彼が当時用いることのできた数学的ツールでは，彼はこの二つの目的を両立することはできなかった．彼は，科学としての経済学の進歩には後者がきわめて重要だと認識していた．経済学が彼のリーダーシップにこたえて，彼の経済的現実への豊かな洞察よりもむし

ろフォーマルな理論の構築を追及していったのは，おそらく，"科学"の追求が要求すると考えられていたものを反映した結果であろう．

　より一般的には，経済的文献を研究し，さらに経済分析における経済理論の役割について考察すると，理論は二つの異なる方法で用いられるということが示唆される．これら二つの方法は十分に異なっており，二つの異なる種類の理論が含まれていると考えてもよいであろう．経済学者が理論それ自体を研究しているか，教えているか，あるいは理論のある特定の側面をテストするように計画された実証研究の結果を報告しているときには，理論のスタイルは簡潔で，論理的で，フォーマルなものである．対照的に，経済学者が，政策的理由から，あるいは，問題それ自体に興味をもっている人たちに向けてなぜある種の経済的事象が起こったかを説明するという点から興味をもたれている応用的な仕事をしているときには，理論的な考えはフォーマルではなく，むしろ分析を組織化する手段として用いられる．これらの二つの異なる理論化のスタイルを我々はフォーマルとアプリシエイティヴとよぶことにする．これらはきわめて異なっているが，経済的理解が満足のいくように進むには両方の理論化が必要であり，双方の間には微妙ではあるが強い関連性が存在している．

　一つの幅広い理論的構造を支持する人たちは，現象を見る見方，理解するためのフレームワークを共有している．理論は経済的変数と理解に必要な関係を定義し，これらを議論するための言葉を与え，受け入れられる説明の様式を提供する．それゆえ，暗黙裡に理論はある種の現象は周辺的で重要ではなく理論的には面白くないものとして分類する．また，経済現象を語る際ある種の語り方や説明のしかたを見識が乏しく，洗練されていないものと暗黙のうちに性格づける．

　理解のためのフレームワークを提供するという理論の役割において，理論は探求のツールであり，巧みな応用研究においてはそのツールは柔軟に用いられ，問題に適合するように修正され，利用可能で役に立ちそうなほかのツールによって補完される．焦点は理論的ツールが適用されるその試み自体にある．これに対して，経済学者あるいは他の分野の科学者が理論のフォーマルな発展を追及している場合あるいは，理論をチェックするための実証的研

究を行っている場合には，焦点はツールそれ自体の改良，拡張ないし，確認にある．そこでは彼らは以前にはわからなかった論理的な関連の可能性を追及しているのであり，ある種の一連の仮定の含意を追及しているのであり，特定の現象の思いがけないメカニズムの可能性を示す抽象的な比喩を発展させているのであり，そうして，演繹的な理論化から得られると思われる含意を直感的なレベルで理解しようと努めているのである．このような活動においては，理論を理解のためのフレームワークとして用いる場合と比べて，重要なのは分析的な扱いやすさと分析的な力である．

　フォーマルな理論とアプリシエイティブな理論とは多くの方法でリンクされている．フォーマルな理論はアプリシエイティブな理論において言及される考え方の重要な源泉である．フォーマルな理論的研究は経済学の実証よりの研究ないし政策指向の研究を行っている研究者が用いるツールを拡張し，研ぎ澄ます．しかし，よく機能している科学的研究分野においては影響の流れはフォーマルな理論化からアプリシエイティブな理論化という方向だけではなく，逆の方向の流れも存在している．応用研究で見出された，なじみ深いモデルによる分析ができない現象と，これらについての何げない，しかし勘のよい説明はフォーマルな理論化の格好の素材となる．フォーマルな理論的構造は，強められ，以前には解釈できなかった現象が解釈できるようになる．アプリシエイティブな理論のいくらかインフォーマルな説明が抽象化され，研ぎ澄まされ，より厳密にされる．これらの連関は制約としても見ることができる．とりわけ，ある種の数学的制約のために，フォーマルな理論化がある方向へ成果をもたらしつつ進むことをできなくしているのであれば，アプリシエイティブな理論もまたこれに対応し，フォーマルな理論が成果をもたらすことができる方向へと引っ張られていく．

　マーシャルは明らかにこのような二つの異なる形の理論化について，またその二つが密接な関連をもつことが望ましいということについて認識していた．また，暗黙のうちではあったが，一般的な経済学者も同様にこのことを理解していた．マーシャルの時代に分析的に取り扱い可能なフォーマルな理論化のスタイルの幅を狭くする制約条件となっていたと思われることが，経済学におけるフォーマルな理論がどのように進化していったかを決定する際

にきわめて強い役割を果たし，さらに，その結果，アプリシエイティブな理論を形づくる際にも，きわめて強い役割を果たした．しかし，マーシャルの時代以降，その制約は大きく緩められた．とりわけ現代の確率過程の数学理論をふくめた幅広い数学的知識が利用可能になってきており，経済学における数学的能力の蓄積は当時と比べるとはるかに大きなものとなっている．コンピューターの登場は，コンピューター・プログラムをフォーマルな理論的叙述として，また，シミュレーションを理論的探求のテクニックとして利用可能にした．このような発展はマーシャルが明らかに求めたが彼が当時もっていた数学的ツールでは望むべくもなかったこと——すなわち，フォーマルな進化理論の開発をいまや可能にしたのである．

　我々の最初の問い——なぜ理論はそれが実際にたどってきたような形で進化してきたのか——に対する答えは，我々の第２の問い——なぜ今日の経済学における異端の系譜は経済学者の思考にほとんど影響を与えていないのか——に対する答えの基盤となっている．ガルブレイス（1967）は，『新しい産業国家』の附録のなかで，この問いへの彼自身の答えを提示している．すなわち，異端的な考え方に対する敵対的な反応は，党派性と（知的）既得権に帰すことができる，としている．経済学者全体にとっては一貫した理論的構造はきわめて重要な問題であり，既存の構造は，特異ではあるかもしれないが強力なものの見方を提供しているし，焦点を変化させるのは難しい，という意味で確かに党派性と既得権が存在している．しかし，同様に，異端の伝統が経済学者に影響を与えることができなかったのは，異端の側が，経済学における理論の重要性と意義とを理解することができていなかったからだということもできよう．異端派に属する批判者たちは，また，現在の理論の多様きわめてフレキシブルな性質を理解していない傾向も見られる．

　実際，異端派が影響力をもたないもっとも大きな理由は，非難や提案の多くは，ほとんど問題なしに，意味を少し変えるか，特殊ケースのモデルとして取り扱い，対応できるか，あるいは理論を少し広げて吸収することで対応することができるからである．また，既存の理論それ自身が，既存の理論に対して何がもっともで洗練された意義申し立てであるかを決める，また何によって訂正あるいは改革への提案のなかでどれが適切でどれが適切でないか

を決定するかを定義する，ということももう一つの防御策となっている．これは批判がつまらない，重要でないときに主に用いられるが，しかし，批判が潜在的には重要であるが理論の少しの修正では容易には取り扱えない場合にも用いられる傾向がある．かくして，企業は利潤以外の目的にも関心をもっているという提案は特定のモデルに容易に吸収され，正統派の縁辺に置かれている．企業の理論は大企業の市場形成のための活動を適切に認識していないというより一般的な批判はアプリシエイティブな理論においては吸収されているが，フォーマルなモデル化には吸収されておらず，このアプリシエイティブな理論とフォーマルな理論との緊張関係は無視されている．しかし，このような企業は変化する構成員の連合体に統治されており，それゆえにその目的は最大化の言語で容易に表現できるものではない，という指摘は，アプリシエイティブな理論のレベルにおいてもフォーマルな理論のレベルにおいても同様に，理解不足であるとか，非理論的であるとして退けられている．

　もし現代の正統派理論の批判者たちが，一貫した理論的構造の重要性を理解せず，既存の正統派理論の復元力と吸収能力を過小評価している，として批判されるとすれば，正統派の擁護者たちは，正統派理論が適切に扱うことができない現象の重要性を否定し，それと同時に，正統派のフレームワークのなかでのモデルがこれらの現象をもカバーできるとしてその潜在能力を過大評価している，として批判することができよう．経済学者は，今日の正統派がカバーするもののほとんどをカバーするが，その基本的な欠点にはさらされていない，幅広い経済理論を開発するという可能性について悲観的になりすぎるべきではないであろう．

第II部　経済進化理論の組織論的基礎

第3章　現在の正統派理論の基礎

　個々の企業内で起きている事象を体系的に理解するということは，大多数の経済学者の研究課題において優先的な目標ではなかった．むしろ，産業や産業部門，国民経済あるいは世界経済などのような，より大きなシステムの振る舞いが注目されてきたのである．これらのより大きなシステムについての重要な問いを立てるということを進めるため，個々の組織は，高度に定式化された用語で，つまりときどきで利用できた分析における組織の機能的役割によってほとんどすべて表されるような用語で取り扱われてきたのである．このため，理論上の企業は，単なる"ブラックボックス"であるというのではなく，研究者に都合のいいように，仮説によって修正された入力と出力をもつようなブラックボックスなのである．経済学者はそれぞれあまり気にすることなく一連の研究において，"企業"を生産要素の組合わせや，価格政策，証券発行などのような可能な活動についての非常に異なった集合から選択を行う主体として扱っている．多少なりとも同時的にこれらすべてのことを実際に行っている現実の組織が存在するという事実は，ほとんど視野から消えかかっているほどに背景へとしりぞいているのである．

　本書での我々のアプローチも類似した点が多い．本書でも個々のアクターではなくより大きなシステムの分析に重点がおかれるために，後者の理論的な取り扱いについては，本質的には他の事項を検討するための手段であるので，その取り扱いは伝統的なスタイルにおけるのと同様に柔軟でそのときどきに応じたものとなる．より大きなシステムに対する個別的問題の分析を論

理的に正確にするため，それぞれの問題に対応する形でモデルを構築する際には，強い単純化のための仮定を置く．そのため，別の問題を取り上げる場合には，同じ事柄に対してもまったく異なる仮説を置くことになるかもしれない．このような明らかに一貫性のないアプローチを取ることの理由は，まったく実利的なものである．かなりの数の現実に見られる因果関係の連鎖に対して，厳密に論理的なフォーカスを同時に維持することは不可能である．我々は，異なる部分に対してはそれぞれ別々に，それぞれに適した焦点でもって関心を向けることによってのみ，そのような厳密さと，適切な目的とを両立させることができる．視野を一時的に狭くすることは，論理的正確さを求めることを完全に諦めるのでなければ，支払わなくてはならない代償である．

　しかしながら，我々が強く信じているのは，一つの産業——あるいは一つの経済——にわたるレベルでのモデル化は，ミクロな次元での証拠と整合的な，企業の能力や行動についての妥当な理論によって導かれ，制約されなければならないということである．この章において，正統派の理論はこの点で不十分であると指摘し，次の二つの章で，我々の進化理論の根底をなす個々のレベルでの事象についての見方を展開する．ここにおける議論で光をあてられた考察の多くは，本書の後半では明示的に注目されることはないが，我々は，自分たち独自のモデル化の試みは，ミクロレベルについて我々の見方から得られる重要な知見をまとめることに他ならないと考えている．それらは多様なやり方で行われる．その方法は，より集計されたレベルにおいてある特定のクラスの事象を理解するという作業にそれぞれ適したものとなっている．我々は少なくとも，も̇し̇根底にある現実がここで示されたイメージにかなりの程度近いものであれば，後の章で提示されるモデルが，さらに展開し，探求すべきものであると，読者を説得できるということを望んでいる．

　我々の最初の仕事は，このような問題を明らかにすることである．この目的のために，本章では，正統派経済理論の概念的基盤についての批判的なサーベイを行うことにする．第 1 章では，正統派理論と我々が提案している進化理論との間に，基礎となっている仮定についての多くの基本的な相違点があることを特定した．ここで，企業が保有する〝ノウハウ〟の本質に関する

前提における相違点を明らかにすることは意味があるだろう．正統派理論は〝どうすべきかを知っていること〟と〝どのように選ぶべきかを知っていること〟をかなり異なるものとして取り扱っているが，我々はそれらを非常に似通ったものとして取り扱っている．正統派は，何らかの形で〝どうすべきかの知識〟が，はっきりとした制約によって境界づけられている明確な可能性の集合を構成すると仮定しており，また〝どのように選択すべきかについての知識〟は何らかの形で十分に存在しており，選択は最適になされると仮定している．それに対して我々の立場は，いかなるときも企業が行うことのできる物事の範囲は，そのような能力を発揮しようとする以前には，多少なりとも不確実なものであり，そしてある状況においてよい選択を行うことを可能にする能力についても，またその効力が不確実である，というものである．ここでの論点は，生産組織の内部構造に関するものである．つまり，組織が何かを行える〝能力がある〟というとき，そこには実際には何があるのだろうか？　どのようにして組織はその能力を記憶しているのだろうか？　他のことではなく，あることを行うことを〝選択する〟ことに何が関わっているのか？　選択にはどのような種類の能力が関係しているのか？

第1章でも，正統派の企業のモデルを構成する三つの基本的要素を描写した．つまり，目的と，企業がどうすべきか知っている物事の集合，そしてこれらの目的や能力とその他の内外の制約の下での選択の最適化である．前述した問いが示唆するように，本章における我々の第1の関心は後者の二つの構成要素にある．とくにそれらの根底にある人的な能力と行動についての概念に注目する．我々は，経済学の文献において議論されてきている主題を検討することにより，議論の準備を行うことにする．つまり企業が目的をもっているように見えるという考え方と，これらの目的がどこに由来するかという問題である．

1．企業の目的

企業についての正統派のもっとも単純なモデルでは，単純に目的は利潤ないし市場価値であり，そしてそれが多ければ多いほど良いということになっ

ている．しかし，多くの研究者がこのような単純な特定化に対して条件をつけるか疑問を呈してきた．所有者の利害と経営者の行動との間の関係を詳述することによって，標準的な定式化を補強しようとする努力も行われてきた．利潤の値以外の目的を提示してきた研究者もいる．その一方で，企業がそもそもスカラー値の関数で表すことのできるような選択基準という意味で，一貫した目的をもっているかどうかという点について疑問を呈してきた研究者もいる．そのような批判は極端な異端派（たとえば，組織の目的についてのサイアートとマーチなど）から，明らかな正統派（最近の〝株主の一致性〟に関する研究などのような）にいたるまで幅広く広がっている．これまでの研究における議論は幅広く，深いものであるため，ここですべての論点を検討することは不可能かつ不必要である．そこで我々は主要なテーマを指摘することだけを試みることにする．しかしながら，企業行動の動機の源泉についての正統派の取り扱いには，能力のモデル化についての我々の関心に重要な形で関係し，これまでの研究では限られた形でしか注目を浴びてこなかったいくつかの特徴がある．これらに対して我々はより注意を向けることになるだろう．

　企業の目的という問題に対して多くの努力が投入されてきたことは，二つの対立する見解によって生み出された知的な緊張の厳しさを示しているとみなせるだろう．それらのうちの一方は，大企業の組織についての制度的事実である．つまり非常に多くの関係者，彼らの役割の多様性とそれらの関係の複雑さ，個人が従業員や株主あるいは最高経営責任者として関与する期間の標準的な長さと比較した組織の永続性とそれへの検診などである．もう一方は，新古典派の基礎をなす個人主義的功利主義哲学であり，それと現代の厚生経済学の最適化の定理というその特定の表現である．このような哲学的枠組みにおいては，経済組織は全体として個人の必要性を満たす効率性によって評価される．さらに有力な理由によって，企業は自律的な存在ではなく，むしろある意味で個人の手段とみなされている．もし問題となっている企業がそこらによく見られるようなミラー製粉所といった企業ならば，製粉所の操業は直接的にそのミラー氏の利害を反映していると仮定して規範的枠組みの必要性に対応することには何ら実質的な問題は生じない．大企業であるジ

ェネラル・ミルズである場合には，企業の行動と企業の所有者の利害との間の同様の関係は正統派の規範的理論にとっては〝自然〟なままであるが，しかし大企業の説明としては信頼性は疑わしいものとなる．その知的緊張関係はきわめて厳しいものとなる．

現代の正統派理論におけるさまざまな発展は，さまざまな方法で，〝ミラー製粉所〟的アプローチを，他のより妥当なアプローチと置き換える必要性に対応してきた結果である．すべては，企業の理論を強化するために，市場分析の分類や結論に強く依存しているように見える．一般均衡理論やポートフォリオ理論といった分野の議論では，企業の市場価値を最大化することが明らかに企業の目的である．その理由は，完全で完璧に競争的な市場という単純化された環境では，企業価値とトレードオフできるような他の必要な選択肢は残されていないからである．

さらにより妥当な制度的外観をもったもう一つ別の議論では，企業の支配のための〝市場〟とは，それが効果的に機能することによって企業を規律づけるような市場である．社会が製粉所を効果的に機能させているとみなすのは，上述のミラー氏のような経営者によって課される内部的な統制ではなく，企業買収家によって課される外的な規律に対してである[1]．また，知的に大胆であると同時に個人主義的伝統に対して忠実であると次のような見方への動きも見られる．それは，企業は実は市場であり，自発的交換関係の特殊なパターンであり，決して単一のアクターではない，という見方である．以前は製粉所は本質的にミラー氏の経済的役割の一つであると見られていたが，今ではそれは基本的には小麦や小麦粉，製粉サービス，労働時間などの結節点にある組織化された市場とみなされている．この見方では，組織における上司と部下の関係は，市場が仲介する関係性と区別できないようなものになる．つまり「従業員にあの書類をファイルするよりもこの手紙をタイプするように頼むことは，食料品店にあのブランドの食パンではなくこのブランドのツナ缶を売ってくれるように頼むことと同じである」（アルチアンとデムセ

---

[1] この点についての議論としては，ウィリアムソン（1970, ch.6）を参照．最近のもので本格的に扱っているのはO.D.ハート（1977），そこでの結論は，企業買収側の統制の有効性に対して大部分否定的なものである．

ッツ，1972，p. 777）というものである．

　企業の理論についての基本的な緊張関係を解消するために，さらに根本的な提案が多くの研究者によって出されている．これらの代替的アプローチは，これらが大企業の目的を取り扱うにあたり，"記述的リアリズム" により大きな関心を示し，それにともなって現代の正統派の規範的な部分との接触を犠牲にしようとする，という点で際立ったものであり，非正統的という烙印を押されている．そのうちの一つの大きなグループは，第2章でも少し議論したが，マネジリアリストのものである．彼らは正統派の理論は，企業の利害を，明らかにまた必然的に活動的な構成員（経営者）の利害ではなく，しばしばまったくといっていいほど受身の構成員（株主）の利害と同一視していることにより，まず間違いを起こしていると主張している．マネジリアリストは次のようなこれに続く問い——では，経営者の利害とは何か？——に対する答えにおいては完全には一致していないが，企業の規模や成長についての何らかの指標がこの問いに対する少なくとも部分的な作業上の答えを提供しているということ，そしてそれらが株主と経営者の利害が乖離することとなる一つの主要な領域であるということについてはかなりの程度の合意が存在する[2]．しかしながら，長期的目標として企業規模を追求すると，短期の収益性を損うかもしれないという懸念をもたらすということは見逃されてはいない．この関係性のため，そしてマネジリアリストの分析が典型的に正統派にとってなじみ深い分析手段を用いてなされるため，マネジリアリズムはある意味で穏健な異端派ということになる．おそらくそれは，将来の全体的な動向のなかで中心的な考え方に再吸収されるであろう．それは正統派理論に対する代替案というよりはむしろその改良，つまり経営者の職場における消費モデルや企業の財務の問題などのような，やや狭い応用分野において広く受け入れられることとなる改良とみなされるようになるかもしれない．

　もう一つの異端的アプローチは，マネジリアリストほど明確に区別できないが，企業行動をある一つの支配的な構成員の利害を追及するものとしてみなすことを否定している．むしろ，それは企業行動を，さまざまに変化する

---

[2] 特にマリス（1964）とボウモル（1962）を参照．ヒールとシルバーストン（1972）はその他の成長の目的の簡単な分析を提示している．

連合形成のパターンによって構成される交渉過程の帰結とみなしている。この見方は，とくにサイアートとマーチ（1963）によって提示された．彼らによれば，企業の〝目標〟や〝目的〟は，すべての企業活動に対して一貫した構造を課すような大がかりな最適化の目的関数によって特徴づけることはできない．彼らの見方では，企業の目的という問題は，その意味で，決して解決されるものではない．なぜならばそれはあまりにも多くの仮説上の選択肢に対して，あまりにも多くの時間がかかる交渉をすることになるからである．むしろ企業は〝対立の擬似的な解消〟という状態にあり続ける．そして企業の目的は参加者間での協定という言葉に近いものとして認識されるかもしれない．そのような協定に従って，彼らは共有する環境に対処しようとするのである．国家間の条約の事例と同様に，環境の変化が協定を時代遅れのものにする．その場合，交渉を再開するか，あるいは明示的な対立の期間が続くことになるのである[3]。

　たとえ上層部の経営者間で，利害の共有と効果的な交渉が十分になされ，その結果，高次の目的について合意が生み出されるとしても，実施に関して利害が依然として対立して，企業の具体的な行動における重要な問題となるだろう．利潤や，市場シェア，あるいは成長といった目的は，それらがどのように達成されるかについての具体的な理解なくしては，行動を導くことに貢献しないのである．もしこのような理解が明らかではなく，意思決定に関係する人々の間で共有されてもいないのであれば，共通の究極的な目的に対していくら深いコミットメントをしても，それが焦点を絞ったり，行動を調整したりすることに貢献することはないだろう．この目的のためには，それらが個々の意思決定に具体的に関わるようなやり方で，目的が詳述されなければならないのである．ある機械を修理するか否かの意思決定を行う責任者は，企業の一般的な利益という目標に従うとしてもそれだけではほとんど何も手がかりは得られない．つまり彼は自身の行動の予測される結果という観点から定義される目的をもたなくてはならないのである．いい換えれば，行

---

[3] ビジネス紙はしばしば大企業の内部政策の対立を，明白に連合モデルを非公式的に使ったやり方で報じているが，この観点を採用している経済学における学術文献はほとんどない．マーチ（1962）やサイアートとマーチ（1963）の提案はほとんど無視され続けている．

動を導くような目的は近似的なものであり，そして問題となっている意思決定に特化したものでなければならない．ある一方では，このことは操業上の目的の選択が，経営における意思決定の重要な領域であるということを示している．もう一方では，それは，中間管理者に操業上の責任を分割するということや，より下のレベルの従業員の活動を高次の目的に一致させるために必要とされる管理と動機づけのシステムの精緻化といったことのなかに，対立の機会が多く内在しているということを認識することを促している．

　実際に，サイアートとマーチの対立の擬似的解消についての議論や，株主と経営者との間の利害の乖離についての研究は，ほとんどまったくといっていいほど無視されてきた問題のほんの一部でしかないのである．その問題とはつまり組織内の対立の重要な役割である．ウィリアムソンは，雇用関係における〝機会主義〟の分析において，より重要な部分の概観を描き出した（1975, ch.4）．デリンジャーとピオレ（1971）は，経済学者の関心を，労働者と経営者の利害を部分的に調整することにおける内部労働市場の役割に関心を向けさせた．しかし経済学者はいまだに，経営上の選択に影響を与える時間的な視野の長さや，事業や政策へのコミットメントが失敗しそうになるときに損失を削減しようとすることに対する，経営者のキャリアシステムやそれがもつ意味というような問題に関心を向けてはいないのである．

　このような検討を行うことにより，我々は，一つの重要な点において，サイアートとマーチとまったく同じ意見をもつにいたった．それはつまり，完全で明確に定義された目的関数をもつことが，現実世界における企業行動の必要条件ではないということである．そして必要なこととは，とるべき行動を決定する手続きであるということである．選択する基準はそのような多くの手続きの重要な部分ではあるが，その基準は大域的な目的関数から導かれる必要はない．彼らにとってもそうであったように，我々にとってもこの主張は重要な系を含んでいると思える．つまり，企業にこのような目的関数を課すことは実際的な理論構築にとって不可欠なことではないということである．おそらく，もし世の中の企業が明確な目的がなくてもやっていくことができるのであれば，それは理論的モデルにおける企業も同じであるはずである．目的という問題について正統派理論が向けている関心は，それ自体の規

範的構造の論理的な要請を反映しているのである．そしてそれは，我々がすでに指摘したように，市場メカニズムの有効性についての幅広い規範的結論に到達しようとする願望の反映でもある．そのような規範的な重荷を捨てることによって，企業についての理論における動機づけの問題を扱うために利用できる選択肢を大幅に広げることができるのである．

このような選択肢のほとんどは，二つの大まかな戦略のどちらかに分類されるだろう．一つ目は，組織の個々のメンバーかサブユニットのレベルにおいては，企業全体のレベルでは捨てられた明確に定義された目的をもつという仮定を再び置くことである．そして，全体としての企業の行動を，さまざまな構成員の異なる利害とその下でそのような利害が相互作用し全体としての企業の活動を生み出すこととなる特定の手続きという考え方で理解しようとすることである．正統派経済学の理論家のなかには，大企業を単一のアクターとして取り扱うことの疑わしさを認めて，このような還元論的戦略の一般的な妥当性についてビヘイビアリストと意見を同じくするものもいるだろう．彼らはもちろん，その下で異なる利害が相互作用する手続きのモデル化においてはまったく異なるだろう．すなわち，正統派は何らかの非協力ゲームという枠組みを好むであろうし，ビヘイビアリストは組織論や"官僚政治"[4]の研究から得られる洞察により強く依存するであろう．実証に応用する際には，どちらのアプローチも，それぞれの構成員ごとの利害の本質や，内部での政治過程の構造についてのデータに対するアクセスの限界のもとで苦しむことになる．そしてまたそのようなデータは，たとえアクセスが可能であっても，現象の複雑さと，経済学者が典型的に取り扱いたいと思うようなはっきりとした企業行動についての素朴で集計的な指標との乖離に悩まされることとなる．

二つ目の戦略は，我々が自分たちのモデル化の取り組みにおいて採用しているものであり，そしてそれは何らかの意味で，教科書的な正統派の理論と近いところがあるものである．それは少数の単純な仮定によって，企業全体の活動を形成するような，もっとも持続的に働き，もっとも強い動機づけを

---

4) アリソンのキューバミサイル危機の研究（1971）は，合衆国政府による一連の重要な意思決定の説明に対して，"官僚政治"アプローチの非常に魅力的な適用を行っている．

行っている力をとらえようというものである．現実の企業活動を起こす要因は，異なる利害と複雑な内部の政治過程を含むものであると理解してはいるが，それでもなおそれは，利害の問題に直接的に関係する単純で扱いやすい近似を行うことの方が，より複雑で現実的な取り扱いをしてこれらの問いに対して何もいうことができないような危険を冒してしまうことと比べ，有益であると強調している．しかしながら——そしてこの点で我々は正統派理論と異なっているのだが——，企業の動機づけについてのこのアプローチは，行動が〝完全に迅速で合理的〟であると提示されるということを保証するという壮大な取り組みを必要とはしていないのである．それとは逆に，基礎にある複雑な現実に対して慎重に近似を行うという本質からすると，大規模な動機づけの力を，意思決定に対する持続的な圧力であり，またそれに対する反応は緩慢で不完全で一貫性を欠いているもの，として提示することのほうがより自然である．そして注意しておいたほうがいいことは，もし人々がそのような支配的動機づけの力を，完全な一貫性を求める知的探求の結果ではなく，生存のための要件から離れすぎた動機を不完全で大雑把なやり方で進化理論的に排除するということの結果であるとみなすのであれば，それは支配的動機づけについて誰もがたどり着くような見方と同じものであるということである．企業の目的についてより洗練された正確な取り扱いを求めるような問題に対しては，適切な方法はモデル企業が利潤あるいは成長について課せられた単純な目的を追求するにあたっての合理性を精緻化することではなく，むしろそのような企業は実際に目的などもっていないということを思い出すこと——つまり最初の戦略に立ちかえるということである．

　経済学者のほとんどは，推測するに，特定の大企業による特定の意思決定を説明する作業になると，合理的アクターとして企業を概念化することの不適切さを容易に認めるだろう．その譲歩は，一般的な理論の構築の際に，なぜ目的関数というアプローチが深く定着しているのかという疑いをいっそう明確にする．他にも多くの理論的モデルにおける動機づけの影響を説明する方法がある．我々のモデルは可能なもののうちのほんのいくつかを描き出したに過ぎない．とくに——我々のモデルが描き出すように——（ある意味で）金を稼ぐことが企業の支配的な動機であるというようなもっともらしい

仮定は，利潤あるいは現在価値，市場価値などを最大化することとして説明される必要はない．このような定式化を選択したということは，明確さや正確さ，内部整合性の要求に対する対応として容易に理解できるものである．しかしこれらの要求は，現実の企業行動において見出されるものではない．それらは理論経済学者が自分たち自身に課した必要性であり，それらはおそらく，理論において明確さや正確さ，内部整合性を達成することは，これらの特性を対象に課することを求めることになるという間違った信念に基づいているのである．

2．生産集合と組織の能力

　これまで示してきたように，企業の理論における動機の側面については，経済学の文献において幅広い議論がなされてきたが，正統派理論において重要な構成要素として用いられている企業の能力に関する暗黙的な理論の検証は，驚くべきことにほとんど行われてこなかった．

　組織ができることについての正統派のフォーマルな定式化は，生産集合という概念に依存している．生産集合の要素は，投入量と産出量のベクトルである．つまり，ベクトルが生産集合内にあるということは，それが，当該組織が果たすことのできる生産変換に対応しているということを意味する．あるいは，ドブリューは次のように記している．「ある所与の生産 y は j 番目の生産者にとって技術的に可能か，あるいは不可能であろう．j 番目の生産者にとって可能なすべての生産の集合 Υ が生産集合が呼ばれる」(1959, p. 38)．研究の目的により，生産過程には時間がかかるという事実は，フォーマルな定式化において明示的に取り扱われる場合もそうでない場合もある．また，基本的な定式化は，必ずしも必要というわけではないが，たとえば商品のリストのなかに中間生産物を含めることや，生産〝活動〟を生産過程のなかにいくつかの段階に分けることなどにより，生産過程の内部構造の詳細な説明を含むように精緻化することもできる．

　生産集合という考えは非常に一般的なものであるが，伝統的には，少なくとも，その用語の日常的な意味で，財の生産と関係するように描き出された

能力なのである．経済学の文献における長い伝統が指摘するところによれば，〝生産〟は農場において生じているもの（トウモロコシ）あるいは，製造業の金属加工部門の設備で生じたもの（ピンや部品）である．しかしながら，近年では，経済学者が生産集合の考え方を適用するような能力の範囲が飛躍的に広がってきているのである．トウモロコシや部品の生産について導入された概念が家具の保管や，散髪，自動販売機サービスなどに容易にまた適切に転用できるかもしれないということは〝明白〟かもしれないが，同じ概念を，たとえば，弁護士や教師，精神科医，親などによって提供されるサービスに拡張することには何がしかの懸念がもたれるのも当然かもしれない．我々はこのような懸念を後で検討したいと思っている．しかし，本書の大部分では，伝統を守り続けることにする．つまり我々が生産能力に言及するときには，まず製造業を念頭におくということである．

　企業の生産集合を決定するのは何か？　なぜそうなのか？　表面的には，少なくとも，正統派はこの点に関しては明確である．生産集合が特徴づけるとされているのは，知識の状態である．それはたとえば，自然法則によって課される究極的な限界や，投入可能量の実際の状況によって課されるような限界ではない．アローとハーンは非常に明確に述べている．すなわち，「生産可能性集合は商品変換の可能性についての企業の知識の状態を記述したものである」（1971，p. 53）．

　この知識の本質は何であろうか？　この点において正統派の立場は明確でなくなってくる．経済学の理論の全体構造において，生産に関する知識のこのような概念化が負わなければならない重荷を考えると，これまでの文献ではこのアプローチを進めたり擁護したりするような意図をもつ議論は驚くほど少ない．しかしながらそれが意味するのは，〝何かを行う方法〟についての知識か，あるいは〝技術的知識〟であるということは明白である．技術的知識はしばしば，〝設計図〟または技術者や科学者のもつ知識とされている．後者は少なくとも，特定の操業に関わる知識が理論的理解の文脈に存在するという見方と関連しているが，〝設計図〟の比喩は，知識が〝Xについて知るべきすべてのもの〟と表書きされたパッケージに一つにまとめられ，体系化されているということを示している．どちらのメタファーにおいても，そ

して他の議論においても，技術的知識は明確に表現することが可能で，そして実際，明確に表現されているため，それを人は調べることができる，という考え方が含まれている．少なくとも，適切な訓練を受けていれば，それができるということである．

生産集合は有限の数の設計図からなる本のようなものという認識と一致しているのであるが，生産集合は企業がどう行うべきか知っている有限の活動と技能によって生み出されたものとみなされている場合もある．この種のモデルのフォーマルな定式化では，一般的に，これらの個々の活動の特徴について，一般的に何らかの仮定がなされている．つまり，固定的な投入係数，規模に対する収穫不変，他の活動の独立性などである．そのため企業の生産集合は，可能なすべての水準と，企業が知っている活動の組合せで達成できるような投入と産出の組み合わせとして定義されている．あるいは，経済学者は，たとえば集合のフロンティアがコブ・ダグラス型生産関数で表されるなどといった，集合のある特徴を単に主張する場合もある．どちらの見方からでも，用いられている生産集合という概念の一つの重要な特徴は，我々の用語を用いると，生産者が能力をもつ場合ともたない場合があるということである．つまり，彼が活動の仕方を知っている場合と知らない場合がある．また彼が設計図をもっている場合ともっていない場合があるということである．実際上でもあるいは想定上でも，集合にあいまいな境界は存在しないのである．

企業の生産集合を"知識の状態"とすることは，さらにいっそうの問題についての検討を要請することといえる．なぜ知識の状態はそのような状態にあるのか？ それは時間とともにどのように変化するのか？ それはある時点についてすべての企業にとって同じなのか？ ほとんどの場合，正統派はこのような問題を検証することを拒否してきたのである．

標準的な取り扱いでは，生産集合は単に所与のものとして扱われる．それが時間とともに変化するという問題は考慮されない．異なる企業が異なる生産集合をもつかどうかという問いは，正統派のモデルでは統一的なやり方で扱われておらず，ほとんど議論さえされていない．一般的に，正統派の枠組みにおけるもっとも自然な仮定は，すべての企業の生産集合は同一である，

つまり設計図のファイルは公開情報となっているというものである．その集合が異なるようにするためには，単に企業から企業への情報の移転に正の費用がかかるということを暗黙的に仮定するだけでよく，そのこと自体は妥当な考え方である．しかし，正統派理論がこのやり方を採用するときにしているように，生産集合が異なっており不変であるようにするためには，暗黙的にそのような費用は無限に大きいということを仮定しなければならない．そのような仮定は，通常の正統派が情報を取り扱う際の考え方には見られないものである．

　技術変化についての専門的な研究は，もちろん，生産集合が常に変わらないとみなせるというような主張に対する大きな例外となっている．そこでは典型的なモデルは，生産集合の根底にある技術的知識を〝技術進歩〟の結果，時間とともに変化するものとみなしている．さらに，技術進歩は外生的なものとして，あるいは〝研究開発〟と呼ばれる，費用がかかる活動の結果とみなされる．実際には研究開発支出は，それにより他の投入要素の生産性を高めるような，無限に耐久的な分割不可能な固定的投入要素（〝知識〟）の購入であるとして取り扱われている．そのような定式化は，生産集合の拡張は，仮に生産自体が拡大しなくても起こりうるという意味で，実際の生産から研究開発を分離することが可能であるということを典型的に仮定している．それは，もちろんこのことは，すでに触れたように，技術的知識は明確に表された知識であるという解釈と一致している．それは記録することができ，わずかな費用で保管することができ，必要なときに調べることのできるようなものである．〝経験による学習〟モデルの少数のグループはこの伝統から袂を分かっているが，それでもそれらは生産能力に対する正統派理論に結びつけられてはおらず，検討されていない付属物としてとどまっている．

　異なる企業が異なる研究開発を行っており，特許権や企業秘密が安全に保護される限りにおいて，内生的な技術発展を仮定しているモデルは，論理的に企業が確かに生産集合において異なるということを認めなければならない．しかしながら，奇妙なことに既存のモデルはそのようなことを認めていない．

　生産集合の概念を考慮することは，その使用され方から見て，三つの重要な疑問を呼び起こすように見える．もし〝技術的知識〟が企業の能力を決定

するものであるならば，企業のどこにそれが存在しているのだろうか？　企業が行えることと行えないことの間に明確な境界があるという仮定に対してどのような理論的根拠が与えられているのか？　ある企業が保有する知識が，他の企業の保有する知識，そして社会全体における〝知識の状態〟とどのように関係しているのか？　我々はこれらの問題を順に検討することにする．

　どこに知識が存在するか？　すでに示したように，二つのメタファが，企業がもつ技術的知識の基本的な考え方を説明しようとする正統派の文献における不十分な議論を支配している．その一つは〝象徴的記録〟の比喩である．たとえばそれは，知識は設計図のファイルに記録することができるという考え方である．もう一つは〝知識の専門家〟の比喩である．それはたとえば，〝企業家〟が，一連の技術的可能性の経済に重要な側面について簡潔な説明を求める〝技師長〟が存在するというような考え方である．これらの比喩のどちらも，企業が能力を保有するという現実の現象の諸側面について示唆的ではあるが，それらは単に示唆的であるに過ぎず，対象の十分な説明には程遠いものになっている．

　工学的設計図，さらに一般的には象徴的な設計の記録には，生産能力の実際の実施に関する方法についての包括的な説明は含まれていない．実際の問題として，設計図はしばしばすべきことの大まかな説明であり，より細分化した詳細な作業を定義していないばかりか，作業の段階での〝それをどのように行うべきか〟という指示をほとんど提供していないのである．論理的原則の問題としても，象徴的記録はそれ自体の解釈に必要とされる手法についての包括的な説明さえも提供できないということが明らかになっているように見える．むしろそのような記録の利用は，その記録自体には含まれていないような知識を生かすことのできる知的な解釈ができる人を利用できることを仮定しているのである．そして経済学における問題としては，費用を考慮すると，組織が自分たちの方法や活動に関する記録を維持する範囲は制約されることになり，実際に維持される記録は論理的に想定されるよりもずっと不完全な形になるのである．

　同様に，〝技師長〟の比喩も発展できるものではない．典型的で重要な事例では，企業が保有する〝知識〟は企業内の特定の個人に保有されていると

いうことはありえないように思われる．ある程度の大きさで高度な製造工程の場合，全体のプロセスのなかの各々すべての作業がどのように働くかということを知っている個人がいるということはきわめて異例のことであろう．このことは，もし仮に関係する〝作業〟が狭い意味での生産作業であってもあてはまるであろうし，その作業が，管理機能や維持，購買やマーケティングなどを含むような場合にはよりいっそう，当然のことだろう．さらに，記述できる〝作業〟の集合という考えは，機能する主体としての企業が〝知っている〟ことを特徴づけるには明らかにきわめて不十分である．それが〝知っている〟ことは作業の間の関係——さまざまな作業を結合し生産活動とするような関係——を調整するシステムなのである．

　このように，技術的〝知識〟を保有することは，企業全体としての特性なのであり，組織化された存在としての特性なのである．それはある特定の個人が知っていることにも，あるいは企業のさまざまな個人や機材，設備といったもののすべての特性や能力の単なる集計にも還元することはできないのである．このような見方は，正統派の教科書における説明と一致している．それはここで検討されている問題に対して〝技師長〟やその他のアプローチにはほとんど言及していない．通常の教科書的な取り扱いは，アクターとしての企業自体に効果的に投入要素を組み合わせる能力があるとし，その能力を生産集合によって特徴づけているのである．しかしこのアプローチは信じがたいほど極端である．つまり能力の所有を全面的に投入要素から抽象しているのである．それは，組織化を行う潜在的な能力を，組織化されたものから切り離すことによって，どこにも存在していないと仮定しているのである．それは我々に以下のことを信じさせるようなものだ．つまり，工場をもたず，従業員を雇わず，一台も車を生産していないにもかかわらず，自動車を製造できる能力を維持し，市場の気まぐれに応じて製造できるような準備ができている自動車会社が存在するというようなものである[5]．〝還元論的〟見方と〝全体論的〟見方の両方を正当に評価しながら，組織の能力と組織の個々のメンバーの能力との間の関係について妥当な説明を行うことは，大きな概念的作業であり，正統派がいまだ真剣に取り組んでいないものである．

　どのような現実の検討が〝技術的に可能〟な生産活動と〝技術的に不可

能″な生産活動との間に明確な境界線を生み出すことができるのであろうか？　確かに，企業ができることとできないことがあるということを言うことに何ら問題はない．前者の例としては，企業が実際に行っていることを示すことができるだろう．そして後者の例としては，物理法則に反するような特徴をもつ仮説的工程に言及することができる．しかしながら，すでに指摘してきたように，生産集合の概念の標準的な使用法は，中間的大きさの集合，つまり（ほとんどの場合）実際のものよりも大きくかつ，物理的に可能な最大限の範囲よりも（確かに）小さい集合を想定している．その境界は知識の境界である．

　組織的な文脈において″知識″が何を意味しようとも，知識の状態は確かに変化にさらされている．特定の問いに対する答えを見つけるため努力するときなどのように，それは自発的な選択によって変化させられる．またそれは爆発や故障などによって，計画された方向での活動が実行できないことを知らされるときなどのように，選んでおらず望んでもいない過程による変化にさらされるのである．生産に関わる従業員が″経験から″作業をより効率的に行うことを学習するようになったときなどのようにそれが増加することもあり，従業員が最近行っていなかった作業の詳細を忘れたときのように減少することもある．たとえば電話帳のイエローページを見るなどといった，明らかに安価な方法によっても，また，新しいコンピューターシステムの設計などのように，費用の掛かる研究開発によって，知識が増加する場合もある．それはまた，報告書を読んだり，他者の行為を直接観測したりすることによって，他者がすでに知っていることを利用することにより広がる場合があり，また物理的に可能であると認識されている限界が広がる場合もある．知識を改良しようとする試みは，答えを含んでいると知られている源泉のなかから答えを探し出すということであるかもしれないし，あるいは存在しないかもしれない問題解決を求めて探索をさらに広げることかもしれない．

---

5) 厚生経済学の解釈について思慮深い研究を行っている J.de V.グラーフが，この困難な問題について，標準的なアプローチを否定し，「どのような社会でも技術的知識の究極の貯蔵庫は，それを構成する人間である」という見方をとっていることは興味深い．この基盤の上に理論を再構築しようとした彼の試みは，我々が思うに，説得的でないが，それを動機づけた知的な不満足感は正当に評価されるべきである．（グラーフ，*Theoretical Welfare Economics*, 1957, p. 16）を参照．

これらすべての次元において，どこにはっきりとした境界線をもった生産集合を生み出すことができるような不連続性が存在するのだろうか？　生産集合アプローチは，暗黙的ではあるが，そのような断絶が存在するという主張に依存しているように見える．そのような仮定によることによってのみ，企業が固定された〝知識限界〟にありながらも，条件の変化が他の限界における調整にどのような影響を与えるかを探求し続けていると考えることが正当化されるのである．そのような仮定によってのみ，これまで多大な労力が注がれてきた，既知の技術のなかから企業が選択を行うということについての論理が現実の対象と関係してくるのである．

　ある企業が保有する知識は，他の企業の保有する知識や，知識環境一般とどのように関係しているのだろうか？　これまで述べてきたように，この問いに対する標準的な正統派の対応は単純に無視するということであり，個々の企業の生産集合を〝所与〟のものとすることである．この立場は，正統派の理論の構造に組み込まれた強力な省力化装置となっている．標準的な競争モデルでは，市場価格が異なる企業の活動をリンクする影響力の因果関係の唯一の経路となっている．このようにして，価格と生産の決定という問題を，価格を所与とした企業レベルでの最適化行動と，それに続く企業の供給と需要表を所与とした市場レベルでの均衡分析とに分解することが可能になるのである．企業間での価格以外の情報のフローが重要な現象であると認識することは，このような分解可能な構造によって可能となった知的な節約をあきらめてしまうことになる．しかしそれはまた現実に直面することでもあるのだ．

　企業の知識の境界が明確でないというこれまでの議論は，企業が環境に対して，自分たちの産業やより広い社会に対して手を伸ばすことによって自分たちの知識を増やすことができるいくつかの明らかな方法について簡単に触れていた．他の企業の活動や方法についての情報は，さまざまな方法によって手に入れることができる．たとえば，それらの製品を購入し研究することや，それらの企業の技術の専門家の従業員を雇用すること，業界紙でのそれらの企業の活動の説明や保険会社のアナリストの報告書，政府機関への提出を義務づけられた文書を読むこと，その産業内の他社と働いているコンサル

タントを雇うこと，それらの企業の特許やそれらの企業の研究者の出版物を読むこと，公然と購入や交換を行うこと，あるいは秘密の産業スパイなどである．これらの方法のうち，ある企業にとって既知のものが他のすべての企業に知られているということを仮定することが当然であるといえるほど，安価で効果的であるようなものはない．また個々の企業が技術知識の面で孤島となって，自己完結していると仮定できるほど，高価であり有効でないというものもないのである．そしてこれらすべての方法が実際に使われているのである．

同様に，企業は研究開発活動やその他の活動を通じて，広い社会の知識源に手を伸ばすことができる．その企業の研究者は，他の企業研究者の出版物だけでなく，大学や政府の科学者の出版物を読むことができる．それはまた納入業者や顧客から学習することもできる．政府との契約により研究開発を行うことは，市場を志向した活動において役に立つものを学ぶ機会を提供してくれるかもしれない．他の企業を吸収したり合併したりすることは単一の管理下に置かれた能力のパッケージ全体を自社の支配下におくことを可能にする．そして，この場合でもやはり，これらの選択肢は費用とその効果において非常に多岐にわたっており，実際に用いられていないものはない．

おそらく，このような現象が存在することについて議論の余地はない，そしてその重要性についても議論の余地はほとんどない．しかし，正統派経済学によるモデル化において，これらはまったく無視されているか，あるいは，技術変化を認めている議論において不手際でおずおずとしたやり方でしか取り扱われていない．第1章で，そのような抑圧の源は概して正統派の最適化と均衡へのコミットメントにあると主張したが，おそらくそれは，社会全体にわたるアクターの行動に対応して変化するような，動的に進化し不完全に定義された知識の状態という複雑性にあえて直面しようとしないという理解できる反応から生じているのかもしれない．この方向性についての取り組みは第IV部と第V部で示される．

3. 最大化選択という行動

　能力と目的が与えられたとき，制約のなかで企業が何をするかというような，行動についての正統派の説明は，最大化選択という用語でなされる．企業行動が最大化選択の結果であるという仮定は，理論家を企業の最適化のための意思決定のルール，つまり市場条件やその他の企業に対する外部変数から，企業の目的関数においてもっとも高い値をもたらすような実行可能な活動をマッピングするようなルールの分析へと導く．〝最大化〟という言葉と〝選択〟という言葉の両方を精査しておく必要があろう．

　単純な教科書的取り扱いは一般的に，企業がとる行動は，ある環境においてそれよりも良い行動がないという意味で，真に最大化であると仮定している．しかしながら，我々が先に強調したように，最近の洗練された形の理論はそのような仮定を用いていない．意思決定と実際に行動の間に時間差があるということは，市場の将来についての予測が完全ではないという可能性とともに認識されている．つまり最大化というのは期待の最大化ということである．また潜在的に利用可能な情報が意思決定の際に完全には利用されることはないということも理解されている．最大化は他の費用と同様に情報の費用も認識することとして理解されなければならない．

　限られた，かつ費用のかかる情報による意思決定に関する新しくもっとも複雑な諸モデルが，情報処理能力に限界があるという事実をもまたとらえようとしているのか，あるいは企業が直面している意思決定の問題の理解を間違えるかもしれない可能性をとらえようとしているのかははっきりとしていない．限られた情報の下での最大化行動のモデルは，限定合理性のより一般的な含意を十分にとらえることができると信じている経済学者もいるようである．

　我々はこれは間違った認識で深刻なものと考えている．正統派の意思決定理論では，情報を処理する能力は，常に費用がかからず量的な制限がないものとして扱われている．つまり，マルシャックとラドナーが説明しているように，経済人は完全な数学者なのである（1972，p.315）．他のより間接的な

含意として，このことは経済学の理論において表現されているアクターたちは，理論家が必死になって証明しようとしている彼らの行動についての定理("単なる"論理的真実)のすべてをすでに知っているということを意味しているのである．このような事実の歪曲は無害ではない．そこでの複雑性のレベルが地球上のコンピューターを集めた能力を圧倒してしまうほどであるような文脈においても，完全に事前に計画された行動という考えに依存するという扉をそれは開けてしまっているのである．同時に，それは，個人や組織が厳しい情報処理の制約に対処するために実際に採用している装置――しばしばとられる行動に重要な影響を与える装置――の研究について扉を閉ざしてしまっている．そしてそれは，企業活動が対峙する複雑性の実質的水準の決定要因としての企業自体の内部組織の役割を隠してしまっているのである．

おそらく，この点についてのもっとも示唆的な例証は，経済活動の領域ではなく，国際関係における情報収集・分析の失敗の歴史に見ることができるだろう．歴史的な研究における不変の主題は，失敗は情報収集・分析システムが警告信号を手に入れるのを失敗したから起こるのではなく，それがそれらの信号を，処理し，関連づけ，解釈し可能な選択肢と関連するメッセージとすることに失敗したために起こるということである[6]．困難な概念上の問題は，そのような失敗が"過ち"や"職務怠慢"，あるいは"非合理的行動"として説明できるものかどうかの判断に関係している．しかし，情報分析官や意思決定者が，毎日限られた時間しかなく，自分たちのシステムをつなぐのに限られた情報経路しかもっておらず，利用できる情報を構造化し，分析し，それについて考えるという作業について限られたサポートしか与えられていなかったという事実以上に明らかにその説明に関連するものはないだろう．非常に"明確"な強調された信号でさえもこれらの限界の結果，ノイズのなかに失われてしまうこともあるのである．この点について，経済的意思決定は違うと考えるいかなる理由も見あたらないのである．

同様に，意思決定者が X の状態について確信がもてないという状況とその意思決定者が X が重要であるかどうかということを考えたことがないと

---

[6] 特にこの点はロベルタ・ウォールステッターの真珠湾攻撃に関するすばらしい研究における主題である (1962)．

いう状況との間には，根本的な違いがある．また，事前に可能性が低いと判断された事象が起こるような状況と，それまでまったく考えられていなかったことが起こるような状況との間にもそのような違いは存在し，また，ある行動が成功しそうにないと判断することと，その行動についてまったく考えていないこととの間にも，そのような違いが存在するのである．それぞれの対の後者の状況は，低確率という形ではモデル化できない．むしろそれらは意思決定者による考慮のなかにまったく入っていないのである．そこで必要となるのは注意についての理論であり，それは，すべてのものが常に注意を向けられるが（客観的な理由により）そのなかにはほとんど重要視されない物事が存在するということを仮定する理論ではない．

　要するに，最大化選択のもっとも複雑なモデルであっても，限定合理性の問題を捉えるには十分ではないのである．比喩的にのみ，〝限定された情報〟モデルは，限定的な認知能力での意思決定のモデルとみなされるのである．多くの文脈においては，それでは不十分である．なぜならば，意思決定者がどのように行動するかということをそれは説明も予測もしないからである．つまりその比喩はほとんど内容を欠いているのである．実際，ほとんどのフォーマルな理論化においては，予測能力に限界があることを部分的に認めることによって補強されたような，単純で洗練されていないバージョンの最大化のモデルが採用されている．企業はある制約と不確実性の下で，真にその選択を最適化しているとみなされるのである．

　今度は我々の関心を行動が選択の結果であるという仮定に向けることにする．現在の評価されている理論は，〝選択〟が意味するものについて曖昧な態度をとってすましている．そしてその曖昧さはその概念についての問題を表している．あるときには〝選択〟は熟考を含む過程について述べている．しかしまたあるときには，選択は熟考したりせずに，前もって割りあてられた意思決定のルールに従っていることに関するものとして理解されている．この使用法では意思決定のルールそれ自体がそれよりも以前に行われてきた熟考の結果であると仮定されている．そして最適化の仮定の理論的使用をより注意深く擁護する議論においては，企業はいかなる明白な計算のための熟考をも決して行わないということをさえ認めるのである．

かなりの量の熟考を含む行動をとる過程と，意思決定のルールに多少なりとも機械的に従うことを含むような過程とを区別することは有益であるように見える．後者の過程は，その選択という言葉の日常的な意味で実際に選択をしているのかと疑問に思う人もいるかもしれない．しかし，より重要なのは，仮にある種類の行動が事前に用意された意思決定のルールに個人が従った結果であるとするならば，そのルールの由来によらず，それ自体興味深い事実に見えるだろう．そのような情報は，採用されている意思決定のルールの研究やおそらくモデル化へと研究者を導くことになるだろう．実際，意思決定のルールが，実際に最大化ルールである，あるいは経済学者によって採用されている特定の企業のモデルにおける最大化ルールであるというように仮定されないのであれば，これが残された進むべき道となるだろう．研究者はなぜ意思決定のルールが今ある形なのかを分析するようになる，そしてその分析は意思決定のルールの創造と変化についての何らかの理論をもつことになる．そして，この観点からすると，既存の意思決定のルールとルールの変化の過程の妥当性を，それらによって企業がそれ自体が直面する問題にいかに対処することができたかという観点から分析することに取り組むことは，興味深いことになるだろう．つまり，企業によって採用されている意思決定のルールは，生産集合における生産活動と同じような意味で，企業全体の能力の重要な部分であるとみなすべきなのである．我々の理解では，これはたとえば企業の価格政策や広告政策について，正統派理論がとっている見方ではない．

　この後の二つの章でさらに詳しく述べることになるが，伝統的な理論において〝選択〞として扱われてきたことのかなりの部分が，かなり多く場合，事前にきめられた意思決定のルールに従うことと関係している．しかしこのことは多くの場合に，ある——おそらくかなりの——量の熟考がなされているということを否定するものではない．さらに，このことが知られたとして，それは役に立つ情報である．しかしそれは，企業が真に何かを最大化しているということを仮定する理論を支える証拠としては役に立たない．つまり，この理論についての困難は，たとえ企業が明らかに最大化しようと試みても，彼らは真に最大化することはできないという事実である．むしろそれは，熟

考という過程に注意を向けさせるという意味で役に立っている．かなりの熟考の過程から生じたと考えられる行動を説明することや予測することを目指す研究者は，組織における熟考の過程についてすでに知られている事柄を利用しようと欲するだろう．それらのうちのいくつかを記しておこう[7]．

第1に，熟考の上の選択は，事態に対して適切で完全な計画を事前にはできないということを反映している．人が選択について熟考するのは，そのときの状況において何をするかを事前に考えきれていないからであるか，あるいは，そのような事前の熟慮がなされたとしても，何らかの理由により，特定の文脈がそのような事前の計画を，現在の目的に対して不完全で不十分なものにしてしまうからである．熟慮は，少なくともある部分は想定されていなかった現状についての問題や機会を示しているのである．

第2に，熟慮の上の選択は状況に依存している．その結果は選択がなされた状況の特定の環境に依存している．一般的に，熟慮を引き起こすのは，予期しなかった問題や機会であり，熟慮は少なくとも最初のうちはこれらの問題に焦点をあてることになる．しかし熟慮の上の選択は，特定の環境の幅広い集合によっても影響を受けるのである．

第3に，熟慮の上の選択は断片化している．その断片化の時間的側面についてはすでに述べたが，大規模な組織においては，組織の権限や責任に沿ってそれは断片化されがちである．さまざまな情報基盤や組織の利害が，同じように相互に関連している意思決定の問題のさまざまな側面に影響を与えるのである．ある活動の方向性へのコミットメントはあるグループまたは一連の会議においてなされるかもしれないが，その一方でその活動のリスクや費用に関する決定的な情報は，使われないまま他のところに存在するのである．補完的な役割を意図して行われる活動のタイミングや適合性は不十分になりがちである．なぜならば，責任は機能上もしくは投入要素のタイプに沿って分割され，そのような権限の範囲のなかでは互いに対立する利害があるため，共同作業から注意と労力が引き離されてしまうのである．好ましくない展開について警告を出しても，より高次の権限をもつ人々との意思疎通において

---

[7] この後に続く段落で指摘される点を明らかにしている一連の事例研究については，マーチとオルセン（1976）を参照．

遅らされるか歪められてしまう．なぜならば，問題が生じるような分野の責任をもっている人々のやり方に敵対しているように見られるからである．これらと同じような種類の困難としては，大規模な組織における選択の断片化という古典的問題がある．それらは組織行動論の理論家によってさまざまな学問領域の観点から描き出されている．最適な組織についての理論家は，情報の断片化についてのモデル化においては幾分進歩をみせているが，組織内の対立のモデル化はそれほど進んでおらず，個人の権力や評判の現実を描き出すことはほとんど進んでいない．そして，単一の選択を扱うという基本的な仮定から離れ，すべての制約を同時に対処するようなことについては何もしていないのである．

　最後に，選択をするときというのはしばしば目的を明らかにし精緻化するという機会でもある．〝ここで我々は何を達成したいのか？〟という問いは，しばしば活発な検討を受けることになる．それは，過去に受け入れられた前提からの論理的推論というやり方ではなく，むしろ選択を行う状況の詳細を，それまで対応してこなかったような全般的な方向性やバランスやトレードオフといった問題を提起するものとして認識するような方法で検討が行われるのである．この種の問題は，連続的で状況依存的な選択の過程で採り上げられ，部分的に解決されるため，そこには組織の目的は〝経路依存的〟な歴史的現象であるというような考え方が存在する．その根底にある動機づけについての構図が――たとえば，〝我々は金を稼ぐために商売をしているのだ〟というように――一定で極端な形で描かれていたとしても，選択に対して十分正確な情報を提供するような目的についての詳細は，通常は実際の選択の状況に先送りされてしまうのである．

　これらのすべての面が，熟慮が，投入要素の稀少性と熟慮の〝技術〟の現状によって制約を受けているような，それ自身で経済活動となっていることを示している．最大化行動についての新しく洗練された解釈は情報コストを認めているが，それは行動や能力を所有し実行することと，行動を選択することとの間に明確な区別をし続けている．この事実は，経済組織と経済変化についての正統派の見方の著しく矛盾している特徴のいくつかを説明している．金属加工装置――たとえば数値制御の工作機械などのような――と結び

ついた情報処理技術の改良は明らかに，〝技術変化〟という分類に入れられ，経済学者が技術変化を測定しようとするときに想定しているようなものの完全な典型例となっている．これと対照的に，熟慮の過程と結びついた情報処理技術の発展――たとえば，企業の製品市場の計量経済学的モデルやどの工場からどの倉庫に出荷すべきかを決定する手助けになる線形プログラミングの手続きなど――は，それらが選択の過程の一部であるため，正統派にとって理論的にとらえられないのである．同様に，正統派は異なる企業が異なる方法で選択を行っていることを認識することができないように見える．熟慮の過程におけるこれらの違いは，なぜ企業が異なる選択をするかということに対する説明の中心的な部分であるはずなのである．

　同様に，実際の選択に続くもので，それ自体，投入要素の稀少性と実施に関わる技術によって形成されている経済行動の形態をなしている実施の過程が存在している．たとえば，価格政策や価格設定のルールについての選択だけでは実際には適正な価格をカタログに載せ，商品に課し，請求システムに組み込むには十分ではない．ときには実施のコストが価格政策それ自体の選択における重要な要素を形成していることもある．組織の能力の発揮が，商品の生産における場合と同じように，商品の新しく決められた価格政策を実施する場合にも関係している．同様に，特定の能力が市場での取引の実施や，内部管理の過程や記録管理の過程などにおいて発揮されている．企業行動のこのような側面が理論経済学においてほとんど注目されていないということを，生産という概念の範囲を拡大させることが抑制されているということに帰することはできない．なぜならば，そのような概念が，保健や教育，育児などへ適用されていることが，このような抑制の弱さを証明しているのである．また，関連する問題が些細なものであるため，経営者や理論家がとりたてて注目する必要はないということでもない．たとえば，コンピューターによる着服を防ぐというような問題の複雑さを考えてみればよい．むしろ実施の生産的な側面が正統派の視点からほとんど隠されたままである理由は，実施が，熟慮と同じく，選択と非常に密接に関連しており，そして選択はただ最適になされるとされているからである．

　これまでの議論は，熟慮と実施の能力が，特定の技術的な生産過程の理解

と同じように，企業の能力の要素となっていることを指摘している．しかしそうであるなら，正統派の理論における能力と選択の間の明確な区別は疑わしくなっている．経済的選択の過程は，より狭い意味での技術的能力と同じように，技術的な発展や後退を経験するのである．そして能力の根底にある知識について我々が提起した問いは，生産の能力と関連するのと同様に，選択の能力とも関連しているのである．とくに，企業の能力の限界が明確に定義されていないという主張はどちらにも関係している．企業は，自分たちの技術的能力について不確かであるのと同じように，ある活動領域における判断と熟慮の能力について不確かなのである．そしてその能力を向上させるさまざまな方法が，企業に対しては開かれているのである．

第4章　スキル

　前章では，企業はなぜそのように行動するのかということに関する，正統派による説明の根底にある三つの考え方——目的，選択集合，最大化選択としての行動——を検討した．本章では，進化理論における行動の基本的説明を発展させることを始める．我々の理論的関心は，企業やその他の組織の行動にあるが，個人の行動のいくつかの側面についての議論の分析から始めることが有効だと思われる．そのようなことをする明白な理由は，組織の行動は，限定的ながらも重要な意味で，その組織のメンバーである個人の行動に還元できるからである．それゆえに，個人の行動の規則性は，組織のレベルにおいても，同等というわけではないが，何らかの意味をもつと考えられるはずである．ここでの我々の議論により直接的に関係してくるのは，組織の行動のメタフォアとしての個人の行動の意義である．「個人もまた複雑な組織である」という考え方はかなりの威力をもっているのである．そして組織行動に対する間接的なアプローチは，このような比喩を用いることで，日々の観測の実証的データと省察にかなりの程度，基づいた議論ができるという利点をもっている．

　我々の本当の関心は組織にあるので，個人の行動についての我々の議論では，バランスをとろうとしたり包括的であろうとはしない．むしろ，我々の目から見て，組織レベルの現象に対してこの問題が，もっとも役に立つ導入と真の指針を提供してくれるその側面を強調する．この目的を追求することにおいても，我々は，問題の正統派的な取り扱いにおけるバイアスを補正し

ようとする方向でのバランスの取れた評価とも幾分離れることになる．我々の関心は，提案する概念分類の適切さを示すと同時に，正統派的な概念分類の不適切さを明らかにするような状況の例にある．正統派的な見方が参考になり効果的であるような分野は扱わない．これらの分野を詳細に検討するのは，進化理論的なスキームは，正統派的なものを包含することができ，その適正な使用を描き出すことができる場合である．

とくにこの章での焦点は個人の熟練した行動にある．我々は，個人のスキルは，組織のルーティーンと類似のものであり，組織の機能においてルーティーン化が果たしている役割を理解することは，そのため，個人の機能におけるスキルの役割を検討することによって可能になると考える．もちろん，スキルという概念が個人の行動に特有の鍵であると主張しているのではない．しかし，それは重要な鍵である．ルーティーン化は，個人の行動の特徴としてのスキルよりも組織行動の特色としてのほうがより重要である．しかしそれがすべてではない．どちらの領域においても，熟練した／ルーティーン化された行動の本質を綿密に検討することによって，ある環境における個人／組織の効果的な機能の基礎を理解しようとするアプローチとして最適化という考え方を用いることの欠点を明らかにしてくれるだろう．

"スキル"という言葉によって我々は，それが通常行われている文脈において，その目的に対して普通程度には有効であるような，円滑な一連の調整された行動を行うことのできる能力のことを意味している．このため，テニスボールを上手にサーブする能力もまたスキルであり，同じく有能な大工仕事に従事する能力も，自動車を運転する能力も，コンピューターを操作する能力も，線形プログラミングのモデルを作成しそれを解く能力も，あるいはどの就職希望者を採用するかを決める能力もスキルである．これらのスキルのうちの最初のいくつかは，正統派の理論では，一つの選択集合のなかの能力とみなされるだろうし，最後のいくつかのスキルは，選択行動に密接に関係している．我々が強調したいのは，これらのスキルが，それを能力と考えるか選択行動と考えるかということに関係なく，多くの共通の特徴を有しているということなのである．

第1に，スキルはプログラム的であるということである．つまり，各ステ

ップが，その前のステップの完了によって引き起こされ，そしてそのすぐ後に続くようなステップの連鎖がそこにあるからである．第2に，熟練したパフォーマンスの根底にある知識は広い意味で暗黙知である．つまり，行為者はそのパフォーマンスの詳細について完全に知っているわけではなく，その詳細についての完全な説明を明確に述べることは難しいか不可能であると気づいているのである．第3に，スキルの実行には，多数の〝選択〟をすることを必要とする．しかしかなりの程度，選択肢は自動的に，選択が行われているということすら気づかれないうちに，選ばれているのである．

　熟練した行動のこれら三つの側面は，相互に密接に関連している．たとえば，もしスキルを実行するなかで，行動の選択肢が〝自動的に〟選択されていない場合には，全体としてのパフォーマンスは，組み合わさった統一的な〝プログラム〟としての質は保てないだろう．そしてそのような自動的な選択の基盤を明確に述べることが困難であるということが，そのパフォーマンスがいかにして達成されたかを説明するという問題全体の重要な部分を占めているのである．それにもかかわらず，これら三つの側面は，概念的には区別することができ，過去さまざまな研究者によってさまざまな度合いで強調されてきており，そして，個人と組織の行動についての我々の説明においても，幾分異なる役割を果たしているのである．それゆえ，これらを別々に論じることにする．

1．プログラムとしてのスキル

　社会科学の文献では，ある意味で効果的な単位として機能する円滑な一連の行動を意味するためにさまざまな用語が用いられてきた．〝スキル〟は明らかにそのようなものの一つである．とくに，スキルとスキル学習については多くの心理学の文献がある．〝プラン〟や〝スクリプト〟，〝ハビット〟，〝ルーティーン〟そして〝プログラム〟といった用語もまた，同じような概念やあるいは非常に密接に関係した概念を名づけるために使われてきた．しかしこれらの用語の間で，その意味する点においては明白な違いが存在する．そのようなさまざまな意味を説明することは，参考になるだろう．

スキルをプログラムとして考えることは，コンピューター・プログラムのイメージを連想させる．明らかに，現代のコンピューターと関連ソフトウェアの開発は，ここで我々が問題にしている現象についての理論的考察に重要で幅広い影響を与えてきた[1]．複雑でパターン化された行動をシミュレートするコンピューター・プログラムが，人間と組織の幅広い行動に対して開発されてきた．とりわけこれらの努力により，デジタル・コンピューターの論理的なプロセスが，非常に〝スキルをもった〟あるいは〝知的な〟行動を，少なくともそのような行動の，さまざまに観察できる側面について，十分な説明をすることができるという意味で，模倣することができることを示すことができた．しかしながら，ここではこの種の研究の例についての概説を述べることはせず，スキルと（コンピューター）プログラムとの間の幅広い類似点のみを検討することにする．

以下に述べるようなコンピューター・プログラムの特徴は，人間のスキルの対応する特徴に類似しており，示唆を与えてくれるものである．第1に，プログラムは一つの単位として機能し，その実行は通常，それを開始するために必要とされる活動と比べて高度に複雑なパフォーマンスである．第2に，ループや〝go to〟のステートメントや条件分岐ステートメントが状況を複雑にしているが，プログラムの基本的構造は連続的である．そこには始まりと終わりが存在している（あるいは少なくとも終わりが存在するとされている）．また，プログラムの実行の予期せぬ中断の後に再開することがしばしば問題を引き起こすので，最初からやり直したほうが，部分的なパフォーマンスを完了するよりも容易である．第3に，それがオートマトンによって行われると考えると，コンピューター・プログラムの実行は文字通り，〝自動的〟であることは明らかである．最後に，適切にプログラムされたコンピューターがそのタスクを達成する速さと正確さはしばしば驚異的である．〝驚異的〟の一つの基準は，同じ仕事に対する人間のパフォーマンスであるかもしれないが，しかし，アナロジーの有効性という観点から見た有意義な基準

---

1) サイバネティックス理論とコンピューターモデルの心理学への影響についての議論は，ミラー，ガランターとプリバム（1960, ch.3）とニューウェルとサイモン（1972, 歴史的な補足についてはとくに pp. 878-882）を参照．

は，プログラムではなくコンピューターを用いて，つまり直接的に個々のステップを命令することによって達成されるパフォーマンスということになるだろう．

　これまで，プログラムについて述べてきたことから示唆されるスキルに関する重要な点は，大部分はすでに明らかであろうが，いくつか詳細を簡単に述べておくことは有益だろう．"一つの単位として機能する"という点については，プログラムとスキルの両方に対して，組織のさまざまなレベルにおいて認識できる"単位"があるということには注意しておくべきかもしれない．大きな単位はより小さな単位の組織化された複合体であり，それにもかかわらずそこでは後者は何らかの個性を保持している．このため，ある程度熟練したタッチ・タイピストにとって，"the"や"and"，"here"，"in"，"as"などのような単語をタイプすることは一度に行うことができる．その一方，"sincerely yours"は単一の単位でもあり，二つの単位の複合体でもある．おそらく，"antidisestablishmentarianism"が馴染み深いリズムであるような指をもつタイピストはほんのわずかしかいないだろう．それにもかかわらず，熟練したタイピストは単語を良く知っている単位に分解し，それによって初心者が行うよりもかなり早くそれを実行するだろう．タイピングのスキルは，また，連続的構造――本質的に，スキルの構成要素が実行される順序が，スキルそのものの構造についての重要な事実であるということ――を描き出すのにも貢献してくれる．無意識で"through"とスラスラと打つことのできるタイピストも，"hguorht"あるいは"ughthro"などをタイプするためには，スピードを落とし，注意を払わなければならなくなるだろう．

　熟練した人間のパフォーマンスは，その詳細のほとんどが自覚的な意思をもたずに実行されているという点で自動的である．実際，新しいスキルを身につけることがうまくいくようになる前触れは，細部に注意を向ける必要がなくなることである．そして，細部に注意を向けることが混乱させる結果をもたらすことは，良く知られた事実である．つまり，運動や，芸術やその他の分野における多くの競争的状況では，勝利は，その行為者が"リラックスしたままでいる"ことや"緊張しない"能力，つまり，破滅につながるよう

なこだわりをパフォーマンスの細部にまでむけようとさせるプレッシャーに対して抵抗できる能力に依存しているのである[2]．このような能力をもっていると評価される行為者が，コンピューターやその他の機械と比べられ，より高く評価されるということは珍しいことではない．

〝驚異的であること〟は明らかに程度の問題であり，期待と比較していわれるものであるが，もっとも冷静でいる者だけが，習熟したパフォーマンスから強い印象を受けるのを，ある程度免れることができるのである．実際，さまざまな知的，芸術的，運動の分野における〝世界級〟のパフォーマンスは，単に驚異的というよりも〝畏敬の念を抱かせる〟という部類に入るものである．もちろんそのような場合には，行為者の基本的な精神的，肉体的に備わったものが高い技能で果たす役割について人々は推測するようになる．このような理由により，ある程度に習熟したテニス選手やスキーヤー，ピアニスト，微分方程式を解くことができる人などに対する，初心者の反応を検討することが，我々の問題関心により関係することになるかもしれない．少なくとも，スーパースターを見飽きて感覚が鈍くなるようなことになっていない観客にとっては，数年間の練習や定期的訓練によって可能になるようなパフォーマンスでもしばしば非常に印象的なのである．そしてまた，手に入れられそうもないような目標を目のあたりにして，陰鬱にさせられるのである．人として同じ〝基本設備〟をもった習熟したパフォーマーと初心者との間のこのようなギャップは，コンピューターと仕事のための正しいプログラムの両方をもっていることと，コンピューターのみをもっていることとの間の違いのアナロジーとなっている．

2．スキルと暗黙知

今は亡き科学者-哲学者のマイケル・ポランニーは，暗黙地という表現することのできない知識が占めている人間の知識の一般的なスキームの中心的

---

[2] もちろん，熟練した行為者は過度にリラックスすることや〝集中力を欠く〟という反対の誤りもまた避けなければならない．しかし必要とされる集中力は，手続きの細部ではなく，そのときそのときのパフォーマンスの目的に向けられるものである．

地位について幅広く書いていた．ポランニーは「我々は伝えることができる以上のことを知っている」というシンプルな観測に基づき，哲学的体系全体を作り上げたのである（ポランニー，1967, p. 4）．〝暗黙裡に知っている〟ことの総体的な重要性は，通常〝スキル〟と呼ばれているようなものの例によって示唆されるのみであるが，そのような例は，非常に重要な現象について，馴染み深く説得力ある描写を提供してくれる．実際ポランニーの『個人的知識』(1962) において，スキルに関する議論（第4章）は，ここでの我々の議論に類似した役割を果たしている．それは知識の他の領域に対する有益な視野を提供してくれる．彼の場合にはそれは科学的知識の領域であり，我々の場合には組織の能力の領域である．

　何かを行うことができるにもかかわらず，同時にそれがどのように行われているかということを説明できないということは，論理的にありうることというよりも，日常的に見られることである．ポランニーはスキルについての彼の議論の初めに，良い例を紹介している．「私はこの研究の手がかりとして，熟練したパフォーマンスの目的は，それにしたがっている人がそれと気づかないようなルールの集合を観測することによって達成されるというよく知られた事実を取り上げることにする．たとえばスイマーが浮き続ける決定的要因は彼の呼吸を管理する方法である．つまり彼は，息を吐くときには自分の肺が空にならないようにし，息を吸うときには肺を通常よりも膨らませることにより，自分の浮力を高い水準で維持している．しかし一般的にはスイマーはこのことを知らないのである」(1962, p. 49)．

　熟練したパフォーマンスの基盤を説明することの難しさは，スキルを教えたり，学んだりするときに，浮かび上がってくる．ポランニーの水泳の例は，ある事例では，〝指導者〟が重要な原理にまったく気づいておらず，指導するというよりたまたま良好なパフォーマンスを示したときに褒める程度のことしかしていないという事実から，そのような困難が生じることもあるということを示している．他の事例では，指導者は詳細に物事を説明できる，あるいは少なくとも説明できると自分自身思っているかもしれない．しかしそこで提供されている詳細な指導とは，典型的には，順番に実行すべきサブスキルのリストから成り立っており，そのような指導は，必要な効率でもって

サブスキルを実行する能力をもたらすことはなく，またそれらのサブスキルを主たるスキルに円滑に統合することを保障するものでもないのである．この点は，飛行機を着陸させる方法を説明することについてのコメントのなかで，ミラーとガランターとプリバムによっても強調されている．つまり，「丁寧に説明され，実行されたときには，それはパイロットと機体を安全に地面に戻すことができるだろう．これは短い文でありほんの数分で覚えることができるが，理想的な天候状態においてでさえも，それを覚えている人が飛行機を着陸させることができるかどうかは疑わしい．実際，誰かがそのプランを実行するために必要なすべての個々のパフォーマンスを学ぶことができたとしても，上手に着陸させることができなかったということは十分にありうる．個々の動作や，そのプランの個々の部分は，一緒に融合されることによって熟練したパフォーマンスとなる．学ぼうとする人がすべきとされていることが説明されていたとしても，さらにそれをどのように行うかということについて学習するという主たる仕事に直面することになるのである」(1960，pp. 82-83)．

　スキルの指導の本質は典型的に，大部分，実践的な訓練を課されることから成り立っている．そしてその一部は指導者によって監督されている．言葉による指導も含まれているが，それは主に実践の批評という形でなされる．指導者による実演と学習者による（意図的な）模倣が，言葉による指導と批評に対するもう一つのやり方として，頻繁に採用されている．ミラーらが指摘しているように，言語による指導それ自体——〝ハウツー本〟の情報など——は，せいぜいスキルの獲得のための出発点を提供するだけである．そのような本——関連する知識のうちの表現できる部分だけ——をもつことは，学習する意欲を示すことにはなるかもしれないが，スキルの獲得を保証するものではまったくないのである．

　言葉による指導の限界は，学習者が鈍ったスキルを再び取り戻そうとするときによりいっそう明らかになる．極端な場合にのみ，衰えたスキルを取り戻すのにハウツー本は有効である．スキル自体の記憶の断片こそが，それは脳のなかに隠れているが，いかなる多くの言葉の集まりよりも再出発点として役に立つのである．必要なものは，再び始まる練習と建設的な批判であり，

初心者のためのハンドブックではないのである．

　以上の主張は，精神運動性のスキルだけに関係しているのではない．少し修正するだけで，それらはたとえばあるタイプの数学的操作の腕前や，ある分野や科学的探索方法に特徴的な理論的課題を解決する能力，あるいは複雑な生産スケジュールの問題に対してよい解決法を生み出すような能力などのような，特定の認知的スキルの領域に拡張できるのである．初等代数学における方程式の操作はその例となろう．明らかに，（〝未知数を隔離せよ〟というような）問題解決の経験則の比較的短いリストとともに，実数体系の公理が，ある意味で，関係するスキルの表現された説明を構成するのである．同じように明らかに，操作に習熟した者は，自分の行動のこのような表現された特徴についてほとんどかあるいはまったく明確な意識をもっていないのである．彼は〝分配の法則──項を整理── x をくくりだす──などなど，と考えることはせず，単に式の効果的な変換を〝感じ〟，それを実行するだけである．そして彼はしばしば式を書き直すときに一度にいくつかの変換を行うのである．ポランニーの言葉でいえば，操作された式に対する〝中心的感知〟があるのに対して，使われた法則に対しては〝従属的感知〟のみが存在するのである．

　スキルやあるいはスキルの根底にある知識の〝暗黙性〟が程度の問題であることは明らかであるように思える．言語はおそらく，大工仕事のスキルよりも初等数学のスキルを，また，体操競技の離れ技よりも大工仕事のスキルを有効に伝えるための伝達手段であろう．また良い指導者は，通常は暗黙的な状態にある知識の多くを，内省的に発見し，そして生徒に明確に説明できる能力によって特徴づけられる．明らかに，同じような知識がある人にとって他の人よりも暗黙的である場合がある．動機もまた明らかに重要である．つまり効果的な説明が大きな意味をもつような環境では，目覚しい成果が達成されるときもあるのである．たとえば，緊急の際に無線通信で言葉によって指示することにより，パイロットとしてのスキルをもたない人が飛行機を着陸させるために，小型飛行機の操縦方法について十分な情報を伝えることは不可能ではないということは確立されてきている[3]．

　前に見たように，社会科学の文献において〝スキル〟に密接に関連した概

念について言及するためにさまざまな用語が使われ続けている．興味深いと同時に幾分不思議なことであるが，これに関係して用いられている一連の用語には，その意味するところが，かなりの程度暗黙性と反対のものがあるのである．前述したミラーとガランターとプリバムの文章は，かれらの〝プラン〟の概念が本質的には通常のスキルという考えと関係しており，また言語はプランを伝えるには十分ではないかもしれないという考えにも関係しているという事実を示している．しかしその言語それ自体は，通常の使用法では，明確に述べることができ，象徴的に表すことができるような何かについて言及しているのである．同様な点は他にもあるがたとえばマーチとサイモンによって好まれる用語である〝プログラム〟について指摘できる．

　シャンクとエーベルソンは，「特定の文脈における適切な一連の事象……よく知られた状況を定義している，あらかじめ決まっている型にはまった連続した活動を表現する構造」（1977, p. 41）について言及するために〝スクリプト〟という用語を用いている．〝プラン〟についてと同じく，〝スクリプト〟の意味するところは，そこでの知識は明確に表すことができるという意識を明らかに示している．それにもかかわらず，〝型にはまった連続性〟への言及が示すように，スクリプトはややスキルに似ているように見えるのである．違いがあるとすれば，それについての重要なことは，シャンクとエーベルソンは何よりもまず自然言語が理解されるプロセスに関心があるという事実にある．この関心が，言葉の上手な使い方についての関心をともなうのである．つまりその問いは，それが人間においてどのように行われているかということと，コンピューターによってどのように行われることができるかということに関係しているのである．それにもかかわらず，暗黙知の広大な領域が，シャンクとエーベルソンが理解のプロセスを表すために作り上げたコンピューター・プログラムによって示唆されているのである．彼らが十分気づいていながら，焦点を置いていない事実は，理解しようと試みている人間の意識的活動の一部ではないような膨大な量の情報処理を，これらのプロ

3）この見方は，先に引用したミラーとガランターとプリバムの主張と幾分正反対のことをいっている．しかし，着陸の仕方についての暗黙知をまったく欠いたパイロットの操縦では，人は乗ろうとしないのは，明らかである．

グラムが含んでいるということである．実際，彼らがモデル化を試みている推論の過程が，意識的思考を十分利用することができないような場合でなかったならば，モデル化の作業は瑣末なものになり，彼らが注意を向ける価値もないようなものになるだろう．このため，言語の理解についての彼らのアプローチは〝それに従っている人がそれとは知らないようなルールの集合の観測″を含むようなポランニーによるスキルの特徴づけと同じように思えるのである．

　重要なことは，人間の心理過程のコンピューター・モデルを作り上げようと試みている研究者は，教師からスキルを学ぼうとしている生徒と同じような立場にいるのである，という点である．両者とも，言葉が複雑なパフォーマンスの基盤となる構造と細部について，役に立つ指導を伝える役割を果たしてくれると信じているのである．つまり，生徒はそのような指導を教師に求めており，研究者はそれを彼の対象や，あるいは内省的に自分自身に対して，求めているのである．生徒はそれをできるようになるために，研究者はどのようにそれがなされるかを説明できるようになるために，両者とも物事が実際にどのようになされているかということを知ろうとしているのである．そして両者とも，自分たちの目的を達成することの困難さを経験すると，自分たちが必要とする情報を伝達する手段としては，言語は完璧なものではないということに気がつくのである．言語は枠組みを伝えることはできるが，かなりの量の空白が，言語の資源が使い果たされた後でも，残されているのであり，その空白の多くは，労苦の多い試行錯誤的な探索を必要としているのである．おそらく，生徒と研究者の両者とも，言語の限界についてのアンビバレンスに悩まされているようである．両者とも言葉が目的の達成に向かうそれぞれの道をならしてくれると期待している一方で，両者とも仮に道が非常になだらかであったら，その成功にはやりがいがまったくないということも知っているのである．

　多くの理由により，〝暗黙さの程度″の決定要因，つまりある場合においてその他の場合よりも，全体のなかで暗黙知がより重要な部分となるような要因を特定することは重要である．この方向での最初の一歩として，我々はここで，知識の明示化の限界が生じる原因について検討することにする．そ

のような限界は，三つの違った形で生じているように見える．

　第1に，記号によるコミュニケーションを通じた情報の伝達が可能な時間速度によって課される限界があり，それは実際に実行するために必要または適切な時間速度よりも遅くなるだろうということである．テニスボールをサーブすることや体操競技の技を演技する場合には，重力の法則によって，動作の大部分が行われる速度には厳しい制約が課せられる．このため，ステップを踏んだ説明は可能ではあり，事前の指導や事後の講評はともに役に立ちはするが，試行の最中に詳細な指導を提供するということは現実的ではない．そして，学習者は事前の指導を記憶に留め，動作を行っている最中に意識的にそれを引き出そうと試みることはできるが，このような戦術の有効性はそれに必要とされる情報処理の速度と同時性によって，厳しく制限されることになる．それゆえ究極的には学習者は自分自身で，調整という問題の詳細を解決しなければならないのである．それらの詳細についての知識は，暗黙的なままであり，意識することを必要とせずに再び思い出され，彼の指導者の対応する知識と同じように明確に表現することは容易ではないであろう．

　時間速度の問題はまた，幾分異なる形ではあるが，タイピングやピアノの演奏でも関係している．これらの場合では，少なくとも実行の時間速度を遅くすることにより，表現や意識的認識の役割を高めることは可能であり，このようなことは学習において一般的に行われている．それにもかかわらず，実際の完成されたパフォーマンスの詳細は暗黙的である．つまり課題を〝ゆっくりな〞状態で行えるようになれば，それを単に〝早まわし〞することだけで専門家と同じ技を生み出すことができるというわけではないのである．

　スキルの根底にある知識を表現することを制限している二つ目の事項は，知識の因果関係の深さが限定されているということである．ポランニーの水泳の例が描き出していることは，スキルの保有には，そのスキルの基礎についての理論的な理解は必要ないという点である．実際，すべての精神運動性のスキルにとって明らかであることは，神経システムに知識が蓄積されている実際の状態が，物理学者や生理学者，心理学者が熟練したパフォーマンスを描写するために用いる用語を必要としていないということである．しかしこの用語を使用することによってスキルの基礎を明示化しようとすることが

何ら利益をもたらさないだろうということをいっているのではない．おそらく新人のスイマーのなかには，身体の浮力についてのポランニーの簡潔な説明に助けられるものもいるだろう．より一般的には，熟練したパフォーマンスは，そのパフォーマンスに関連したさまざまな変数の値によって定義された文脈において生じるのである．すなわち，そのような変数は，気圧や照明，重量などの状態だけでなく，行為者の身体的状態の側面も含むことになるだろう．行為者は，これらのすべての変数がパフォーマンスに関係しているということはもちろん，これらのすべての変数の存在を認識する必要はない．このことは，行為者は，単に許容できる範囲内でこれらの変数に依存しているだけであり，自分が依存しているものが何であるかということを説明する立場にはないということを意味している．いくつかの変数の値が変化しその限界が破られるようなことになれば，関係する知識の因果関係の深さの制約が，その変化に対する有効な調整を妨げるか防ぐことになるだろう．

　表現することの限界の三つ目の側面は，一貫性の側面である．つまり，全体対部分という側面である．細部に対する徹底的な関心と前提条件についての詳しい議論によって，何事かについての"完全な"知識を表現しようとすることは，一貫していないメッセージを生み出すことにしかならない．このことの難しさはおそらく，言語によるコミュニケーションの線形的性質や，人間の脳の"中央演算装置"の連続的特性，そして人間の短期記憶の能力の相対的な限界というような関連する事実についての根本的な限界に基づいている．これらの事実を考えると，細部と，それらが作り出す一貫したパターン——細部の間の関係性——の両方を表現できる可能性は必然的に限界があるのである．テキストのある部分において，文章は，近くの文章によって確立された文脈に直面する．つまり，それがテキストの他の部分と意味的に関連しているということを伝えるには，より多くの言葉を必要とし，そして読者の記憶を要求するのである．同様に，多くの物体の2次元の断面図を見て，一貫した3次元の像を頭のなかで作り出すことは困難である．表現と記号情報処理についての人間の能力のこれら限界に対処するために，パターンや構造の情報を目に直接提示するようなさまざまな補助的手段——写真や図解，グラフ，フローチャート，ホログラムなどの補助的手段——が用いられてい

るのである．そのような補助的手段の技術は急速に進歩している．

　要するに，実行に関する知識の多くは暗黙的なままである．その理由は，それは十分に早く表現することができないからであり，また，パフォーマンスをうまく行うのに必要なすべてのことを表現することが不可能であり，そして言語は，関係性を描き出すことと，関係するさまざまな事象の特徴を明らかにすることを，同時に行うことには役に立つことができないからである．このような見方は，少なくとも我々に対して，さまざまな状況における暗黙的知識の相対的な重要性の評価を行う際の出発点を提示してくれる．求められるパフォーマンスがゆっくりでその速度の変化が許容できるものであり，そのパフォーマンスの文脈が標準的で管理されていることが何らかの点で保証されており，全体としてのパフォーマンスが，単純な部分の集合に還元でき，そしてそれらがごく単純な法則で関係しているときには，ハウツー本とそれのさまざまな付録や類似物のなかにある知識は適切であるだろう．これらの条件が満たされないような場合には，パフォーマンスにおける暗黙的知識の役割は大きくなると考えられる．

　最後に，コストが重要であるということが強調されなければならない．あるわずかな知識が，原理的に，明示的であるかあるいは必然的に暗黙的であるかということは，ほとんどの行動の状況では問題ではない．むしろ問題は，明確に表現することに対する制約に関するコストが非常に高く，その知識が実際的に暗黙的なままであるかどうかということである．

3．スキルと選択

　スキルを実行するにあたっては，行動の選択肢から選択することが必要になるが，その選択の過程は高度に自動化されている．このことは，そもそもこの過程を〝選択〟という用語で議論することが適切かどうかという問いを喚起する．前章での用語では，スキルを行う過程で起きるような種類の選択は考慮なしでの選択である．〝選択〟という用語によって運ばれる概念的含意が，考慮にともなう非常に多くの事柄を含んでいる限り，それをスキルに含まれる自動的な選択に適用する際には，非常に誤解を招く恐れがある．

我々が示したように，正統派の理論的な議論は選択が考慮をともなうかどうかという点については一貫性を欠いており曖昧であるが，能力と選択行動の間には明確な区別が存在するということは非常に明らかである．二つの論点が明らかに関係している．スキルを行う際に起きる行動の選択肢のなかからの選択は明らかに考慮を必要としないということ，そして，スキルが意味するのは能力の構成要素であるということである．これらの論点は深くて重要なものである．

　ある観点からすると，スキルを実行する際に関係する調整された一連の行動のすべては選択された行動である．プログラムで必要とされている一連の行動が選ばれ，非常に幅広い可能な行動の選択肢がその裏で継続的に棄却され続けている．運転手が，自分の車が道路をおおよそ真っ直ぐに進むようにし続けるためにハンドルの微妙な調整を行うとき，彼は車が道路を飛び出さないように〝選択し〟，またハンドルを急に切って車が横滑りをしないように〝選択〟を行っている．前方の車に追いついて減速するときには，彼は速度を維持して前の車の後ろに追突してしまわないように〝選択〟を行っているのである．

　しかしながら，どのような運転経験者でも，考えてみれば，これらやその他の運転のスキルのミクロなユニットが，まったく注意や意識をしないで選択され行われるということができる．これらの〝選択〟がなされている間，意識は道路標識や，その日の行動の予定を立てること，会話をすることなどにむけられているかもしれない．プログラム化された選択というこのような現象が運転のスキルの本質であるということは，自動車教習所で運転を習っているドライバーという対照的な事例を検討するときに明らかになる．つまり，もし，〝本当に選択すること〟が〝求められていることに注意を払い，求められていることを達成するために考えながら行動する〟ということを意味しているのであれば，道路の端から飛び出さないように運転することを本当に〝選択している〟のは，初心者であるということである．熟練したドライバーは，車を道路からはずれないようにするために（考えながら）選択を行ってはいない，むしろ単に，ある場所からある場所へ移動するという目的のために運転スキルを行うという選択に付随した結果を達成しているだけで

第4章 スキル 103

ある．

　一般的に，選択は，行動の小さなユニットの選択よりはむしろ大きなユニットの選択において大きな役割を果たす．高速道路の北行き入り口に車を向けるという行動は，真っ直ぐな一筋の道を進むのに必要な無数の微妙な舵取りよりも，選択を必要とするだろう．しかしこの一般化は，行動のユニットが起こる頻度に言及することに大きく限定される．たとえば，北行き入り口に車を向けることが日常的な通勤の一部であったならば，それは，自動車を操縦する際の細かなスキルのもつ自動性に近いものとなろう．そのような自動性は，もちろん，入り口にむけて曲がることが，まさに〝仕事に行くために運転する″というマクロなスキルの一構成要素であるという事実を反映している．つまり，それはより大きな一連の行動のなかでの通常の位置での〝プログラムされた″やり方で達成されるということである．

　さらに全体像を複雑にするのは，どのようなスケールであれ，行動の特定のユニットは，〝選択された″と〝自動的″という分類に永続的にかつ一意的に振り分けられるわけではないという事実である．むしろ間近の目的と行為者の注意の向け方に影響を与える環境が，どのユニットが自動的に行われるか，あるいは熟慮の結果として選択されるかということを決定する重要な要因なのである．ドライバーの車のスピードの選択は，最高速度の表示に対応してなされた選択かもしれないし，またはスピード違反摘発装置の可能性や目的地に着くまでのさまざまな可能な時間のそれぞれの費用と便益について意識的に考えたことでなされた選択かもしれない．しかしスピードもまた，交通量や，運転環境，その他の影響に対応して自動的に調整されるものである．ドライバーは，スピードに注意を払うように選択する——つまり，スピードを選択することを選択する——かもしれない．しかし，彼はまた，車を自動的に道路の上からはずれないようにするのと同じように，スピードの選択を自動的に起きるに任せるかもしれない．重要な可能性は，とくに最近スピード違反の切符をもらったドライバーにとっては，自分のスピードを選択
・・・・・
しようとして失敗するかもしれないということである．つまり，注意しているにもかかわらず，自動的対応が起きてしまうかもしれないということである．同様に，前の例に戻ると，実際には土曜日の朝で，金物店に行こうとし

ていたのだけれども，"仕事に行く"入り口を上がってしまっていたことにドライバーは気づくかもしれない．

　熟練したパフォーマンスとその前提との関係について，同様のことが指摘される．前述したように，そのようなパフォーマンスは，多数の変数の値によって決められる文脈のなかで起きるのである．つまり，そのパフォーマンスの効果は，それらの変数が適切な範囲にあるかどうかに依存している．行為者は，意識せずに制約が満たされているということに依存しているのである．ある場合には，そして制約が存在することが行為者には知られていない場合はとりわけ，そのような意識しない依存に替わる他の実際的な選択肢は存在しない．別の場合では，行為者は起こりうる困難を心配するときがあり，パフォーマンスの調整を行うかあるいはまったくそれなしですますかを考えるようになるかもしれない．たとえば，運転手は通常，ブレーキシステムが効果的に機能することを信頼しているが，ときには，ブレーキが利かないことについての心配が意識されるときがあり，そして普段どおりに信じるか，あるいは起こりうる問題について何らかのことを行うかという間で選択を行うようになるかもしれない．行動の選択肢のなかから選ぶことと同じように，意図と注意の状態によって，おそらく外れるかもしれない非常に幅広い前提条件のなかのどこで懸念がときおり意識にのぼってくるかが決定されるのである．

　我々は今や，スキルと選択の関係を評価することになる．その全体像は複雑であるが，一般的に，正統派理論が行動の説明において選択の役割を強調していることと，能力と選択の間に厳密な概念上の違いがあると固執することの間には著しい差異があるように見える．スキルは，行動が普段滑らかに効果的に行われるような深いチャンネルである．行動が唯一の筋道で行われなければならないというわけではないが，円滑さと有効性と，無数の選択肢が利用できることとを両立させることは，ほとんど自動的に選択がなされることで達成されるのである．利用できる選択肢のなかから選択を行うというような熟練の活動は，主たるスキル自身の構成要素である．つまりそれらは能力に埋め込まれた"選択"なのである[4]．考慮した結果の選択は狭く限定された役割しか果たしておらず，それは，通常の環境において，より大き

なスケールの一連の行動を開始する際の選択に限定されている．このような選択の抑圧は，熟練した行動がもたらす円滑さと有効性に確実に付随しており，そしておそらく，それらの必要な条件である．その一方では，選択が熟練したパフォーマンスに入り込むことも可能である．普段は自動的な選択肢のなかからの選択が注意深くなされることもあるかもしれず，あるいは行動がスキルの深いチャンネルからまったく離れるかもしれない．よく考えて選択することにより熟練したパフォーマンスが修正されることは，行動の潜在的な多様性や柔軟性，適応可能性を大きく広げてくれる――しかし，それにはつねに意識的な注意を他に向けることができたであろうという機会費用がともない，またほとんどの場合，円滑な行動の流れに対して何らかのためらいやぎこちなさをもたらすというコストがともなうのである．

このように，能力と熟慮した選択との間にはある意味でトレードオフが存在する．そのトレードオフは，究極的には，合理性が限定されているという事実によって課せられているのである．スキルの利点は熟慮した選択を抑えることや，行動をよく定義されたチャンネルに限定すること，選択肢のなかからの選択をプログラムの一部に還元してしまうことによって得られている．それに付随するリスクとして，うまくなされたことが間違っていたり，気づかれていなかった文脈上の異常が成果を無効にしたり意味のないものにしてしまうことなどがある．その一方で，開放的で，よく考慮し，細部のすべてのレベルにおいてパフォーマンスの選択に慎重であることの利点もあるが，しかし，遅く，あまり調整されておらず，活動自体が未熟であるというような付随するリスクがあるのである．

4．スキルを表す名称の有用性

コンピューター・プログラムと同じように，スキルは，それを始めるため

4）マーチとサイモン（1958, pp. 26, 141-142）と，シャンクとエーベルソン（1977, pp. 42-57）は，彼らがそれぞれ〝プログラム〟と〝スクリプト〟と呼んだものが，唯一の一連の行動を決定するのではなく，むしろそれらは無数の選択肢と環境の手掛かりに依存し，埋め込まれた〝選択〟を含むような複雑なものであるということを明確に述べている．

に必要な活動と関連する複合体であるパフォーマンスを管理している．多様な，細部に至るまで調整されたパフォーマンスは，いったんスキルを行うという決定がなされ，最初の数段階が行われたあとは，自然にすすんでいくように見える．開始とすべてのパフォーマンスとの間での複雑性におけるこのような差異は，スキルを描写し議論する言語の使われ方に反映されている．これまで強調してきたように，スキルの〝内的作用〟を特徴づけるような言語を使うことは困難であるか不可能であるが，言語は意図した行動の部分として考えられるスキルについて考えたり伝えたりすることには，非常に役に立っているのである．我々は，計画や問題解決においてスキルの名称やスキルに関連した動詞を効果的に使っているが，これらの記号が表している実際の行動がきわめて複雑であることについては，ほとんど考慮していないのである．

　もし我々がニューヘブンからボストンまでの旅行を計画しており，車で行くことが移動手段の一つの選択肢であるとき，我々はその選択肢を，車を運転する際に必要とされる〝圧倒的な〟量の情報処理の作業という観点から考慮することはほとんどない．通常は，その自動車に乗る人のうち少なくとも1人は運転の仕方を知っているということを確認するだけで十分である．もし我々が台所を改修しようとした場合には，配管工や大工，電気技師などを雇うことを考えるだろう．そして我々は〝上手な人〟を雇おうとし，あまりに多くはお金を支払わないようにしようと気を使うだろう．しかし，我々はこれらの複雑なスキルの詳細な構造や，それらの台所の改修案によって示される特定の問題に対する関連性には関心をもつことはないのである．もし我々が眼の問題に悩んでいるならば，〝眼科医〟や〝眼鏡技師〟の意味について知ることは役に立つかもしれない．しかしそれに関する意味は〝何のためか〟という意味であり，これらのスキルの所有者が知っている〝どのようにやるか〟という意味ではないのである．

　もちろん，計画と問題解決はそれ自体スキルである．特定の活動を計画するための詳細な行動のプログラムと，より広い適用可能性をもつより緩やかに定義された問題解決のスキルがある．これらの認知的スキルを実行する際には，重要な役割が言語によって，とくに，計画者または問題解決者がもっ

ているかもしくはもっていない他のスキルの名称によって果たされる．この見方は，個人によって所有される能力の範囲に関して重要な違いを導き出すことになる．つまり，"どのようにして X をするかを知っている" ことと，"どのようにして X が達成されるかを知っていること" との違いである．ある適切な環境と，その環境において計画の実行に必要な資源とスキルが与えられると，能力のある計画者は，個人的にはやり方を知らない非常に多くのことを達成することができるのである．新しい眼鏡を処方し作ってもらうときに，人は眼科医や眼鏡技師である必要はない．しかしながら，このような単純な場合でも，求めていた結果を達成するという問題は，スキルの名称についての適切な語彙を知らないような計画者にとっては，非常に難しいことになるのである[5]．求められる語彙が非常に幅広くそしてより難解である場合には，語彙をもたないことにともなう計画の困難さはそれにともないより大きくなるのである．

このように，個人の計画に関わる語彙は，その個人が達成できる事象の範囲を決定する重要な要因である．人が自分で行うことのできないような仕事を行うことができる人が経済において存在するということは，その人が取引を行うためにそのような能力のある人を見つけ出さない限りほとんど役には立たないのである．そしてそのような人を見出そうとする試みは，その人が自分の求めているスキルや能力の名前を知っているか，あるいはそれらを見つけることができなければ，うまく行うことは難しいのである．しかし，語彙は明らかに事象を達成する能力に影響を与える多くの変数のうちのたった一つのものである．そして語彙という変数は他の変数と微妙に相互作用している．すでに指摘したように，すべてのスキルはさまざまな方法で文脈に依存しているが，計画と実施のスキルの有効性はとくに社会的文脈の詳細な特徴に依存している．

一つには，"正しい" 語彙それ自体が社会的に定義されている．本当に知

---

[5] 少なくとも，多くの眼科医の意見によれば，"眼科医（ophthalmologist）" と "検眼士（optometrist）" との間の違いについての一般的な理解は非常に不確かであり，（"新しい眼鏡が必要" ということとは反対に）目に問題を抱える多くの人々が，適切な治療を受けられないでいるのである．

らなければならない単語は電話帳の表題のようなものであり，その下に求めている能力が載っているものである．あるいは社会的文脈の重要な特徴は，その個人がメンバーである組織かもしれない．そしてその個人が操る必要のある語彙はその組織に特化した計画に関する語彙かもしれないのである．自動車を修理するときのように非常に多くの状況で，究極的には自分でそれを行わない個人によってなされる計画と実施の有効性は，スキルの名称を知っていることに対する補完物としてある程度のレベルの求められるスキルをもつことによって高められる．このことがあてはまる程度は，行われるサービスの標準化の程度や，パフォーマンスを確認するコスト，認証制度，人々の間の信用，そして契約上の義務の定義とその執行などというようなことに影響を与える社会的取り決めに依存しているのである．もし行われたサービスが標準的なものであり，そのパフォーマンスに求められている質が明確に定義され，容易に認証することができ，その行為者がそのパフォーマンスの過失の結果の責任を明確かつ有効にもつのであれば，サービスを単純に市場で購入することが，自分が購入する必要のあるサービスの名前しか知らない計画者でも満足できる実行の手段となりうるのである．これらの状況が成り立たず，計画者が実行者の能力のなさや機会主義から認証や信頼によって守られていないような場合には，自分が求めているものを妥当な価格で確実に手に入れるために，彼はパフォーマンスの詳細についてまで関心をもたなければならなくなるかもしれない．そのような関心が有効であるためには，それは詳細についての規範的な基準——物事がどのようになされるべきか——によって導かれる必要がある．

　明らかに，もし，標準化や認証やその他を含むような社会的取り決めがさらに明確にスキルの名称の意味を明らかにしそしてそれらを保証するようになれば，それは良いことだろう．これにより，計画者である購買者が他者から得る熟練したパフォーマンスの詳細について関心をもつ必要がなくなり，分業を通じて効率性が高められるのである．だが不幸にも，スキルはとても複雑であり，これらの複雑な実体を，限定された記号の語彙を操ることによっては，計画が効果的になされる程度には本質的な限界がある．また，そのような限界は，計画が新しい環境と関係するときには，とくに厳しくなる．

次はこのような本質的限界の原因の検討に向かうことにする．

5．範囲の曖昧さ

　すでに指摘したように，複雑なスキルを実行することは，多数のより基本的な行動の単位の統合を必要としている．しばしば，これらのより基本的な単位は，主たるスキルのオプショナルな構成要素であり，行為者をとりまく環境が与える手がかりに反応して選択されるようなサブスキルを構成している．このように求められる統合は，サブスキルと他のサブスキルとの関係性だけでなく，環境から生じる情報との関係性の問題でもある．さらに，同じような観点はサブスキルにも適用される．つまりそれらはさらにより基本的な要素あるいは〝サブサブスキル〟の統合に関係しており，その統合はまた要素間だけでなく環境との関係性も含んでいるのである．主たるスキルの階層構造を下がり続けると，究極的には〝サブスキル〟というような言葉が適切ではなくなるような神経学的，心理学的事項に行き着くことになる．しかし，さらにより基本的な要素に還元することもまだ可能である．

　スキルはこのように複雑で，構造化された存在であるため，そしてまた熟練したパフォーマンスに適用される知識の表現には限界があることを考慮すると，必然的にスキルの範囲については何らかの曖昧さがある．このような曖昧さには二つの側面がある．第1に，実行上の曖昧さとも呼びうるものがある．それは，〝スキル〟をもったある個人が特定の環境においてそのスキルを実行しようとして実際に達成できることの予測に関する不確実性である．2番目の側面は，スキルの名称についての意味の曖昧さである．つまり用語の明示的意味に関する不確実性である．実行上の曖昧さは明らかに意味論的曖昧さの原因の一つである．つまりある電気技師が，電気技師として機能することについて，ある環境で求められる成果をもたらすかどうかが不確かであるということは，電気技師であることが何を意味するかということについて曖昧であるということである．より重要なことは，意味の曖昧さが，スキルの特定の所有者とそれが行われる特定の環境から抽出された議論において生じるということである．電気技師とは何かということについての不確実性

は，大部分，電気技師の多様性と，電気技師のスキルの実行に必要な作業と環境の多様性から生じている．

　どちらの種類の曖昧さも，その目的を熟慮することによって減少することができるあるスキルをもつ人の過去のパフォーマンスを検討し，現在問題にしている環境の特徴をその過去のパフォーマンスが実行されたときの環境との関係の下で検討することにより，特定の事例についての予測の精度を高めることは可能かもしれない．議論をサブスキルや特定の作業，スキルをもつ人たちの間の質の違いなどに拡大することによって，一般的なスキルの名称を取り巻く曖昧さのいくらかはなくすことができるかもしれない．しかしながら，これらのどちらの種類の明確化の取り組みもコスト無しではすまない，そしてどちらも完璧には有効ではありえないのである．両者とも，関係するサブスキルの複合体や，効果的なパフォーマンスのための前提条件やその他などに関するスキルの詳細な知識を必要としているのである．これらの種類の知識が暗黙的である限り，自分でこれらの知識を有している人のみが，これまで述べたやり方で曖昧さを削減できる立場にいるのである．効果的なパフォーマンスの前提が単に知られていないか，あるいは実際のパフォーマンスの根底にある暗黙的知識が評価や予測といったより抽象的な作業とに向けられることができないのであれば，ある部分の曖昧さはまさに対処不可能である．

　これらの点を幾分強調するために，再び車を運転する能力の例を検討してみよう．このスキルは，単に車を許容できる正確さでもって望ましいコースを進ませる能力だけではなく，他の車や交通標識や街灯などのような，環境における幅広い手がかりを，コース自体の詳細を決定するための基礎として利用する能力でもあるのである．熟練したパフォーマンス全体において必要な統合と調整は，単にアクセルの踏み込みとタイヤの向きを変えることの調整により，カーブをスムーズに曲がることに表される種類のものではなく，知覚への入力と筋肉の反応の翻訳的な仲介の基礎として，膨大な量の情報を比較的自動的に利用することなのである．運転についての通常の議論では，我々は，スキルの複雑性と特定の運転のパフォーマンスが個人や状況によって変わりうるということについてのその複雑性が意味するものに対してほと

んど注意を払ってこなかった．我々は運転能力を，スキルが満足できる程度に備わっているかまたはまったく備わっていないかのどちらかであると仮定して，0か1かの二つにわけることができる変数として取り扱っている．そして我々は運転者の教育を，個人を〝未熟な〟分類から〝熟練した〟分類へ移らせる過程として扱っている．運転スキルについて話し，考えるこのようなやり方は，まったく適切であり，事項の複雑性や差異について長々と続ける必要はないのである．しかし違った場合に出くわすこともある．もし10代の息子や娘が友人と旅行を計画しているならば，経験の水準や危険なことに対する態度，二車線の道路での追い越しについての経験に関心を示すだろう．あるいは誰かを使いに出す必要があり，マニュアル車しか使える車がないという状況にであうかもしれない．そして用意できる〝運転手〟のなかには誰かギアシフトができる人がいるだろうかという問題に直面するかもしれない．そのような場合には，我々は運転スキルを習慣的に同一視することを止め——かなりの補助的な言葉の助けを借りて——サブスキルの組み合わせやその他我々の関心事を明確に表現することになるだろう．

　しかしながら，非常に重要な差異があっても意識的検討や効果的な説明がなされない場合もある．パフォーマンスに対する悪影響が，それ自体明らかでない原因から生じるかもしれない．凍結した路面で滑らないようにコントロールする能力は，道路が凍結していると予期していない場合には，そのときに検討されることはないだろう．特定されないものは考慮されることはなく，予期されないものは事前に検討されることはないのである．しかし完全に特定できて予測できるようなパフォーマンスの変化の原因でも，スキルの基礎に暗黙的な部分があるために，効果的に検討されることはないのである．あるアメリカ人の運転手を考えてみよう，彼はロンドンへの一晩の飛行の後に，右側にハンドルのついた慣れない車で左側を走るという問題に初めて遭遇している．旅の前から十分明らかなことは，時差ボケと疲労と慣れない作業環境が運転の能力の低下を生み出す潜在的な可能性をもっているということである．また明らかなことは，〝注意すること〟——この場合には暗黙的な知識にあまり依存しないように注意することを意味している——は少なくとも，対処要因としては部分的にしか役立たないということである．しかし

これらの事項の重要性を，その計画が許容可能か否かを決定するという目的に対して評価するという問題は，運転スキルの基礎に暗黙的な部分があるために，実現困難である．意識して習慣的な応答を完全にやめてしまうことは不可能であり，いわば，それは運転スキルの効果的な適用ではなく，それを放棄してしまうことを意味している．計画者は問題をそれほど深刻ではないと考えるかもしれない．つまり自動車の運転における筋肉の調整の側面はそれほど注意を要しないだろうということである．その一方で，これらの筋肉の応答は視覚的信号に密接に関係づけられており，その信号はこの場合，慣れ親しんだものではないのである．習慣的な反応は修正され，アメリカ人の運転手はしばらくして〝コツがわかり始める〟ことになるだろう．しかし，どれくらいの経験が必要になるのか，そしてそれを得るためにどれくらいの水準のリスクが必要なのかをいうことは難しい．このため，〝道路の反対の側を〟初めて運転するアメリカ人の運転手が，運転の仕方をわかるかどうかということについては，非常に大きな曖昧さが存在するのである．その曖昧さは，ある部分は運転手個人の運命についての不確実性であり，またある部分では，〝運転の仕方を知っている〟という語句が，非常に多くの重要な差異を覆い隠しているという事実の反映でもあるのである．

　もちろん，アメリカ人の運転手がイギリスに行くことがなければ，彼はスキルの範囲の不確実性に関するこのような状況には直接には陥らないだろう．もし彼が頻繁にイギリスに行くのであれば，彼は左側通行のサブスキルを生み出し，それは，比較的空いている高速道路の出口から出て市街地の渋滞に出くわしても調整できるほどに，彼の運転スキル全体の統合された暗黙知的な部分となっているだろう．作業上の（そして意味上の）曖昧さを生み出すものは，スキル（とそれにともなう用語）が開発された環境と，それが実行される比較的新しい環境との間の違いである．完全に安定的な世界では，複雑なスキルを，新しい複雑な作業環境へ適応させることを考えるために，比較的簡潔な言語を用いるような問題は出てこないだろう．そのような適応は，それまですべてうまくいっており，同じように将来においても正確に働くと想定されているかもしれない．しかし現実の世界は安定的ではないのである．

6. ビジネスマンのスキル

　このように個々のスキルを検討する主要な目的は，大きな複雑な組織の場合の同様な問題を評価することに役立つ出発点を確立することであった．しかしながら，経済学の理論における企業の〝理論と現実〟についての議論の多くは，暗黙的にしろ，明示的にしろ，1人の所有者の場合を想定している．企業が利潤を最大化するかどうか，あるいはどの意味で最大化するかという問いは，文献では大部分その所有者の意思決定のスキルについての問いに対するものと同じものとして扱われてきた．

　40年代の限界主義者（marginalist）論争におけるマハルップの貢献や，フリードマンの方法論的エッセイ（1953），1967年の米国経済学会会長就任演説における論点についてのマハルップの展望は，企業についての正統派の理論をそれらが現実性を欠いているとする批判者に対して防戦を行った主な文献である．正統派の理論の範囲と技術的洗練は，限界主義者論争から30年以上の間に飛躍的に高まり，幅広い方法上の論点についての議論に対して数多くの貢献がなされたが，正統派のスタイルで経済の理論化を行うことを擁護する主な議論は，フリードマンとマハルップが残していったほとんど同じところにとどまっている．あるいは実際には後退しているかもしれない——現代の理論家のなかには，フリードマンの洗練された，注意深く危険を回避させた立場を戯画化したものにすぎない方法論的信条に基礎をおいて行動しているように見えるものもいる．それゆえ我々は，レビューを古典的な主張に限定することにする．

　経済学者が企業行動の源の現実的な説明について具体的かつ詳細に検討することに意味がないとしている理由についての彼らの方法論的主張をするにあたって，フリードマンとマハルップはそのような現実的説明がどのようなものになるかについて非常に多くのことを述べ，あるいは示すことに成功した．彼らが行っていたことのほとんどは，この章で我々が用いてきた言語によって簡単に翻訳し要約することができる．このあとにそのような翻訳を試みることにより，彼らの観点と我々の観点との間の非常に多くの意見の一致

を示すことにする．

　金銭的利益を追求しようとして行動する熟練したビジネスマンは，複雑なスキルを実行する個人である．このようなスキルと同様に，利益の追求は関連する状況についての暗黙的知識に基づいており，せいぜいそれに続く手続きの多くの詳細について付随する意識があるだけである．企業の意思決定についての経済理論家の抽象的な説明は，ビジネスマンのスキルと混同されてはならない．つまりそれは異なる目的に奉仕し，それらの目的は，表現に高い価値を置いているのである．自身の方法を明確に表現することは，ビジネスマンにとっては価値がないか非生産的でさえある．それゆえに，ビジネスマンが自分たちのやり方を理論的構築物に合わせているかどうかということを尋ねることにより，企業の意思決定の理論的説明の妥当性を評価しようということはまったく不適当である．そのような方法は失敗することになる．第1に，高度なスキルの基礎を表現することの可能性は限定されているという一般的な観測結果がある．第2には，企業の意思決定の特定の文脈において，そのような事実が最低限の重要さしかもたなかったとしても，ビジネスマンが自分のスキルを表現するために用いる言語が，経済学の理論の言語であるということを期待できる理由はないのである．結局のところ，自転車選手が，どのようにして彼が立ったままでいられるのかということを，物理学の言葉で説明することができると期待できる理由はないのである．しかしだからといってこのことは彼がいつも倒れてしまうことをいっているのではないのである．

　先に述べたことが，フリードマンとマハルップの指摘した多くの点に含まれているようなことであるということは，以下の特定の例への言及によって裏づけられるだろう．フリードマンは，ビジネスマンと熟達したビリヤード選手との間のアナロジーを論じたよく知られた議論の文脈において，フリードマンは以下のようにいっている．「ビリヤード選手は，ボールのどこを打つのかをどのように決めているのかと聞かれたら，『ただそれだとわかる』だけだというだけであるが，その一方で念のために幸運をもたらすといわれるウサギの足をなでることもする．そしてビジネスマンは，価格を平均費用に設定するというであろうが，そのときに，もちろん市場が必要とするなら

ば多少の変化させることはあっても，標準的な価格をつけるだけであるが，とつけ加えることは忘れない．この2つのうちの一方の答えは他方と同じ程度に役に立つが，そのどちらも関連する仮説のテストには適切ではない」(1953, p.22)．さらに明確に，マハルップは，1946年に書いている．「ビジネスマンは意思決定を行う前に，"計算"を常に行っているわけではない．そして行動する前に，常に"決定している"わけでもない．というのも，彼らはたびたび計算を行うまでもなく，十分にビジネスを知っていると考えており，そして彼らの行動は，しばしばルーティーン的なものである．しかしこのルーティーンは，ある時点で検討され決定されそして意識的な選択の必要性を少なくするように頻繁に適用されてきた原則に基づいているのである．計算が常に必要ではないという感覚は，通常，その次元を明確な数値に落とし込むことなく，状況を見定める能力なのである」(1946, pp.524-525)．自動車を運転する例は，個人のスキルを実行することの例のなかで際立っていたが，同じ話題についてマハルップがすでに先に扱っていたことを，企業の利益の最大化の理論と"追い越しの理論"との間の良く知られたアナロジーから少々長くなるが引用することによって，認めることにする．

　　自動車の運転手が，先を遅い速度で走っているトラックを追い越すため行う日常的な意思決定の背後にはどのような種類の検討事項があるのだろうか？　どのような要因がこの決定に影響しているのだろうか？　彼には速度を落としてトラックの後ろにい続けるか，それとも反対方向から近づいて来る車がその地点に到達する前に，トラックを追い抜くかのどちらかの選択肢があるとしよう．熟練した運転手の場合，彼はこれらの点を考慮に入れている．(a) トラックが進んでいる速度，(b) 自分とトラックの間に残っている距離，(c) 自分が進んでいる速度，(d) どのくらいまで速度を上げられるか，(e) 自分と反対方向から来る車との距離，(f) 近づいてくる車の速度，などである．そしておそらく，道路状況（コンクリート舗装か未舗装か，濡れているか乾いているか，真っ直ぐか曲がりくねっているか，水平か上り坂か）や，視界の程度（明るいか暗いか，見通しが良いか霧がかかっているか），自分の車のタイヤやブレーキの状態，そし

て──望むらくは──自身の状態（元気があるか疲れているか，しらふであるか酩酊しているか）を，うえにあげたような要因を判断するために考慮しなければならないのである．明らかに，その車の運転手はこれらの変数を〝計測〟しないだろうし，彼は見積もった距離を見積もった時間速度で車が走破するために必要な時間を〝計算〟したりはしないだろう．そしてもちろん，どのような〝見積もり〟も数値の形で表されることはないだろう．そうであっても，計測や数値による見積もりや計算抜きで，彼は，日常的なやり方で示された全体の状況の〝評価〟を行うのである．彼はそれを要素に分解したりはしない．しかし，『追い越しの理論』はこれらすべての要素（そしておそらく残りのすべての要素）を含むことになり，これらの要素のいかなる変化が，運転手の意思決定や動作にどのように影響を及ぼすかを示すことになるのである．『計算の究極的な困難さ』と，理論家が重要だと指摘している変数の正確な値に取り組み，明らかにしようと試みることが，『まったく実際的でない』という事実は，行動の説明は，行動している個人が意識的に行っておらず（なぜならばその活動はルーティーンになっているので），おそらく彼も，科学的な正確さでは行うことができないような（なぜならば，そのような正確さは日常生活では必要がないので）推論の段階をしばしば含まなければならないということを単に示しているだけである．

　限界純収入生産物と限界要素費用を等しくしているビジネスマンは，どれだけの人を雇用するかという決定をする際に，高等数学や幾何学，千里眼を用いる必要はない．通常は，彼は決定に至るために，会計士や効率化の専門家に相談することさえ行わないだろう．つまり彼は，いかなるテストや正式の計算なども行わないだろう．彼は彼の感覚と，状況に対する自分の〝感じ〟に単に依存しているだけである．このような推測には非常に正確というものは何もない．同様の事柄に対する何百回もの以前の経験に基づいて，ビジネスマンは，曖昧で大まかなやり方ながら，さらに人を雇うために資金を使うべきかどうか否かを「ただ知っている」のである（マハルップ，1946，pp. 534-535）．

フリードマンとマハルップのビジネスにおける意思決定の現実に関する見方と，我々の見方との間の違いを見分けることは，関心をもたない者には難しいかもしれない．我々が自身の主張をさらに進めるにつれ，いくつかの相違点が明らかになるだろう．ただしここで生じるパラドックスは，そのような議論の展開だけではまったく解決されないだろう．〝ビジネスの意思決定は，車の運転やビリヤードをすることなどといった他のスキルと同じようなスキルの実行である〟という同じような定式化された事実に基づいて，フリードマンとマハルップは正統派の理論の擁護を構築し，我々はそれに取って代わるべき理論を構築しているからである．

　このことをどのように考えるべきであろうか．表面的上では，パラドックスは簡単に対処できる．実際には，意見の相違は定式化された事実についてではない．それは，正統派理論あるいは進化理論における解釈双方の相対的な利点についての結論と事実とをリンクする議論についてのものである．正統派理論と進化理論との間で，これらのリンクを行う議論を詳細に分析し比較することは大きな仕事となる．本書はそのことに直接的にも間接的にも関わっている．しかしながら，単に，中心的な問題は熟練した行動をどのようにモデル化するかという問題である，と指摘することが，問題を本質的に明確にする道筋を拓いてくれるわけではない．正統派はビジネスマンの熟練した行動を最大化選択として取り扱っており，その〝選択〟は〝熟慮の上の〟という意味をともなっている．その一方，我々は，熟練した行動の自動性とそれに関係している選択の抑制を強調している．熟練した行動においては，行動の選択肢のなかからの選択は行われている．しかしそれは熟慮の結果として選択されているわけではない．この見方は関心を，スキルが学習される過程や，スキルが効果的に実行される前提条件，そして間違った選択肢を自動的に選ぶことによる大きな間違いの可能性に向かわせるのである．

　熟練した行動を最大化選択として位置づけることは，スキルの現実から大きくはみ出すことになる．スキルは個人に帰されるものである，それはスキルが未熟かあるいはスキルをもたないような個人と比較することからもいえる．フォーマルな正統派理論は，その一方で，ある解をその解が他の観測された解よりも優れているから最大化であるとはみなしているのではなく，そ

れが単に可能な解のなかでベストであるからである．そのためそれは，行為者の特徴から独立したパフォーマンスの基準を前提にしている．だが〝熟練した運転手〟という属性には，そのような前提を含んではいない．この観察から我々は実行可能集合の定義に関わるより深い問題に目を向けることになる．熟練したパフォーマンスが実行される可能性はどの程度あるのか？　トラックを追い越す運転手の暗黙的スキルは，追い越し禁止ゾーンを不必要とし，それを逆効果のものとしたりするほどのものであろうか．それらは，運転試験を行わずにイギリスで運転する免許をアメリカ人の運転手に与えるという現在の慣行を保証するのか？　典型的な運転手が十分に自分の能力に欠陥がある可能性を評価できるということを——マハルップがときどき疑問を感じているように——我々は疑う権利があるのである．

　このような疑問は，何らかの点で，ビジネスの意思決定の範囲と質に関する無数の政策的問題において類似点をもっている．ビジネスの意思決定を（単に）熟練したものとして評価することは，正統派理論が見過ごしがちである多くの潜在的に重要な問題を理解することになる．市場の状態はこれまでと同じなのか？　利用可能な技術の選択肢の範囲は同じなのであろうか？　もし状態が変わってしまっているならば，ビジネスマンはそれに気づいているのだろうか？　仮に状況が変わっていないとしても，他の選択肢を利用できるほどに経験をつんでいるのだろうか？　もしこれらの問いに対する答えが否であったならば，ビジネスの意思決定にはスキルの実行が関わっているとしても，その意志決定のありうべき質という点に関してはあまり安心できるものではなくなる．その場合，人々は，アメリカの運転手がイギリスで向かってくる車の流れを避けようとして車のハンドルを右側に切ってしまう可能性と似たような問題に真正面から関心を払うことになるだろう．

第5章　組織の能力と行動

　この章では，組織の行動を明確に定義された能力の集合からの最適選択とみなすような，正統派理論の見方に替わる新たな見方を提示する．組織行動に対する我々の見方は，マーチとサイモンや，アリソン，グールドナー，ペロー，デリンジャーとピオレ，ウィリアムソン，シュンペーターやその他の数多くの組織論の研究者や経済学者の業績に基づいて形づくられてきた．我々の組織に対する取り扱いについての際立った特徴は，第1に，幅広い進化理論的枠組みにおけるその位置づけに由来している．とりわけこのことが，個々の組織の行動パターンにおける持続性の本質とその源に対して関心を向ける理由である．第2に，ここでの分析は前章での分析に基づいてなされており，個人のスキルと組織のルーティーンとの間の類似性を利用している．それに関連して，前章ほど明確ではないが，マイケル・ポランニー（普通は，組織論の研究者とは見られていないが）の影響が本章では強くなる．

　対象範囲　非常に多くの異なった種類の組織が存在しているので，それらすべてに，既知の概念や前提の集合が一律に，あるいは役に立つように，適用できるとは考えにくい．想定している種類の組織は，第1に，外部の顧客に対して商品やサービスを提供することに従事しており，少なくとも，これらをうまくやれているか否かについての大まかな基準を有しているような組織である．その明らかな例としては，存続と利潤に関心をもつ企業であるが，我々の分析の多くは，おそらく多少の修正をすれば，他の種類の組織とも関連することになる．

第2に，"ルーティーン"は，我々の理論的枠組みにおいて重要な概念であるため，我々の枠組みは，手作業用の道具をつくることや2年生に教育することやその他のような，長期にわたって"同じに"見える商品やサービスを供給することに従事しており，またよく定義されたルーティーンが，いかなるときでも組織の機能の多くの部分を構成しているような組織に対してもっとも自然に適用できる．本章の後半で議論するように，ルーティーンという概念は，通常はルーティーンという言葉では表されないような多くの活動に関連するように拡張することができる．それにもかかわらず，第1の機能として経済変化を生み出したりそれを管理したりすることに従事しているような組織——研究開発機関やコンサルティング会社などのような組織——は，ルーティーンという型にはうまく収まらないだろう．

　第3に，議論は主として"巨大で複雑な"組織に関連している．このように議論の範囲を限定するのは，単に明らかに組織的な現象に焦点を絞るためである．想定している組織は大きな調整の問題に直面している組織である．というのは典型的にはそのような組織は多くの異なる役割を果たし，比較的小さな範囲内での商品やサービスの生産に部分的に従事している多くのメンバーを抱えているからである．そのような組織では，多数のメンバーの間の相互作用のほとんどは，組織の環境よりは，他のメンバーとまず関連するのである．また，我々が描く組織は，組織の全体的な方向性に関心をもつような上層部の経営層が存在する種類の組織であるが，組織の規模と複雑性のために，上層部が組織の機能の詳細の多くを指示したり，観測したりすることは不可能である，と想定されている[1]．

　用語　我々の議論における組織のルーティーンの概念の重要性と，個人のスキルとの類似点についてはすでに指摘した．"プログラム"（あるいは，

---

[1] この後に続く議論のある部分は，"事業所"のレベル，つまり組織全体が特定の地理的位置にあるようなレベルにおいてもっともあてはまる．我々の分析が示しているのは，多くの広く分散した事業所を調整している組織の記憶は，主にそれらの事業所のなかにあるということであり，もしそうでなければ単一の事業所の中にあるようなものとはまったくかけ離れたものであるということである．経済政策に関する重要な問いがここにある．たとえば，ある非常に大きな企業から他の企業へ特定の工場を組織全体のなかのある機能を果たすものとして移転した場合に，その工場の運転にどれくらいの違いが生じるかという問いなどである．我々はこれらの問いについてはまだ検討していない．

実際には〝ルーティーン〟)がコンピューターのプログラミングでの議論で用いられているのと同じように，我々は，〝ルーティーン〟を非常に柔軟性のあるやり方で用いている．それは，組織全体における反復的なパターンの活動や，個人のスキルを指し示しており，また，形容詞として，そのような組織や個人の行為が円滑で何事も起こらず有効であることを指し示している．〝組織のメンバー〟という用語もまた，柔軟に使用する．つまり，ほとんどの場合それを，個人を意味するために用いるが，組織の下部組織をより大きな組織の〝メンバー〟として考えたほうが便利なときもある．そのような見方は以下のような場合にとくに必要になる．つまり，下部組織間における調整のための情報交換のスピードが非常に早く，かつその大部分が記号によらないため，個人のスキルの場合と同じように，調整の過程を明確に表現することが困難であるような場合である．

　我々の概念化では，組織のメンバーは定義的にそれ自体で何かを達成できる単位である．たとえば，生産労働者は，必要な部品が手元にあり，作業区画の明かりがついているなどの条件で，組み立て部品Hを組み立てることができるかもしれない．同様に部品が手元にあり，明かりがついていれば，彼はまた組み立て部品Kを組み立てることができるかもしれない．典型的な組織メンバーはある種のスキルないしルーティーンを有している．あるメンバーが適切な環境において行うことができるスキルあるいはルーティーンの集合をそのメンバーのレパートリーと呼ぶことにする．作業を行っている他のメンバーの活動は，あるメンバーのその場での作業環境に影響を及ぼし，その結果，そのメンバーの行動の可能性にも影響を及ぼすが，他のメンバーのまさに現在の活動が，彼の行為の前提ではないということは理解しておくべきである．このため組立作業の例では，部品箱の状態が組み立てを行うメンバーとその部品箱を一杯にしておくのが仕事であるメンバーとの間の関係を仲立ちするが，同時進行的な活動やごく短期的な相互作用の必要条件ではないのである[2]．

　計画　我々の議論の方法と構造は，『経済発展の理論』(1934)においてシュンペーターがとったものと同じである．我々は，個々の組織のレベルにおいてシュンペーターの〝循環的流れ〟と類似した問題を検討することから

始めることにする．描かれる状況は変化しないか，周期的に繰り返される．つまりそれは非現実的に静的で安定的な状態である．そこで我々は徐々に全体像のなかに変化の過程を導入し，計画した変化と計画していない変化との間のつながりを示しながら，最後にはイノベーションにおけるルーティーンの役割を検証する．

　この後の第1節では，ルーティーンを組織的記憶として検討する．つまりここで，組織の能力がどこにあるかということについて，先に挙げられた問いに対する答えを提供する．第2節では，一時休止状態としてのルーティーンを議論する．ここでは組織のメンバーの間での利害の相違を理解し，それにもかかわらず，多くの参加者が関わっているという事実に対してはっきりとした注意を示さなくても，組織がモデル化できるということの理論的根拠の基礎を示す（ここで，組織行動に含まれそしてそれを反映している利害の対立を理解することが，ある目的にとっては重要でありまた必須であるということを否定しようとはしていない）．第3節では，ルーティーン的作業を，組織的管理や，既存のルーティーンの反復，そして他の組織によって行われているルーティーンの模倣といったものを目指した取り組みの目標として取り扱う．第4節では，いったん立ち止まり，組織のルーティーンと個人のスキルとの間のいくつかの類似点を明らかにする．第5節では，ルーティーン的作業に関する我々の概念と，企業が最適化をしているという正統派経済学の主張との関係，そして少なくとも明確な最適化の選択を行い，往々にして何らかの意思決定を行っている企業があるという事実との関係について検討する．第6節では，ルーティーン化された行動とイノベーティブな行動との間のつながりを検討し，これら二つの考え方の間には通常考えられているほどには大きな対立点がないということが示される．結びの節は，第III部におけるモデル化の試みに向けての主張のまとめを行う．

2）組織的な調整の詳細な分析という目的のためには，"組織のメンバー"の名簿のなかに，すべての状態のあらゆる側面を入れること許容することが有益になるだろう．それらは，全体的なパフォーマンスにおいて明確な役割をもった特定できる部分――それは機械や，部品箱やテーブルやフロアの特定の場所でさえ含んでいる――などからなる．たとえば複雑な機械は，暗黙知となるようなものを埋め込んでいる．つまり機械は仕事をするが，だれもその機械がどのようにしてその仕事を行ったのかを説明できないように．

1．組織的記憶としてのルーティーン

"知識はどこにあるのか？"という問いに対する妥当な回答が，"組織の記憶のなかである"ということは容易に指摘できる．しかし，組織の記憶はどこにあり，そしてそれは何であるのだろうか？　我々は，組織における活動のルーティーン化が，組織のある特定の業務についての知識のもっとも重要な貯蔵庫となっているということを提案する．何らかの重要な条件をつけたり精緻化を行ったりしていくことはあるが，基本的に，我々は，組織は，行・うことによって記憶しているのであるということを主張する．

組織が，ルーティーンを，大部分それを行うことによって"記憶している"という考えは，個人がスキルを実行することによってスキルを記憶しているという考えと大差ないものである．記憶が大部分実行を通じて行われ，記述された記録や他の公式の記録媒体では完全には保証されないという点は，企業が公式の記憶を保持し，これらの公式の記憶が重要な役割を果たしていることを否定しない．しかし組織記憶には公式な記憶以上のものがあるはずである．さらに，公式記録が原則的に保持できるような多くの場合においてさえも，経費の観点から，"行うこと"が情報の貯蔵の主要な形式とされているのである．

ルーティーンを実行することがいかにして，十分ではないにせよ，組織的記憶として働くかということを理解するために，完全にルーティーン化された業務を行っている組織を検討し，記憶しているという状態が達成されたときに，何を本当に記憶しておかなければならないのかという問いかけをしてみよう．そのような想定された状況のもとでは，個々のメンバーと組織全体の状況には何ら新しいことが起こらない．つまり，遭遇する状況は先日（あるいは先週，先月，または昨年）に遭遇した状況を反復しているだけであり，同じようなやり方で対処できるのである．そのような静的な状態で起きる活動とそれに必要な作業上の知識の範囲は，非常に限定されている．メンバーはレパートリーのなかにもっているごくわずかなルーティーンの断片を行うだけである．旋盤のオペレーターと旋盤はいくつかの特定の部品を生産して

いるが，彼らはより多くの量の部品を（適切な準備と学習の後で）生産することができる．トラック運転手や簡単な料理の料理人のオペレーターとしてのスキルは引き出されることはなく，他の組織のメンバーにはおそらく知られていないのである．組織全体としてのルーティーン化された作業は，旋盤のオペレーターが，ベーコンエッグを作るスキルや，3年間も中断していた商品の部品を機械加工するスキルを維持するようなことを確かに必要とはしていない．またそれは，他のメンバーが旋盤オペレーターがそのようなスキルをもっているか，かつてもっていたことを記憶することを必要とはしていない．もしルーティーン化された作業の同じような状態が無限に続くようであれば，組織の記憶にこのような種類の情報を保持しておくことによって想定される経済的利益などないのである（明らかな当然の結果として，情報の貯蔵にコストがかかるのであれば，このような種類の〝不必要な〟情報は，ルーティーン化された作業を継続するという〝均衡〟状態において，記憶に保持されるようなことはないのである）．

　組織がルーティーン化された作業を続けるのに必要なことは，単にすべてのメンバーが〝自分の仕事を知り〟続けるということである．そのときそれらの仕事は，ルーティーンによって定義される．このことは，第一に彼らが自分のレパートリーのなかに組織のルーティーン化された作業のなかで行われているすべてのルーティーンを保持するということを意味しているのである．

　しかしながら，組織での〝自分の仕事を知ること〟には単に適切なルーティーンをレパートリーのなかにもっている以上のことがある．また，どのルーティーンを行うか，そしてそれらをいつ行うかということを知ることも重要である．個々のメンバーにとって，このことは，他のメンバーや環境から来る一連のメッセージを受け取り，解釈する能力を必要とする．メッセージを受け取り解釈した後で，そのメンバーはそこに含まれる情報を用いて，自身のレパートリーのなかから適切なルーティーンを選び出し実行するのである（もちろん，このことは単に〝メッセージを伝える〟ルーティーンかあるいは，〝保管して忘れる〟ルーティーンにすぎないかもしれない）．

　このような特徴をもつ〝メッセージ〟とみなされる種類のものは非常に幅

広く多様である．第1に，あれやこれをするという指示という形態を明確にとる文面や口頭でのコミュニケーションという明らかな例がある．そのような指示は，公的な権威の行使，つまり組織論の研究で非常に大きな関心を集めてきた現象を含んでいる．そして，このような形をとりはしないが，ほとんど同じようなやり方で反応される文面や口頭のコミュニケーションがある．たとえば，何が"必要とされている"のかを説明することは，その必要性を満たすような仕事をもっているメンバーに向けられた場合，しばしば指示として機能する．状況の単純な説明でさえも，必要性に対する明確な説明がなくても，このように機能するかもしれないのである．手のサインやジェスチャー，視線，笛での合図，鐘を鳴らすことなどには，文面や口頭でのコミュニケーションに代わって，これらの目的のために機能することができるものがあるのである．他の幅広い種類の例を含むサブクラスは次のようなパターンに従っている．すなわち，そこでは，あるメンバーのルーティーンの成果が，他のメンバーの局所的な作業環境に変化を起こし，その変化が同時にある可能なルーティーンを実行させ，それを行うべきだというメッセージを伝達するのである．組み立てラインはその一例である．つまり，（他のメンバーの行動の結果として）部分的に組み立てられた製品がある地点にやってくると，その場所で行われるべき作業が実行されることが可能になるとともに，その実行がそのとき求められているということが示されるのである．手紙や書類の草稿が秘書の机の上にやってくることは，それをタイプすることを可能にするとともに，それをタイプすることがそのとき求められていることを示していることになるかもしれない．さらに他の大きなサブクラスでは，個々のメンバーが反応するメッセージが，いかなる直接的な意味においても，他の人間から来たものではないということもある．それらは，時計やカレンダーから来るかもしれない．始業時間などはその明らかな例である．それらは機械の現在の状態，あるいは作業環境や進捗状況の他の側面などについての情報を伝えるようなメーターや計測器，表示板などから来るかもしれない．あるいは，受注書や納品書，応募書類などが手紙で送られてくる場合のように，それらは組織の外部からやってくるかもしれない[3]．

　これらの多様な種類のメッセージを受け取る能力はある種の感覚能力をも

つことが関係している．それに加えてたとえばその組織がその一部となっているような広い社会のなかで，文面や口頭のコミュニケーションの自然言語を理解する通常の能力が関係しているのである．これは，その組織におけるあるメンバーの役割とは別に，そのメンバーを特徴づける能力なのである．つまり，それらは典型的には新しいメンバーが組織にもち込んでくるような種類のものである．

　メッセージを解釈する能力，つまりメッセージとそれが求めているパフォーマンスとをつなげるような能力についてはどうなのだろうか？　それは仕事を知ることと同じくらい必要なことであり，しかし，それぞれの組織と仕事により特有のものである．時間の読み方を知っていることと，いつ仕事場に到着すべきか，そしてその月の最後の就業日の午前10時に何をすべきかを知っているということは別のものである．自分の前でラインに乗っている組み立て途中の自動車を見ることと，それがあなたに特定の工程を行うことを要求していると見ることは別物である．〝分かりやすい英語〟で指示がなされたとしても，しばしばその組織の文脈にきわめて特有のやり方で解釈がなされる必要があるのである．たとえば，それらはしばしば対象の標準的な場所やその指示の対象の個人の名前に言及することを省略している．そのため，その場所に長くいた者だけが，容易に解釈を行えるのである．しかし，さらに，組織内部におけるコミュニケーションで使われている言語は，決して分かりやすい英語ではない．それはその場でしか通用しない名詞がたくさん詰まった方言であり，そのような名詞は，特定の商品や部品，消費者，プラントの位置，個人などを表し，そして，〝すぐに〟や〝もっとゆっくり〟，〝熱すぎる〟などの非常にその場に限定された意味を含んでいるのである[4]．

3）組織のメンバーが自身の職務を行う上で反応する情報の源や媒体にこのように多様性があるという事実は，通常使われている意味での〝権限〟を定義するという問題に対して示唆を与えてくれる．上司から部下への指示や，あるいは上司から部下へのあらゆる種類のコミュニケーションに注意を限定してしまうことは，調整に関わる情報の流れの細部のほとんどを無視してしまうことになる．その一方で，上司と部下との関係がしばしば，部下が，たとえば時計からのメッセージにどのように反応するかということに大きな関わりがあるということは否定しがたい．

4）ケネス・アローは，特に，組織の内部方言あるいは〝コード〟を，フォーマルな組織が生み出す経済の重要な源であり，組織の間の永続的な違いの重要な原因であるとして，特別に強調した．アロー（1974, pp. 53-59）を参照．

第5章　組織の能力と行動　127

　適切なメッセージを形成し送り出す活動を，我々は，組織のメンバーによるルーティーンの実行とみなしている．この見方は便利なように見える．なぜならば，すでに指摘したように，メッセージが名目的には他の目的に向けられているルーティーンの実行上において生じるような，重要な一連のケースがあるからである．たとえば，もしメッセージが部分的に完成された製品にこめられて運ばれ，次にそれを扱わなければならないメンバーに渡されるならば，メッセージの形成に関するはっきりとした問題は生じない．このような場合やその他の同様の場合におけるコミュニケーション・プロセスの負担は受け手にかかっている．受け手は（自分の仕事を知るためには）受け手自身の行動に対する間近の環境の変化──他者が自らの仕事を行う過程で，生み出した変化の意味を認識することができるようにならなければならないのである．しかしもちろん，その行為が通常の意味で情報の形成をともなうような，組織内の役割も数多くある．このような役割をもった組織のメンバーにとって，そのようなメッセージを受け取り解釈することに関係する仕事と同じような仕事を知るということがさらに求められている．ここでも求められているのは，その組織が所属している社会の自然言語を話し書く能力であり，また，さらに重要な要求として組織の方言を操ることも求められているのである．そのような言語を操る能力は，組織の新しいメンバーにとってはもちろん当たり前のことではないけれども，ルーティーン化された作業を行っている組織のメンバーはそのような能力を所有していると仮定されているのである．

　ルーティーン化された作業を行っている組織の全体像をここで描くことができる．メッセージの流れは，外部環境や時計やカレンダーから組織にもたらされる．これらのメッセージを受け取った組織のメンバーはそれらをレパートリーのなかからルーティーンを選び実行する要請として解釈する．これらの実行は直接的に生産に関わると考えられるもの──たとえば，発送センターに来たトラックから積荷を降ろしたりすることなど──や，事務的あるいは情報処理的なもの──たとえば，顧客の意見や注文を組織の適切な部署に伝達することなど──を含んでいる．他の種類の行動に付随する結果か，意図的な意思の伝達のいずれであっても，それぞれの組織のメンバーによる

ルーティーンの実行は，他者への一連のメッセージを生じさせるのである．これらのメッセージはさらに，その受け手によって何らかの行為を求めているものとして解釈され，そして彼らによってまた別の行為やメッセージ，解釈などが生み出されるのである．いかなるときでも，組織のメンバーは環境からの，そうして他のメンバーから生じるメッセージに対して反応し続けているのである．この過程が，外部の源あるいは時間記録装置などからの情報の入力によって開始されるというように上記で表現したのは，単に説明の便宜上の問題である．実際には，ルーティーン化された作業を行っている組織では情報の〝循環的フロー〟の内部均衡が存在している．しかしその流れは，外部のメッセージの源や時間記録装置によって継続的によって呼び起こされているのである．

　そのようなシステムが，たとえばコンピューターの組み立てや空港間で乗客を移動させること，あるいは子供に読み書きを教えることなどのような，何らかの生産的なことを達成するには，それぞれの場合に応じて異なっている何らかの非常に特異的な条件が満たされなければならない．ある組織があることを達成する能力を構成する個別の特徴は，何よりも，個人のメンバーのレパートリーの集合の特性のなかに反映されているのである．航空会社はパイロットをメンバーとして抱えているそのような種類の組織であり，学校は教師をメンバーとしてもっている組織である．ある種の組織の能力は，同様に，特殊化した設備や装置を特有の組み合わせでもつことと，そのような設備や装置を操作することができる能力をもった組織のメンバーのレパートリーとが，ともなうことになる．最後に，もちろん，実際に生産に関わる能力を発揮するには，何らかの組み立てるべきコンピュータの部品や，運ぶべき乗客，教えるべき子供などのような，それを実施する対象が必要になる．これらは，経済学の分析で標準的な，生産能力に関する〝材料のリスト〟のレベルの議論で認識される事項である．また，〝レシピ〟のレベルの議論もある．そこでは，〝技術〟は，それを支える原則や，求める結果を達成するために行われるサブタスクの特性や順序といった用語で描かれるのである．そこにはある程度のエンジニアやその他の技術者の領域であり，そしてまたある程度は設計者や生産管理者の領域でもある．

しかし，個々のメンバーが，レパートリーのなかの求められるルーティーンを習得することだけでは自分の仕事を理解したことにはならないのと同じく，すべての"材料"をもつことだけでは，たとえ"レシピ"をもっていたとしても，実際の生産作業を行うことはできないのである．組織の生産作業にとっての核心は，調整である．そして調整の核心は，自らの仕事を知り，受け取ったメッセージを正しく解釈しそれに対して反応する，個々のメンバーなのである．メンバーがメッセージに対して行う解釈は，メンバーのレパートリーの一覧表と一致する非常にたくさんの可能性のなかから，組織全体としての生産的活動を実際に構成する個々のメンバーの活動の組み合わせを選び出すメカニズムなのである[5]．上記の説明が妥当な限り，スキルや組織，"技術"は本質的に機能しているルーティーンのなかに埋め込まれており，あるものがどこで終わり，他がどこから始まるのかを正確にいうことは困難である．このことは，"設計図"は生産が効果的に行われるために必要な組織の記憶のほんの一部にしか過ぎない，ということを別のいい方で論じているのである．さらに，いったんルーティーンの集合が使われることによって記憶に残ることになれば，設計図はおそらくルーティーンがうまくいかなかったときの原因を評価するためのチェックポイントとしての場合を除いて必要でなくなるかもしれない．

このような全体像が与えられると，ルーティーン化された作業と組織的記憶の間の関係を見ること，あるいは，活動のルーティーン化を，組織における実行に関わる知識という遺伝子が存在する"場所"として特定することは容易である．実際に情報はまず組織のメンバーの記憶に貯蔵される．そこには，明示的，暗黙的にかかわらずすべての知識が存在しており，それらは，彼らの個々のスキルやルーティーン，一般的な言語能力と組織内の方言を操る特殊な能力，そして何よりも，入ってくるメッセージをそれらが要請する特定の行為に結びつける能力を構成しているのである．個々のメンバーの記憶が，組織のルーティーンを実行するために必要な非常に多くの情報を貯蔵

---

[5] ここで我々は，組織のメンバーが組織のメンバーをして受けとったメッセージに何が，適切に反応し正しく解釈するようにせしめているのかという問題については触れない．その問題は次の節で提示される．

しているという観点からすると，組織がもつ知識は，その個々のメンバーの知識に還元できるという主張には，相当な真実味がある．これは，"知ること"が人間だけが行えるようなものだという見方を人がとる場合に，その人が強調するようになる観点である．

　しかし，人間の記憶に貯蔵された知識が意味をもち効果的であるのはある特定の文脈においてのみであり，そして組織的役割において発揮されるような知識にとっては，そのような文脈は組織的な文脈なのである．典型的には，第1に，さまざまな形の外部記憶——ファイルやメッセージボード，マニュアル，コンピューターのメモリー，磁気テープ——であり，それらは個人の記憶を補完し支援するとともに，ルーティーンの組織的機能として大部分維持されている．そのため，それらは個々のメンバーによる情報蓄積活動というよりはむしろ，組織記憶の一部と主張することもできるかもしれない．第2に，文脈には，設備の物理的状態と労働環境とが含まれている．組織記憶の機能の働きは，設備や構造が比較的持続的であるという単純な事実のなかに内包されている．つまり，組織記憶とそれらと作業環境の一般的な状態は急激な不連続な変化をすることはない．しかし，火事や激しい嵐がそのような連続性を打ち破るかもしれない．そのような出来事によって破壊されたものは物理的なものだけではなく，情報に関するものでもある．というのも，人間のメンバーが所有する情報の解釈に関係する，慣れ親しんでいる文脈が崩壊するからである．それゆえに，組織が，その設備や構造，作業環境をある程度の秩序と変更の範囲内で維持する——維持することに成功する範囲内で——ことにより，組織がある部分では"記憶している"といえるかもしれない．最後の，そしてもっとも重要なこととしては，個々のメンバーによって所有されている知識の文脈は，他のすべてのメンバーによって所有されている知識によって成り立っているということである．"もう少し下"という手信号を解釈し，それに応じてフックを下げるようなクレーンのオペレーターの能力がなければ，その信号の必要性を認識したり，それを生み出したりする能力は意味がなくなってしまう．組織記憶を個々のメンバーの記憶に還元できるとする見方は，過去の経験を共有することによってこれらの個々の記憶が結びつけられていることを見過ごしているか，あるいはその価値を低

く見積もっている．そのような経験が，ルーティーンを行うことの基礎となっている，非常に詳細な特化したコミュニケーションのシステムを作り上げているのである．

　上述した説明で強調すべき点は，"組織がルーティーンを行っている状態にある"という仮定は，実行する必要がある組織記憶の機能の範囲を限定してしまう力をもっているという点である．それぞれの組織のメンバーは自分の仕事を知らなければならないが，誰にとっても他のメンバーの仕事を知る必要はない．また，誰にとっても，組織全体で用いられている手続きを明確に説明し概念化することができる必要はない．必要な調整を行う情報の一部は，明示的で表記された形でメンバー間に伝達されるかもしれないが，名目上は他の直接生産に関係する目的のためのパフォーマンスを通して行われる暗黙的なコミュニケーションに強く依存しているのである．組織の方法論について包括的に記号で説明する必要は何もない．いずれにしても，関係する知識の多くは，個々のメンバーによって保有されている暗黙知であるため，そのような説明を行うことができないのである．しかし，組織全体のルーティーン化されたパフォーマンスをうまく継続させることのなかに暗黙的に蓄積された情報の量は，個人の記憶の容量よりも大きいかもしれない．生産過程の複雑さとその規模は，いかに熟練していても"チーフエンジニア"が指導することができると考えられることを遥かに越えてしまうかもしれないのである[6]．

　しかしながら，ルーティーン化が組織の記憶と組織的な行為を人間の記憶の限界によって課せられる制約から完全に解放してくれるというわけではない．ここで重要なことは，あるときに行われる複雑な行為を調整するために必要な記憶に関する要件と，組織全体で別なときにはまったく別なことを行うような柔軟な行為に必要要件とを区別することである．ある時点での行為の複雑性は大きな組織ではより大きくなりうる．大きな組織ではより多数のメンバーとより多くの人的な記憶の間で組織記憶の機能は分割することができるので，複雑性が大きくなっても個々のメンバーの記憶に対する必要性

---

[6] 我々はすでに第3章において，生産的知識についての正統派の説明で見られる"チーフエンジニア"と"設計図"のたとえ話の限界について指摘している．

は変わらないか減少する事もありうる．すべてのメンバーは同時に，自分たちの仕事を，それらを行うことによって記憶することができる．時間を通じた組織のパフォーマンスの柔軟性については，状況はまったく異なっている．柔軟性には，環境における変化に対応して組織のパフォーマンスを変化させることが含まれる[7]．組織がそれぞれが特定の環境の構成に〝応じて作られた〟一連の幅広い特化したルーティーン化されたパフォーマンスによってルーティーン的に対応するためには，メンバーはレパートリーのなかに関係する特化した個々のルーティーンを保持することができ，かつメッセージの集合の意味を必要な行為のすべてをそれ以外のものから区別できるのに十分な内容をもって思い出すことができなければならない．彼らは，あるメッセージを受け取ることと，少なくともいくつかの特化したルーティーンのパフォーマンスとの間で長い時間が経過しているにもかかわらず，それを行わなければならない（もちろん，そのような隔たりがあることは，認識されている行為あるいはメッセージのリストが非常に長いという仮定によって示されている）．とくに，高度なスキルの暗黙的な部分については，時間経過にともなう記憶の喪失あるいは記憶のさびつきの増加という現象は重要である．毎年あるいは1, 2年の間に，ほんのわずかにしか行われないようなスキルは，週に5日行われるようなスキルと同じような円滑さと確実性をもっては，表現することはできない．そして，個々のメンバーによる予期せぬ失敗は，組織的行為の崩壊を更に増幅させるという結果になる．なぜならば，それらはそれ自体によって既存のルーティーンとコミュニケーションのシステムがそのような新しい状況に対処する準備ができていないような組織の更なる新しい状況を作り出すからである．

　これらは，ルーティーン化された作業と，実行による記憶の保持とを結びつける事項である．それは，ルーティーン化が調整の結果とそのような調整を支えている組織記憶の確立とを反映しているというだけではない．それは，実行によって調整が保存され，組織記憶が更新されるということである．そ

---

7) またトップの経営層からの指示の変化に対応することも含まれているかもしれないが，おそらくそれらの変化は環境における変化を反映しているだろう．いずれにせよ，恣意的な指示の変化の場合でもストーリーはほぼ同じである．

れは，個人のスキルが，それが行われることにより維持されていることと同じであり，また，それがある部分ではその理由ともなっている．頻繁には実行されない能力を維持するという特定の目的ために計画的に練習することや，特定の予期せぬ事態に備えて訓練すること以外には何も行わないような予備のユニットをもつことによって，柔軟性を達成することは可能かもしれない．しかし，少なくとも，直接生産に関係するような純粋な〝実行〟と比べて，これらは明らかに，組織記憶を維持するにはコストがかかるやり方である．そして，よく知られているように，練習によって得られる実行の質は，それが練習に過ぎないという事実によって低下してしまうのである．

2．一時的休止状態としてのルーティーン

ここまでの議論は，組織メンバーのパフォーマンスの認知的側面にあり，そこでの問題は，何をすべきか，あるいはどのようにすべきか，ということを彼らが知っているかどうかというものである．我々は動機づけの側面，つまり，組織全体のルーティーン化された業務において，彼らに〝求められている〟ことを実際に彼らが選択するかどうかという問いについては，無視してきた．これに関連して，我々が提示してきた調整のイメージは，動機づけと懲罰のシステムに裏づけられ，他のメンバーから求められている行為をする気にさせるかあるいはそうするように強制する権限をもつ人物についてはまったく触れていない．しかしながら，組織のメンバーの間の利害の違いを無視することや，何らかの形でメンバーが組織が円滑に機能することに完全にコミットしていると暗黙的にみなすことは，我々の意図ではない．ここで我々は，ルーティーン化された業務の全体像のうち，動機づけに関わる事項や組織内の摩擦に関わる部分を埋めていくことにする[8]．

まず第一に，ルーティーン化された業務についての我々の概念を，組織の名目的な基準に基づくパフォーマンスと混同すべきではない．同様に，メン

---

[8] 本節の文脈について，我々は以下の数多くの研究者に幅広い知的恩恵を負っている．コース (1937)，サイモン (1951)，マーチとサイモン (1958)，デリンジャーとピオレ (1971)，ロス (1973)，ウィリアムソン (1975, ch.4)，そしてライベンシュタイン (1976) である．

バーが受け取ったメッセージを正しく解釈し，それに対して適切に反応するという主張を，メンバーがいわれたことをそのとおりに行うといっていると受け取るべきではない．名目上は，ある組織の就業時間は午前9時から午後5時であっても，組織の観点から見て生産的な活動が，9時30分の前か，あるいは4時45分の後に行われることはほとんど（ルーティーン的に）ないかもしれない．同様に，特定の作業の完了までの名目上の締め切りと，実際に作業が完了した日との間では，数日あるいは数週間が経ってしまうかもしれない．繰り返しのフォローアップの要求や注文は，きわめてルーティーン的にメッセージのシステムの一部をなしており，最終的に組織の他のメンバーによる〝タイムリーな〟行為という結果に結びつくかもしれない．ある特定のメンバーが各種の作業にエフォートを配分する際に好んで用いるシステムは，メッセージのなかにパニックや怒ったような表現を含んだ情報をルーティーン的に用いているかもしれない．要するに，ルーティーン化された業務は，日常的に起きているいい加減さや，基準からのずれ，規則破りや無視，そしてサボタージュなどの下でも行われるのである．このような行動は明らかに組織における名目上の基準や期待に反しているが，それらは経験に基づいた期待を脅かすことには必ずしもならないし，あるいはそれらが，また生産量を統計的に安定した想定した範囲内に止めることができないという結果をもたらすことにも必ずしもならないのである．それらは，予期され，順応され，そして考慮されることになる．むしろ組織のあるメンバーが名目的な基準に従うことにより，達成されている調整された状態を狂わせてしまうことすらあるのである．

　行為の名目的基準とは必ずしも関係しないが，それにもかかわらず真実であるのは，組織が機能するための必要条件とすべての組織のメンバーの動機との間である種の安定した調和がなされている状態がルーティーン化された業務に必要であるということである．調和の存在を示しているのは，監督者によって規定されるかまたは職務記述書に記されている業務の基準に対して行動が一致しているということではなく，メンバーがほとんどお互いの行動に驚かされることがなく，そしてまた組織からのメンバーの非自発的な離脱が起こらないということにあるのである．

通常行われている内部管理のメカニズムは，もちろん，ある文脈の一部であり，それは，個々のメンバーが組織と結んだ事実上の契約を明確にすることを手助けしてくれる．小売店の事務員のなかには，もしマネージャーがときどきチェックをしていなければ顧客を無視してしまうような人もいるかもしれないが，しかしマネージャーは，日常的に，ときどきチェックをしており，このことが問題を枠内に留めているのである．労働者の一部には，実際に常に怠けている者もいるかもしれない．このことが意味しているのは，これらの労働者との "契約" は，マネージャーによる監督のレベルに従って労働者が働く量が決まるということを意味している．つまりマネージャーの監督のレベルの変化が，事実上の契約の変化を意味しているということである．しかしそのような変化はルーティーン化された業務の文脈では起こらないのである．さらにもし仮に銀行が財務管理の工夫されたルーティーン的なシステムをもっていないとしたならば，起こりうるのは，より多くの銀行員が，現金保管用引き出しに直接手を突っ込むか，あるいは，自分が利害をもっている事業に対する疑わしい貸付を承認することなどにより，自分自身の金銭的な優位性のために自分たちの立場を利用することになるだろう．そこで，管理システムの実行は多くの銀行員のルーティーン化された作業の重要な要素となっているのである．つまり，すべての業務は管理システムの存在により部分的に定義されており，銀行の資金の不正流用は銀行員の収入の重要なものとは（日常的には）なっていないのである．

　たった今提示した例は，組織のメンバーの管理が組織の他のメンバーの業務の一部としてルーティーン的に行われており，そうして組織的要件から逸脱し何らかの禁止されている方向へ過度に向かってしまうような行動に対して解雇を含む懲罰をもって威嚇するという役割を果たしているメカニズムを通じて，実行されていることを明らかにしている．そのようなルールを強制するメカニズムは，ルーティーン化された業務を可能にするには重要ではあるが，限定的な役割しか果たしていない．一方では，それらはおおむね，個々のメンバーが，組織が求めるものと真っ向から対立するような方向で自分たちの利益を追求し，調整された行為が行われなくなってしまうようなことがないように，それを防ぐか止めさせるようにしている．このような意味

で，それらは，組織のメンバーの間に潜在的にある対立が非常に破壊的な形で表れることがないようにしているのである．

しかしながら，通常は，このタイプの管理システムは，個々のメンバーに対して行動の方向性を決める実質的な余地を残している．その裁量の余地は，組織的な観点からのものとは非常に異なった適正性や価値をもつ行為を認めるものである．非常に低い水準のスキルしか求められておらず，1人の監督者が数名の作業員を身近に監督しているような状況で行われる作業以外では，組織的にふさわしい行動しか認めないように行動を非常に近くでモニターし監督するようなことは実際的ではない．多くの場合で見られるように，方向性についての相当な幅のなかでの，組織が求める要件に対する個々のメンバーの行動の一体化の動機づけは〝ルールを強制する〟ようなルーティーン化された組織メカニズムとは別の観点でなされるのである．さまざまな動機づけの観点が存在している．ある場合には，個々のメンバーの〝生産量〟を十分合理的に測定することができるのであれば，その場合，満足できる産出水準を達成するということを条件に報奨（または，懲罰を免れること）を決めることができる．別の場合では，ルールを強制するシステムによってもまだ残されている自由裁量の余地のなかでの他のいかなる行動よりも，組織的に望ましい行動が個々のメンバーにとっても魅力的であるかもしれない．あるいは，メンバーがそれらを組織との長期的な交換関係のなかで位置づけられるものとみなし，現在の効果的な行動に対して将来の報奨を期待するかもしれない．これらの動機づけの要因やここでは触れていないそのほかの要因の重要性と有効性は，作業の間で，またルールの強制，生産量のモニターと昇進システムの間で異なると考えられる．そしてまた，重要なことだが，組織のメンバーシップの責任と報奨に対する異なる態度を植えつける，メンバーのカルチャーとサブカルチャーによっても異なると考えられる[9]．

ルーティーン化された作業においては，ルールを強制するメカニズムとその他の動機づけの要因が組み合わされた効果によって，メンバーは，組織のルーティーンにおいて自分の役割を果たすことに満足を感じることになるか

---

9) ここで挙げられている項目には，〝内部〟労働市場と〝二重労働市場〟理論の議論で触れられているものがある．デリンジャーとピオレ（1971）とウィリアムソン（1975, ch. 4）を参照．

もしれない．しかし，その"満足"とは，彼らが，普通起こるぐらいの不平やいさかいをともないながらも，自分たちの通常の水準までは進んで行い続けるという意味での満足である．対立は明らかなものも潜在的なものもどちらも存在し続けるが，明らかな対立はおおよそ予測できる道筋をたどり，既存のルーティーンと整合性が取れている予測可能な範囲内に留まるものである．要するに，ルーティーン化された作業は，組織内の対立の包括的な一時的休止状態を意味しているのである．そこには，組織の階層構造のすべての階層において管理者と管理を受ける人々との間の一時的な対立の休止がある．つまり，通常の量の仕事がなされ，叱責と賛辞がいつもの頻度でなされているが，関係性についての大幅な修正の要求は存在しないということである．同様に，上層部の幹部の間でも昇進や権力，役得などをめぐる競争においての一時的休止状態もある．ライバルを船外に投げ出すことを望んで組織という船を急激に旋回させようと試みるものは誰もいない．あるいは，もしそうしようとしても，彼が阻止されるのは目に見えている．

　ルーティーン化された業務を組織記憶の基礎として見た場合，ルーティーンはそれ自体が解決する情報の蓄積に関する問題の特徴を反映したような形でパターン化されているとみなされるようになる．ルーティーン化された業務を組織内の対立の一時的休止状態であるとした場合には，ルーティーンは個々のメンバーの異なる利害という潜在的な問題の特徴を反映したような形でパターン化されているとみなされるようになる．そのようなパターン化の明らかな例としては，たとえ深刻なルール違反がめったには起こらず，名目的には可能な懲罰のほとんどが実際には適用されないような場合でも継続しているような，組織的ルーティーンの特徴としてのルール強制のメカニズムの存在がある．

　しかし，特定の組織の文脈にとくにみられることだが，より微妙な形のものも数多く存在している．国家間での停戦と同じように，組織メンバー間の一時的休止状態は，各グループによって共有された特定の象徴的文化を生じさせる傾向がある．公然の敵意を改めて示すことは，コストがかかり，各グループの将来の立場についての不確実性を大きく高めることになる．それゆえに，一時的休止状態は通常は価値があるものとみなされ，その条件の違反

は，軽々しくは行われない．しかし，一時的休止の条件は完全に明確なものではありえず，そして，組織内の一時的休止状態の場合には，しばしばまったく明らかにされないのである．その条件は直面した特定の状況とその状況に対する各グループの対応から生じた伝統を共有することによって，徐々にはっきりしてくるのである．そのような伝統を解釈する文脈では，個々のメンバーによる行動は一時的休止の条件に関連した意味を含んでいる．とくに，熟慮され組織とその行動をとるメンバーの双方にとって，それ以外の点では意味のある配慮された行動であっても，もしそれが〝挑発的〟と解釈されやすいものであるならば，つまり，それが，一時的休止状態の維持に対するコミットメントが弱くなり，変更を行ったメンバーにとって有利なようにルーティーンを修正するためにあからさまな対立という危険を冒そうとする意図を示している，とみなされる恐れがある場合には拒絶しなければならなくなるかもしれない．守る側としては，それぞれのメンバーは，そのような努力は，明らかに自分たちの利益を脅かすような他者の行動を断固として拒絶するだけでなく，一時的休止状態における彼らの権利を守るための用心深さや決意を確かめようとする行動と解釈される場合をのぞいてはまったく害がないような行動に対しても，断固とした拒絶ができるようにすることによって自分自身の利益を守ろうと努力する．

　継続している一時的休止状態の明らかな脆弱さと，それにともない新しい行動を起こそうとしていると見られる何らかのことを行うことに対して注意を払うことは，さらに，組織のメンバーの利益は理解され確保されているということを他のメンバーに保証しようとする組織のメンバーの防御的な用心深さ（あるいは，用心深い防御）によって強化される．その結果は，組織全体のルーティーンが，既存の利益という溝によって，極端に狭いチャネルに制限されてしまうということになるかもしれない．外部の観察者には〝明らか〟で〝簡単〟に見える適応が，内部の政治的均衡に対する脅威を含んでいると受け取られることを恐れるために，行われなくなってしまうかもしれないのである．

　もちろん組織においてはこれらのメカニズムが働く程度はさまざまであり，また他の点でも同様である．しかし，一時的休止の破棄という恐怖は，一般

的に，組織を比較的柔軟ではないようなルーティーンを選ばせるような強力な力なのである．

3．目標としてのルーティーン──管理，再現，そして模倣

　これまで，組織におけるルーティーン化された業務の状態が，多くの点で，自己維持的であるということを強調してきた．これまでの節をもとに判断すると，組織は，既存のルーティーンから離れる場合には困難に直面すると予想されるかもしれないが，しかし，それらのルーティーンに適合するのには何の問題もなかったはずである．この一般化がストーリーの半分以上を占めており，我々の進化モデルの基礎的な仮定となっているが，それにはより重要な制約が課せられている．既存のルーティーンが円滑に実行されているように維持することが困難な場合もありうる．そのような場合には，（円滑に機能しているような）そのルーティーンは規範や目標という性質を帯びてきており，経営者は自らそのルーティーンの実際の崩壊や崩壊の恐れに対処することに関わるのである．つまり，彼らはルーティーンを管理下に置こうとするのである．

　これまでの節は，それ以前にルーティーンがなかったような場所で意識的に新しい複雑なルーティーンを生み出すことには，いくつかの困難が起こりうるということを示してきた．組織のメンバーは，メッセージを調整するシステムを学習しなければならない．彼らは自分たちそれぞれのレパートリーに新しいスキルをつけ加えなければならない．そして，彼らはその状況における費用と利益の配分に関する自分たちの予想の間の初期的なバランスを確立することが必要になる．そのような文脈──たとえば，新しい工場の最初の操業など──では，既存のルーティーンの管理の文脈の場合と同じように，やがてルーティーン化された業務の状態を達成するということはまた経営努力の目標という役目をもつのである．これらの〝目標としてのルーティーン〟という状況の間には重要な類似性があるため，ここでそれらを一緒に議論することにする．しかしまた，提示された目標の明確性や，それを達成する方法について利用できる情報の妥当性に関しては，重要な相違もある．こ

れらの次元の相違点について，完全なルーティーン——〝昨日と同じように，この生産ラインをうまく動かすこと″——という端から，大きなイノベーション——〝ライバル会社によって導入されたばかりの小型コンピューターと同様ではあるが，より優れてかつ安価なものを組み立てるプラントを開設すること″——という端の間にさまざまな連続的な状況がある．この後に続く章におけるフォーマルなモデルでは，この連続的な状況は，明確な非連続性をもつ明確に区別されたカテゴリーとして扱われている．ここでは，あらゆることははすべて程度の問題であるとみなし，そして異なる場合の〝程度″を識別するいくつかの変数を検討することにする．

管理

　組織は永久運動機関ではない．それは，オープンなシステムであり，環境と何からの形での交換を通じて存続するのである．もっとも長く使い続けれられてきた機械やもっとも古参の熟練工でも，時間経過と組織的なプロセス自体によって変化を受けなければならず，そして最終的には置き換えられるのである．さらに短い時間スケールでは，現在のさまざまな種類の生産要素が投入され，生産物が産みだされている．組織的ルーティーンは，抽象的な〝ものごとの行い方″として考えると，継続的に変化し続ける特定の資源の組み合わせに対して課せられている場合のみに，存続できる秩序なのである．新しい資源にこのルーティーンの秩序を課すという仕事のある部分は，それ自体ルーティーン的に処理されるが，その他の部分は，その都度の問題解決の努力によって対処されるのである．その仕事のルーティーン化された部分とその都度なされる部分のどちらも，もし環境が適合的でない場合，たとえば，環境がいつもの条件で必要な資源を提供できないような場合には，達成されないかもしれないのである．

　管理の問題の大部分は，直接的あるいは間接的に，生産のための投入要素が多種類あるという事実と関係している．企業自体が，それらに〝ルーティーンの秩序を課す″ことを通じて，生産要素の間の差異を生み出しているのである．つまり企業は，市場における標準的な機械を購入し，それを工場内の特定の場所の床に設置する．そして機械工を雇用し，彼をその設備に特有

の能力と配置，そして実際に行う作業に慣れさせるのである．その企業特有の環境についての生産要素の経験が集積することに付随してさらなる分化が起きる．つまり，機械は特定のパターンで損耗し，機械工は自分の監督者に対して特定のパターンのフラストレーションをもつ．しかしもちろん，企業はまた，"同じ"生産要素の異なるユニットが，企業が購入したときに異なる特徴を有しており，同時に購入した同じ生産要素の異なるユニットの全体的な特徴の分布自体が時間とともに変化するという事実に直面することになる．このような市場における購入前から存在している異質性が購入後の調整の問題を複雑にしている．というのは，異なるユニットに対して同じ取り扱いをしても，必ずしも同じ結果を生み出さないからである．最後に，機械と労働者は企業に滞在した後にまた市場を通過するかもしれず，企業における経験の結果としての調整が，市場における異質性の一因となっているのである．

　企業に提起された問題は，どうにかしてそのルーティーンが機能するために必要な特性を備えた生産要素を手に入れることである．それは，そのような生産要素は市場ではまったく手に入らないか，あるいはもし手に入ったとしても，ルーティーンを効果的でなくしてしまうかあるいはかえって危険にしてしまうような特性をもつ他の生産要素と容易に識別できないかもしれないという事実に直面しているからである．このような問題を完全に，また整合的に解決することはできないため，これから派生的に生じる課題は，この問題に対する解決策が不完全なことによる被害を抑制するということになる．

　これらの事項に対応するために用いられる一般的な戦術は，検討される生産要素の種類によらずほとんど同じである．基本的な戦術は，生産要素の市場の供給側で利用可能な選択肢のなかから，ルーティーンと適合するような特定の生産要素を選択することである．この過程は，もし投入の特性を確かめるのが困難でコストがかかるような場合には，複雑で不完全なものになり，さらに，利用できる選択肢の範囲が提示された価格によって影響を受けるという事実から生じるコスト管理の問題との緊張関係によって，より複雑になる．そのとき，ルーティーンの要件を満たすように手に入れた生産要素を調整しようとする試みが生じる．つまり原材料を薄めたり，研磨したり，整え

たり，あるいは並べ替えたりすることで統一的な基準を満たすようにすることや，事務員にファイリング・システムやその使用に関係するような組織内に固有の言語の一部を教えることや，新しい機械をつけ替え調整すること，あるいは新しい幹部に現在彼が担当している技術の基礎について説明することなどである．もちろん，選択の段階であまりに大きな失敗があったときには，適切な調整は不可能である．大きな被害を限定するための戦術は，組織のプロセスを・モ・ニ・タ・ーし，職務を怠っているあるいは作業が遅い労働者，横領犯，頻繁に故障する部品の購入やはがれてしまう塗料などを特定することである．そしてそれらを特定した場合には〝調整〟戦術を再び発動させるか，あるいは市場から改めて〝選択〟することになる．もちろんこれらの問題のなかには明確にすることが難しいものもある．とくに積極的に特定されることを避けようとしているものはそうである．最後の手段として，・ル・ー・テ・ィ・ー・ン自体を適応させて，異質性をより受け入れられるようにするか，あるいは，変化するさまざまな投入要素の特性についての情報に対して，ほかの場所で補完的な調整を行うことでルーティーン的に対応することができるようにするということがある．後者は，もちろん，手に入る情報によって，生産要素を適切な程度の均一性をもったカテゴリーに分類することが可能であるということを仮定している．

　これらの戦術のうち最初の三つは，ほとんどすべての大規模な組織における機能的下部組織によって，ルーティーン的に行われている．述べられた〝選択〟の機能は，購買や人事に関する部署が行っていることである．〝調整〟も人事部や，訓練担当者，監督者，同僚の労働者などよって，人間以外の投入については，エンジニアや生産部門の労働者によって行われているのである．〝モニタリング〟は，ラインの管理者によって行われているが，また財務的な管理と品質管理にもこの側面がある．しかしながら，そのようなルーティーン化された取り組みが存在するという事実は，それらが包括的であることや，あるいは完全に効果的であるということを保証するものではない．生産要素の選択の問題には，滅多には起こらないためにルーティーン的に対処できないものもある．たとえば，耐久設備の大規模な購入や上層部の幹部の採用は，それ自体，完全にルーティーン的な事項ではありえず，組織

第5章 組織の能力と行動 143

全体が機能する上での大きな断絶の契機ともなるかもしれないのである．そして，もし生産要素市場が企業に提供する一連の選択肢が望ましくない方向にあまりに急激に変化するならば，投入の異質性に対処する既存のルーティーンは対処不可能になってしまうかもしれない．そのとき，その組織は，そのルーティーンを変化させなければならないか，あるいはそれらが制御不能になってしまうかのどちらかになるだろう．最後に，投入要素のどの特性が問題かということが知られていないほど，また，問題の特性を特定することがより困難なほど，投入要素の特性が望ましくない方向に変化したことの唯一の徴候は，ルーティーンを実行する際に説明のつかない困難にであうということになりがちであろう．

　上記の例が示すように，管理が失敗した結果は，きわめて多様である．工場は，混乱が解決されるまで数時間か数日の間閉鎖されなければならないかもしれない．不良品はのバッチは廃棄されなければならないかもしれない．もしかすると顧客は，不良品を手にしてしまうことになるかもしれない．そして運がよければその不良箇所に彼らは気がつくことさえないかもしれないが，大規模な製造物責任訴訟を引き起こす可能性があるかしれない．あるいは，横領犯がもち逃げした額に応じて，株主が全体として少々貧しくなるかもしれない．

　ここで特別の関心を向けているこのような種類の結果は，組織的記憶とルーティーンの長期的な継続性に関わるものである．管理の失敗は，記憶の喪失の原因または結果であるかもしれない．たとえば，組織の個々のメンバーの記憶が組織を動かす知識が蓄えられる場所であるということを，強調してきた．このように貯蔵された情報のある部分は，もしそれをもっていた特定のメンバーが企業を離れてしまった場合でも容易に置き換えられるかもしれない．つまり，前任者が特定の機械の操作の方法を知っていた唯一の人物ではあるが，しかしその操作方法を知る交代要員を容易に雇用することができるかもしれない．あるいは，辞めていった従業員の知識は辞めずに残っている彼の管理者の知識のなかにすべて含まれているということもあるかもしれない．しかしある場合では，組織の1人のメンバーの記憶が，その組織にとって特有でかつ非常に重要な知識の唯一の貯蔵庫であるかもしれない．その

知識は暗黙的なものであるかもしれない——たとえば，送られてきたいくつかのメッセージによって，従業員の時間についての要求が重なる場合の優先順位のつけ方を直感的に把握することなどのように．それは説明できるが書き記すことができないようなものかもしれない．つまり，その地域での重要な顧客のファーストネームや材料の状態，好む娯楽，あるいはある機械が振動しすぎる場合に必要な行動などである．

そのような重要で特異的な知識をもっている従業員を失うことは，ルーティーンの継続に対して深刻な脅威を提示する．実際，もし予想もしていないときにその従業員が辞めた場合には，継続性は必ず崩壊する．その役割を埋めるために雇われた新人は結果的には古いルーティーンに似たものを修復するかもしれないが，彼の前任者が散らかしたまま残して行った手がかりや，その組織の内外の隣接する役割にいる人によって提供された示唆に導かれ，多かれ少なかれ最初から知識を集めていってそれを行っているのである．しかしながら，隣接した役割にいる人々は，自らの利益のために自らの組織のなかでの役割を再定義する機会を得ることになるかもしれない．そのため，彼らのアドバイスは，完全には信用できないのである．このような理由により，そして新しく役割を担うことになった者は前任者とは重要な点でかつ長期的に異なっているため，そしてまた，役割を学習する過程に影響をあたえるような偶発的事象があるため，結果として新任者のパフォーマンスが前任者が果たしていた役割の完全な複製となることはありそうもないのである．要するに，組織的なルーティーンは変異するのである．

もちろん，変異は常に有害というわけではない．別のいい方をすれば，既存のルーティーンを維持することが，しばしば業務上の目標になっているが，しかしそれは究極的な目的ではない．よりよい役割を果たすようになるルーティーンの改良は，おそらく歓迎すべきことである．しかしながら，非常に異なっておりかつ互いに密接に関係している部分からなる複雑なシステムを機能させるという点では，ある一部分のみの方向づけられていない変化がシステムに良い影響をもたらすということはほとんどありえない．もちろん，これは，突然変異は平均的には有害である傾向にあるという生物学の定理の基礎である．良い仕事をしようとしている組織のメンバーはおそらく，〝方

第5章　組織の能力と行動　145

向づけられていない変化"以上のことを達成することができるだろう．しかし，ある役割からの見て明らかな改善のように見える変化がシステムの別の場所では容易に悪影響をもつことがあるのである．システム全体を包括的に理解することにより，ある部分で利益をもたらすように方向づけられた変化が確実に達成されるかもしれない．しかし複雑な組織では，実際にそのような種類の包括的な理解をしている者は誰もいない．さらに明らかなことは，新しく雇用されたものはそのような理解をもっていないということである．

　それゆえに，たとえある変異が望ましいイノベーションとして提示されても，（存続している）組織の管理の過程がそれに抵抗する傾向があるということは驚くべきことではない．独特な知識をもったメンバーを失うという突然変異の源となるような出来事に対して，その抵抗のあり方はその離脱が予期したものであったかどうかとういうことに明らかに拠っている．それが予期されてはいないと仮定した場合，管理の努力は，少なくともその役割に課せられたルーティーン化された要求に応えようとするような，うまく適応力のある後任を選ぶことに焦点を置くことになる．新人にその役割に必要なことがらを指導するベテランの努力は，以前の一時的休止状態と少なくとも同じくらい自分にとって都合のいい新しい一時的休止状態を達成したいという関心によって影響されている．つまり，結果として，それらの努力は後任者にイノベーティブな変化を志向する"純真な"願望を捨てさせようとすることになる．その一方で，その離脱が予期したものである場合には，現職者は，1人かそれ以上の後任の候補者を育成するように求められることになる．これがどのくらいうまくいくかは，とりわけ，どの程度関連する知識が暗黙的であるか，どの程度訓練期間の経験が職務すべての内容に対応したものになっているか，そして，重要なことだが，現職者が本当に後継者に対して知識を分け与えることを望んでいるかどうか，ということにかかっている．

　組織がルーティーンの継続性を維持できるかどうかという問いは，重要な役割にいる人々の交代という例で典型的に明らかに示されるが，"物事を管理下に置き続ける"という組織の問題はすべて，その問いをある程度なげかけているのである．時間と環境の変化は，組織に対して潜在的に突然変異を起こすような出来事をもたらし，それに対して組織の管理システムは苦労し

ながら対応するのである．長期的には，うまくいっているルーティーンの維持に対してのもっとも重大な脅威はひそかに進んでいるものである．つまりそれは，管理システムの注意を完全に逃れることができるか，あるいは害をもたらすような潜在的な傾向を正さないでそのままにしておくような〝対処療法〟ですまされていってしまうような変化である．たとえば，もし，組織が市場における水準と比べて適切な一般的な水準の支払いを維持することができない場合には，組織の人々の質と動機は徐々に下がり，おそらく，その製品やサービスの質にも悪い結果を及ぼすことになるだろう．それは少しずつ非常にゆっくりと進むため気づくことができず，賃金の問題と結びつけることができないままとなってしまう．その一方で，単純ではっきりとした問題に対して，ルーティーン化された管理システムが非常に大がかりに適用され，実際に対応が必要になっているにもかかわらず，対応を阻害してしまうという付随的な効果をもっているのである．ルーティーンの望まない変化に対してルーティーン化された形をとった対応を組織がとる必要があるという事実は，組織的行動がなぜそのように強く既存のルーティーンによって方向づけられているかということのもう一つの理由にもなっているのである．

複製

加法性の原理は正統派の生産の理論における基礎となっている．それが示しているのは，何よりも，どのような可能な形の生産活動も，誤りなく再現できるということである．すなわち，単位時間当たりの生産量を正確に倍にすることは，投入量を正確に倍にすることにより達成できる．具体的には，この命題で提示された主張は，ある特定の場所にある特定のやり方である特定の生産物の組み合わせを生産しているような工場があり，そして，どこか別の同じような場所で同じ工場が建設され同じ組み合わせの生産物を同じやり方で生産しているということをイメージすることで把握できる．あるいは，F. H. ハーンが提示したように，「もし 2 人の同じような企業家が，同じ工場を設立し，同じ労働力をもって，同じ製品 x を生産するならば，そのとき，その 2 者の生産量の合計は 1 人で生産できる量 x の 2 倍を生産するということになる」(1949, p. 135)．

このように述べられると，この命題は非常に初歩的な計算の問題に対して説得的な答えを提示しているように見える．おそらく，ここでの同じような企業家という仮定は，生産技術の同一性を意味していると考えられる．そして同一の工場はそれらが同一であるということだけではなく，同一の環境に存在しているということも含んでいる．このように適切にふくらませてやると，その主張は単なるトートロジーか物理法則の普遍的妥当性の表明としてみなされるかもしれない．

問題は，その命題が経済の現実を解釈する上で有益な何かをいっているのかどうかということである．有益であるためには，"同じような企業家"，"同じ工場"，そして"同じ労働力"という用語は，少なくとも，現実の状況がしばしばそれに近づく局限的な事例を記述しているという意味で，実証的にそれらと対応するものをもっていなければならない．正統派の考え方の文脈では，現実との関連性があるという考えは，以下によって支えられている．(1)同質的な生産要素のカテゴリーという考え方をまともに受け取るという習慣．これにより"同じ労働力"の仮定は，明らかに事実に反するわけではないことになる．(2)個々の企業家を生産に関わる知識の貯蔵庫として考える傾向．"同じような企業家"という仮定が生産に関わる知識の同一性を想定していることになる．(3)生産に関わる知識を明確に表現できるものでありそして個別的な独特の要素がないとみなす傾向．"同じような企業家"を想定することは，まったくかけ離れた偶然と関係しないということになる．

進化モデルにおいては，完全な再現性は可能であるという同じ仮定をしている[10]．つまり，2番目のプラントは最初のプラントと同一であり，同一のルーティーンを採用しているという同じイメージをもっている．しかしながら，その仮定の我々の解釈は，正統派のものとはまったく異なっており，それに対するコミットメントはそれほど深くない．基本的な概念上の相違点は，我々が再現性を，既存の生産活動のパターンをコピーするコストと時間

---

[10] 再現性の議論は，オリジナルと同一の工場に同じルーティーンを確立するという単純な事例に限定することにする．同じような問題は生産能力拡大のほとんどすべての事例で生じる．典型的な状況としては，特定の生産要素のサービスによって課せられた制約を緩和するような部分的な再現によって，生産能力が増加するという場合である．しかしながら，部分的再現にはここで触れないような複雑化が加わることになる．

がかかる過程と考えているということである．モデル化において，我々はさまざまなコストを抽象化し無視し，必要となる時間についてはもっとも単純な仮定をしているが，それでもそれは事前の可能性の構造にもっぱら関わっている正統派のものとは非常に異なった概念である．別ないい方をすると，我々の仮定は，機能しているルーティーンの現状から始めることによって何が達成することができるのか，ということに関係しているのである．他方で，加法性の原理が対応する長期的な正統派の理論は，現状という概念はまったくもっていないのである．さらに，我々は（完全なのはもちろん）非常によく似た再現の実現可能性を，非常に問題の多い――既存のルーティーンを長い間継続することの実現可能性よりも難しい――ものとみなしている．このことですら，先の議論が指摘したように，それ自体は過去の結果といえるようなものではないからなのである．この問題についての最初の見方と同じように，我々はハーンのトートロジーを支持しない．しかしポランニーによる以下の説明は支持する．つまり「確立された産業の技術を科学的に分析しようと試みることは，どこでも同様の結果につながる．実際，近代の産業においても，定義できない知識が依然として技術の重要な部分である．私自身もハンガリーで，電球を吹錬する新品の輸入機械を見たことがあるが，まったく同じものがドイツではうまく使われているのに対し，それは年間でたった一つの完全な電球を生み出すこともできなかったのである」（1967，p.52）．

　進化理論で強調される点は，確立したルーティーン・プロセスをもつ企業は，そのルーティーンをより大規模に適用しようとする困難な作業において，非常に有益な形で利用できる資源を有しているということである．生産のための組織を創造することは，匿名の市場で均一的な投入を購入し，明確な設計図を完全に実行するということではないため，すでにある活動で成功している企業は同じ種類の新しい生産能力でも成功する典型的な候補者なのである．進化モデルにおける再現性の仮定は，主として同じことをより多く行おうとしている企業が優位性をもつということを反映するように意図されている．それは，その企業が何か別なことをするときに遭遇するような，あるいはその成功を他の企業が模倣しようとする場合に遭遇する困難とは対照的である．

これらの優位性の本質を理解するには，第1に再現性と管理との間の類似性，そして組織記憶の問題との深い関連性を考えることが役に立つ．既存のルーティーンを再現しようとする際には，企業は，そのルーティーンの秩序を生産要素の新しい組み合わせに課そうとする．その作業は，企業がすでにもっているルーティーン化された仕組みを適用する作業を拡大したものである．たとえば，既存の人事と訓練の部所は，ルーティーンが必要とするような従業員を〝選択し調整する〟能力をもっている．これらの既存の能力を少なくとも部分的に新しい設備にともなう作業に振り向けることにより，もしその新しい設備の人員調整が，同じく新しく経験を有していない人員を配置することによってなされる場合に生じる恐れが高いような困難を回避することができるのである．新しい工場は，究極的には，それ自体の人事部をもつ必要がある（少なくとも〝再現〟が文字通り行われるならば）．しかし新しい生産システムが，新しい労働市場環境で行うことを学習している途中かもしれない新人事部による初期の間違いにわざわざ悩まされる必要もないであろう．そして新しい人事部による間違いを特定することができるほど十分に効果的に機能している生産システムは，人事部が自分の仕事を学習することを手助けすることができるのである．

　より一般的には，既存のルーティーンは，新しいルーティーンのための鋳型としての役割を果たすことができるのである．この鋳型の利用は，非常に大きく複雑なために1人の人間では把握できないようなシステムの機能を比較的正確に複製することを可能にする．

　そこに物事全体がどのようになされるかということを明記した説明がなされている中心的なファイルが存在する必要はない．むしろ，重要かつ特殊な組織的知識のユニークな貯蔵庫である組織のそれぞれの役割にとっては，新しい工場でその役割を占めることになる個人がその働きをするのに必要とされる知識を手に入れるということが必要なのである．このことは，そのような個人が古いシステムでの現職者を観察することや，その人によって積極的に育成してもらうようにすることによって，あるいは現職者を新しいシステムに移動させ，その人が訓練した後任を古い工場に残すことによって，達成されるかもしれない．このようにして生み出された新しい役割を担う人々の

集団は，新しい設備における調整されルーティーン的に機能する生産組織を作り出すことになる．なぜならば，個人の役割の複製が十分正確であるならば，それらの役割は，古い工場においてすでに調整されているからである．

　もちろん，説明したような過程は，一般的に，古い工場を機能させることにおいて何らかのコストを課している．新しい人材を訓練することや，新しい工場で実際に一時的にしろ機能を演じて見せたりすることに使えるようなほど，資源の余裕があることはあまりないだろう．再現性に関するストーリーが経済学的な意味をもつには，得られた利潤がこれらのコストを超えるか，あるいは超えると想定されなければならない．この問題は基本的には，投資分析の問題である．もし古い工場が一時的に高い利潤をもたらし，その後に平均的または低い利潤が続くような場合には，再現の機会費用は実際は大きなものになるかもしれない[11]．知識の移転によって，古い工場のレントの減少を現在価値で償うのに十分なだけの期間，新しい工場からのレントのフローを獲得することを可能にするものでなければならない．この種のパターンは，明らかに，古い工場において大規模な知識移転がわずかな犠牲で実行できればそれだけ起こりやすくなる．ここで関連するのは，古い工場での重要な地位からの予想される退職や欠員がわずかならばそのコストは小さいものになるだろうということである．というのも，そのような個別の欠員は，管理システムがルーティーン的に対処している種類の問題に過ぎないからである．その一方で，自分たちがしていることを知っているほんのわずかな人々の価値は，新しい工場でルーティーンの基礎的な構造を提供する際には非常に大きなものになるかもしれない．つまり，両方の工場において節約された学習費用という点で熟練した人材に対しては収穫逓減が存在するのである．古く経験豊富な工場から新しく経験が少ない工場へ少数の熟練した人材を移動させることは，後者においては多くの学習費用を節約することになり，前者においては小規模な学習費用で済むことになる．最後に，分割不可能性

---

11) 長期的な見通しが有利であり，かつ経常利益もまた高い場合には，あまり歓迎すべきでない状況においても再現が必ず利潤をもたらし拡大する際の望ましいやり方であっても，まったく新しいプラントを設置することが，現時点で機会費用をもつような再現よりも望ましいということがありうる．

あるいはそのほかの理由からによってバランスが欠けることにより，古い工場では，実際に費用がかからずに再現の取り組みに利用したり，新しい工場に移転できたりする余剰資源が存在することがあるかもしれない．

再現には，非常に高いコストでも克服することが難しい潜在的な障害がある．古い工場の従業員のなかには，その企業で何年もかけて手に入れた，暗黙的な部分を多くもった複雑なスキルを発揮しているものがいるかもしれない．またそれほど複雑ではなく，暗黙的ではないスキルをもっていながら，それらのスキルを他の人に教えることが非常に下手なものがいるかもしれない．ともかく，することと教えることは別物なのである．さまざまな理由によって，自分たちの記憶の中身の一部を他の誰かに渡すという過程で協力したがらないメンバーもいるかもしれない．たとえば彼らは，自分たちの仕事が実はいかに容易であるかということや，それを行っている際にしている手抜きを明らかにはしたがらないだろう[12]．最後に，とくに既存のルーティーンが示している一時的休止状態の構造と安定性においては，個人的な関係は重要な要素かもしれない．人事部は，同じような一時的休止状態を維持できると信頼できるような，新しくその役割を担う適切な人々の組み合わせを役割に配置するということまではできそうもない．このようなそして他の理由により，既存のルーティーンによって提示される鋳型は，良い複製を生み出さないかもしれない．新しい工場に移転されるときには，ルーティーンの変異がありうるのである．

もちろん，完全な再現は，完全な管理と同じく究極的な目的ではない．重要なのは，その工場が同じということではなく，それが全体的な効率性の点で古い工場に匹敵するほどに機能するということなのである．

縮小

既存のルーティーンが成功している場合には，その成功を再現することが望ましいだろう．とくに，この後に続くモデルでは，該当する組織は企業で

---

[12] 組織が機能するために重要な特殊な情報を組織のメンバーが開示するという動機についての問いは，ウィリアムソンによって，"information impactedness（情報の埋没）"（1975, ch.4）という説明のもとで，扱われている．

あり，それにとっては成功はおおよそ利潤によって測定される．そして生産的なルーティーンの再現は，そのルーティーンが可能にする利潤の流れを再現しようとする願望により動機づけられるのである．既存のルーティーンが失敗である場合，つまり利潤を生み出さない場合には，対称的な問いが問われることになる．しかしそれらの問いはおおよそ対照的であっても，それらの答えはそうではない．それらは我々の経済的選択についてのモデルにとって明らかに重要であるため，本筋からは離れるが，これらについて大まかにではあるが検討することにする．

　再現と縮小との間の重要な非対称性の一つは，前者が典型的に成功に対する任意的な反応であるのに対し，後者は失敗に対する強制的な反応であるという点である．いつものごとく，他の種類の組織でも同様の問題はあるが企業の場合に状況はもっとも明白である．もしルーティーンによる製品を販売することから得た収益が，ルーティーンの生産要素のコストを賄うことができず，そしてそのときに，政府の救済措置がなされたり，同情的な投資家がいたり，同じく起こりえない偶然が起きたりすることがなければ，現在の規模でルーティーンを継続するための生産要素を手に入れることは不可能であり，何かをしなければならないことになるのである．

　このような圧力の下では，企業は現在の環境において生き残っていけるような新しいルーティーンを何らかの形で探索し始めるだろう．この種の探索の分析は，この章の後半で我々が関心を向ける模倣とイノベーションとの分析とおおよそ類似した形で行われる．ただし苦境のなかでそのような探索を開始するのであるから探索に投入される資源の質と量は影響を受けることになる．しかしもし企業が新しいルーティーンを実行し始めようとするという限られた意味においてその探索が成功であるならば，そのときには既存のルーティーンはもはや目標ではなく，逆境の犠牲となったといえる．企業自体は，少なくとも一時的には，生き延びるかもしれない．

　苦境に対する反応としての探索はおそらく典型的なものであるが，組織がこれまでどおりの物事のやり方に固執し続けるということも起こりうる．そのような種類の行動は，一時的なものと認識されるか，あるいはそうであってほしいと考えられている辛い時期を切り抜けようとする試みとして理解で

きる．この場合唯一行われる〝探索〟は，現行のルーティーンに資金を提供し続けることのできる資源を探すことである．そのような試みが失敗に帰するような場合とは，耐久設備の分割不可能な部分を交換しなければならなくなったときである．そのような交換が行えないような場合には，企業は単純に縮小し，依然と同じことをしかしより小さな規模で続けていくのである．（探索という反応に加えて）この種の反応は，この後に示されるフォーマルなモデルにおいて描かれている．この種の一連の規模縮小の後には，企業とそのルーティーンは最終的には完全に消えてなくなってしまうかもしれない．

　実際には，長引く苦境の帰結を決めているのはきわめて多くの要因である．たとえば，企業の所有者と経営者との支配の程度や，合併の機会，税や破産法の適用の検討，企業の資産の流動性と非流動性，そして苦境が始まったときの企業の賃借対照表の状態などである．これらの要因を分類し，それらをルーティーンの継続あるいは変化が起こりうるかどうかということに関連づけることは，今の我々の議論の範疇を越えることになる．おそらくここで指摘しておくべきことは，維持可能なルーティーンをもたない企業は，組織内の対立において維持可能な一時的休止状態をもたない企業であるということである．このように考えると，それによって苦境において企業が〝まるで〟唯一のアクターの合理的な管理下にあるように行動するということに対して，疑問を投げかけるのに十分な理由を提供してくれる[13]．

模倣

　ルーティーンが目標としての役割を果たすことの最後の例として，目標が他の企業のルーティーンであるような場合を考えてみよう．このような種類の状況ももちろん興味深い．なぜならば企業が，他のある企業が自分たちでもできそうなことをしているのを目撃するということは良くあることだからである．つまりより具体的にはそれらは，より良質な製品を生産したり，あ

---

[13] フィリップ・ネルソンはその著書（1981）で，苦境下で操業した多数の企業の行動についてのきわめて魅力的な詳細な説明を提供してくれている．一つはっきりと浮かび上がってくるのは，厳しい苦境においては，メンバーの利害が分裂していることが，組織全体が問題に対して効果的に対処できない重要な原因になっているということである．

るいは標準的な製品をより安価に製造したりすることによって，利益を上げているようなことである．それをうらやむ企業は完全には観察できない成功を複製しようとするのである．我々はここで，模倣された企業が模倣の試みに対して協力的ではない場合を仮定する．そしてまた協力関係がないということは，少なくとも，模倣する企業の人間が，模倣される側のプラントで行われていることを直接的に観察することはできないと仮定する[14]．

　この状況を再現から区別しているのは，目標となるルーティーンが，いかなる実質的な意味でも，鋳型として利用できないという事実である．模倣したもので問題が生じた場合，オリジナルを詳細に調査することによってそれらを解決することは不可能である．このことは，模倣したものは，せいぜい実体をもったオリジナルの変異体であり，生産に関する問題全体によって提示される非常に多くの特定の課題に対するさまざまな反応を具体化したものであるということを示している．しかしながら，模倣する側は高い類似性を生み出すことに直接的な関心があるわけではなく，経済的成功，つまり望ましくは少なくともオリジナルと同程度の経済的成功を達成することに関心があるのである．経済的に大きな影響がないような細部の違いは完全に許容できるのである．

　このような経済性に関わる基準にてらしてみると，模倣が成功する見込みは，状況により劇的に異なっている．極端な場合その生産は，高度に標準的な技術要素を新しい形で組み合わせたものかもしれない．もしそうであるならば，製品自体を詳細に検討すること——〝リバース・エンジニアリング〟——により，これらの要素とそれらの組み合わせの性質を特定することが可能になるかもしれない．そしてこれで十分に模倣が経済的に成功するかもしれないのである．実際，製品の性質についての曖昧なうわさでも十分であり，それでオリジナルが出てすぐに模倣品を商品化することを可能にするかもしれないのである．まったく逆の例では，目標となるルーティーンが，非常に

---

[14] 〝再現〟と〝模倣〟という分類の間にはさまざまな中間的な事例が存在する．たとえば，オリジナルとはまったく異なっている環境において非常に似た再現を試みるという場合や，あるいは，模倣される企業の積極的な支援がある模倣の場合などがある．これらは通常，〝技術移転〟という題目の元で取り扱われる．この一般的な分野における我々の考察はとくに，ホールとジョンソン（1967）とティース（1977）の技術移転に関する業績から恩恵を受けている．

特有の，そして〝埋没された〟暗黙的知識を含んでいるため，はなれたところから模倣することはもちろん，再現することでも非常に困難な場合がある．

幅広い中間的な事例においては，模倣者の基本的戦術は，可能なかぎり（そしてあまり費用がかからないかぎり）再現者の例に従い，そして自分たちの努力によって残っている隙間を埋めようというものである．一つのこの戦術の重要な適用例は，模倣する側が，既存のプラントを再現しようと試みるなかで，新しいプラントに配置したいと考えるのが当然であるような従業員を，模倣される側から引き抜こうとすることである．もう一つの例は，使えるもののなかのどのような手段を使ってでも，目標となるルーティーンの性質についての間接的な手がかりを得ることである．

模倣される側の活動の詳細についてほんのわずかな手がかりの集まりしかもたずに取り組んでいる模倣者は，〝イノベーター〟という，より権威のある名前を用いて呼んでもいいかもしれない．なぜならば，問題のほとんどは現実には独力で解決されているからである．しかしながら，問題には解があるという知識は，それを知っていなければ行わないような努力に粘り強く取り組む動機を与えてくれるのである．

4．ルーティーンとスキル――その類似性

前章のはじめで見たように，個々のスキルを理解することが，組織の行動を理解することに二つの方法で情報を与えてくれる．第1に，個人は組織のメンバーとしての自分たちの役割においてスキルを実行しているため，組織の能力の特徴は，個人の熟練した行動の特性によって直接的影響を受けているということである．我々はこれに関連して何点か指摘をしてきた．たとえば，組織の能力は，非常に多くの暗黙知の要素が関係する個人のスキルを必要としている．そしてこのことは，組織の能力自体を明確に表現することに制約があるということを直接示している．そしてそれにともない再現の作業の特性に対しても示唆も与えている．そのため，また，大規模な組織に見られる行動の柔軟性の欠如は，ある部分では個々のスキルが使われなくなりさびついたという事実にある程度帰すことができる．それゆえ，めったに起こ

らない偶発的な事象に対する調整された対応を組織が記憶にとどめておくことは難しいのである．

　ここで，個々のスキルを理解することの，組織の機能を理解することへのもう一つの貢献を明らかにすることにする．それは，メタフォアの水準での貢献である．ルーティーンは組織のスキルである．組織のルーティーンを実行することは，数多くの下部のルーティーン（それ自体さらに還元が可能である）の構成要素を効果的に統合することを必要とし，そして通常は〝意識的な認識〟がなくとも，つまりトップの経営層の関心を必要とせずに，達成されるものである．組織の機能におけるこの種の分権化は，細部に注意を払うことをせずに達成できる熟練した個人の能力と似たものである．ルーティーンには組織の環境との幅広い直接的な相互作用と，環境の状態と組織自体の状態に依存する無数の〝選択〟を行うことが関係している．しかしこれらの選択はトップの経営層による検討という過程は関係していない．下位の階層の機能の詳細についてトップの経営者が介入することは，通常はルーティーンを改良しようとする試みか，あるいは現行のルーティーンの機能についての問題があることを示している．それはちょうど，個人のスキルの場合において，細部について意識的に認識することと表現しようと試みることが，新しい学習かまたは問題があることのしるしであるということと同じである．

　多くの点で，組織的行動は，個人の熟練した行動を悩ませている問題や病状をさらに大きくしたものにさらされているのである．大規模な組織の規模と複雑性が，人間の脳によって表されているような形の管理の集権化を不可能にしているのである．個人と比較した場合，組織におけるこのような集権化された分析と管理の相対的な脆弱性は，集権化が何らかの理由で重要であるような場合に組織が遭遇する困難が相対的に厳しいことを明確に説明している．そこで，たとえば，個人のスキルの場合の明確に表現することへの制約は，細部を精緻に説明することと全体についての一貫した見方とを調和させようとする〝全体対部分〟という問題から，ある部分生じているということを指摘した．組織的知識を明確に表現することについてはさらに厳しい制約が同じ理由から生じている．つまり，細部に注意を払うことは，分担し分散化することができるものではあるが，全体についての一貫した見方をもつ

ということはそうではないからである．同様にシステムからの調和された反応を即興的に行うには，集権化されたシステムの管理を必要とする．組織は新しい状況に対して調整された反応を即興的に行うことに長けていない．つまり，その状況に対して適切なスキルを欠いている個人は不適切に反応するが，適切なルーティーンを欠いている組織は，まったく反応しないかもしれないのである．

　組織はやり方を知らないような非常に多くのことを，他の個人や組織の能力を利用することによって達成することができる．しかしながら，そのようにすることで，それらは，非常に複雑な内容を表しているシンボルを操作することが関係する計画ルーティーンを実行しているのである．個人と同じように，組織は環境において利用できる一連の能力を効果的に活用できなかったり，あるいは詐欺師の犠牲になったりするかもしれない．なぜならば，とくに彼らが得ようとして探している能力の兆しでさえももっていないようなときには，彼らの計画のための言語には限界があるからである．

　基本的なメタフォアは，無数の方向に精緻化し拡張することができるが，これらのわき道は検討しないままでおくことにする．メタフォアの重要な貢献は，組織的行動における限定的合理性に対する示唆を与えてくれることである．我々は，個人のスキルについての議論で，限定的合理性が能力と慎重な選択との間のトレードオフを課すということを見た．そのようなトレードオフは組織についてもまた存在する．しかし，組織における集権的な管理の相対的な弱さのため，トレードオフの条件を，慎重な選択に対してずっと不利なものにしている．組織は観測できる範囲内の環境で円滑にうまく機能しているという事実から，新しい課題にうまく対処できるのは，合理的で〝知的な〟有機体だと推測することはできない．いずれにしろ，環境の変化が，限定された範囲での非常に効果的な能力への対価として柔軟性を犠牲にしている，ということを明らかにしてくれると考えなければならないのである．

5．最適なルーティーンと最適化のルーティーン

　正統派の経済学者は普通，企業が実際に意思決定を行っている過程につい

ての関心をまったくもっていないと明言している．彼らの視点からは，この点についてのこれまでの我々の議論がどのように組織が機能しているかについて検討してきているという事実は，〝実際に企業が利潤を最大化しているかどうか〟という点について何の手がかりも与えていないということを意味しているのである．その理由は，その問いが〝企業が何をしているのか〟ということに関係している──つまり，それらが関与している取引に関わっているのであって，企業がそれを決めるやり方に関係しているのではないからである．彼らの論点が特定の環境における特定の行動の可能な最適性に関係する限りにおいて，我々はそれに同意する．実際，この後の章での進化モデルは，意思決定の過程についての我々自身の見解の精神に基づいてモデル化された企業が，均衡の選択において利潤を最大化する行動をとるようになるかもしれない．しかしながら，彼らの主張が，まったく予想がつかないような環境においても，企業が一貫して最適化を行うというものであるのならば，我々は明確に同意しない．そして，意思決定に関する証拠が，その問題と非常に密接に関係していることを主張する．

　我々はこの分野に関係する方法論的原則についての微妙な問題には踏み込まない．しかしながら，やや簡単な一つの論点が，企業が最適化を行うという正統派の見方と，企業がルーティーンに従って機能するという進化理論の見方との間の対立の性質について光をあててくれる．まったく柔軟でなく，変化する環境にまったく対応できないルーティーンでうごいている企業を想像してみよう．それは生産要素を一定量で購入し，それらを生産物に変換し，そしてそれらを一定の価格で販売する．この作業の収益性は，環境が変化するにつれ異なるがここではそれが常に正であると想定しよう．正統派の理論はこの企業の行動を利潤最大化として許容できる．なぜならば，その行動は，企業のルーティーンに対応した単一の投入＝産出リスト──あるいはおそらく，そのリストとそれよりも下位にあるようなリスト──をもつような生産可能性集合における最適化を反映していると解釈できるからである．

　ここで重要な点は，企業にとって可能であるのは，そのようなたった一つの行動パターンであるという主張の実証的な基礎に関するものである．もし市場取引において〝企業が実際に行っていること〟が可能な選択肢の唯一の

証拠であるという方法論的原則を受け入れるならば，このような柔軟性を欠いた企業が最適化を行う存在であるという正統派の主張は反論を受けることはない．しかし，もし他の種類の証拠が受け入れられるならば，たとえば，企業の柔軟性の欠如はきわめて厳しい潜在的な組織内の対立が存在する下での微妙な一時的休止状態の存在を反映しているという証拠や，あるいは，企業がしていることについての他の証拠などが受け入れられるのであれば，このような非常に硬直した企業が最適化をする存在であるという主張は反論を受けることになる．より一般的には，ルーティーン化された行動パターンがほんとうに最適化を反映しているという仮説は，ルーティーン自体から生じる市場取引についての証拠に対するよりも，利用できると考えられる選択肢に対して独立した検証を提供するような証拠に対してより脆弱である傾向がある[15]．

意思決定に関わる証拠に対して非常に防御的で猜疑的な態度は正当派に典型的なものであるが，この種の証拠がたまに正統派理論を擁護する形で提示されることがある．そのため，たとえばある企業が洗練された会計技術を有していたり，その意思決定のある部分で定式化された最適化の手続きを採用していたり，あるいは内部に業務を研究する常設の部門をもっていたりするという事実は，企業が最適化を行うという一般的な主張を裏づけている証拠として提示される．もちろん，このような証拠に対して最初に提示される問いは，それがどの程度代表性があるかということである．そして正統派の分析が，そのような企業の意思決定の過程の特性が典型といえるような，歴史的期間や経済，産業，企業規模に関してのものであると理解されるのかどうかということである．さらに，これを超えて，我々が強調するのは，この種の証拠がある種の企業が従っているルーティーンの詳細についての有用な情報として，進化理論的枠組みに適合するということなのである．

たとえば，業務を研究する部門をもつような企業がそれをもたないような企業とは異なる形で意思決定を行うだけでなく，意思決定自体が異なっていると推測されるかもしれない．どのような企業が OR の部門をもち，高次の

---

[15] 我々は第7章において，この点に再び戻る．方法論についての問いはウィンター (1975) においてより広く取り扱われている．

意思決定の一部として体系的に OR を行っているかということは，企業が製鉄に酸素吹き込み過程を用いるか用いないかという問題と同じような点で，非常によく目にする問題である．どちらの問題も，企業によって採用されているルーティーンに関するものである．OR の能力を発揮することは，企業がその能力をもっているということを示しているのであり，それは，製鉄に酸素吹き込み過程を用いることが，その企業がその能力を有しているということを意味していることと，まったく同じことである．

　しかしながら，企業がモデル構築を行う OR の部門をもっており，そのグループが意思決定で影響力をもっているということは，その企業の実際の意思決定が"真に"最適であるということを示しているのではない．実際，意思決定のある分野に対して OR の部門が特定の関心をもっているということは，企業が現在その分野での現行のルーティーンに満足していないことを示しているとみることができよう．OR 部門が結果的に改革の提案にたどり着いたとしても，我々は，新しい方策が真に最適であるというのは意味がないと考えている．つまり，どの方策が真に最適であるかは神のみぞ知るということである．オペレーションズ・リサーチのモデルにおいて最適であるような方策が，それと代えられる方策に対して，実際の経済的環境においても優れているという保証は何もないのである．

　また，それと関連して，企業がその意思決定を導くために明確な最大化の計算を行っているという知識は，正統派の経済学者が，自身のモデルに基づいて，企業が将来行うことを正確に予測できるということを意味しているのではない．経済学者のモデルとオペレーションズ・リサーチの部門によって用いられているモデルは重要な点で異なっているかもしれないのである．しかしながら，それが意味するのは，仮に経済学者が企業のオペレーションズ・リサーチの部門によって用いられているモデルを知っているのであれば，情報の助けによって，彼は企業の行動を予測し説明できるかもしれないということである．経済学者はすると，企業によって採用されている意思決定のルーティーンについての直接的な情報をもつことになろう．そして，もちろんこれが我々の理論的主張の核心である．つまり，企業の行動はそれらが採用しているルーティーンによって説明できるということである．企業をモデ

ル化するということはルーティーンとそれが時間とともにどのように変化するかということをモデル化するということなのである．

6．ルーティーン，ヒューリスティックス，そしてイノベーション

　慣習的な使われ方と我々の専門的な使い方の両面で，〝イノベーション″という用語はルーティーンの変化に関係している．新製品のデザインや製品の新しい生産方法の実行などの技術的イノベーションを必然的に取り巻いている不確実性を我々は重視してきた．同じような不確実性は，新しいマーケティング政策の立案や，在庫の補充についての新しい決定などのような，他の種類のイノベーションにもつきまとっている．一般的に，2種類の不確実性がこれらのイノベーションに付随している．実際にもたらされるイノベーションの真の性質は普通，イノベーションに到達する冒険を始めたときに正確に予測できるようなものではない．そしてイノベーション――ルーティーンの変化――を活用した結果は，一般的に，実際にそれを行うことによる経験がかなり蓄積するまでは，正確に予測できることはないのである．しかしながら，ルーティーン的な行動とイノベーションの関係については，これらの概念が通常（そして適切に）対立する考え方とされているというだけでなくさらにより多くの述べておくべき点がある．この章での最後の仕事は，ルーティーン化とイノベーションとの間のやや微妙な関連性を検討し，最終的には，進化理論において，イノベーションに関わる活動が，ルーティーンに支配されていると見られる企業行動のイメージとどのように関係しているかということを示すことである．

既存のルーティーンから生じる問題
　重要な研究業績のなかでときおり言及されているのは，困難なことは正しい問いを設定するということであり，そのような問いに対する答えを見つけることは比較的容易であるということである．組織のルーティーンの機能がイノベーションを生み出すことに貢献する一つの方法は，既存のルーティーンに関係する難問あるいは例外という形で，有益な問いが生じてくるという

ことである．そのような問いが具体的であり，答えを適用することが明確に存在するということは，問題解決への誘導要因として有利となる重要な点である．

　特定の作業（ルーティーンの集合）を担当するチームの責任者が，機械が適切に作動していないことを見出したと考えてみよう．彼は，ルーティーンとして修理営繕部に連絡し，修理営繕部はルーティーンとして機械修理工を送ってくる．機械修理工は，そのような機械に起こりそうな問題を特定の方法で診断するという訓練を受けている．彼は起こりそうな問題のリストを体系的に上から見ていき，その症状にあるものを見つけ出す．彼は部品を据えつけ，機械がまたルーティーン作業全体におけるその役割を果たすようにする．しかしながら，彼はまた，責任者に対して，この種の問題はサプライヤーが問題の部品を作る際にアルミニウムを使い始めてからよく起こることであり，おそらく問題を避けるには別の方法で機械を動かすべきだと報告するかもしれない．

　あるいは，ある製品の総売り上げが大きくかつ継続的に減少していることを確認している営業責任者を考えてみよう．彼はルーティーン通りに自分の若いアシスタント――最近経営学の修士課程を卒業したばかりの――に対して，問題を調査するように連絡する．そのアシスタントは，事務職の助けを少し借りて，特定の地域と特定の営業担当者ごとの売り上げに起きていることを調べるだろう．かれは売り上げの減少のほとんどすべてが南東部で生じていることを突き止める．彼はさらに南東部を担当している営業担当者の活動をチェックし，何らかの人員配置の転換を提言するかもしれない．彼は需要の状況に何らかの重要な変化が起きているのではないかと推測し，その性質を明らかにするために新しい市場調査を提案するかもしれない．あるいは，彼は，南東部の消費者を対象とした，新しい広告キャンペーンが必要かもしれないと提案するかもしれない．

　一方で，このような例は，組織のルーティーンの機能に光をあてている．そこで描かれている反応は，組織のある部分での危機的あるいは〝例外的〟状況は他の人員のルーティーン的な内容の仕事の一部であるというような典型的なパターンになっている．その一方では，重要なことは既存のルーティ

ーンの障害によって日常的に引き起こされている問題解決の反応が，大きな変化につながる結果を生み出すかもしれないということである．修理工の提案によって引き起こされた取り組みは，機械の操業方法において，画期的な改良につながるか，もしくは，ルーティーンの別の場所で無数の適応を必要とする，まったく異なる種類の機械への変更という決定につながるかもしれない．若いアシスタントによって提案された市場調査は，南東部での問題は，今後広がって行くかもしれない市場の変化の兆候であるということを示し，そのためその調査によって明らかにされた課題を満たすために商品のデザインがやり直されるかもしれない．目標としての既存のルーティーンによって開始された問題解決の取り組みは，その代わりとなるイノベーションにつながるかもしれないのである．

要素としての既存のルーティーン

シュンペーターは，イノベーションを「新結合を行うこと」（1934, pp. 65-66）として特定した．このフレーズは，経済システムにおけるイノベーション——そして，実際に芸術や科学あるいは実生活におけるいかなる種類の新規性の創造——が，かなりの程度，それ以前に存在していた概念的そして物理的な材料の再結合から成っていることを効果的に強調している．現代社会における科学や技術，経済の発展の巨大な原動力は，それぞれの新しい成果が，単に特定の問題に対する答えというだけではなく，"新結合"によって，将来の別の問題の解決に利用できるような要素の巨大な倉庫のなかの新しい部品であるということから生じている．

組織のルーティーンにおけるイノベーションも同様に，多くの部分で，既存のルーティーンの新結合から成っている．イノベーションは既存のサブルーティーンの間の情報と物質の流れを新しく確立すること以上のものではないかもしれない．それはまた，既存のサブルーティーンを新しい異なったものと置き換えることを必要とするかもしれないが，その新しいサブルーティーンは，他との関係では，古いものが行っていたものと同じ機能を発揮するかもしれない．イノベーティブなルーティーンのある部分は，ごく最近になって発見され，新しい形式の設備と新しく開発されたスキルによって実行さ

れる物理的な法則に依存しているかもしれない．しかしこの新規な核を取り巻くのは，長年にわたって続いてきた同じルーティーンによって支配されている補完的活動かもしれないのである．

　既存のルーティーンをイノベーティブなルーティーンの要素として組み込む試みがなされるとき，二つの条件が満たされるかどうかが役に立つ．一つ目の条件は，そのルーティーンが信頼できるものであることである．つまり，完全に管理できるということである．効果的な新しい結合を開発しようとすることは，通常，相当な量の試行錯誤を必要とする．そこでは，効果的に機能することに対する障害が特定され，診断され，そして解決される．新しい結合のなかの慣れ親しんだ要素自体が問題を起こさなければ望ましい．とくにそのような原因から生じるかもしれない問題が新しい要素から生じる問題の特定と解決という作業を複雑にしてしまうような場合には，そうである．二つ目の条件は，既存のルーティーンを新しく適用することにおいて，我々が個人のスキルに関連して議論したような種類の実行上のそして意味上の曖昧さができるだけないようにするということである．理想的には，既存のルーティーンは，新しい結合を設計する取り組みおいて，記号的に表されることが望ましい．たとえば，卸売業者に対して商品を出荷するという既存のルーティーンは新しい商品についても，古いものに対する場合と同様に，曖昧なところなどなく適用できるかもしれない．そのような場合，新しいルーティーンを設計する取り組みは，輸送の問題を単に〝卸売業者に出荷する〟というフレーズを用いることで対処することができる．そして，出荷の過程の細部は検討される必要はなくなるのである．しかし，新製品は，たとえば極端な温度や振動に対して脆弱であるなど，前の製品よりも何らかの点で壊れやすいかもしれない．そのようなときに，既存の出荷ルーティーンで対応できるのかどうかということについて，曖昧さが生じるかもしれない．もしそれがうまくいくことを疑う理由があるならば，製品を卸売業者に良好な状態で届けるという問題は，設計の問題のほかの部分と相互に関係するようになり，出荷に対して単純に記号的に述べておくということではなく，詳細を検討するということが必要となる．既存の出荷のルーティーンはそれがどのように新製品に影響を与えるか検証されなければならない．そして，それは修

正を必要とするか，そうでなければ，製品の設計があまり壊れやすくならないように置き換えられなければならなくなる．

これらの二つの条件が示すのは，ルーティーン化とイノベーションの間の対立という一般的な認識の重要な見直しである．より理解された範囲での信頼できるルーティーンは新しい結合の最良の要素を提供してくれる．この意味では，イノベーションのフロンティアにおける成功は，確立されたルーティーンの"洗練された"部分による支援の質に依存しているかもしれない．

ルーティーンとしてのヒューリスティックスと戦略

ルーティーン的な行動のイノベーションとの関係についての最後の重要な点は，イノベーションに向けられている組織的活動（あるいはより一般的に，問題解決の取り組み）とそのような活動の結果との間の単純な違いにある．イノベーティブな活動を取り巻いている根本的な不確実性は，その成果についての不確実性である．たしかに，その活動が開始されたときに，その活動自体の詳細について相当な不確実性が存在するかもしれない．なぜならば，これらの詳細は究極的には事前に知ることができないような形の成功に向かうアプローチとして理解されるからである．しかしこの活動についてはかなり高い正確さで予測可能な性質をもった強いパターンがある．そしてそうである限り，イノベーティブな活動を"ルーティーン化されている"とみなすことができると思われる．この違いの重要性をとくに明確に描き出しているのは，明確な問題に対する解決策を可能にする特性を備えた要素を求めて明確に定義された母集団を体系的に継起的に探索する場合である．その解決策が見つかるかどうか，そしてそれはいつかということは非常に不確実であるが，探索自体は単純な構造をもったルーティーンに従って行われる．つまり，要素を選び出し，望ましい特性について検査し，それらの特性が現れれば成功裏に終了し，それらがなければ次の要素を選び出すということを行っているのである．

イノベーションや問題に対する解決策を生み出すルーティーン化された取り組みはさまざまな形をとる．そのなかには，組織的な場では非常に良く見られるものがある．問題が与えられると，部下にそれを調べさせるか，ある

いは専門の委員会やタスクフォースを任命するか，あるいは名の通ったコンサルタントを雇う．1億ドルの売り上げのうち4％を研究開発に使用するという決定が下されると，何らかの種類の設備や研究責任者，そして何名かの科学者を雇って働かせることが可能である．広い意味では，少なくとも，資源を活用し何らかの成果をもたらそうと試みることは難しいことではない．ただ，実際に有益な成果が達成されるかどうかということは別の重要な問題である．実際，多少なりとも有益な成果は，しばしば達成されているのである．そしてこれらの問題解決における重要な特徴は，ある意味で達成できた〝かもしれない〟優れた成果が，比較の基準としては，必ずしも使うことができないということなのである．

　ヒューリスティックな探索の理論は，これらの問題を考える上で役に立つ枠組み提供してくれる[16]．ヒューリスティックとは「標準的な探索を解決へと導くことに役立つ何らかの原理や装置」（ニューウェル，ショウ，サイモン，1962, p. 85）である．非常に幅広い問題に対して適用可能なヒューリスティックスもある——たとえば〝目的から逆に作業せよ〟というように——，一方で，それら以外の問題はきわめて特殊な個々の問題の文脈にのみ関係している．部下に問題を調べるように指示したり，あるいは委員会を任命したりするような方法は，一般的な形の経営上の問題解決のヒューリスティックスであるとみなすことができる．しかし，個別的な能力をもった分野すべてが，その分野それぞれに適切な幅広いヒューリスティックスをもっているのである．オペレーションズ・リサーチの研究者は問題を最適化するモデルを構築するだろう．エンジニアは生産工程の機械化された側面を見て，それをより機械化する方法を見つけ出すだろう．財務的なバックグラウンドをもった最高経営責任者は，自分の仕事に対して，製造のバックグラウンドをもつ者とは異なったヒューリスティックスの組み合わせを適用するだろう．新しい組織に移ってきた経営者は，彼の前の職場で機能していたようなヒューリスティックスをもち込むだろう．

　企業のもっとも重要な高次の意思決定を形づくっている幅広い考え方もま

---

[16] ニューウェル，ショウとサイモン（1962）とニューウェルとサイモン（1972）を参照．

た，ヒューリスティックスとみなすことができるかもしれない．それらは，存続と収益性という問題の解決策の標準的な探索を短縮すると信じられているような原則なのである．この種のヒューリスティックスについての議論の多くは〝企業戦略論〞という題目のもとで行われてきた．実際，ハーバード・ビジネススクールの多くの研究者によって開発されてきたような戦略の概念によれば[17]，トップの経営者にとってもっとも基本的なヒューリスティックスの規範は，〝戦略を立案せよ〞である．他のヒューリスティックスは，たとえば，〝競争相手と比べての自社の強みと弱みを評価せよ〞というような，基本的なことを実行することに関係している．関連する考えとしては，企業はその戦略に適合するような組織構造を採用しなければならないということである[18]．より一般的には，組織構造の選択に示唆を与えるような原則は，別の種類の高次の経営に関するヒューリスティックスであるとみなすことができるかもしれない．

我々は，自分たちのルーティーンという概念に，ヒューリスティックスを観測することで生み出される，組織的行動のすべてのパターン化を取り入れることを提案する．それはまた，イノベーションを起こそうとする方法のパターン化をも含んでいる．そのようなパターン化が時間が経っても変化せず，そして収益性や成長に影響をもつ場合には，それは進化の過程を構成する遺伝メカニズムの一部である．しかしここでもう一度強調しておくことは，このような意味でイノベーティブな活動を〝ルーティーン〞とみなすことは，その成果が予測可能であるとすることではないということである．

多くの点で，これらの事項に関する我々の立場は，19世紀のどこかで人類が発明という技を発明したと提唱した，ホワイトヘッド (1938) の立場と一致している．そしてまた，20世紀のどこかで，現在の企業は〝イノベーションをルーティーン化した〞といった，『資本主義・社会主義・民主主義』(1950) のシュンペーターとも一致している．ホワイトヘッドもシュンペーターのどちらも，天才と幸運の役割を否定することはないだろうし，イノベーティブな能力に体系的な違いなど存在しないなどと議論したりはしないだ

---

17) ケイブス (1980) を参照．
18) この考え方は，アルフレッド・チャンドラー (1962) に基づく．

ろう．しかし彼らの見方には，組織が自分たちのイノベーションに関わる取り組みを支援し方向づけるような明確なルーティーンをもっているという主張ときわめて整合的である．

7．要約——遺伝子としてのルーティーン

　理論家は自分たちが理論化を行うなかで真実を述べることを目的にしなければならない．しかし彼らはすべての真実を述べることを目的にはしない．理論化をすることはまさに，観測された現象の中心にあると信じられている現実における客体と関係性に焦点をあてることであり，その他の事はほとんど無視するということである．新しい理論を発展させるということは，焦点を移すことを提案し，それまで無視されていた事項を中心的なものとみなすということなのである．

　この章では，我々の進化理論の基礎を構成する組織的な機能の現実に焦点をあててきた．それらの現実のうちでもっとも重要なものは，それぞれの企業を，比較的狭い範囲の経済的能力のパッケージを実行するというように制約するようになる要因である．調整に関わる本質的な情報は，組織のルーティーンの機能に蓄積され，"行うことで記憶されている"．個人のスキルの場合と同じように，関係する行動の特異性はまさにその有効性と表裏一体のものである．また効果的な働きの基礎を成している知識の多くは組織の暗黙知であり，詳細については，誰であっても意識的に知ったり，表現したりすることができるものではない．これらの認知的な要因は，組織内の対立の管理と結びついた動機づけに関わる要因によって強化される．既存のルーティーンは，一時的休止状態を定義し，ルーティーンを変化させようという試みは，参加者や組織全体にとって破壊的なものになるような対立をしばしば再燃させる．

　それゆえに，第1次近似として，企業は，それらが過去に採用したルーティーンに従って将来においても行動するようになると考えることができよう．このことは，常に行動が文字通り同一であるということを意味しているのではない．なぜならば，ルーティーンは複雑な方法で環境からの信号に合うよ

うに調整されるかもしれないからである．このことは，外部の観察者が組織にとって〝利用可能な〟機会があると考えるような選択肢についての幅広いメニューのなかから，熟慮の上で選択を行うという考え方で企業の行動を考えることは，まったく適切ではないということを示している．そのようなメニューは，幅広いものではなく，狭く特異的なものである．つまりそれは企業のルーティーンに組み込まれ，ほとんどの〝選択〟もまた，これらのルーティーンによって自動的に行われているのである．このことは，個々の企業が短期的あるいは長期的にすばらしい成果を生み出すことはできないということをいっているのではない．むしろ成功と失敗は環境の状態に依存しているのである．世界が偉大なテニスのプレーに対しお金を払う限り，偉大なテニス選手は世界で成功するのであり，それは彼らの物理学者ないしはピアニストとしての才能には関わらない．産業およびそれより大きなシステムの機能を理解しようとする試みは，変化に対する非常に柔軟な適応がそれぞれの企業の行動を特徴づけるものではないという事実を理解しなければならない．進化理論はこれを行っているのである．

　第2次的な近似として，企業は単純に過去のルーティーンに従った場合に生み出されるような行動とよく似たやり方で，将来も行動すると考えられるかもしれない．ここで〝似ている〟が何を意味しているのかという点は，重要で複雑な問題である．それは行動をルーティーンのチャンネルのなかにとどまらせている要因について検討することによって明らかになるような問題である．というのは，どのような変化が起きても，それは抵抗がもっとも少ない経路をたどると考えられるからである．しかし，抵抗がもっとも少ないであろう場所を評価することは，さまざまな抵抗の源のそれぞれの強さがわかるような分析を必要とする．このことは，〝組織の遺伝学〟の主題に対する重要な課題である．つまり，いかにして継続的なルーティーン化された行動が組織的な変化を方向づけるように作用するかを理解することである．ルーティーンを目標，そして要素とする我々の議論は，この問題を予備的なやり方で，取り扱っている．しかし，その主題はあまり定義されておらず，実質的な研究は残されたままとなっている．この後に続く特定のモデルは，これらの点についての非常に単純な仮定に基づいて構築されており，とくに生

産能力の拡大は，ルーティーンが間違いなく再現されることにより達成され，そして同様に，企業の縮小は同じようにルーティーン化された作業パターンを縮小することで達成されるという仮定がなされている．これまでの議論はモデル構築の出発点としてのこれらの仮定に対する支持を提供してくれるが，しかしそれは将来の作業において心にとどめておくべき重要な警告を含んでいる．それはまた，他の企業のルーティーンを模倣することが完全になされるという仮定をより疑わしいものにしている．しかしながら，これらのモデルの目的が限定されているため，より弱い仮定を置くことは，その実質的な内容を変化させることよりも，より分析を複雑にしてしまうことになる．モデルによってとらえられている重要なことは，模倣は，それぞれの場合ではコストがかかり完全ではないが，新しいルーティーンが，システムの全活動の大部分を組織化するようになる強力なメカニズムであるということである．

　現代の経済においては，企業行動のある部分は，洗練された最適化の手法によって正確に計算される．他の部分は，科学者や技術者，経営者の創造的な問題解決の洞察力によって形づくられるイノベーションに関わる活動である．企業行動をすべて説明するためには，これらの洗練された部分に取り組まなければならない．そしてルーティーン化された行動というイメージは，たとえば何世代にもわたって変わらないままでいるような製品を作っている家族企業を議論するときにもっているような，明白な妥当性と力をここではもっていない．しかしながら，我々が議論してきたのは，ルーティーン的な行動という認識が，限定的ではあるが，このような洗練された領域でも適用できるということである．たとえば，高度に訓練されたオペレーションズ・リサーチの研究者や科学者，あるいは経営者のスキルは，高度にパターン化された形の問題解決の活動にその特性が反映されているのである．それぞれの場合に必要な専門的知識の範囲は，ある種の問題解決の技術とヒューリスティックスによって定義される．このようなさらには他の理由により，組織の洗練された問題解決の取り組みでさえも，擬似ルーティーン的なパターンにすることができ，それらの一般的な形は，その組織の以前の問題解決の取り組みの経験に基づいて予測することができるのである．しかし問題解決の活動をパターン化することは，その活動の直接的な成果においては曖昧な形

でしか反映されておらず，このような問題の解決策が引き起こした企業行動の変化の総体においてはさらに不明確にしか反映されていないのである．組織の内部での高度な活動に対してアクセスをもたない外部観測者の視点からすると，その結果は予測することが困難であり，そのためせいぜい確率的なものとみなされるのである．この点が，この後に続く進化モデルにおいて我々が採用するアプローチなのである．

第III部　教科書的経済学の再考

第6章　淘汰均衡の静学

　我々は，フォーマルな進化理論的モデル化の説明を，淘汰均衡の検討と，均衡状況において存続する企業の特徴と行動の検証から始めることにする[1]．淘汰均衡という概念は，正統派経済学の理論における，利潤最大化，利潤ゼロ，長期的均衡という概念と，ある程度は自然な関係があり，多くの経済学者がこれらについて言及してきた．しかし経済学者は経済学における進化理論の議論のどの方向が正しいかという点については意見が割れたままであった．ある種の考えでは，淘汰均衡という考え方は，正統派の前提を支えるために使われてきた．また別の考えでは，正統派と類似点だけでなく重大な相違点をもつかもしれない，明らかに異なる明確な理論があるという兆しが存在しているのである．

　競争による淘汰の力が産業から効果的な利潤最大化を行う者以外のすべてを排除するという信念が経済学において広がっており，利潤最大化を仮定する正統派の理論に執着する理由として示されている．おそらく，この立場についての良く知られた意見は，ミルトン・フリードマンによるものだろう．「企業行動の明白かつ直接的な決定要因は，習慣的な反応や偶発的な機会やその他もろもろといったようなもの何であってもよい．このような決定要因が合理的で情報に基づいた利潤の最大化と一貫した行動を導くようなことが起きるときには，常に企業は成功し拡大のための資源を獲得するだろうし，

---

[1] 本章で提示される内容は，以前にウィンター（1964, 1971）で示された分析に多く依拠している．

そうでない場合には企業は資源を失い外部から資源を追加しない限り存続し続けることはできないだろう．自然淘汰の過程は，（収益最大化の――著者注）仮説の正当性を確認する助けになるか，もしくは，自然淘汰が与えられた下では，仮説を受け入れるのはその仮説が存続のための条件を適切に要約しているとする判断におおよそ基づいていることになるのである」(1953, p. 22)．ここには進化理論が正統派理論に代わるものとなるような兆しは見られない．むしろこの主張は，淘汰の力がなぜ正統派の理論が予測のための道具として優れているかということを適切に説明できるだろうということなのである．

進化理論的な議論の適切な理論的位置づけについてのフリードマンの見方は，アーメン・アルチアンの1950年の論文「不確実性，進化，および経済理論」によって示された見方とまったく異なっている．そこで彼は企業行動に関するある視点を示しているが，それは多くの点において我々の見方と似ている．彼は，成果を決定づける際の機会と幸運の要素や，試行とフィードバックによる学習や，模倣が企業がよりうまく行えるように導くという役割，そして企業や産業が行っていることを形づくる自然淘汰の役割などを強調している．「本当に重要なことは，実際に行われたさまざまな行動である．というのも，まさにそれらの行動から成功が選ばれるのであり，いくつかの完全な行動の集合からではないのである．経済学者が，環境の変化と現状に対する満足の変化がもたらす行動が，もし予見が完全であれば選ばれたであろう最適な行動に向けた適応や選択に収束するだろうと主張するのは，やや議論が行き過ぎているであろう」(1950, p. 218)．この議論は，淘汰の力が正統派の理論に固執する理由を提供しているという議論としてではなく，正統派理論と進化理論との観点の間に重要な違いがあるかもしれないという示唆と我々には響く．

『経済学の現状についての三つの小論』において，チャリング・クープマンスは，フリードマンの立場は，アルチアンと同じく，明らかな進化経済学の理論化の必要性を示唆しているように思えると言及している．

　　フリードマン自身は，アルチアンと並んで，利潤を最大化するような経

営を行っていない人々が自然に競争によって排除されることになるという事実によって，企業家による利潤最大化の行動という前提が支持されるということを指摘したときに，この方向に重要な一歩を示したのである．ここでは，個人の行動についての前提は，想定された行動から逸脱することの悪影響とそれゆえのペナルティについて言及することで，より妥当性をもたされている．現実のペナルティは，生産過程の再生産可能性や破産法における会計手続きの実行などのような技術的・制度的事実として，つまり単なる行動の前提よりは確かめやすい事実によって記されている．しかし，これが我々の利潤最大化についての信念の基盤であるならば，そのとき，ある環境で示される利潤最大化ではなく，この基盤そのものを前提としなければならないのである（クープマンス，1957, p. 140）．

ここでクープマンスは，経済学における現在のほとんどの進化理論の理論化について深刻な弱点を指摘している．理論的議論は，我々がアプリシエイティブな理論と呼ぶフォーマルではないレベルでもっぱら行われており，より厳密でフォーマルな種類の理論的分析による制約を受けていないのである．このためフリードマンは，もし経済的淘汰の力が，正統派の理論におけるものと非常に似たような均衡を作り出し維持するのであれば，当然なされなければならない仮定の検証を行っていないのである．我々は，求められる仮定は，多くの経済学者が信じているように見えるものよりも，さらに厳密なものであるということを主張する．淘汰は〝実際に試みられた行動〟に対して行われるのであり，〝何らかの一連の完全な行動の集合〟に対して行われるわけではない．ここから生じる違いについては，アルチアンも厳密には取り組んでいない．我々は，さまざまなフォーマルな進化理論的モデルを通じて，それが相当な違いを生み出すということを主張する[2]．

1．経済淘汰過程の特性を把握する

経済的淘汰に関する議論について何かとりわけ明白なもの，あるいは注意深い論理的分析の必要性を排除するようなものは何もない．実際，もし先に

引用したフリードマンの文章に代表されるような類の何げない議論について，何か明らかに明白なものがあるのであれば，それは論理に開いた穴の存在であろう．たとえば，フリードマンの議論は，拡大するための資源を増やし獲得する過程は即座に起こるわけではないという事実を無視している．つまり，最適化行動に近い行動をしている企業がより大きな利潤を獲得し，経済におけるその企業の相対的重要性が非常に大きくなるためにはある程度の時間が必要なのである．もし行動の直接的な決定要因が〝偶発的機会やそれと似たようなもの〟であるならば，あるときに利潤最大化と一致するような行動をとる企業が，その後のすべての時間においてそのような最大化と一致する行動をとると信じる理由はない．そして，いかなるときも利潤最大化を行っている企業が，最大化を行っていない企業と比較して，累積的に成長するという傾向があるということを信じる理由もないのである．行動が偶発的である限り，体系的な選択はまったく存在しえないのである．

　その一方で，企業行動の直接的な決定要因は〝習慣的反応〟であるとする考えは，進化理論のモデル化の有益な出発点を与えてくれる．組織の能力は大部分ルーティーンの集合を実行し継続するという能力からなっているという見方をこれまで詳細に論じてきた．つまり，そのようなルーティーンは，組織のメンバーを他のメンバーや環境と結びつける〝習慣的反応〟の集合を構成しているとみなすことができるのである．そのようなルーティーンが長い間維持されるという傾向は，我々の理論において，生物学的進化論における遺伝形質が果たすのと同じ役割を果たすのである．しかし，経済的淘汰の

2）より具体的な示唆の一つとして，アルチアンは賃金率の増加が，企業が最適化のために労働集約度を減少させるのと同じように，進化理論的競争の勝者によって用いられる技術の労働集約性を減少させる傾向があると指摘している．しかしながら，すべての企業が初めに，最適な労働集約度を実現しておらず，非負の利潤と両立するもっとも低い労働集約度の周辺に集まる場合を考えてみよう．賃金の上昇は，すべての労働集約度において利潤を削減することになるため，非負の利潤が得られる最小の労働集約度は増加することになる．このためもし損失を被っている企業が他の方策を探索しようとしたならば，ほぼ利潤ゼロの企業の集団は，以前よりも賃金が上昇した後ではより高い労働集約度の周りに集まることになるだろう．

　同様に，ベッカー（1962a）は，〝実際に試みられた行動〟に焦点を置くことはしていない．単純な分析では，彼は，最小平均総費用における生産が企業の生存にとって必要条件であると想定している．そのため，どの企業も最小平均総費用で生産を行うことを選択しなかった場合には，その水準に価格を導くメカニズムが存在しないため，高い費用の生産が生き残るということに気がついていない．

力が，個々の企業とシステム全体を最適な行動に導くという広く知れ渡っている主張は，妥当と思われる遺伝的なメカニズムを提示するだけでは擁護できない．いかなるときでも既存の企業の"習慣的反応"が，幅広い可能性のなかにおいて最良であるような反応のパターンを含んでいると信じる理由は何もない．アルチアンが主張したように，淘汰は，実在するものに対して働くのであり，可能性があるものすべてに対して働くのではないのである．さらに，ある経済的条件の下での最適化に非常に近いような習慣的反応であっても，他の条件の下ではそうではないかもしれない．このため，行動のルーティーンの初期の集合のなかから淘汰を行うというように拡大した過程をもつモデルでは，あるときの状況下で利潤最大化になるような行動を取っている企業が，それらの行動が最適ではないような初期段階において競争によって排除されてしまうことも起こりうるかもしれない．

初期段階の競争により排除され大幅に減ってしまう行動のパターンを補填するか，まったく新しいパターンを生じさせることを可能にするためには，遺伝的変異と似たようなメカニズムを仮定しなければならない．さもなければ，淘汰は，競争を始めたパターンのなかでの最良のものか，あるは初期段階での生存者のなかであまり不適応ではなかった者による独占をもたらすだけであろう．現存の企業による探索の結果生じるイノベーションと，新しいルーティーンにともなう新しい企業の参入は，我々のモデルにおいてこのような役割を果たすのである．

生物学的進化においては，異なった遺伝形質をもつ表現型の繁殖の増加率が淘汰の原動力となる．経済的淘汰のモデルでは，利潤を生み出さない企業に対して，利潤を生み出す企業の方が拡大するということが同様の役割を果たす．しかし純粋に生物学的なものと対照的に，文化的な淘汰のシステムにおいては，さらに模倣の可能性が存在する．我々が構築すべきモデルの淘汰の力学では，しばしば両方のメカニズムが働くことになる．

イノベーションと模倣とが，企業のルーティーンの変化をもたらすということは，経済淘汰を考えるときには，念頭に置き続けなければならない．それは企業についての淘汰とルーティーンについての淘汰とを区別する上で重要である．経済的な淘汰均衡とより正統的な均衡の概念との間の対応の可能

性を説明する際には，企業の命運などはそれほど重要な問題ではないと考えられる．焦点は行動——つまりルーティーンにあるのである．しかしこのことはある疑問を生じさせる．淘汰の対象となるルーティーンの集合はどのように特徴づければよいのだろうか？　この問題は，単純なモデル，つまり新興企業の参入がなく，既存の企業はそれぞれの特有のルーティーンに固定されているようなモデルでは，生じない．またそのモデルが参入を認めたとしても，既存の企業と潜在的な参入者の数が限定され，企業が自身のルーティーンを変えないような場合には，複雑な問題は何ら生じない．問題は既存の企業や参入を考えている企業が探索に関与するときに生じる．そのとき，探索によって手に入る潜在的なルーティーンの集合が，主要な分析上の関心事になるのである．もし目的が，正統派理論の部分的な支えとなるような進化理論を厳密に展開するということならば，何らかの形で，機会集合がデータの形で明確に定義できるという正統派の仮定を受け入れなければならない．また，その機会集合の特性が，いかなる市場の条件においても〝最適な〞ルーティーンであると考えることに意味があるという仮定も受け入れなければならない．さらに野心的な目的，とくに経済成長とシュンペーター的競争の分析のためには，これらの正統派の約束事は第３章と第５章で説明したような理由で受け入れられない．しかしここでは前者のより限定された問題意識に関わっているので，我々は正統派理論に必要な譲歩を行い，探索で明らかにされる潜在的なルーティーンについては既知で有限の集合を想定することにする．

　同様に，進化理論的な立場から正統派を擁護するというここでの関心のため，我々は後に続く節で淘汰均衡の静学ということになるモデルを提示する．そこでは唯一の持続的な変化は，そのような均衡において利潤を生むルーティーンを探すというむなしい探索という形をとる．このように静学的な均衡に焦点を置くことは，進化理論においては明らかに不自然であり，進化モデルでそのような均衡を生み出すには，確固とした理論的根拠をもたない何らかの微妙な仕掛けが必要になる．また，正統派理論を進化理論的に検証することを進める者に対して，淘汰の過程が必ずシステムを正統派的な均衡と正確に同じ静学的均衡に至らせるという見方をとることはおそらく公正ではな

いだろう．彼らは，淘汰のメカニズムには正統派の理論的予測を模倣するような〝傾向〟が（せいぜい）あるということを想定してきたのである．残念ながら，正統派のフォーマルな理論における限界のために，これらの議論において，進化経済学の理論的定式化の発展と，フリードマンやその他の人々のアプリシエイティブな洞察のどちらかについて完全に正当に評価するということは不可能である．第1章で論じたように，完全に厳密で正統的であり，かつ不均衡を理論的に可能なものとして認めるということは，実際に不可能である．そしてどのようにして均衡が達成されるのかという問いを完全に隠すことによってのみ，均衡分析というツールによって継続的変化を理解しようとすることが可能になるのである．このため，公式のモデルの文脈で，正統派理論の進化理論的観点からの擁護を検証しようとすれば，それは静学的均衡のモデルでなければならないのである．正統派理論は他の目的を提示しないのである．

2. 経済的淘汰のモデル

　我々はここで単純な進化モデルの説明と分析を行う．そのモデルは必然的に結局のところ正統派理論における競争的均衡と非常に似た静学的均衡に行き着く．定式的分析を行った後で，その正統派の結論の根底にある決定的な仮定を検討し，そうすることでフリードマンによって展開されたような種類の非公式的な議論のいくつかの限界点を明らかにする．

　ここでの焦点は，二つの異なった種類のルーティーンの選択である．一つは企業が生産に用いる〝技術〟である．もう一つは，企業の設備稼働率と生産量の水準を決定している〝意思決定のルール〟である．

　問題となっている産業は単一の同質な商品を生産している．その産業におけるすべての企業には，製品の生産に関わる技術的選択肢について同じ集合が開かれている．すべての可能な技術は，可変的な投入要素についての固定的な投入係数と規模に関する収穫一定によって特徴づけられる．すべての技術は同一の生産資本ストック比率をもっている．簡単化のために，その比率は1とする．しかしながら技術によって可変的投入要素比率は異なっている．

企業はいかなるときでも一つの技術しか用いることはできない．

　企業によって用いられる二つ目のルーティーンは，設備稼働率に関するルールである．そのルールは，設備稼働率を価格と単位可変生産費の比率に関係づけている．つまり，

$$q = a\left(\frac{P}{c}\right)k,$$

ここで P と c は，それぞれ製品価格と単位可変生産費用であり，q と k は生産量と資本（能力）である．$a(\cdot)$ という関数は連続的，単調非減少で，変数の値が十分に大きい場合正であり，$0 \leq a(\cdot) \leq 1$ を満たすものとする．設備稼働率ルールは，企業がさまざまな設備稼働率で操業するために必要な可変費用に対する利潤マージン率を表すものと解釈することができる．

　生産要素は完全に弾力的に産業へ供給され，分析のなかではすべての要素価格は正で一定であるとする．このためすべての技術は，可変生産費用によって特徴づけられ比較される．もちろんいかなる技術にとっても，総単位生産費用は稼働率に対して負の相関をもつ．説明の便宜のため，最適な技術がただ一つ存在すると仮定し，そのときの単位可変費用を $\hat{c}$ とする．我々は，一義的かつ最適な（利潤を最大化する）設備稼働率のルールは必ずしも存在しなくともよいという事実に注意を向ける必要がある．正統派理論が掲げるルールは打ち破れない．

$$\left.\begin{array}{l} q = 0 \\ 0 \leq q \leq k \\ q = k \end{array}\right\} \text{それぞれ} \left\{\begin{array}{l} \dfrac{P}{c} < 1 \\ \dfrac{P}{c} = 1 \quad \text{のとき} \\ \dfrac{P}{c} > 1 \end{array}\right.$$

　ただし P/c がいかなる値であっても同じ生産量をもたらすルールはいずれも，同じ利潤を生み出す[3]．

　産業は，生産された製品の価格と産業全体の生産量とを結びつける，厳密

に右下がりの，連続的な需要価格関数に面している．その関数は，すべての非負の産出水準に対して定義されている．もし産業の総生産量が十分小さいのであれば，ある技術と設備稼働率のルールが正の利潤を生み出すと仮定する．もし産業の生産量が大きければ，いかなる技術も設備稼働率のルールも利潤を生み出すことはない．

形式的には，システムは以下のように特徴づけられる．企業によって所有されるすべての設備が同じ技術を採用し，そして同じ設備稼働のルールに基づいて操業されていると仮定すると，時間 t における企業 i の状態は，三つの変数 $(c_{it}, \alpha_{it}, k_{it})$ によって表される．同時に，時間 t におけるすべての企業の状態は，期間 t における短期の供給関数を決定する．つまり，

$$q_t = \sum q_{it} = \sum \alpha_{it}\left(\frac{P_t}{c_{it}}\right) k_{it}.$$

同時に，需要価格関数により

$$P_t = h(q_t),$$

これは，短期間において P_t と q_t を決定する．$h(\cdot)$ と $\alpha_{it}(\cdot)$ に関する上記の仮定は，そのような短期の均衡が存在することを保証する．企業 i の純利潤は，

$$\pi_{it} = \left[(P_t - c_{it})\alpha_{it}\left(\frac{P_t}{c_{it}}\right) - r\right] k_{it},$$

ここで r は資本サービスの費用である．

正統派理論における均衡

正統派理論の通常の仮定では，このモデルにおいて慣習的ともいえる長期

---

3) 厳密にいえば，$P = c$ のとき一定範囲の生産量が同じく許容されるということは，この正統派のルールが関数ではなく上半連続対応であるということを意味する．このルールを我々の分析に，設備稼働率のルールを連続的関数とする一般的な要求に対する唯一の例外として受け入れる．このことからは何ら問題は生じない．つまり重要な要件は，収益性が製品価格の連続的関数となることであり，そして正統派のルールはこの要件を満たす（正統派のルールは，価格が企業の生産量に関わる意思決定の影響を受けないパラメータであるという仮定に基づく場合にのみ明確に最良のものとなるということに注意せよ）．

的な均衡が存在する．その正統派理論の仮定とは，企業は間違わずに利潤の最大化を行う主体であるということである．また産業には十分な数の企業が存在するため，企業は価格をパラメータとしてとして取り扱う（我々の設備稼働率のルールでは企業がそれを行うと暗黙的に仮定している）ということである．

　もし均衡が存在している場合，その均衡での利潤最大化には，操業しているすべての企業がもっとも低い単位費用の技術を採用することが必要となることは明らかである．このため，$q_i>0$ であるすべての企業に対して，$c_i=\hat{c}$ である．利潤が非負であるためには，均衡価格 P^* が $\hat{c}$ より大きくなければならない．そのとき，P が P^* と等しくなるときに能力いっぱいの設備稼働率を要求する産出決定ルールにより，利潤は最大化される．もちろん，正統派のルールはこの特性をもっている．

　均衡価格 P^* は $\hat{c}+r$ と等しくなければならない．そうでなければ，利潤最大化を行う企業は設備を変更する動機をもつことになる．需要価格関数についての仮定は，$h(q^*)=\hat{c}+r$ となるような q^* が存在することを保証する．これが均衡生産量と価格である．そのような価格では，すべての企業が設備を最大限に使い操業しており，$\Sigma q_i = \Sigma k_i$ となり，均衡資本ストックは均衡生産量と等しくなる．規模に対して収穫一定であるため，産業の設備の総量はその産業における企業間にどのように分布していてもよい．この総設備と生産量と，そしてすべての企業が最適な技術と意思決定のルールを用いているもとで，最大化された利潤はゼロであり，我々は正統派の長期的な均衡を得たことになる．

淘汰の動学

　淘汰均衡が同じように存在するのだろうか？——つまり，利潤を上げる企業の拡大と，利潤を上げない企業の収縮を含む適切に定義された動学的な過程において定常的な位置にある状況というものがあるのだろうか？　もしそのような均衡が存在するとして，それは正統派理論におけるものと同じ特性をもっているのだろうか？　これらの問いに答えるためには，我々は明らかに淘汰の過程の動学を特定化する必要がある．

第 6 章　淘汰均衡の静学　185

　我々の分析は，有限マルコフ連鎖の理論という数学的ツールによることになる．これらのツールを活用するために，生産手法と設備稼働の方策について上記で行った仮定を修正し限定をする必要がある．我々は，すべての可能な生産技術の集合が有限であり，そして設備稼働率のルールもまた有限であると仮定する（正統派的な，利潤を最大化する設備稼働率のルールはそのような有限の集合に含まれる）．さらに，資本が離散的なパケットでもたらされると仮定する．つまり，いかなるときも，企業の保有する機械は何らかの整数の台数があるということである．企業によって使用されるすべての機械は，いかなるときも同じ技術と同じ設備稼働率のルールに基づいて操作される．このため，上記と同じように，企業の状態は，いかなるときも，三つの変数――それが用いている技術，用いている設備稼働率のルール，それが保有している機械の数――によって表すことができる．これらの構成要素のそれぞれは離散変数である．

　また産業における既存の企業と〝潜在的な〟企業の割合は変化しても，実際のあるいは潜在的な企業の総数は，有限で一定であると仮定する．この数 M は企業の側の価格受容行動を妥当にするだけでなく，探索についてこれから行う議論を支持するほどに十分に大きいと仮定する．設備稼働率は継続的に変化をすることができるため，短期的な均衡が常に存在することがやはり真実であるということに注意すべきである．我々はそれが実現される過程を抽象化する[4]．

　機械の数は整数値なので，需要関数と，（利潤を最大化する）供給曲線の両方の連続性に基盤を置く長期的な均衡が存在するという先に示された標準的な議論を，このモデルに採用することはできない．しかしながら，もし機械の産出能力が産業の生産量に対して十分小さいのであれば，正統派の市場均衡は〝ほとんどの場合〟存在するということは明らかである．数学的妥当性よりもむしろ実体的な妥当性の観点から，我々は正統派的均衡が存在する

4）別のモデルの定式化は，生産量が通常は不完全に見積もられた将来価格のもとに生産されているとみなすことである．このことは，たとえば，期待価格を個々の企業の状態変数として導入し，実現された実際の価格と期待価格を結びつける遷移規則を特定することによって行うことができる．少なくとも，期待の遷移規則のいくつかの選択にとっては，ここでの分析の結論はこのような修正されたモデルにおいても実現される．

と仮定する．つまり，$\hat{c}+r=h(q^*)$ で決定される生産量水準 q^* が整数であると仮定することにする．

　投資について以下の仮定を置くことにする．正の資本ストックをもつ企業に対して，利潤がゼロの場合，投資はゼロである．正の利潤を上げている既存の企業は，確率論的に拡大する．それらの規模が小さくなる確率はゼロである．正の確率でそれらは同じ規模のままにとどまる．正の確率で，それは一つの機械をストックに加える．また一つ以上の機械を加えることも可能ではあるが，拡張の可能性には制約がある．負の利潤を生み出す既存の企業は同じ意味で確率論的に縮小する．それらは拡張することはありえず，変化しないことには正の確率があり，正の確率で機械を一単位だけ削減し，そして正の確率でより大きく縮小する（しかしその縮小の程度は企業の既存の資本ストックによって制限されている）．資本ストックがゼロの潜在的な参入企業は，もしそれらが意図している二つのルーティーンが実際に行われたときに正の利潤 P_t を生み出すならば，（1より小さい）正の確率で，一つの機械をもって産業に参入してくる．意図している二つのルーティーンがゼロか負の利潤を生むような潜在的企業は参入しない．

　これらの仮定は以下のように定式化される．

　損益分岐点にある既存企業は

$$k_{t+1}=k_t,$$

正の利潤を上げている既存企業は

$$k_{t+1}=k_t+\delta \quad \text{ここで} \begin{cases} \delta<0 \\ \delta=0,1 \\ 1<\delta\leq\Delta \\ \delta>\Delta \end{cases} \quad \text{となる確率は} \begin{cases} 0 \\ >0 \\ \geq 0 \\ 0 \end{cases}$$

負の利潤を上げている既存企業は，

$$k_{t+1}=k_t-\delta \quad \text{δ は上と同じ確率分布をもつ．ただし} \Delta=k_t$$

正の利潤を生み出すようなルーティーンを意図している潜在的企業は

$k_{t+1}=0$ または 1 　　それぞれの正の確率で

そして，損益分岐点よりも好成績を生み出せないようなルーティーンを意図している潜在的企業は

$k_{t+1}=0$

となる．

　進化モデルと正統派のモデルを明確に区別している特徴は，企業に対して意思決定の選択肢の大きな集合を瞬時に調べるような能力を求めていないということである．しかしながら，我々のモデル企業は，手探りで時間がかかる探索に従事する．このモデルにおいて，探索について次のような仮定を行う．第1に，探索の成果は，企業が活発に探索を行うとして，おそらく企業の通常用いているルーティーンの下で，発見されるルーティーンの確率分布について定義される．第2に，通常用いているルーティーンにかかわらず，他の何らかの技術や意思決定のルールの組が探索によって発見される可能性がある．第3に，探索を行う企業が何ら新しいルーティーンを見つけ出せず，既存のルーティーンを保持し続けるという可能性もある．

　ここでの動学的なシステムの特徴づけを完成させるために，いつ探索が起きるかについて明確にしなければならない．お互いに部分的に対立的な，2種類の事項が関係している．もしシステムが正統派理論の均衡と同じような均衡に到達してしまったら，企業は，正統派における行動——最小の生産コストの技術の使用などのような——が最終的には発見され，試されることを保証できるように，活発に探索を行わなければならない．もう一方では，探索は，体系が通常なら合理的な均衡であるものからはずれてしまうほどに活発であってはならない．さまざまな仮定がこの要件をみたすことができる．ここでは，正の生産能力をもった企業は，それらが正あるいはゼロの利潤を上げているときにはまったく探索を行わないと仮定する．つまりその企業は既存のルーティーンで〝満足している″のである．産業への潜在的な参入者（ゼロの生産能力をもつ企業）は，常に探索を行っているが，それらが参入したときには，収益性の試験を通過したルーティーンをもってそれを行って

いると仮定する．

淘汰均衡

現行のモデルの文脈では，我々は，（静学的な）淘汰均衡を，すべての既存の企業の状態が変化せず，かつ既存の企業の名簿もまた変化しないような状況として定義することになる．正統派の市場均衡（整数値の数の機械をともなう）は，今説明されたような淘汰過程による均衡を構成するということを明らかにする必要がある．正の生産能力をもつ産業のすべての企業は，ちょうど損益が等しいため拡大もしないし縮小もしない．潜在的参入者は探索を継続するが，正統派の市場均衡で正の利益を生むようなルーティーンは見つからない．このため実際の参入は起こらず，正統派の均衡での価格と産業の生産量の値は永久に続くのである．

ここまでの仮定の下で，淘汰均衡は正統派の均衡の重要な特性のほとんどを示さなければならない．産業におけるすべての企業は損益が等しくなければならない．そうでなければ，一つかそれ以上の企業が確率論的に拡大するか縮小することになる．P は $\hat{c}+r$ と等しくなければならない．価格は $\hat{c}+r$ よりも低くなることはあってはならない．そのような状況では，損益を等しくできるような企業はなくなってしまう．価格は $\hat{c}+r$ よりも大きくなることもありえない．そうなれば，もしある企業が最良の技術と正統派的な最良の設備稼働率のルールを発見すれば，それは正の利潤を上げることができる．我々の探索についての仮定は，遅かれ早かれ，既存の企業とまではいかなくても潜在的参入企業でもよいが，ルーティーンの組を発見するような企業が存在することを保証している．もしそのようなルーティーンの組が，正の利潤を生み出すような市場条件下で発見されれば，既存企業は確率論的に拡大し潜在的参入企業は確率論的に参入してくることになるだろう．そして価格 $\hat{c}+r$ においてその価格で最良の技術と最高の設備稼働率を達成するような意思決定のルールをもつ企業だけが損益が等しくなるのであり，それよりもより業績を上げる企業は存在しない．しかしながら，どの企業も正統派的な設備稼働率のルールには従わないような淘汰均衡が存在することに注意すべきである．均衡での価格 $P^*=\hat{c}+r$ において 100％の設備稼働率をも

たらすルールに企業が従う場合，均衡は探索の過程によって壊されることはない．他の価格でルールがどのような反応を生み出そうとも重要ではない．

残っている問いは，もし初めに産業が均衡状態にない場合に，淘汰の過程が産業をそのような均衡状態にもっていくのだろうか？　ということである．我々の仮定は，それができるということを示している．それを示すうえで重要なステップは，いかなる初期状態からでも均衡状態に導くような正の確率をもつ一連の状態推移があるということを示すことである．フェラー（1957, pp. 352-353, 364）の結果により，産業が均衡状態に達する確率が時間が経過するにつれて 1 に近づく，ということを示すにはこれで十分である．しかし，中心的な議論を行う前に，事前に決めておかなければならないことが存在する．

一番目に必要なことは，均衡状態を正確に表すことである．"産業の状態"という言葉によって，我々は M 個の企業の状態のリストを示している．そこではそれぞれの企業の状態は，単位可変費用，設備稼働率のルール，そして設備能力の三つの変数（c_{it}, a_{it}, k_{it}）によって表される．設備稼働率のルールを，それが価格 $\hat{c}+r$ で 100％の設備稼働率を達成するならば，つまり，もし $a[(\hat{c}+r)/\hat{c}] = 1$ ならば，"望ましいもの" とみなすことにしよう．可能なルールの有限の集合は，仮定として，少なくとも一つの望ましいルール——正統派経済学でのルール——を含んでいる．"均衡状態" とは，産業の集計的な生産能力 $k^*=q^*$ で，ここで $h(q^*)=\hat{c}+r$ が成立し，そして正の生産能力をもったすべての企業が望ましい設備稼働率のルールと可変費用 $\hat{c}$ をもっているような状態である．均衡状態においては，価格が $\hat{c}+r$ であり，起こりうる唯一の変化は，潜在的参入企業による利潤を生み出すルーティーンの無益な探索の継続だけであり，そのため淘汰均衡の状態は続いていく．マルコフ過程の理論の言葉で言えば，均衡状態の集合 E は，"状態の閉じた集合" である．つまり一度 E の状態が生じれば，その後に生じるすべての状態もまた E にあるということなのである．

ここで，ある初期条件から，達成されうる産業の状態は有限であることを示すことにする．可能なルーティーンは有限個であることから，ここでの問題は，産業の資本が無限に増加するかどうかということであり，我々は，そ

れはないということを示す。第1にいかなるルーティーンの組 (c, α) に対しても，生産能力 k に最大の水準 $K(c, \alpha)$ が存在し，それは次のような関係の両方を満たす。

$$(P-c)\alpha\left(\frac{P}{c}\right)-r \geqq 0$$

$$P = h\left[\alpha\left(\frac{P}{c}\right)k\right]$$

最初の関係式は $\alpha(P/c)$ が正であることを示している。産業の生産量水準が十分に高いときにすべてのルーティーンが利潤を上げないという仮定は，この二つの関係を満たす最大値 k が存在するということを示している。一つの系として以下の点に注意されたい。ルーティーン (c, α) をもつ企業の集計的な能力が $K(c, \alpha)$ を超えるような産業の状態では，ルーティーン (c, α) は利潤を生み出さない。他のルーティーンで正の生産量を生み出す企業が存在することから考えて，(c, α) が利潤を生み出すには明らかに価格が低すぎるのである[5]。ここで $\bar{K} = \text{Max}\, K(c, \alpha)$ を考えよう。上記の推移規則に従い，いかなる企業も，それ以下の水準から $\bar{K}+\Delta$ を超える水準に資本が増加することはできない。Δ は単一期間内での可能な資本の増加 $k_{t+1}-k_t$ の上限となるので，ありうるとすれば k_t の初期値がそれ自体 $\bar{K}$ を超えている場合である。企業は $k_t > \bar{K} \geqq K(c, \alpha)$ となるような何らかの技術 (c, α) を有しているかもしれないが，その企業は，利潤をあげることはできず，拡大は阻止される。最後に，いかなる企業も，資本を $\bar{K}+\Delta$ を超える値に増やすことができないため，いかなる状況においても，企業 i の資本は，$\text{Max}(k_{i1}, \bar{K}+\Delta)$ を上限とする。ここで k_{i1} は産業の初期状態における企業 i の資本である。それゆえに，いかなる初期状態からでも到達可能な産業状態の数は有限である。これから我々は議論をこの有限の状態集合に

---

[5] しかしながら，産業全体の生産能力が極端に大きい場合，あるルーティーンが必ずしも利潤を生み出さないというわけではない。というのは，価格が十分に低い場合には大規模な生産能力は全体的に閉鎖されるが，そこでも適正な技術とルールによって操業される小規模な生産能力は利潤を生み出す，という場合がありうるからである。実際このようなタイプの産業の状態では，もし大きな生産能力が付加された場合には，短期的な均衡が保持される。

限定することにする．

　ここで，"十分に大きい"企業の数が何を意味するかをよりはっきりさせることが可能となった．実際のあるいは潜在的な企業数 M が $\bar{K}$ を超える場合を考えよう．現実の産業の集計的な生産能力が $\bar{K}$ を超えないときには，生産能力ゼロの企業が必然的に存在することになる．つまり潜在的な参入企業が存在することになる．また一方では，集計的な生産能力の総和が $\bar{K}$ を超える場合には，少なくとも一つの企業が損失をし，探索を行っている．どちらの場合でも，正の確率で，費用が $\hat{c}$ で適正な設備稼働率のルールをもつ新しいルーティーンが採択されることになる．そして，そのようなルーティーンの組をもつすべての（既存の，そして潜在的な）企業――それを我々は存続可能な企業と呼ぶことにする――が，有限の期間において，正の可能性で存続するのである．

　ここで，我々は，少なくとも一つの存続可能な企業が存在するような状態において，正の確率で，均衡状態の集合 E にむけた"一歩"をとることが常に可能であることを示す．所与の状態から E に至る"ステップ"の数は，$k_n+|k_e-k^*|$，つまり，存続可能でない企業の能力の合計に存続可能な企業の能力と k^* と間の差の絶対値を加えたものとして数えることができる．明らかに，有限な産業の状態集合に対して，このステップの数は有限である．価格が $\hat{c}+r$ を超えるような状態を考えてみよう．そのとき明らかに $k_e<k^*$ であり，存続可能な企業による機械1台の増加は，企業の状態は不変のままで正の確率をもって E への距離を縮めるようなステップである．また一方で，価格が $\hat{c}+r$ よりも小さいかまたは同じような状態を考えてみよう．存続可能でない企業は必ず損失を生み，そのなかに正の生産能力をもつような企業があった場合には，そのなかの一つによって一つの機械が削減されることは E への距離を縮める正の確率をもったステップである．もし $k_n=0$ ならば，この種のステップは不可能であるが，この場合には，必ず $k_e\geq k^*$ であることが必要である．もし厳密な不等号が成立している場合には，存続可能な企業が生産能力を1台ずつ削減することが正の確率をもつステップである．一方，等号が成立しているならば，与えられた状態はすでに E にあるということである．このような議論の繰り返しにより，推移確率についてな

された仮定の下で，いかなる初期状態からでも，正の確率をもつ有限回のステップで E に到達できるということが示される．

このため先に引用したフェラー（1957）によると，E が最終的に到達される確率は1である．

非正統的均衡　どのようなルールが試されるかが重要であるという点を強調するために，可能な設備稼働率のルールの集合のなかに，正統派のルールや他の適切なルールが含まれていない場合に，何が起こるかを検証してみよう．そのとき，設備のフル稼働をともなう正統派的均衡は不可能である．というのは，フル稼働を促すほどに高い価格は，また企業に生産能力を拡大させることを促すために十分なほどに高くなるからである．しかしながら，以下の証明が描き出すように，淘汰均衡は存在するかもしれない．

少なくとも一つは適正な設備稼働率ルールが存在するとする仮定以外の上記の分析の仮定のすべてが維持されるとしよう．すべてのルール α に対して，可変費用が $\hat{c}$ であるときに損益が等しくなるような最低価格が存在する．つまり

$$(P-\hat{c})a\left(\frac{P}{\hat{c}}\right)-r \geqq 0$$

と整合的な最低価格である．P^{**} は，すべての可能なルール α に対するこのような最低価格を表すとし，また $\hat{a}$ は，この最低価格が達成されるときの設備稼働率を表すことにする．資本の分割不可能性に対処するために先に行った簡単化の仮定を応用し，ここでは，以下を満たすような，整数値の資本 k^{**} があると想定する．

$$P^{**}=h(\hat{a}k^{**})$$

$P^{**}/\hat{c}$ が，現行の価格/コストの比率である場合に設備稼働率 $\hat{a}$ をもたらすならば，その設備稼働率のルールを"擬似的に実行可能"と呼ぶことにする．ここで，"擬似的に実行可能"を"実行可能"に，つまり p^{**}，k^{**}，ak^{**} をそれぞれ，p^*，k^*，q^* に置き換えることで，議論は単に先の分析と同じ道をたどることになる．結論は，設備稼働率 $\hat{a}$ をもつような淘汰均衡

が最終的に達成されるということである．

コメンタリー

　正統派のルールが試されるルールのなかにあるという我々の元の仮定の下においても，淘汰均衡は，正統派理論の市場における均衡と一致しない．この点は非常に一般性をもち，概念上の重要性をもった問題が関係しているため，ここで強調するに値する．
　"実行可能な"設備稼働率のルールは，正統派の最適化のルールだけで構成されているのではなく，最終的に達成された均衡での正統派のルールが含意するものと整合的な，すべてのルールを含んでいる．いくつかのあるいはすべての企業が実行可能ながらも最適ではない設備稼働率のルールを採用しているような，淘汰均衡の達成を妨げるものは何もない．つまり，もしそのような均衡が達成されたならばそれを撹乱するようなものは存在しない．実際に，もし正統派のルールは選択可能な集合に含まれていないが，他の適正なルールは含まれているとしても，均衡の位置も，均衡の達成に関わる議論のどちらも影響を受けないだろう．実行可能ながらも最適ではないルールの例としては，"フルコスト価格"の対応物である設備稼働率のルールがある．つまり $P<\hat{c}+r$ で全面的に閉鎖し，$P\geqq\hat{c}+r$ のときには能力一杯に生産するようなルールである．
　単純な1回限りの淘汰過程によって達成される均衡の特徴のみに関心が向いているのであれば，生き残っているルールが均衡から外れた最適でない行動のこともあるという事実は，潜在的な参入企業のルールが実際に用いられれば最適なものではないという事実ほどには重要でないということになろう．しかし正統派の理論は，それなりに適切なことだが，均衡の変化——パラメータが変化した場合に均衡の位置に何が起きるかという問題——の分析に多くの関心を寄せている．しかしまた，正統派の理論ではあまり強調されていないが，均衡の間の調整経路の特徴についての問いが存在する．これらの問いに答えるためには，最適ではないルールが淘汰均衡において生き残る場合があるということが重要である．システムを正統派型の淘汰均衡から外に放り出す需要またはコスト条件における変化は，正統派の理論で予想される種

類の調整過程を必ずしも引き起こさない．というのも，その過程は，不均衡の状態で，正統派の理論に基づく行動とは非常にかけ離れた行動を生み出すルールによって支配されているだろうからである．そして，正統派的なルールがこれら実際に行われているルールに含まれないのであれば，システムがパラメーターのある組み合わせの値をもつ正統派型の均衡に達するという事実があったとしても，正統派的な結果が他の組み合わせでも同じようになることは保証されないのである．たとえば，"価格が単位可変費用の少なくとも15％を超えたときに限り，設備能力一杯で生産せよ"という設備稼働のルールは，もし r が $0.15\hat{c}$ よりも小さい場合には，実行可能ではないのである．

　ここでの一般的な問題は次のようなものである．明らかに進化的変化の歴史的過程が，ある与えられたルーティーンの集合が示すすべての可能な行動を"テストする"と期待することはできず，ましてそれらすべてを繰り返しテストするということは期待できるものではない．ルーティーンがテストされるということは，長期にわたって存続する環境条件に（そして広い意味での"均衡的"条件に）反している．それゆえに，歴史的な淘汰の過程で生き残ってきた行動のパターンは，その過程において繰り返し遭遇してきた条件以外の新しい条件によく適応していると想定する理由はない．実際は，その反対を想定するのに十分な理由がある．というのも，淘汰の力は"思慮深く"そして，頻繁に遭遇している状況への適応を達成することとひきかえに，未知の遭遇したことのない状況での不適応を受け入れているとも想定できるからである．それゆえに，継続的な変化が起きるとき，進化的過程の産物として現在の状況への理想的な適応が見られると期待することははできないのである．

3．複雑さと潜在的な問題

　これまで我々が提示し分析を行ってきた単純なフォーマルなモデルは，淘汰の力が正統派の理論の仮定と結論を支えていると主張した幾人かの経済学者の，一連の直感を正当化することはできない．その意味では，このモデ

はほとんどこれらの直感的な議論のパロディーである．我々は進化理論的視点にはこのモデルがとらえるよりもはるかに多くのことが含まれているとここに初めて主張しよう．この取り組みは，どのような種類の仮定が実際に厳密な正統派の結論を導きだすのに十分なのかという問いに真正面から取り組むきっかけになるという利点をもっている．明らかに，上記の我々の基本的なモデルは，淘汰均衡が存在し，それが基本的に正統派の競争的均衡の特性をもつような進化理論的経済学のモデルの集まりのなかの一つに過ぎない．しかしながら我々は，このモデルの集まりのなかのすべてのものが，上で検証した特定のモデルに内在する仮定に類似している仮定を含んでいると主張する[6]．ここで我々は，そのように単純な定式化されたモデルの仮定を，進化理論的視点から正統派の理論を支援するあまりフォーマルでない議論の，出発点として，また比較のための基準として使うことにする．

探索と，可能性のあるルーティーンの集合

このモデルは，可能性のあるルーティーンの集合と，企業がその集合を探索する効率性と持続性について非常に強い仮定をもっている．これらの仮定は明らかにこれまでの章での分析と食い違っている．我々は，利用可能な生産技術を完璧に記述した設計図といったものは存在しないのだということを詳しく論じた．第1に，ある技術についての知識のほとんどは公開されていない情報であり，そして企業はしばしば自分たちの生産技術についての知識を秘密にするためにかなりの労力を行使しているのである．第2に，機密を保持することや，特許などの制度を用いて技術へのアクセスを法的に防ぐような努力に加えて，多くの生産技術は明示的ではなく暗黙的であり，当該技術をもっている企業の協力が得られたとしても模倣することはそれほど簡単ではないということである．多くの産業において，さらに，生産技術の集合は，いかなるときにおいても完全には知られていない．探索は常に以前には

---

[6] そのようなモデルはまた進化モデル一般のさらに広いグループの一つとして見ることもできるかもしれない．そこでは正統派理論の結果への対応関係という問題は必ずしも中心的な関心ではない．この観点では，そのモデルは，多数の共通となる基本的な構造の特徴を表していると見られるかもしれないが，その詳細な仮定は，その狭い目的を反映したものである．

説明されてこなかった，あるいはあまり考えられてこなかったような新しい領域を発見し続けている．ある意味で，誰も〝最良の〟ものは今だに見つけていない．我々はすでに，このことを明確に認識することが，技術発展が重要な産業のモデルの本質的特性であるということを論じた．

設備稼働率のルールの探索については，知的な探索者によって〝最良のもの〟がいずれ見出されるという仮定は，より受け入れやすいかもしれない．確かに，もし価格がパラメータであるならば，可変費用がカバーされるならば生産することは利益をもたらすということを認識するにはそれほどすぐれた洞察力を必要としない．しかしながら，この評価は問題の現実的な複雑性を無視している．市場にむけた生産についての意思決定は，通常過去の価格データに基づかなければならないが，それは製品が実際に販売される価格について不完全な手がかりしか提供しない．市場価格を予測するという問題は，このように何らかの与えられた予測に基づいて決定しなければならないという問題に結びついている．このことは，問題はつまらないものですでに解決された決着ずみのものであるとみなすことの危険性を経済学者に警告するのに十分な理由であるはずである．より広くには，意思決定の問題は，経済学のモデルの文脈では（モデルを構築する人自身の選択により）単純なものであるため，モデル化された現実の状況においても同様に単純であるかのように議論することが許されるという誤った想定を避けることは重要である．たとえば，そのモデルが，現実の状況において企業がもっている市場支配力の程度が小さく分析目的のために無視していいかもしれない場合もあるかもしれないが，産出量の決定にあたって，小さいとはいえない，という場合もあるかもしれない．

この単純なモデルは，正統派の理論に従って，技術あるいは設備稼働率のルールのどちらかについても探索を行う費用を無視している．ある程度の正の探索費用が存在することが常に現実の状況の特徴であるという認識と，潜在的な参入企業による持続的な探索についてのモデルの仮定の不充分さに気づく．だれがこのような探索の費用を払っているのだろうか？

単純なモデルでは無視されるか歪められてきた探索に関わるこれらの側面を，さまざまやり方で反映するような進化モデルを展開することができる．

いくつかの可能性が本書の後半で登場するモデルによって説明されることになる．問題に直面するのはむしろ正統派の理論を支援するために淘汰の議論を展開する人々である．つまり，このように構築されたモデルは，一般的に，正統派の結論を支持しない．たとえば，すべての生き残ったルーティーンが進化的経路で提示された代替的なルーティーンの集合に比して最適であるような〝擬似的正統派〟均衡に到達するような，費用がかかり模索的な探索を含むモデルを構築することは可能である．しかし，そのような均衡が崩壊した場合は常に探索が再開され，そして一般的に，その探索は以前の均衡におけるものよりも優れたルーティーンを発見する．規範的な分析の目的にとっては，それゆえ，擬似的正統派均衡におけるルーティーンの〝最適性〟は擬似的最適性に過ぎないのである．

投資

投資に関しては，このモデルは，やや技術的な仮定と，進化理論的モデル一般に典型的な仮定の両方をもっている．前者の範疇には，静学的な淘汰均衡が達成されることを証明するために用いられる議論を支持するために必要な仮定がある．たとえば，拡大または縮小する企業は，正の確率で，単一の機械によってそれを行えるという仮定や，利潤ゼロの企業が確率１で能力を維持できるという仮定などである．もちろん，これと密接に関連して，存続可能な企業の損益がちょうど一致するような産業全体の能力水準が存在するという技術的仮定がある．

すでに指摘したように，静学的均衡を正確に達成するというモデルの焦点は，人工的な要素を含んでおり，そして技術的仮定はそのような人工的な要素を反映している．不均衡の正統派的な分析が行われない以上，淘汰のメカニズムが，産業をより早く正統派的均衡の近傍に移動させ，もっともらしい一貫性でそこにそれを止めるという傾向をもっているかどうかということを問うことにより重要な意味がある．この問いに対する肯定的な答えが可能であるには，損益が等しい企業が決して生産能力を変化させないことや，損益分岐点にあるという状態を正確に達成できるということは，必要ではない．その一方でこの問いは，投資や探索，価格弾力性，そして淘汰のメカニズム

の量的な安定性に関わるすべてについて数多くの本質的に量的な問いに焦点をあてないと対処することはできない．そのため，均衡への〝近さ〟の適正な測定基準を確立することが必要になる．そうしてそれには経済的余剰が生み出されるスピードがおそらく重要なものとして関わってくるであろう．最後に，〝即座に〟と〝もっともらしい一貫性をもって〟ということは，正確かつ客観的な意味を与えられていなければならない．このことはシミュレーション研究に妥当なやり方を定義するかもしれないが，分析的手法で優れた一般性をもって扱われるような種類のものとは思えない．人工的であるけれども，静学的均衡アプローチは，少なくとも出発点としては，より有益であるように思える．

　投資に関わる仮定のうち，より一般的な定性的側面の仮定は合理的であるように見える．そこで我々は繰り返し同じかあるいは良く似た仮定を使うことにしよう．しかし，それでも，それらはいくつかの批判的な検証にさらされざるをえない．そのモデルは，損失を出した企業は縮小する傾向があると仮定している．これは妥当に思われるが，それは，そのような企業は，〝外部からの〟資源によって維持されるかもしれないという可能性（フリードマンによって指摘はされているが彼自身はこれについて検討していない）を無視している．少なくとも一時的に個々の企業は，顧客ではなく，株主や債権者から供給される資金によって維持されるかもしれない．参入が容易である（あるいはそのように見える）文脈においては，これらの支援の源が，産業が機能するために継続的に重要なものとなっている．他の文脈では，規模の経済の存在や，効率が学習を通じて向上する傾向があることが，現在苦境にある企業が成長を通じて打開を模索すること，あるいは投資家に追加的な投資をアピールすることへの積極的な理由となっている．

　同様に，正の利潤を上げている企業は拡大する傾向にあるという仮定が保証されないような環境も数多く存在する．多くの産業では，小規模な経営者は，小規模のままでいることに非常に満足していると見える．たとえばシェフが所有しているフランス料理店がそうであろう．そして，すべての企業は価格受容者だとするモデルの仮説とは対照的に，大企業は自分の成長が価格に及ぼす影響を認識して意識的に生産能力の拡大を制限するかもしれない．

もし利潤を上げる企業が実際に拡大するならば，モデルが想定するようにそれらの企業が以前の自分たちと同じものを単にふやしていくだけというように行動するだろうかという問いが存在する．より大きな規模になると，規模の経済の機会と規模の不経済の脅威の両方に面することになる．これらのどちらかが現実に重要であるなら，より収益性の高いルーティーンが相対的に拡大するという単純な進化理論的な物語には留保が必要である．

内生的な収益率の順位と一時的環境

探索と投資についての仮定に関する複雑な問題についての上記の議論はきわめて一般的なものであった．自分たちが提起した問題についての議論を見ることは多くはないが，多くの経済学者たちが少なくともある程度はそれらの問題に気づいているということを信じるに足る理由がある．しかしながら，正統派の理論への支えを提供しようとする進化理論的な議論には，二つのあまり明らかではない潜在的問題があり，我々はここに注目したい．第1点は，意思決定のルールでの収益性の順位は，市場の状況に対して不変ではないかもしれないということである．そして第2点は，均衡において利潤を上げ生存するには，企業がまず利潤を上げられない状態が続くことを切り抜けることが必要であるということである．

これまで検討したモデルでは，いかなる設備稼働率のルールが用いられても，いかなる市場価格においても，他の技術よりも収益性の高い疑いなく最良の生産技術が存在していた．さらに技術の完全な順位づけは，最良のものを特定するだけではなく，市場の状況に対してもそして採用される個別的な設備稼働率のルールによっても影響を受けなかった．同様に最良の（利潤を最大化する）設備稼働のルールを容易に特定することができた．つまり価格が変動費よりも低い場合には生産量をゼロにし，価格が可変費用と等しいかまたはそれを上回る場合には設備を最大限に使用して生産を行うというものであった．しかしながら，設備稼働のルールの順位づけに関して状況はもっと複雑である．先に記したように，均衡においては正統派的な最良の設備稼働のルールが行うのと同じことを行うことができる数多くの設備稼働のルールが存在していた．均衡をはずれると，さまざまな設備稼働のルールの順位

づけは，正統派での最良のものとは異なり，企業が用いる技術や製品価格によって変化した．このため，もし成長が収益性に関係していると仮定されるならば，このモデルでの非均衡的な状態では，存続可能な企業がそうではない企業と比べて必ず成長するということは，真実ではないのである．

より一般的には，ルーティーンの収益性の順位が市場の状態に影響されることは，進化モデルにおける淘汰の過程を阻害するかもしれない．さらに，現実の経済の世界の動的な過程においてはより阻害する恐れが強い．均衡で妥当なルーティーンが，均衡以外において他の意思決定のルールよりも劣っている場合には，問題はとくに深刻になる．もしシステムが初期に均衡にない場合，不均衡状態で働いている淘汰の力はそれが均衡にたどり着くことを阻害してしまうかもしれない．

たとえば，均衡価格においては，ほとんど労働力を必要としない代わりに非常に多くのある程度加工された材料を用いる技術が，より労働集約的な技術に比べて必要とするコストは低くなるかもしれない．しかしながら産業の生産量がより低い水準の場合には，労働力は半加工材料と比べて安い場合がある．もし企業が小さな規模から事業を始め時間をかけて成長する場合には，当初は半加工材料集約的な技術を採用していた企業は，労働集約的な企業によって産業の進化の初期段階で打ち負かされてしまい，産業から排除されてしまうかもしれない．この筋書きはこの産業に対して右上がりの労働供給曲線と水平か右下がりの半加工材料の供給曲線とを仮定している．しかし規模に対する収穫が一定ではなく，比較的低い生産量水準で効率的な技術が，高い生産量水準で効率的な技術と非常に異なっている場合には，同様の現象が起こりうる．もし企業が産業の成長の初期段階では小規模であるならば，企業が非常に大きく成長した後にならないと効率的ではないような技術をもつ企業は，資金の貸し手に対して自分たちの長期的な強みについて説得できない．このような場合，彼らは低い産出水準により適合した技術をもつような企業によって，進化的競争において打ち負かされてしまうかもしれない．明らかに最良の技術が産業と企業規模に依存している場合についての適切な進化モデルは，資本市場を分析の重要な要素として注意深くモデル化しなければならない．

たとえ当初は不利であった企業が生き残れなかったとしても，産業がより大きく成長し生き残った企業が成長するにつれ，小さい産業や企業規模に合った技術をもっていた企業が新しい状況により適切な技術を探索し見つけ出すかもしれない．しかし均衡状態で最適であるような技術のそのような〝再発見〟を仮定することは，淘汰過程への強いコミットメントをすることを意味する．

また，厄介な問題として産業の進化のなかにはそこでのほとんどすべての企業が損失を出していたという場合がある．たとえば，製品に対する需要の1回限りの減少または要素価格の上昇があると仮定しよう．たとえルーティーンの収益性の順位が価格が変化しても不変であったとしても，均衡では生き残っているような企業が，均衡に達する前に産業から撤退するかもしれない．たとえば，それらは小規模で十分な資金調達ができないかもしれない．ここもまた，投資と資本市場についての仮定，あるいは探索についての仮定によって淘汰（と〝最良の″ルーティーン）に関する議論を救うことが可能である．しかしこれはこれまでの仮定の本質を強調しているだけである．

ここで二つの分析上の明確な問題が存在する．1番目の問題は，既存の企業のルーティーンが，少なくともある程度，ルーティーンを淘汰する環境を決定するということである．2番目の問題は，ルーティーンが実際の均衡で役割を果たすためには，それ以前の不均衡状態において生存できるものでなければならないということである．進化に関する生物学的な研究では，1番目の問題は生物学者によって不十分ながら認識されてきた．2番目は生物学によっては認識されてきたが経済学における進化理論についての議論では十分に認識されてきたとは思えない[7]．

1番目の問題は生物学的な進化についての研究においてもごく最近まで無視されてきたようにみえるのは興味深い[8]．同時に二つの文脈に対して提起された問題はこのようなものである．つまり，遺伝子型の相対的な適応度

---

7) 例えば，ウィルソンとボッサート (1971) を参照．
8) 〝利他主義″についての社会生物学的な分析は，この軽視を正すような最近の動きの例である．例えば，メイナード・スミス (1976) やブーアマンとレビット (1980)，ハーシュライファー (1977a，1977b) を参照せよ．

（ルーティーンの収益性）がどの遺伝子型（ルーティーン）が時間とともに優勢になる傾向があるかを決定する．しかしながら適応度（収益性）は明らかに，種（同じようなルーティーンをもつ企業の集合）が対峙している環境の特徴（市場価格）に依存している．しかしながら，環境（価格ベクトル）は，さらに，そのとき生存しているすべての個々の生物（企業）の遺伝子型（ルーティーン）に依存しているのである．そのような依存関係は，生態学（市場理論）という学問分野で議論されている．それゆえに，いかなる長期的な進化的変化についての理論もそれぞれの種の環境（企業の集合）を外生的なものと論理的にみなすことはできない．そのため，適応度（収益性）という概念は，最初に思えるほどには長期的な変化のパターンを理解する上ではあまり役に立たないのである．明確ではないが決定的な役割を果たしているのは，進化するシステム全体の，環境の真に外生的な特徴との間の相互作用の特徴である．それは，現在のモデルでは製品需要と生産要素の供給曲線という形で提示されており，生物学の文脈では，我々が知る限り，生物学理論によっては特定されていない諸要因によって提示されている．そのような相互作用の重要な特性がどのようにして時間とともに適応度（収益性）の変化に影響を与えるかということを説明していない理論は，システムの進化の適切な説明とみなすことはできない．

きわめて厳しい環境である場合も含めて，生物がしばしば異なる環境に直面しているということは，生物学的進化についての研究において認識されてきた．生物種が，異なる環境やときおりの厳しい状況に対処する二つの異なった"戦略"があることが分析されてきた．

第1の戦略によると，（おそらく遺伝子に組み込まれている）生物の行動パターンが非常に柔軟であるため，その生物が，たとえば，ある食料から他の食料へと食料源を変えることができたり，乾季でも雨季でも生き延びることができたりすることが可能になる．変動する環境においては，柔軟性をもつ生物が生き残り，もっとも頻度の高い特定の環境に適応した生物は生き残れないのである．ここで検討しているモデルの観点から見ると，設備稼働についてのより良い"政策"とは，（損失を最小化するために閉鎖することによって）価格が低いときでも，劣った技術をもつ企業が生き残ることである．

その一方で，よい技術をもちながら，柔軟ではない意思決定のルールをもつ（常にフル稼働で生産する）企業は，不利な市場環境になったときには失敗するかもしれない．

　第2の戦略は，高い突然変異率をもつことである．そのような種の現在の遺伝子型は限定的な範囲の状況でのみ生き残ることができる．しかし，もしそこで彼らの子孫が多様化するならば，次の世代のなかに，自分たちの親が生存できないような環境でも生きていけるような能力をもったものがいる可能性は高くなる．ここで検討しているモデルの文脈では，既存の意思決定のルールがそれ自体では非常に柔軟性に欠けていても，既存の企業や潜在的な参入企業の両者によって非常に多くの探索が行われる場合には，産業は変化する市場環境に柔軟に対応するかもしれない．

　これらの戦略は，変化する環境において有利なものである．柔軟性および既存のルーティーンに対する代替案の大規模な継続的な探索という戦略の特徴は，淘汰という比喩を採用している経済学的分析のほとんどには含まれていない．

　我々は先に，経済学的分析のもっとも興味深い問題は変化——外的な市場の状況の変化，あるいは産業自体の内部でのイノベーションから生じる変化——についてのものであると主張した．もし分析作業が変化に関するものである場合，本章で検討したような種類の淘汰均衡の静学という方向性をさらに追及することに意味はない．進化経済学の理論化は，明らかに動学に関するものでなければならない．淘汰均衡を，より正統派経済学的な均衡の概念に対応するかどうかの検討に，必要以上の時間を費やすことがないようにしなければならない．このことは，長期的な経済成長の過程やシュンペーター的競争に焦点をあてるとき，確かにそうである．しかし，それに限らず分析の焦点が価格理論の教科書の標準的な問題——変化する市場の状況に対する企業や産業の対応という問題——にあるときでもそうである．次に我々はこの分析に向かうことにする．

第7章　市場条件の変化に対する企業と産業の反応

　均衡についての理論は，現代経済学において，二つの異なる役割を果たしている．一つ目の役割は，一連の投入，産出，価格を特徴づけ合理的に説明するということである．結論として，競争的均衡において，企業の得る利潤はゼロとなる．また，競争的な均衡の社会的な長所と短所を検討する現代厚生経済学の規範的な分析も行われる．

　二つ目の役割は，変化する市場条件に対して企業と産業がどのように反応するかを説明すること，あるいは予測することである．ミクロ経済学の教科書の主要な問題関心とは，均衡での産業の投入，産出，価格が，その産業の商品の需要曲線の右方向へのシフトや利用可能な生産性要素の変化に対してどのように反応するかということである．もちろん，すでに第2章で指摘したように，現在の実証分析がしているのは正確には〝産業がどう反応するか〞ではなく，二つの条件の下での投入，産出，そして価格の均衡状態を比較することだけである．

　進化理論における淘汰均衡と正統派的な理論における均衡とを，比較静学的に分析することは可能である．しかし，現在の正統派理論に対する我々の主たる不満は，正統派の理論が変化を適切に取り扱っていないということにある．均衡点の変化がめったに起こらず，起こったとしても離散的であるという仮定にそれなりの理由があるとしても，経済システムは，ほとんどの場合，均衡状態にはなっていない．そのため，投入・産出・価格などの各変数の動きを説明するとき，単純に静学的な比較に基づいて行っている限りは，

せいぜい不完全であり，おそらく誤解をまねくような説明になるだろう．我々の観点では，産業がある均衡値から他の均衡値へ移動する仕方を明確にすることこそが，企業や産業の実証分析の本質的に重要な部分である．そして，一般に，達成された均衡の特徴が，そこにいたる時間経路と無関係という保証はないため，伝統的な均衡についての理論に不均衡動学的な調節をつけ加えただけで，適切な理論を手に入れることができるとは思えない．

本章では，変化する市場条件に対する企業や産業の反応について，明確な進化理論的分析を行うことにする[1]．本書の最初に述べたとおり，ある意味では，我々のアプローチは経済学において長い間明示されてきた考え方を定式化して提示したものであり，その考え方は，現在の形式化がなされる以前には支配的だったものである．多くの先達が，変化する市場条件に対する企業や産業の重要な反応として，現代の経済学者であれば〝誘発された技術革新〟と呼ぶ現象を含めることを明確に主張していた．そして，多くの古典的な議論において，競争は，静的な均衡状態ではなく，不確実性と闘争，不均衡を含んだ動学的な過程であるとみなされていた．〝傾向〟という言葉は，マーシャルの文章によく出てくるが，これは彼が均衡状態についての分析が，多く点で誤解を招くと考えていたことを示している．ただし，脚注や付録における彼のフォーマルな分析は均衡に重きを置いていた．経済学の専門家は彼の本文ではなく，彼の脚注の後に続いたのである．

ここで問題となる重要な点は二つある．第1に，ほとんどの経済学者が，実証科学として経済学がもっとも成功しているのはどこかと尋ねられたとき，製品と要素の価格のシフトに対して産業の産出と投入がどう反応するかを，教科書に沿って説明し，予測することができる点と答えるだろう．経済学者が，〝標準的な〟予測を裏づける現実の証拠を誇張しているとは思わない．確かに証拠はそれなりにあり，重視されてもいる．すなわち，現代の正統派経済学の理論は，観測された変数間の関係を説明することができる．企業や産業の行動についての一般的な理論として信頼されうるものになるためには，進化理論もまた標準的な反応を同じように予測できることを示さなければな

---

[1] 本章における分析は，ネルソンとウィンター (1975, 1980) に基づいている．本章の付録の初稿についてはドナルド・ブラウンの助けによるところが大きい．

らない．

　第2に，市場条件の変化に対する企業や産業の反応の教科書的な理論は，専門家によって，単にこの現象についての特別の理論としてだけではなく，企業と産業の行動についての一般的な理論の構成要素として採用されてきた．つまり，市場経済における長期的な経済発展のような現象や，政府規制に対する企業の反応などをモデル化するときにも，その基礎として使われてきた．さらに，実証的理論の内容は，規範的理論の輪郭を定めている．同時に，我々は本章で検討する進化理論的モデルが，幅広い問題を検討する一般的な方法を提供するものになるよう試みる．教科書的ミクロ経済学の理論は，要素価格の変化に対する代替性の分析だけでなく，資本労働比率の増加が要素価格と労働生産性の両方に影響を与える分析の基礎になっている．同じように，要素価格の変化についての我々の進化理論的分析は，本書の後半でなされる技術発展をともなう長期的な経済成長の分析の基礎になるだろう．そして，現代厚生経済学が企業行動の正統派理論に基礎づけられているように，我々は後に企業行動について，実証的進化理論に基づいた規範的な経済学の見方を検討することにする．

1．企業と産業の反応の説明

　企業の行動についての以下の点は，強調点と解釈は異なってはいても，正統派理論も進化的理論も一致する点である．いかなるときも，産業における企業はある技術と意思決定のルール（ルーティーン）に従って行動しているとみなすことができ，それらは企業の外的条件，とくに価格，とさまざまな内的状態の条件，とくに企業の資本設備，によって制約されるということである．企業の拡大あるいは縮小は収益性に依存する．また，企業はより良い技術を見出す活動を行っている．

　正統派理論では，意思決定のルールは，明確に定義されたデータである機会集合のなかから，利潤最大点を選ぶことと仮定され，産業のなかの企業と産業全体は均衡状態にあると仮定される．そこでの技術革新は（もし仮に扱われるとしたらであるが），伝統的な枠組みのなかに機械的に埋めこまれて

しまう．進化理論では，意思決定のルールは企業の過去の遺産とみなされ，それゆえに，企業が習慣的に慣れ親しんできた範囲の環境に対してのみ適切なものにとどまる．したがって，新しい状況やふだん出会わないような状況に対しては反応できないか，少なくとも適切な反応ができない．産業が均衡に"近い"とは想定されず，企業は不均衡な状態に対して反応し，拡大あるいは縮小するとみなされる．技術革新は確率的なものであり，企業間で異なりうると想定される．

このような視点の違いは，市場条件の変化の影響を分析するときに，両者の関心の焦点が異なることを意味している．以下に一般的な企業と産業の行動についての分析を示し，両者に共通の視点と，同時に両者の関心の相違点を明らかにしよう．

x_i を企業 i の産出とさまざまな投入のベクトルとする．投入は負であるとする．単純化のために，短期的に固定されている投入の水準をスカラー k_i，つまり企業の資本設備の大きさとする．そして，企業 i の産出とさまざまな可変投入要素の水準を決めている意思決定のルールを，以下のような一般的な形で定式化する．

(1) $\left(\dfrac{x_i}{k_i}\right) = D(P, d_i).$

ここで，P は生産物と投入要素の組 x_i に対応する価格ベクトルであり，d_i は意思決定ルールのパラメータである（表現を簡単にするために，我々は，意思決定ルールの企業間の違いや時間的変化を，すべてパラメータの値の違いとして取り扱う）．

行動主義者の視点では，式 (1) の多次元で複雑なルールは，簡単な投入・産出の意思決定ルールの集合体で，それらルールが緩やかに結びついているとみなすべきである．正統派の理論でも，全体の意思決定ルールを下位のルールの集合に分解し，これらの下位ルールの間には強いつながりがあると仮定している[2]．どちらの視点でも，いろいろな種類の下位のルールを別々に考慮する．たとえば，よくある教科書的な取り扱いでは，分析の焦点は企業が可変要素投入を決定するルールに置かれ，要素価格が変化したとき

（所与の資本設備のもとで）可変要素投入がどう変化するかに向けられる．もちろん，要素投入量に関するルールを検討する際には，産出量も要素価格の関数として変化しうることを考えておかなければならない．しかし，少なくとも最初の段階では，産出量が一定のもとで費用を最小化するように要素投入の比率が選択されると分析することが慣例である．また，分析の焦点が産出量の決定に置かれるときもある．そのときは，上の x_i は産出量を意味することになり，分析の関心は，（所与の資本設備のもとで）産出量を産出価格に結びつけるルールにあてられる．可変生産要素は（通常は），産出量が増加するにつれて増加する．むろん厳密には，正統派理論での競争企業の要素投入と産出の水準は，すべての投入・産出の価格ベクトルに対応して同時的に最適化され，決定される．この意味では，式（1）におけるベクトル関数 $D(\cdot)$ は，同時連立方程式の一般的な解を表していると解釈すべきであり，また行動ルールのパラメータ d_i はそのときの最適値になっている．正統派経済学の定式化では解は資本設備当たりの投入と産出として表現されているが，これは，規模に対する収穫一定であることと資本設備が一種類であることを暗黙に仮定している．

ここで，$X = \Sigma x_i$，また $K = \Sigma k_i$ としよう（ここでのすべての総和は指数 i に対するものである）．そのとき産業に対して次式が成立する．

(2) $\quad \left(\dfrac{X}{K}\right) = \sum D(P, d_i)\left(\dfrac{k_i}{K}\right).$

どんな市場においても，X/K は時間とともに変化する．価格理論で伝統的に使われる比較静学アプローチでは，ある市場条件のもとで，X/K が時間とともにどう変化するのかには関心を払わず，市場条件が異なるときに，それに対応して X/K がどう変化するかに焦点を置いている．以下では，我々はどちらの種類の変化についても明示的に注意を払うことにする．

2）たとえば，通常仮定されているのは，企業の意思決定過程のどの箇所で手に入った環境についてのすべての情報（P）も，その過程のすべての箇所で利用できるということである．チームについての理論におけるあるモデル（マルシャックとラドナー，1972）は，このパターンからは外れている．

二つの異なる市場条件を考えてみることにする．条件 0 では，価格は永久に P_0 である．条件 1 では，価格は時刻 t までは P_0 であり，その後は P_1 であるとする．時刻 t よりも大きい時刻 T を考えてみる．そのとき，条件 0 においては，我々は時刻 T における X/K を次のように〝説明〟できる．

$$(3) \quad \left(\frac{X}{K}\right)^T_0 = \sum D(P_0, d_i^t)\left(\frac{k_i}{K}\right)^t$$

$$+ \sum [D(P_0, d_{i0}^T) - D(P_0, d_i^t)]\left(\frac{k_i}{K}\right)^t$$

$$+ \sum D(P_0, d_{i0}^T)\left[\left(\frac{k_i}{K}\right)^T_0 - \left(\frac{k_i}{K}\right)^t\right].$$

上側添え字の T と t は，その変数が測定された時間を表している．下側添え字 0 は，時刻 T での値が条件 1 と条件 0 で異なりうる変数を示すために使われている．この表記のもとで，第 1 項は，もちろん，$(X/K)^t$ である．第 2 項は，時刻 t と T の間で意思決定ルールが進化することの効果を表しており，変化初期時点（時刻 t）における資本設備によって加重されている．最後の項は，加重の大きさである資本設備の割合を変化させる淘汰の効果を表しており，最終期 T の意思決定ルールで重みづけされている．

条件 1 においては，時刻 T における X/K は以下のように表される．

$$(4) \quad \left(\frac{X}{K}\right)^T_1 = \sum D(P_1, d_i^t)\left(\frac{k_i}{K}\right)^t$$

$$+ \sum [D(P_1, d_{i1}^T) - D(P_1, d_i^t)]\left(\frac{k_i}{K}\right)^t$$

$$+ \sum D(P_1, d_{i1}^T)\left[\left(\frac{k_i}{K}\right)^T_1 - \left(\frac{k_i}{K}\right)^t\right].$$

式（4）から式（3）を差し引くと，二つの市場条件における時刻 T での X/K の違いを次のように〝説明〟できる．

$$
\begin{aligned}
(5)\quad \left(\frac{X}{K}\right)_1^T - \left(\frac{X}{K}\right)_0^T =& \sum [D(P_1, d_i^t) - D(P_0, d_i^t)]\left(\frac{k_i}{K}\right)^t \\
&+ \sum [D(P_1, d_{i1}^T) - D(P_1, d_i^t) - D(P_0, d_{i0}^T) \\
&\quad + D(P_0, d_i^t)]\left(\frac{k_i}{K}\right)^t \\
&+ \sum \Big[D(P_1, d_{i1}^T)\Big[\left(\frac{k_i}{K}\right)_1^T - \left(\frac{k_i}{K}\right)^t\Big] \\
&\quad - D(P_0, d_{i0}^T)\Big[\left(\frac{k_i}{K}\right)_0^T - \left(\frac{k_i}{K}\right)^t\Big]\Big].
\end{aligned}
$$

　第1項(より正確には最初の総和項)は,企業が,時刻 t での意思決定のルールのまま,P_0 から P_1 への変化に反応したときの動きと見ることができる.第2項は,意思決定のルールが,二つの条件下でそれぞれ変化していくという事実を反映している.最後の項は,淘汰の効果の違いを表している.

　価格変化の効果の差を上記のように分解することは,単に説明のためだけであって,因果関係を示すものではない.しかしながら,我々はここで提した分解は分析のためには便利なものと信じている.なぜならば,これらの三つの項は,分析的に区別できる作用に対応しているからである.すなわち,以下,我々は,価格条件の変化がもたらす効果を,ルールに沿った効果,探索効果,淘汰効果の三つに分けて別々に分析する.理論化にとっては,その理論の構成要素が分離できることが重要であり,当面これら三つの効果が生じる速度に差があるという経験的な想定を置くことにする.すなわち,ルールに沿った効果は即座に起き,それに続いて探索による技術革新の効果が起き,そして最後に淘汰効果が続くと考えるのが便利である.説明のなかでこれら三つの機構を実際に識別しようとすれば,このような時系列的な変化の順番を仮定する必要がある.しかし,個々の機構についての議論は,それらがこの順序かあるいは他の順序で起きるかどうか——あるいはより現実的に同時に起こるかどうか——にかかわらず,成立する.

　いずれにせよ,実証的経済理論における最初の問いとは次のようなもので

ある．つまり，式（5）に出ている差の部分の符号，つまり，投入価格の上昇に対する投入の反応の符号はどうなるだろうか？　伝統と経験的証拠に鑑み，以下では正統派の定性的予測と一致するような結果を〝標準的〟結果と呼び，一致しない結果を〝例外的〟結果と呼ぶことにする．

　正統派の理論は，その〝標準的〟結果を，与えられた選択肢集合上で利潤最大化を行うという仮定から得ている．上の説明枠組みから見ると，正統派理論は意思決定のルールに沿った動きについての理論と解釈できる．正統派は第2項と第3項を考慮しない．我々の分析は，意思決定のルールの導出についての正統派の見方を否定し，第2項と第3項の重要性に重きを置いている．産業全体の反応が標準的であるためには，我々の説明におけるこれら三つの項が標準的反応を示すことが十分である．以下，それぞれの機構を見てみることにする．

　第1項で説明されている，既存の意思決定のルールに従って行動することを考えてみよう．価格と投入・産出の量を結びつけている〝意思決定ルール〟についての行動主義者と正統派の考えのどちらでも，企業が選択できる代替行動の選択肢の集合が存在することを認めている．正統派の経済学者にとっては，この集合は技術的に〝所与〟のものであり，意思決定のルールはそれに対して最適化を行うことから導き出せる．一方，進化的理論にとっては，ルールはそのままそこにあるものである．なぜならば，それらは時間とともにそのように進化してきたからである．〝選択可能な行動〟というのも，意思決定ルールによって引き起こされる行動と無関係ではない．これらの意思決定ルールは，企業の〝内部〟を見ることにより，（原理的には）観測できる．実際，このような観測は，意思決定ルールがどのようなものであるかを見出す，ただ一つの方法であるかもしれない．ルールによって引き起こされる反応には作動するのに時間がかかるものがあり，そして時間とともにそのルールは変化するかもしれないため，時間をかけて行われる市場の反応を観察することから，ルールを推測しようとすることは危険である．ただ，意思決定のルールを正統派で解釈するにせよ我々のように解釈するにせよ，もし企業がある市場条件においてある行動をとり，次に他の市場条件では別の行動をとるならば，生じる順が逆でも同じように行動が行われるだろう．

この解釈のもとで，ルールに沿った標準的な反応の方向は，そのルールが利潤追求行動を反映しているという仮定から導き出すことができる．ここでは，価格変化に対するルーティーン化された反応が，まったく反応しないよりは悪くはないと仮定しよう．$(x/k)_{i0} = D(P_0, d_i^0)$ を，条件 P_0 における"単位資本当たりの"投入と産出のベクトル全体を表すとしよう．意思決定のルールを一定にし，価格を変化させ，$(x/k)_{i1} = D(P_1, d_i^0)$ とする．k は一定とする．このとき（k と添え字 i をそのままにして）条件1における利潤は $P_1 \cdot x_1$ であり，ここで $P_1 \cdot x_1 \geqq P_1 \cdot x_0$ となる．そうでないなら，企業は x_0 に固執することでより利潤を得られたことになるからである．同様に，$P_0 \cdot x_0 \geqq P_0 \cdot x_1$ である．この2式よりおなじみの代数学が，$\Delta P \cdot \Delta X \geqq 0$ という結論を導き出す．そして，もし，ΔP にゼロでない要素が一つでもあれば，Δx のなかの対応する要素は反対の符号になることはない．

　この結論とその導出はありふれた正統派的なものであるが，我々の解釈は異なっている．ここでは意思決定のルールを作る際，"既知の"あるいは"可能な"生産手法集合の存在を仮定しないし，あるいはそれらの生産手法を企業にもち込んだときのそれらと価格との間のつながりをも仮定していない．ここの主張で必要なのは，P_1 が主流のときには，x_0 が"利用できる"行動であり，x_1 と P_0 の関係も同様であるという仮定だけである．この仮説での意思決定ルールとは変化する条件に対して反応できるということだけであり，すべての"可能な"意思決定のルール（それが何を意味しようと）の集合における"最適な"ルールであるということではない．

　説明をより明確にするため，全体の意思決定ルールを，普通の教科書で慣習的に用いられている方法で再び分解することを考えてみよう．上の分析は次のようにいい換えられる．ある一定量の産出を行う際に，投入価格の変化によって生じた投入量の変化が，その産出量の生産コストを増加させることはない．新古典派の分析では，投入量の変化は，等費用線と等生産量線との接点の変化で決まる．我々の理論では，投入量の割合の変化は生産の単位費用を下げるが，等費用線と等生産量線の接する点が実現するわけではない．もう一つの重要な話題は，産出価格の変化が同じ方向への産出量の変化を生み出すという点である．ここで，新古典派の分析は，限界費用曲線に沿った

動きを仮定するが，我々のより一般的な理論ではそこまで主張はしない．

　ルールに沿った反応が常に標準的というわけではない．そうならない理由はいくつか考えられる．たとえば，企業が価格の変化に対応して投入を変化させることを検討しないという場合もあるかもしれない．このとき，意思決定ルールの〝反応〟は例外的とまではいえないが，標準的ともいえない．利潤の計算方法が企業の目的を適切に反映していないという場合もある．たとえば，企業（あるいはむしろその経営者）は，利潤があがっても特定の投入を集中的に利用することを嫌っており，むしろ最低限必要な利益を確保するという制約に従って行動しているかもしれない．そのような場合，投入物の価格が上昇すると，企業は，現在の投入物構成から得られる利潤が減少するので，嫌っている活動をより集中的に行うという例外的な行動をとることもありうる．意思決定ルールに小さい間違いがあり，他の行動の方が明らかに利潤をもたらすにもかかわらず，ある行動が採用されるという場合もある．さらに，大きな間違いがルールに組み込まれている場合もあるだろう．しかしながら，価格変化に対する対応のルーティーンはほぼ標準的なものであるという主張は，十分幅広い妥当性をもっており，理論として暫定的には許容できるように思える（式（5）に沿っていえば，問題なのはルーティーン化された反応の重みつき平均が標準的なものかどうかなのであり，少々の例外があってもよいのである）．

　我々の説明における第2項は，条件 P_1 と条件 P_0 のもとでの意思決定のルールの変化を比較した項である．我々は〝探索〟という言葉を多様な過程を表す言葉として用いている．探索過程は，ほとんどが意識的なものだが，そうではないものもあり，それらの過程を通じてルールの変化が起きる．ここで問うべきなのは，価格条件の変化が探索過程に及ぼす効果は標準的なものであるか，という点である．

　探索はルーティーン化された反応と三つの点で異なっている．第1に，それは情報の入手を必要とするので，本質的に不可逆の過程である．この不可逆性は，情報を保持し使用するコストは，最初にその情報を入手・生産するコストよりもはるかに低いというありふれた経済学的事実に基づいている．不可逆性から即座にいえることは，次のことである．すなわち，価格変化に

対する探索の標準的な反応を予測しようとするとき，ルールに沿った反応の場合と同じ理論は使えない．ルールの変化が収益性を高める傾向にあると考えるのはもっともらしいが，探索によって生み出された意思決定の新しいルールが古いルールにあらゆる面で優越する保証はない．とくに新しいルールが，古い価格のときにも，より収益を上げるとは限らない．

　探索を他と区別する2番目の基本的特徴は，不確実性である．企業内部の意思決定者に尋ねれば，彼らが特定の可能な〝選択肢〟を知っているように思えるかもしれない．しかしそれらはおぼろげにしか認識されないし，どれが最良のものとなるのかはまったく明確でない場合もある．選択肢を見出だす過程や外生的に起こる事象の結果，当初は予期してさえいなかったようなほかの選択肢に光をあてることになるかもしれない．先に議論したように，不確実性と選択肢の個別性は，探索にとって構造的である．明らかに，探索を確率的な過程として概念化しモデル化することが適切である．逆に，分析に際して，明確に定義された選択肢集合を仮定するような定式化は，現実に対応物がなく，明らかに不適切である．

　最後に，探索は状況依存的とでも呼ぶべき特徴をもっている点でも他から区別される．現実の探索過程は，特定の歴史的文脈において行われる．探索の成果は，この文脈のなかで問題解決の際にどのような選択肢が〝発見〟されるかどうかに依存している．発見されるものは，ほとんどの場合，社会の他の場所での情報生産活動の成果や副産物からなっている．こうして社会全体の歴史が，探索作業を通じて企業に直接に影響を与え，時刻 t における探索は $T>t$ における探索とは同じものではないのである．

　我々はおそらくここで，不可逆性，不確実性，状況依存性の間の概念上の違いが明確になるように程度を誇張しているかもしれない．これらはある一つの中心となる事実の三つの側面である．その事実とは，探索の過程は歴史的なものであり，繰り返すことはなく，他の歴史的な変化から切り離されてはいないということである．この中心的事実に気がつくことで，我々は経済学の理論化の野心やうぬぼれを現実的な範囲に留めることができる．すなわち，理論にあまり多くを期待するべきではない理由がここにある．

　これら三つの特徴を区別することは，有益である．それは，あるモデル化

があるとき，その意義と限界を分類する方法の基礎を提供するからである．たとえば，企業がより優れた技術を求めて投入係数（あるいはそこでの変化）を探索の目標とするようにモデル化したとしよう．このアプローチは，最初から探索の状況依存的な側面を無視することになる．なぜなら，現実の技術の探索過程は機械の設計の改良や作業環境などについての問いを含み，そのような問いに対する答えは企業の外部で生み出されているからである．しかし，この幾分極端な抽象化を受け入れる代償として，我々は，簡素なモデルを構築し，探索結果が投入価格の変化に対して〝標準的な〟方向に向かう〝傾向〟を明らかにすることができる．以下で，要素価格に影響されない単純な〝探索とテスト〟モデルによってでも〝標準的〟な結果が手に入ることを示すことにする．探索を行う企業は，現在の技術の近傍から確率分布に従って技術係数を見つけ出し，自分が〝発見した〟この技術での費用と，現在の技術の費用を比較し，もし発見した技術費用が低ければそれに切り替える．技術を引き出す確率分布は，要素価格のさまざまな値に応じて，任意の方向性が出てくるようになっている．しかし，この探索によって投入係数に起きるであろう変化は，投入物の相対価格の変化から生じる標準的な変化と方向としては同じになる．

　もちろん，投入価格を得られた結果の単なるパラメータとして見るよりも，投入価格がいろいろな形で探索過程に影響を与えていると見るほうがよい．たとえば，一連の研究開発プロジェクトから期待される利益の大きさは，価格変化によって計算しなおされ，企業によって試みられるプロジェクトの中身は変化する．このこともまた，モデル化することができ，標準的な結果も得ることができる．また，行動の規則性を描くためのメカニズムも存在する．サイアートとマーチ（1963）は，組織による探索は〝問題志向的〟であるとして一般化を行った．つまり，特定の問題によって刺激を受け，その問題の症状に従って，どの領域に探索が行われるかが決まるということである．もし，〝問題〟が投入物の価格上昇にともなう利潤の減少であり，もしその症状（コストの増加）がその投入物をもっとも集中的に使用する活動や生産ラインにおいて明らかになるならば，企業の問題解決活動はその部分に向かうことになると考えられる．また探索活動が〝いかにして我々はこの投入の使

用を削減できるか？"という問いの定式化されることも多い．もし探索過程のこのような方向づけや定式化が成功裏になされれば，おそらくその投入の使用を削減できることになるだろう[3]．

したがって，価格変化と探索の結果として生じた変化は標準的であるという仮説は，妥当である．しかしその仮説を適切に解釈するには，幾分注意が必要である．第1に，そのモデルが探索を（適切なことであるが）確率的であると扱っている限りにおいて，その仮説は，必ず"傾向"あるいは平均的な結果である．個別の結果は容易に例外的になりうる．第2に，探索は市場条件が一定していても起こりえるため，条件の変化が及ぼす効果についての仮説は必ず，"起こりえたこと"，つまり，元の条件において起こりえたような技術変化の軌跡との比較を必要としている．ある種のイノベーションの相対的な容易さあるいは認知度を反映して，探索結果の方向性に強いバイアスがかかっている可能性もないとはいえない．たとえば，ある状況においては，労働力を節約するか技術革新が他の種類の技術革新と比較して明らかに容易に見つけ，開発することができるかもしれない．したがって，技術（意思決定のルール）の進化は，広い範囲の要素価格において，労働節約的な傾向を示すことになるかもしれない．このような状況では，探索は，賃金率一定という条件のもと，時間をかけて労働力の投入を減少させる．賃金が低いと，賃金が高いときよりもその方向への変化がゆっくり起こる．

注意深く考えても，探索の結果が標準的であるという仮説は，それ自体で自明でというわけではない．優れた利潤探求行動をとれば必ずそのような結果を導くとはかぎらない．たとえば，次のシナリオを考えてみよう．ある金属加工会社が，原材料の価格の急激な上昇に直面している．その企業は，この変化に対してルーティーン的な対応を行う．つまり，以前はスクラップとして扱われていたような不良部品を材料として大量に使用するのである．この対応の後でも，深刻な収益の危機が残っており，この状況に対処する方法の探索が開始される．その探索とは，もし価格が上昇せず，コスト面での危機が生じなかったならば，行われることがなかったものである．探索の結果

---

[3] この考え方のモデルについては，ウィンター（1981）を参照．

わかったことは，新しい型の省力化につながる機械が，問題に対応でき，利用できるということである．その企業はそのような機械を購入し，その収益の問題を解消する．しかし，新しい機械は，労働者が以前に関連する業務を行っていたのと比べて，原材料の不良部品をあまり使うことができない．結果として，産出に対してより多くの原材料を使わなければいけなくなる．原材料価格の上昇によって引き起こされた探索は，企業全体の反応としては標準的ではない結果をもたらしたことになる．意思決定ルールの変化は，企業をルーティーン的な意思決定が導く方向とは反対の方向へ向かわせたのである．もし探索があまり行われなかったとすれば，この企業は，要素価格の変化に対し，このような意思決定ルールの変化を思いつかなかったかもしれない．

　分解されたうちの第3項は，時刻 T でさまざまの意思決定ルールを有する企業の成長あるいは衰退に対する効果をとらえている．ここでも，さまざまな仮定のもとで，選択の効果は標準的なものになる．たとえば，ルーティーン行動と探索行動が十分に迅速に起こり，そのため資本分配率がこれらの行動の間，実際上は一定であるとみなせると仮定しよう．そのとき，意思決定ルールの分布は純粋な淘汰効果にさらされた結果であり，個々の企業の意思決定ルール自体は時刻 t 時点に確立され，淘汰の間一定である．これらの仮定のもとで，もし，企業の成長率が資本単位当たりの収益の総量に比例的で，その比例係数がすべての企業で等しいならば，一つの投入物の価格変化に対する淘汰の効果は標準的であることを示すことができる[4]．

　ふたたび，標準的な結果が必ず起こるというわけではない．タイミングによって淘汰項の効果は例外的なものになりうる．たとえば，もし，時刻 T までは価格の変化に適応できる意思決定のルールをもっともよく採用していた企業が，ほとんど採用できていなかった企業と比べて，次の適応で出遅れた場合，淘汰項は標準とは異なる符合を示しうる．あるいは，もし，資本収益率（擬似レント率）と企業の成長率との間の比例関係の係数が企業ごとに

---

[4] この淘汰効果のモデルは，探索とルールに沿った意思決定がない単純な場合について，第10章で見ることになる．そこでは，〝係数が等しい〟という条件は，すべての生産技術が等しい資本-産出比率をもち，全利潤が再投資されると仮定することによって与えられる．

異なるごとに違っており，その違いが価格が変化した投入物の使用度と体系的に関係しているならば，例外的な効果も起こりうる．たとえば，ここに二つグループの企業が存在するとしよう．第1のグループは労働資本比率が第2のグループよりも10％低いものとする．二つのグループの最初の総資本は等しいものとするが，労働集約的企業の投資は，収益性に対してほとんどまったく反応しないとし，一方，もう一つのグループは，資本に対する〝超過収益〟の半額が再投資されるとしておく．ここで賃金率が減少すると，これはどちらのグループにも投資を刺激する誘引となる．資本集約的なグループの利益増加はより小さいけれども，投資政策は利益に対して投資するというものなので，このグループは成長する．このため，ルールに沿った変化と，賃金低下の探索に対する効果を踏まえて，淘汰効果のみを検討すると，その産業における平均的な労働資本比率は賃金の減少とともに低下しうる．

　明らかに，我々の説明の枠組みは，ルーティーン化された反応と探索と淘汰がどう動学的に結びついているのか，取りうる行動にどう関係しているのかを，十分に豊かに評価しているとはいえない．これらの機構を含む定式化された動学的モデルを構築し，分析によってあるいはシミュレーションによって検討することは可能である．特定の動学的モデルを検討するとき，我々の説明枠組みは発見的な意味をもっている．ただし，議論の舞台の中央に立つのはそのモデルの仮定のほうになるだろう．

　これまでの議論は，非常に一般的なものであった．我々は〝ルールに沿った〟，〝探索〟，〝淘汰〟を企業行動の異なる側面に関するものとして考えることができることを示した．そして自然なモデルにおいては，これらそれぞれの機構が働いた効果が標準的なものであるということを示した．特定の標準的ではない例外的な結果は起こりうるが，例外的結果すべてが，特定の初期条件やパラメータの値から独立して，一般的に成り立つとは考えられない．正統派の比較静学的分析の定性的な予測は，動的で進化し続ける現実の経済における，企業や産業の反応の典型的なパターンとして描き出すことができるだろう．しかしながら，進化理論的分析は，これらのパターンの説明や，起こりうる例外について警告し，より深く探求している．また調整の探索と淘汰という要素について明確に認識することは，現象の全体像に新しい理論

的見方にもち込むことになるのである．

2．マルコフモデルと要素代替

　この節では，変化する市場条件に対する企業と産業の反応のある側面——要素価格の変化によって誘発される要素代替——に焦点を置くことにする．個々の企業による技術選択のモデルが説明され，そして，企業や産業レベルでの要素代替という現象の意味について調べる．結論は"標準的"であるが，そのメカニズムは正統派理論のものとは非常に異なっている．正統派理論との対比を明らかにするため，我々はここで，企業のルーティーン化された意思決定のルールはまったく要素代替を生み出さないと仮定する．つまり，探索と淘汰の効果のみが存在する．このモデルは，企業について非常に単純な抽象化をしており，企業はより安価な生産技術を探索するとする．

　ここでの分析枠組みは，前章のものと同じものである．各期において，企業は所与の資本をもっており，一つの生産技術（係数は固定化されている）をもっている．単純化のため，生産量の意思決定には柔軟性はないと仮定する．このため，企業の技術と資本が，ある期間における生産量と可変投入量を決定する．産業は右肩下がりの需要曲線に直面しており，企業は自身の収益性に応じて生産を拡大または縮小する．そして企業はよりよい技術を探索する．企業が探索を通じて新しい技術を発見しそれを採用したときには，資本はコストが低い方の技術にシフトする．産業における生産と投入要素，そして平均的な投入比率は時間とともに進化し，企業はその資本量と技術を変化させる．

　複雑化を避けるため，すべての技術は同じ資本生産比率をもつものと仮定し，可変要素間の代替に焦点を置くことにする．可変要素の価格について，相対価格の異なる二つの条件が比較される．定式的な分析は投入物が二つの場合に限られる．ただし，これは他のすべての生産要素の価格が一定であるとき，一つの生産要素の価格が変化したときの結果として解釈することもできる．

　このモデルの中心となるのは，個々の企業の技術探索の過程である．q，

k, x_1, x_2 はそれぞれ，企業の生産水準，資本設備，二つの可変投入とする．先に述べたように，k/q はすべての可能な技術に対して一定である．技術は二つの可変投入に対する投入係数 $a_1 = x_1/q$ と $a_2 = x_2/q$ が異なることで表される．企業の探索は，その既存の技術の近くにある技術的選択肢 a_1', a_2' の分布を利用することになる．現在の価格 w_1, w_2 で，より安価な技術が見つかったとき，つまり，$w_1 a_1' + w_2 a_2' < w_1 a_1 + w_2 a_2$ であるとき，その企業は選択肢 (a_1', a_2') に変化し，そうでなければ (a_1, a_2) のままでいるとする．

探索によって発見される選択肢の分布に関する我々の基本的な仮定は，投入係数の変化の比率が，現在の係数とは独立して分布しているということである．それゆえに，投入係数の変化を対数座標の空間のなかで表現し，我々は要素比率の進化にとくに関心があるので，要素比率の対数によって技術を特徴づけることが有益である．

$$U = \log(\frac{a_2}{a_1}) = \log(a_2) - \log(a_1).$$

技術を投入係数の対数の2次元空間のなかに特徴づけるために，我々は U に加えて，もう一つの座標軸を必要としている．第1番目に対する2番目の座標軸を以下のように選ぶ．

$$V = \log(a_1 a_2) = \log(a_1) + \log(a_2).$$

明らかに，所与の U 座標に対して，小さい V 座標をもつ技術は，大きい V 座標をもつ技術よりも優れた技術である．V が一定のときの (a_1, a_2) 空間における軌跡は，係数が等しいコブ・ダグラス型の生産関数の等生産量曲線とも考えられる．ただし，この一致は形式的なもので，ここでの経済学的議論とは何の関係もない．

我々は，可能な技術について可算な配列を考える．U は有限で 1 から N までの値をとり，V は無限で $-\infty$ から $+\infty$ までの値をとるとする．さらに特定化し，U, V の可能な技術は，定数 Δ の整数倍だけ異なっているとする．この定数は（以下の議論で示される以外には）任意であり，その値の違いは，対数の底を任意に変えることによって表現される．$u_1, u_2, \cdots, u_N$ と $\cdots, v_{-2}, v_{-1}, v_0, v_1, v_2, \cdots$ を U と V の異なる可能な値とする．技術 (i, j) は，

以下の対によって特徴づけられる技術を表している．

$$U = u_i = u_0 + i\Delta$$
$$V = u_j = j\Delta$$

ここで，u_0 は一定であり，検討する要素比率の幅を制限する働きをする．Δ は，技術の配列において近接した投入係数の大きさの差を決めている．技術 (i, j) についての投入係数は容易に次のように計算できる．

$$a_1 = \exp[(v_j - u_i)/2]$$
$$a_2 = \exp[(u_i + v_j)/2]$$

図7・1と図7・2は (a_1, a_2) そして $(\log(a_1), \log(a_2))$ 空間における技術の配列を描いたものである．ここでは，Δ は $\log(2)$ とした．

ようやく探索の枠組みを描くことができる．時刻 t における特定の企業の技術を (i, j) とする．つまり

$$U_t = u_i$$
$$V_t = v_j$$

探索の成果は，整数値の確率変数の組 (G_t, H_t) によって決定される．この確率変数の値は，U, V 空間のなかで企業が取るステップの数を表している．ただし，U の値が u_1 から u_N までの範囲にあるという制限は受ける．

$$U'_{t+1} = u_{i+G_t} = u_0 + (i+G_t)\Delta \qquad 1 < i+G_t < N \quad \text{のとき}$$
$$U'_{t+1} = u_1 = u_0 + \Delta \qquad i+G_t \leq 1 \quad \text{のとき}$$
$$U'_{t+1} = u_n = u_0 + N\Delta \qquad N \leq i+G_t \quad \text{のとき}$$

そして

$$V'_{t+1} = v_{j+H_t} = (j+H_t)\Delta$$

確率変数 (G_t, H_t) は (U_t, V_t) からは独立であり，(U, V) のすべてのそれ以前の値は，$-B \leq (G, H) \leq B$ の範囲内に分布しているとする．時間だけでなく，企業の番号によっても，添え字がつけられている．そしてこ

図 7・1　投入係数空間における技術の配列

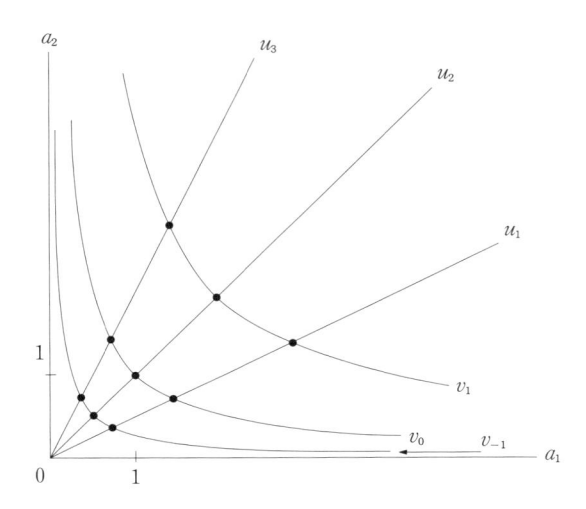

図 7・2　$\log(a_1)$, $\log(a_2)$ 空間における同様の配列

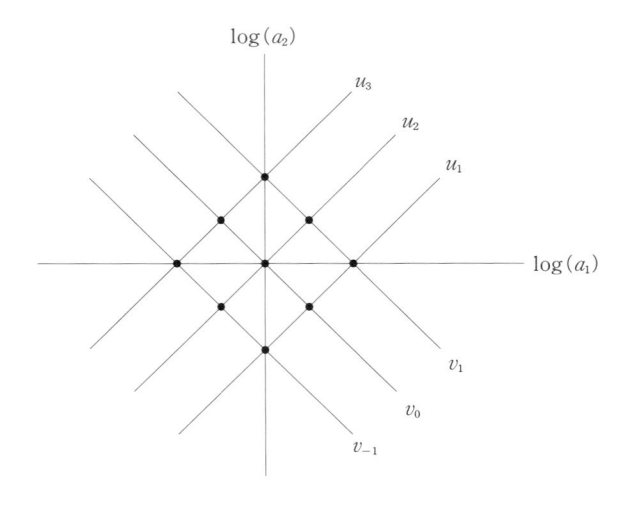

れらの確率変糶は企業と時間について独立に同じ分布をしている．もし探索の結果 (U'_{t+1}, V'_{t+1}) によって得られた技術が前述したコスト削減テストを通過すれば，$U_{t+1}=U'_{t+1}$, $V_{t+1}=V'_{t+1}$ となる．そうでなければ，$U_{t+1}=U_t$, $V_{t+1}=V_t$ である．探索によって発見される選択肢の分布は要素価格と独立であるが，採用される技術の選択肢の分布は，コスト削減テストがあるので要素価格に影響を受けることに注意すべきである．

この探索とテストの枠組みは，期間 ($t+1$) の技術の分布が期間 t の技術に依存して決まることを意味しており，その分布は，(G, H) の分布と要素価格に依存している（ここでは，両端の値 u_1 と u_N においては確率が〝積み上がる″と仮定する．たとえば $G \geqq N-i$ となる G の値の確率は，$U'_{t+1}=u_N$ に割りふられる）．上記でなされた独立性の仮定は，企業に採用される技術の時系列変化が，マルコフ連鎖を形成するということを示している．この連鎖の重要な特徴は，企業の要素比率，$\exp(U_t)$ の系列それ自体マルコフ連鎖であるということである．実際，それはどの時刻でも一定の推移確率をもつ有限のマルコフ連鎖である．これは容易に検証できる事実から導かれる．つまり，$\exp(V_t)$ はコスト比較の効果を打ち消してしまうのである．たとえば，$V_t=v_{21}$ のときに u_3 から u_7 への推移を生み出す (G, H) の組は，$V_t=v_{-57}$ あるいはどのような V_t のときでも，同じ推移を生み出す[5]．

時間を通じた企業の要素比率の挙動は，それゆえに $N \times N$ の推移確率の行列 $F = [f_{ik}]$ によって特徴づけられる．$i, k = 1, \cdots, N$ であり，状態 i は要素比率 $\exp(u_i)$ に対応しており，f_{ik} は状態 i が状態 k に続く確率である．この推移行列は，時間を通じて一定で，コスト比較に用いられている要素価格に依存して決まっている．

行列 F の二つの特性が以下の議論の中心である．第1に，価格比率 w_1/w_2 が上昇すると，どのような初期値 a_2/a_1 から出発したとしても，より水準の高い（つまり a_2/a_1 がより高い）状態が実現する確率が高まる．定式

---

[5] しかしながら，U_t と V_t 所与のもとで，V_{t+1} の値は，U_{t+1} と独立ではないことに注意せよ．たとえば，U_t が二番目の生産要素の割合が，一番目の要素よりもかなり小さい，すなわち，$(w_2/w_1)\exp(U_t)<1$ という場合を考えてみる．そのとき，U のわずかな増加は，もし V が一定のままであれば，コストを削減することになる．U_{t+1} の値が大きくなると，V_{t+1} の値が大きくても，コスト削減テストを通過することができるようになる．

化すると，もし $\hat{f}_{ik}$ が一番目の要素の相対価格上昇の結果の確率とすると，次のことがいえる．

(6) $\quad \sum_{i=1}^{n} \hat{f}_{ik} \leqq \sum_{i=1}^{n} f_{ik}, \quad$ ここで $\quad n=1, \cdots, N-1$
$$k=1, \cdots, N$$

F と $\hat{F}$ の行列がこの形に書け，先に述べた探索とテストに従っているとすると，上の式は完全な一般性をもって成立する．このことを検証するには，初期状態 (a_1, a_2) の下，異なる二つの投入価格比率に対して，コスト比較テストを通過する投入空間領域を比較すればよい．そのような比較を可能にする前提は，探索によって生じる選択肢の分布は，価格に依存していないということである．第2の特性としては，行列 F の列は上記の関係と似た関係性で配列されている．つまり，

(7) $\quad \sum_{i=1}^{n} f_{iK} \leqq \sum_{i=1}^{n} f_{ik} \quad$ ここで $\quad n, k=1, \cdots, N-1$
$$K > k.$$

これは，高い水準の状態にあってそこから低い水準に移動する確率は，低い数値の状態にあってそこから低い状態に移動する確率時よりも小さいということである．この数学的な特性は，探索は〝局所的〟であるという経済学の考え方から見て妥当な解釈である．つまり，探索は，既存の技術の漸進主義的な改良として行われるということである．局所的探索は，要素比率を大幅には変化させない．そして初期状態に近い比率は採用されやすい．もし初期の比率が低い場合には，ある値よりも比率が低いままで終わってしまう確率は高くなる．ここでは，我々は行列 F に対して式（7）が成立すると単純に仮定している．しかしながら，探索とテストに，更なる追加的な仮定と，多少手間のかかる議論を行うことで，この特性は定理として確立できる．必要なことは，探索は〝局所的〟という性格ををより強めることで，Δ は非常に小さく，整数 B は大きいが $B\Delta$ が1より非常に小さい範囲にとどまるとし，(G, H) の確率分布はあまり特殊なものではないとしておく[6]．これらの仮定のもとで，不等式（6）と（7）は，厳密に不等号として成立する（式

（6）については少し例外がある．我々は離散的な確率分布を扱っているので，非常に小さな価格変化がコスト削減テストの結果を変化させない場合がある．そのような場合を除く）．我々はこのような関係式が実際に厳密に成立すると仮定する．

所与の企業における要素比率の動的な振る舞いを分析するには，本章の付録において示された数学的な結果を直接的に適用することができる．1番目の生産要素の相対価格が上昇するときの企業行動は，特定の a_2/a_1 比率＝ $\exp(u_i)$ によって表される．マルコフ連鎖の N 個の状態上のその企業の確率分布は，i 番目の値が1で他が0である単位ベクトル δ_i によって表される．時刻 τ から先のその企業の要素比率の変化は，推移行列 F ではなく $\hat{F}$ によって決められる．付録の記号では，$\hat{F} > F$ と仮定している．これは，F のすべての列に関して，より高い水準の状態へ向かう確率的な傾向があることを示している．ここで F の列の間に成立すると仮定されている順序づけの特性は，付録において条件（*）で示されているものである．付録の定理3（そしてその後に続く議論）から，これらの条件のもとで，$\hat{F}^t > F^t$ が成立する．そしてここより明らかに，$t > \tau$ に対して

$$\hat{F}^{t-\tau}\delta_i > F^{t-\tau}\delta_i$$

となる．これはつまり，時刻 τ における要素価格の変化により，τ の後，要素比率の確率分布は，a_2/a_1 がより高い値をとる方向へシフトしたということである．このシフトは，確率分布が初期条件から独立した定常確率分布に収束した場合でも成立する（付録の定理4を参照）．

ここで，産業の平均的な要素比率に対して何が起こるか考えてみよう．先の分析を個々の企業に適用する．ただし，異なる企業は一般的に，時刻 τ における要素比率 $\exp(U\tau)$ と $V\tau$ の値をそれぞれもっているとする．要素

---

6) 正確にいえば，G と H が $-B$ と B の間に一様分布し，$B\Delta \ll 1$ なら，ここでの結果は成立する．また，代替候補が，初期値の周りに集中して分布していればいるほど（$B\Delta$ が小さいほど），分布は偏ってくるが，それでも結果は成立する．$B\Delta$ の値が小さいということは，要素比率の〝一期間の〟変化率が小さいということであり，したがって我々は〝期間〟が短いと解釈することができる．これらの考察から考えて，ここで議論している性質は，連続的な時間と状態空間についても適用できる一般的なものと考えてよいだろう．

価格の変化は，あらゆる企業の確率分布を，a_2/a_1 の値が高くなるような方向へ置き換える．τ から離れた未来を見れば，すべての企業の確率分布は，推移行列 $\hat{F}$ で決まる定常分布に収束する．このため，$t > \tau$ のすべての時刻 t における企業の要素比率の単純平均の分布は，価格変化の結果標準的な方向に置き換えられる．また大きな t に対する要素比率の（単純）平均の期待される値は，

$$\sum_{i=1}^{N} s_i \exp(u_i) \quad \text{から} \quad \sum_{i=1}^{N} \hat{s}_i \exp(u_i)$$

に増加する．ここで s と $\hat{s}$ は，それぞれ F と $\hat{F}$ に対応する定常確率分布のベクトルである．

もちろん，実際の産業の x_2/x_1 比率の総計は，個々の企業の比率を資本で加重した平均値である．これはすでに分析した探索が起こり，淘汰の効果が働くと，産業のなかの比率が変化するからで，このことは，分析を幾分複雑にする．時刻 t における企業 m が $U_t = u_i$ の要素比率をもつとき，$I_{im}(t) = 1$，そうでない場合は $I_{im}(t) = 0$ であるとしよう．$I_{im}(t)$ は N 次元の確率ベクトルであり，マルコフ過程での企業 m の時刻 t での要素比率の状態を示している．$Z_m(t)$ を企業 m の資本シェアだとすると，

$$Z_m(t) = \frac{K_m(t)}{\sum_{j=1}^{M} K_j(t)}.$$

このとき，産業全体としての要素比率は，以下のように書くことができる．

$$\alpha(t) = \sum_{i=1}^{N} \sum_{m=1}^{M} Z_m(t) I_{im}(t) \exp(u_i).$$

$\alpha(t)$ の期待値をとると，

$$E(\alpha(t)) = \sum_{i=1}^{N} \sum_{m=1}^{M} \exp(u_1) [E(Z_m(t)) \cdot E(I_{im}(t)) + \text{Cov}(Z_m(t), (I_{im}(t))].$$

上の分析は，t が大きいとき（すべての m に対して），$E(I_{im}(t))$ が $\hat{s}_i$ にほぼ等しくなるということである．仮に要素価格の変化が起きなければ，等しくなる値は s_i である．資本シェアの合計は 1 であるので，これは $E(\alpha(t))$ が，共分散項 $\text{Cov}(Z_m(t), I_{im}(t))$ の総和分だけ，以前に表され

た単純平均と異なっているということを意味している．これらの共分散項の存在が提起する問いは，要素価格の変化が，共分散に例外的な変化を生み出すかどうか，そしてもしそうであれば，それは産業における要素比率の総和の挙動に重要な標準的でない効果をもたらすかどうかということである．この問いに対する我々の答えは，明確ではない．

　探索が局所的であるとする我々の仮定が意味しているのは，生産要素の集約度についての企業の立場が，時間が経過してもおおよそ継続する傾向があるということである．そのような状況では，$t=\tau$ 期の産業に影響を及ぼす要素価格の変化は，その後に標準的な方向への淘汰効果を生み出す傾向がある（この章の前の方で指摘したように，ここでの比較は，価格変化がない場合に起こることとの比較である）．大きな価格変化に対しては，長期にわたる過渡的状態が存在し，そこでは，探索の効果が徐々に要素比率の分布の重みづけを，まったく新しい領域へとシフトさせていく．もし，この過程が実現する過渡期のなかで，ある企業が，正しい方向へ要素比率が変化する集団の先を行くのであれば，その企業は，遅れをとったときに比べてよりよいコスト削減と相対的に高い成長を経験するだろう．このため，価格が変化したすぐ後の時期については，資本シェアと要素比率の間の共分散は，価格変化に対する淘汰のメカニズムをある程度反映しているとみなすことができる．

　しかしながら，より先の将来を見れば，すべての個々の企業は要素比率は，定常確率 s に従って分布しているとみなされる．コスト削減の経験は要素比率を変化させ，要素比率は期間ごとに異なっているが，企業の資本シェアはその企業の全体の歴史を反映しており，そこでは，直近の期間はわずかな役割しか果たさない．それゆえに，時間が無限に近づくにつれ，要素比率と資本シェアとの間の共分散はゼロに近づく傾向があると推測することができる．この推測の証明は，ここで我々が提示したものよりもより明確な企業の成長過程についての定式化されたモデルの文脈でのみ示される．我々がこの推測を証明するのは，幾分疑義のあるモデルについてのみであり，そのモデルとは，産業がほとんどの間独占状態に近い状態——ただし，同じ企業が支配的な地位にあり続けるとは限らないが——にあるモデルである．産業構造が長期的にはこのように変化する傾向にあるということは，ある意味では，

企業の成長率は企業の規模とは独立しているという〝ジブラの法則〞の特性あるいはそれに近い特性をもつことを意味する．そのようなモデルは，技術的な関心だけでなく実際的に非常な重要性を有している．この問題については第Ⅴ部で触れることにする．

3．それがどのような違いをもたらすのか

　変化する市場条件に対する企業や産業の反応について，進化理論的見方をすることと，あるいは正統派的な見方をすることとが，どのような違いをもたらすのだろうか？　ここでの進化理論的視点という言葉は，この章の前の方で述べた幅広く定義された見方を意味しており，ここで示された特定のモデルを意味してはいない．正統派理論の場合，特定のモデル（たとえば，コブ=ダグラス型の生産関数と線形の需要曲線を含むモデルのような）の評価にその成否をかけるべきではないのと同じように，第Ⅱ部での我々の特定のモデルは，モデルの集合の一つとみなすべきである．我々がここで検討したいのは，進化的モデルの集合と，正統派モデルの集合との比較である．

　変化する市場条件に対する企業と産業の反応についての理論は，経済学の理論において二重の役割を果たしている．それはあるときには，それ自体の特定の関心に基づく理論であり，またあるときは，より大きな構造のための基礎である．たとえそれが，市場条件の変化が企業行動に与える特定の影響を探求するための理論であるとしても，我々は正統派理論は不適切なものであると強く主張する．それが行う予測のなかには，定性的には正しいものもあるが，この章で中心的に議論したように，他のより幅広く定義された理論（とくに進化理論）もまた，ただしい定性的予測をすることができる．正統派理論から導き出されるモデルの定性的信頼性は高くはない．進化理論は，正統派理論のすべての要素とそれ以上のものを含むため，おそらく，進化理論的アプローチに基づいた計量経済学的な推計式は，より狭く定義された推計式と少なくとも同じ程度の予測はできるはずである．

　進化理論と正統派の予測精度についての利点を議論するのを止めるとしよう．すると，定式化された理論が，問題となっている現象の具体的な説明と

どの程度一致しているかということが，利点の重要な判断基準となるだろう．結局のところ，前者の定式化された理論は，後者の具体的な説明の抽象化された形にほかならない．具体的な説明は，経済学者が政策志向の分析に研究を応用したり，それに参加したりするときに明らかにされる．政策選択に影響を与えることを意図して，応用研究に取り組む経済学者は，しばしば正統派の定式化された理論の限界を大きく離れる必要があることを認識する．彼らは，市場の反応について我々の進化理論的説明が描いたすべてのメカニズムが働くことを，暗黙にあるいは明示的に，認めている．

　たとえば，石油や天然ガスの価格を上昇させるままにして置くことで，エネルギー消費型の企業のエネルギー代替や節約を進めるという議論を考えてみよう．ほとんどの経済学者は，企業が，もっとも効率的な選択を自動的に選ぶような最適意思決定ルールをもっているとは考えていない．多くの生産設備では，（たとえば）異なる燃料を使用し，変化する価格に対して自動的に燃料を切り替えることができる．けれども，このような自動的な意思決定で，経済全体の高い価格に対する反応を説明することはできない．むしろ，高い燃料価格は企業（と消費者）に，代替エネルギーの利用や節約，あるいは何もしないという選択肢について考えを巡らせるようにするだろう．燃料価格上昇の供給面の反応についても，同様にいくつかの議論すべき側面がある．多くの経済学者は，高い価格は，短期長期の両面で，供給量を増やすと主張している．明らかにたいていの供給者は確実に短期的には自動的に生産量を増やす反応を見せる．しかしながら，長期的な供給の反応は，文字通りの意味で探索過程が関わってくる．高い価格が，より多くの新しい油田やガス田などの探索や，地中からより多くの石油を取り出す方法についての研究開発を誘発することが予想されるからである．もちろん，すべての石油企業が同じ適応をし，同じ方向に探索を行い，一緒に成功するあるいは失敗するというようなことは考えられない．むしろ，他社よりも，賢く，幸運に恵まれ，初期条件が良い企業があって，それらが成功し，成長し，そして他社による模倣の対象となるという傾向があるだろう．価格の変化に対し，与えられた選択肢の集合から手段を選択することが企業の対応であるという話は，実際の企業活動の比喩として明らかに適切でない．このような比喩だけに基

づいて分析を構築するような経済学者は，いるとしてもごくわずかだろう．

　定式化された正統派の理論は，具体的事例について考えるときに役に立たず，実際にはより広い概念が使われている．しかし，ここで問題なのは，この広い概念は，暗黙的でアドホックであり，明示的で体系的になっていないため，数多くの重要な論点が無視される傾向にあるということである．顕著な例として，〝代替弾力性〟やあるいは〝供給弾力性〟のような概念を考えてみる．現在の定式化ではこれらを，〝技術的に決定されたデータ〟として扱っているが，それらもより深い構造的な分析をすれば人の手で操作でき，いわば〝説明できる〟変数である．経済の進化理論によれば，企業と産業の代替と供給の反応は，価格の上昇によって引き起こされた〝探索〟と〝技術革新〟の質と量の関数である．このように，正統派理論の重要なパラメータには，進化理論の立場からは内生化される．

　理論化の方法における正統派理論と進化理論の間のこのような違いは，政策課題についての異なる見方に行き着く．仮に，政策的な問いが，望ましい水準の代替と供給の反応をいかに実現するかということであるとしよう．正統派のアプローチでは，経済主体が直面する価格と社会的目的の関係を検証し，さまざまな反応の望ましさを最終的に決定する．そこでは供給と代替の弾力性は，技術的なデータとしてみなされる．進化理論的観点から見ると，これらの変数は所与のものとはみなせない．分析者は，これらの変数が政府の政策によってどのように変化するか，または変化させられなければならないのかということを検討する．とくに，研究開発の促進や誘導における適切な政府の役割は何かという問題が，問われるべき課題となる．重要な研究開発プロジェクトが大きな外部性を引き起こすかどうか，あるいはそのプロジェクトが企業のもつ資源を超えた規模の支援を必要としているかどうかが問題となる．これらの問題に答えることは簡単ではない．進化的理論が優れているのは，これらの問題が明示され，一般的そして具体的な両方の面からこれらの問題に焦点をあてて研究が行われるようになるという点にある．正統派的の弱点は，エネルギー政策について経済学者が分析を行うとき，これらの問題が無視されている点である．

　また，いくつかの定式化されたエネルギーのモデルでは，研究開発は，時

間のなかで最適な技術の組み合わせを見出す事であるというつまらない扱い方をされている．そのモデルにおける多くの〝技術〟は，今は利用できず，適当な将来の時間において利用可能になると仮定されている．これらの技術の開発に関わるコストやその経済的特性についての不確実性は無視されている．その結果，多数の選択肢を同時に開発し探求することが望ましいという事実がはっきりと示されない．研究開発——技術革新の問題の核心は，人々がいくら合理的であっても，いつ，どのような技術が最良になるかについての意見が一致しないという点にある．そして，これが，我々が，研究開発を競争的企業に自分たちの賭けとして行わせ，集権的な管理のもとに移そうとしない主要な理由である．なお，そのようなシステムにおいては，研究開発の動機づけとその動機によって行われる研究開発の組み合わせ，すなわちポートフォリオをどう決めるかという問題がある．時間軸のなかで開発されていく技術はそのような開発のポートフォリオに基づいて生み出される．政府の役割は，不確実性と技術の〝最適な賭〟が避けられないとき，積極的な政策によって，研究開発に取り組む者の動機を変化させ，そのポートフォリオを社会的な観点から見て有意義なものにするという点にある．正統派理論の応用経済学の研究者たちが，これらの問題を探求するモデルを構築することはない[7]．

　正統派理論は，企業と産業の振る舞いを一般的にモデル化する際の基本構成要素としては不十分である．先に我々が指摘したように，抽象化を行おうとすると，異なる現象ごとに異なる点に力点をおいたモデル——あるいは小規模な理論——が必要になる．現象ごとに異なる目的をもった多様なモデルを作ることが避けられないならば，それらの異なるモデルは，より広い〝一般理論〟の特定の例であるとみなせる事が大切である．変化する市場条件に対する企業と産業の反応についての理論は，特的の目的のための理論というだけではなく，ある意味でこの一般理論であると分析者にみなされるべきである．そうであってこそ，構造的に適切なモデルになる．正統派理論におけるモデルが成長やシュンペーター的な競争を適切に説明できないということ

---

7) この政策の問題については第16章で再び触れることにする．

を，我々はすでに指摘した．我々が提唱する進化理論的アプローチの優れた利点は，成長や動学的競争といったような，明らかに動学的な問題に対する拡張性である．第Ⅳ部と第Ⅴ部では，伝統的な問題を検討するためにここで用いたモデルと非常に良く似たモデルを使い，この動学的問題に取り組むことになる．そこでは，正統派理論をこの問題領域に拡張するときに障害となるような問題は生じない．

付録

この付録では，すべてのベクトルは空間R^Nにおけるベクトルとする．そして，すべての行列は$N \times N$行列とする．下付き文字は，ベクトルと行列の要素を示す．上付き文字によって異なるベクトルが区別される．もしAが成分a_{ij}をもつ行列だとすると，a_jはAのj番目の列を意味する．

我々は，$\succsim$によって表される，R^Nにおけるベクトルの弱順序に注目することにし，以下のように定義する．2つのベクトル，$x = x_1, x_2, \cdots, x_N$と$y = y_1, y_2, \cdots, y_N$を考える．そのとき，すべての$n = 1, 2, \cdots, N$に対して，$\sum_{i+1}^{n} x_i \geqq \sum_{i+1}^{n} y_i$であるときのみ，$y \succsim x$であるとする．$y \succsim x$で，$x \succsim y$ではないとき，$y > x$によって，厳密な関係式$>$を定義する．このとき$y > x$という記述は，$\sum_{i+1}^{n} x_i \geqq \sum_{i+1}^{n} y_i$のなかの少なくとも一つの$n$にとって厳密な不等関係があることと同値である．

我々のモデルでは，ベクトルxとyは確率ベクトルである．つまり，それらは非負であり，それらの要素の総和は1である．具体的には，それらは有限マルコフ連鎖の状態に対する確率分布である．$\succsim$という関係式を理解するため，マルコフ連鎖の状態が直線上の点$1, 2, \cdots, N$で表されるとしよう．このときの部分和，$\sum_{i=1}^{n} x_i$は点nにおける累積分布関数の値に対応している．そのとき関係式$y > x$は，yに対応する累積分布関数が，xに対応する累積分布関数の右側にあるということを意味している．また代数的な定義は，yに対する累積分布関数がxに対する累積分布関数をいかなる場所でも越えず，そして少なくとも一つの点では下回るということを表している．いい換

えると，$\gtrsim$は，標準的な表現でいえば一次の確率優位にあたる[8]．ただし，それには状態の望ましさの順位が，直線上の順序と一致するという条件が必要である．現実に状態を示す添字が直ちにそのように解釈できるわけではないので，そのような解釈を得るためには追加的な仮定が必要になる．以下の分析ではこの課題に取り組む．

関係式$\gtrsim$は以下の方法で，行列に拡張できる．2つの行列A, Bがあり，もしそれぞれの列で$\gtrsim$が成り立つのならば，つまり$j=1, 2, \cdots, N$について$b_j \gtrsim a_j$であるならば，$B \gtrsim_c A$と表される．少なくとも一つのjに対して，$B \gtrsim_c A$かつ$b_j \gtrsim a_j$であるならば，行列についても厳密な関係式$>_c$が成立するとする．行列と単位ベクトルの関係から，推移確率行列の幾何学的な解釈が得られる．一般的に，

定理1　　もし$B \gtrsim_c A$かつ$x \geqq 0$であるならば，$Bx \gtrsim Ax$である．

証明　　$y^a = Ax$, $y^b = Bx$とし，$d_n = \sum_{i=1}^{n}(y_i^a - y_i^b)$と定義するとそのとき
$$d_n = \sum_{i=1}^{n}\Big(\sum_{j=1}^{N} a_{ij}x_j - \sum_{j=1}^{N} b_{ij}x_j\Big).$$
和の順番を換え，x_iを括りだすと以下のようになる．
$$d_n = \sum_{j=1}^{N} x_j \Big(\sum_{i=1}^{n}(a_{ij} - b_{ij})\Big).$$
すなわち
$$d_n = \sum_{j=1}^{N} x_j c_{nj},$$
ただし，ここで
$$c_{nj} = \sum_{i=1}^{n}(a_{ij} - b_{ij}).$$
である．

---

[8] 経済学において確率優位という概念が主に用いられているのは，不確実性のもとでの最適選択に関する理論である．たとえば，カークとサポスニック（1962）やヘイダーとラッセル（1969）を参照．

$B \gtrsim_c A$ という仮定より，すべての j と n に対して，$c_{nj} \geq 0$ である．また，すべての n に対して，$x_j \geq 0$，$a_n \geq 0$ であるため，これは $Bx \gtrsim Ax$ と等値である．

もし $B >_c A$ であるならば，そのときある n と j に対して $c_{nj} > 0$ であるということに注意しておく．またもし $x > 0$ であるならば，ある n について $d_n > 0$ であり，また $Bx > Ax$ である．ここで，x を半正値とする．つまり，$x \geq 0$ かつ $x \neq 0$ とする．すべての $j = 1, 2, \cdots, N$ について $b_j > a_j$ ならば，再び $B_x > A_x$ である．二つの行列の列についてのこの最後の条件は，我々の議論にとって重要であり，$B > A$ という記号で表すことにしよう．もし A と B が推移確率行列であり，x がなんらかの確率ベクトルであるならば，$B > A$ は $Bx > Ax$ を意味する．

本文中では，推移行列が状態の順序の分布を大きく変えることは無いという点に関心をおいた．たとえば，時刻 t に分布が大きい数字の状態に集中しているとしたら，時刻 $t+1$ にも大きい数字の状態に集中しているだろう．より定式的にいえば，仮に時刻 t に状態 N にすべて集中しているとすると，時刻 $t+1$ には，"非常に右に偏った"分布をしているだろう．同じように時刻 t に $N-1$ と $N-2$ に集中していれば，そうではないときに比べて右に偏った分布が得られるだろう．この考え方に沿って考察する，推移行列の列の順序づけについて次の条件が導かれる．

$(*): a_N \gtrsim a_{N-1} \gtrsim \cdots \gtrsim a_1$

定理2 $y \gtrsim x$ であり，行列 A が条件 $(*)$ を満たすならば，$A_y \gtrsim A_x$ である．

証明 先の証明に引き続き，$z^x = Ax$，$z^y = Ay$ として，$d_n = \sum_{i=1}^{n}(z_i^x - z_i^y)$ とする．このとき

$$d_n = \sum_{i=1}^{n}\left(\sum_{j=1}^{N} a_{ij}x_j - \sum_{i=1}^{n} a_{ij}y_j\right) = \sum_{i=1}^{N}\sum_{j=1}^{N} a_{ij}(x_j - y_j)$$
$$= \sum_{j=1}^{N}(x_j - y_j)\sum_{i=1}^{n} a_{ij}.$$

ここで

$$c_{nj} = \sum_{i=1}^{n} a_{ij},$$

とすると，このとき

$$d_n = \sum_{j=1}^{N} (x_j - y_j) c_{nj}.$$

となる．ここで，行列 A についての条件 (*) により，$n = 1, 2, \cdots, N$ について，

$$c_{n1} \geqq c_{n2} \geqq \cdots \geqq c_{nN} \geqq 0.$$

総和である d_n は以下のように書き換えることができる．

$$d_n = c_{nN} \sum_{j=1}^{N} (x_j - y_j) + (c_{n(N-1)} - c_{nN}) \sum_{j=1}^{N-1} (x_j - y_j)$$
$$+ (c_{n(N-2)} - c_{n(N-1)}) \sum_{j=1}^{N-2} (x_j - y_j) +$$
$$+ (c_{n1} - c_{n2})(x_1 - y_1).$$

$x_j - y_j$ の和と $x_1 - y_1$ が非負であることは，$y \gtrsim x$ から直接に導き出せる．c_{nj} を含む一連の不等式の体系から $j = 1$ から $N-1$ について，$c_{nN} \geqq 0$ であり，また $c_{nj} - c_{n(j+1)} \geqq 0$ である．したがって，d_n は非負の要素の積の和となり，その値は（すべての n に対して）非負である．こうして求めていた結果が得られる．

厳密な不等号 $Ay > Ax$ を得るには，$y > x$ と条件 (*) の関係が厳密な不等号で成立すればよい．

実際の応用では，定理 2 は，推移確率行列 A が条件 (*) を満たせば，$\gtrsim$ で順序づけられている 2 つのベクトルに対して推移確率を適用したとき，その順序が保持されることを意味する．行列の m 乗は，この過程における m 回の推移の結果の確率を表しており，それはもちろん，行列 A を自身への列へ繰り返し掛けることによって得られる．もしこれらの列が，条件 (*) が意味しているように，$\gtrsim$ によって順序づけられていれば，その順序は A の累乗においても保持される．さらに，もし 2 つの行列が $\gtrsim_c$ によって列方

向に順序づけられていれば，その関係もまたそれらの行列の累乗においても保持される．これが以下の定理の内容である．

定理3 もし A と B が非負の行列であり，A が定理2の条件（*）を満たし，$B \gtrsim_c A$ であるならば，そのときすべての正の整数 t について，$B^t \gtrsim_c A^t$ である．

証明 $t=1$ の場合は，仮定により満たされる．帰納法を用い，命題が $t=m$ で真と仮定する．a_j^m が，A^m の j 番目の列を意味するとし，後はそれに準ずるとする．そのとき，

$$a_j^{m+1} = A a_j^m.$$

帰納法の仮定より，$b_j^m \gtrsim a_j^m$ である．定理2により，それゆえ

$$A b_j^m \gtrsim A a_j^m$$

B は非負であるため，B^m も非負である．それゆえ定理1より，以下のことがいえる．

$$b_j^{m+1} = B b_j^m \gtrsim A b_j^m.$$

したがって，$b_j^{m+1} \gtrsim a_j^{m+1}$ であることが示される．それゆえに，

$$B^{m+1} \gtrsim_c A^{m+1}$$

したがって，命題はすべての整数 t に対して真である．

$B^t >_c A^t$ という結論を得るには，上記の証明において，$A b_j^m \gtrsim A a_j^m$ あるいは $B b_j^m \gtrsim A b_j^m$ のどちらかの関係が厳格に満たされればよい．この結論は $B >_c A$ で，条件（*）が A か B に厳格にあてはまっていれば成立する．もし条件（*）が A に厳格にあてはまって，かつ $B > A$ であれば，すべての t に対して，$B^t > A^t$ である．

定理4 A と B をマルコフ行列とする．つまり，すべての列の合計が1である非負の行列とする．A が唯一の定常確率ベクトル x^A，つまり，最大

の固有値に対応する非負の固有ベクトルをもつとする．またx^BをBに対する定常確率ベクトルとする．もし条件(*)がAに成立し，$B >_c A$であれば，そのとき$x^A \gtrsim x^B$である．

証明 定理1より，$x^B = Bx^B \gtrsim Ax^B$である．定理2を繰り返し適用すると，

$Ax^B \gtrsim A(Ax^B)$,
$A(Ax^B) \gtrsim A(A^2 x^B)$, etc...

つまり，$t = 1, 2, \cdots$について，$A^{t-1} x^B \gtrsim A^t x^B$である．ただし，$\lim_{t \to \infty} A^t x^B = x^A$であり，それゆえ，次式が得られる．

$x^B \gtrsim x^A$

条件(*)の関係式がAに関して厳密に満たされ，$x^B > Ax^B$であるとする．すると，$x^B > x^A$となる．条件$x^B > Ax^B$が成り立つためには，$x^B > 0$かつ$B >_c A$であるか，または，x^Bが半正値であり，かつすべてのjに対して$b_j > a_j$であればよい．

直感的には，定理4は以下のことをいっている．推移行列AがBと次の点で異なるとする．すなわち，それぞれの状態について，行列Aはより低番号の状態により高い確率を与えている．このとき，Aの定常確率分布は，Bの定常確率分布に比べ，低い番号の状態により高い確率を与える．このように表現されると，結果は非常に直感的にわかりやすく自明に見え，行列Aについての条件(*)はその必要性が疑問に思えてくるかもしれない（定理2も似たわかりやすさをもっており，同様に条件(*)の重要性について誤解を生じさせやすい）．ゆえに，ここで，$B >_c A$であるが，$x^B > x^A$ではないような二つの行列AとBの例を示しておくのが良いだろう．$N = 2$の場合，そのような例をつくるのは不可能である．しかし，$N = 3$の場合，以下の行列を考えよう．

$$A = \begin{bmatrix} 0.8 & 0 & 0.8 \\ 0.2 & 0.8 & 0.2 \\ 0 & 0.2 & 0 \end{bmatrix} \quad B = \begin{bmatrix} 0.75 & 0 & 0.75 \\ 0.25 & 0.25 & 0.25 \\ 0 & 0.75 & 0 \end{bmatrix}$$

明らかに $B >_c A$ である．そして，容易に以下を示せる．

$$x^A = \begin{bmatrix} 0.4 \\ 0.5 \\ 0.1 \end{bmatrix} \quad x^B = \begin{bmatrix} 0.5625 \\ 0.25 \\ 0.1875 \end{bmatrix}$$

直感的にもわかることであるが，B では状態3の定常確率が高くなり，それは状態2の確率を大幅に減少させ，状態1の確率は増加させる．結果として，もし状態番号の増加関数となるように，状態にたいして数値を割り当てた場合，この確率変数の定常状態での B の期待値が A よりも低くなることは十分可能である．しかも，条件つき期待値は B の方が高いまま．たとえば，数値1，2，3を状態1，2，3にそれぞれ割り当てればよい[9]．

---

9) これらの数値結果について最初に発表（ネルソンとウィンター，1975）した後，オブライエン（1975）の論文が我々の関心を引いた．それは，我々よりも，かなり広い一般性をもった確率過程についての定理の比較を行っており，我々が行ったのと同じ，有限マルコフ連鎖の場合に関係する定理の原典として，カルミコフの1962年の論文を引用している．

第IV部　成長理論

第8章　新古典派成長理論——批判的検討

　過去の偉大な古典的経済学者たちは，自らの経済理論のなかで，経済の長期的な発展パターンに関心を払っている．彼らは，これまでに観察された歴史的変動には，技術進歩と資本形成が重要な役割を果たしているという認識をもっていた．リカードとマルサスは（いくつかの点で）やや悲観的であったが，それ以前のスミスと彼らに続く古典的経済学者は，少なくとも将来の一定期間については，長期的な経済変動は経済進歩を意味すると考える傾向があった．

　一定の技術のもとで，（さまざまの市場構造における）企業行動に関心を集中するミクロ経済理論が発展したのは，経済思想の歴史のなかでは比較的最近のことである．さらに，それが教科書と議論の大半を占めるようになったのは第2次世界大戦のあとのことである．ミクロ経済学がなぜ長期的な経済発展への関心を失ったのかという問いに答えるのは，簡単ではない．一つの理由は，静学的理論のほうが動学的理論よりも数学的定式化が容易であるからであろうし，また，理論が発展するときの取るべき道筋をとったまでといえるかもしれない．いずれにせよこのような経済学の知的発展のなかで，経済学者は経済成長への関心を失う傾向にあった

　いずれにせよ，結果として，1950年代に経済学者が再び長期的な経済成長パターンに関心を抱いたとき，彼らは経済成長の理論が見当たらないことに気がついた．成長理論を構築しようという最初の試みは，ケインジアンの分析のなかに明示的に動学を取り入れようとするものであり，その試みは，

投資は財・サービスの需要であるともに財・サービスを作り出す生産能力の拡大でもあるという認識に基づいていた．しかしながら，そうしてつくられたハロッド・ドーマー成長モデル（Harrod-Domar growth model）は，投入係数が固定されているという仮定を使っており，その結果，資本労働比率や1人当たり実質所得の継続的な上昇という経済成長の最大の特徴を，十分に説明することはできなかった．1950年代後半になり，成長理論の理論家たちは，これらの特徴を説明するために，新古典派の静学的ミクロ理論の分析用具を使うようになった．

　その結果，新古典派の分析用具のもつ性質は，成長理論が果たすべき説明とアプローチに深い影響を及ぼすことになった．成長理論が果たすべき説明について，経済学者の間にはおおまかな合意がある．最低限説明すべき現象は，生産物，生産要素，そして価格の時間変化である．経済は国によってさまざまの成長率で成長し，同じ国でも成長率は時期によって変わってくる．労働者1人当たりの資本設備と生産物はともなって上昇する．実質賃金は利子率以上に上昇する．一国の成長をさらに部門別に分解すると，ある部門は他の部門より急激に成長するというパターンが見られ，さらにこのパターンが時間とともに変化する．財の相対価格の変化は生産性上昇率の差と関係している．経済理論によっては，これらの現象をどう定義し，またどう理解するかに多少の違いがあるし，また経済学者の方も他の関連した現象（たとえば，企業の間の生産性格差）の扱いについて意見が割れることがある．しかし，ほとんどすべての経済学者は，上記の現象について説明できるのが満足に足る理論であるという点については合意している．

　また，多くの経済学者は，次の点が新古典派経済学の本質的特徴である事に合意している[1]．理論の主要部分は，競争的な産業における生産と企業の理論から導かれる．どんなときでも，企業は，生産要素と生産物についての代替的組み合わせに直面しており，この与えられた外的条件のなかで，企業は利潤を最大にするような選択肢を選ぶ．経済全体も各産業部門も均衡状態にある．ここで，均衡とは，需要と供給がすべての関連する市場で一致

---

[1] 以下の議論の主要部分は最初ネルソンとウィンター（1973）で示された．成長会計はネルソン（1973）によっている．

ており，また，どの企業も他の企業が行動を与件とする限り自分の状況をこれ以上改善できない状態のことを意味する．このとき，もし我々が産業部門が一つだけの"マクロ"経済を考え，ケインジアン的な問題は無いとすれば，経済成長は，生産要素が増加して可能な生産量が増えることで達成される．多くの産業部門を含む経済での一つの"産業"の成長の場合は，これに加えて需要の増加が考慮されなければならない．生産量，生産要素投入量，価格の時間的変化は，生産要素需給と技術変化によって動いていく市場均衡のなかで，企業が利潤最大化行動をとった結果と解釈される．

ソローの簡明な成長理論のサーベイを見ればわかるように（ソロー，1970），上記の考え方は多くの経済モデルに適用できる．この考え方に基づく経験的な分析も数多くありその種類も多い．多くの新古典派による計量モデルは，生産要素増加と技術変化によって経済成長を——決定係数 R^2 が高いという意味で——良く"説明"してきた．成長会計は急速に発展し，成長に影響を及ぼす生産要素の理解を深めるための基礎を提供してきている．成長理論は，現在まで生き延び，経済成長の理解を深めるための多くの調査研究を生み出す元になっている点では，ここまで頑健であったといってよい．このことは新古典派理論のはっきり優れた点である．

しかしながら，成功物語の影には見過ごされた点がある．1950年代の終りまでには次のことが明らかになっていた．伝統的なミクロ経済学での収穫一定などの仮定群の下では，先進国で経験されている労働者1人当たり生産量の増加を，資本などの生産要素が増加して生産関数の上を移動することだけでは説明することはできない．成長のなかで説明されざる残差部分（residual）は，生産要素で説明される部分と同じ程度の大きさにもなって残ってしまう．そして，1人当たり生産量の増加は，まさにこの残差部分によって生じている．経済理論家たちはこの問題を解く道を見出した．初期には，シュンペーター（1934）とヒックス（1932）が技術革新（技術変化）を，生産関数がシフトすることであると解釈する方法を考えた．1950年代の終り，ソロー（1957）の業績は，これを新古典派の成長理論の一部に組み入れたことである．実証分析においては，この残差は呼び名が変わり，"技術進歩"と呼ばれることになった．実証分析を行うものは，経済理論は何一つ生

産性の上昇を説明しませんと人々に報告することをやめ，代わりに技術変化が経験された生産性上昇の 80 ％（あるいは 75 ％か 85 ％）を説明するという〝発見〟を報告するようになった．

1．経済成長の残差による説明

残差＝ニュートリノとしての技術変化

このいい換えは一種の知的なすりかえであるが，このようないい換えは経済学に限ったことではなく，また科学の発展のためには必ずしも悪い事ともいえない．よく知られているのは物理学でのニュートリノ（中性微子）の例である．誤差項をニュートリノと〝いい換える〟ことが新たな知見を生んだ．物理学者たちは，最後にはこのニュートリノを発見し，ニュートリノの存在を考えて理論を修正すると，ニュートリノのもつ性質は基本理論と整合的であることが示されたのである．1950 年代以来の経済成長の研究者も，〝技術変化〟と呼ばれている残差部分をより正確に測定し，そして技術変化に関する現象をよりよく説明することを最大のなすべき仕事を考え努力してきている．問題はそれが成功してきたかどうかである．

努力の方向としては，生産関数の枠組みのなかで技術変化の概念をとらえる方法と，技術変化を外生的ではなく内生的にとらえるために生産関数枠組み自体を修正する方法がある．前者の方法では，生産関数を定式化する際に他の要因がつけ加えられる．たとえば〝全要素生産性〟や資本と労働の利用〝効率〟などが良くつけ加えられる要因である．これらの要因は定数ではなく変数であり，モデルのなかで変化しうるものとされている．技術変化は，技術進歩を目的として行われる過去の投資（研究開発投資）の結果として達成される．このように考えることで，新古典派の標準的理論に沿った理解が可能になり，これらの投資に関しても標準的な利潤最大化による説明が導入される．

このような分析枠組みにそってさまざまの経験的分析が行われ，定性的には理論どおりの結果が出ている．たとえば，発明から得られる利益が産業の規模に比例的であるとすると，発明の量は産業の規模が大きくなるほど増え

るだろうし，また一時点をとれば市場規模の〝大きな〞産業のほうが規模の小さい作業より，多くの発明活動が行われるはずである．これは，まさにシュムックラー（1966）が，特許を発明活動の指標として分析して導いた結果そのものである．

　また，ある製品を生産するときに必要なさまざまの生産要素を〝節約〞する，あるいは効率的に使うための技術進歩についても，理論的な関心が集まった．理論的に考えると，ある生産要素の価格が相対的に高くなれば，その生産要素をより効率的に使おうという努力が促されるはずである．最近のハヤミとルタン（1971）の研究は，農業について，時系列で見てもクロスセクションで見ても，この理論どおりの現象が観察されることを示した．

識別問題

　ニュートリノの場合，観察されざる未知の粒子の性質は，そのときに利用できる理論（この理論が正しいとすればであるが）によって，比較的よく記述されている．技術変化の場合，新古典派理論は，どれくらいの〝大きさ〞の技術変化があって，それがどれくらい重要であるかについては，何も語ってはくれない．単に，そこに〝何か〞があるはずだというだけである．問題を明らかにするために，以下のよく知られた〝定型化された事実〞を見てみよう．生産量（国民総生産）の増加速度は，だいたい資本の増加率と同じ程度であり，労働の増加率よりも速い．したがって，資本係数（＝資本／生産量）がほぼ一定である一方，労働者1人当たり生産量（生産量／労働）と資本労働比率（＝資本／労働）は，ほぼ同じ率で上昇していく．資本と労働への分配率はほぼ一定である．したがって，資本の収益率はほぼ一定である一方，賃金率は上昇していく．これらの〝事実〞は西欧経済が経験してきたことであり，成長会計が説明しようとしてきた対象である．

　これらの事実は，新古典派の生産関数に沿って経済が成長すると考えると，うまく説明することができない．生産関数一定なら，労働者1人当たり生産量の増加は，資本労働比率の増加よりも小さいはずであるが，実際には両者はほとんど等しいからである．また，相対的に供給量が増え続ける資本の収益は下がるはずであるが，実際にはほぼ一定である．これらの観察により，

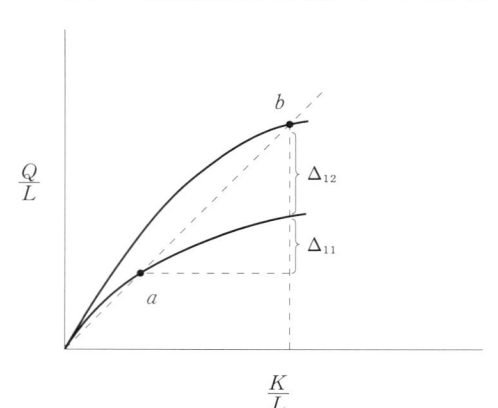

図8・1 生産性の上昇に関する一つの解釈

生産関数はシフトしたと考えざるをえない．

ただし，生産関数のシフトというアイデアを使うとしても，そのなかには質的に異なるさまざまの説明がありうる．たとえば時系列データを説明する次の二つの説明を考えよう．一つは生産関数がコブ・ダグラス型で（これは代替の弾力性が一定である），技術変化がヒックス中立的なときである．もう一つは，生産関数の代替の弾力性が1より小さく，技術変化が労働節約的なときである．第1のケースは図8・1に，第2のケースは図8・2に描かれている．図の a, b の二つの点は同じであり，曲線の傾き（資本の限界生産力）も等しい．したがって，生産要素の投入量，生産量，生産要素価格については，どちらの説明をとっても説明可能になる．

成長会計の立場からはこの二つの説明は次の点で異なる．図8・1の場合，生産関数のシフトがなければ，資本労働比率の増加にしたがって1人当たり生産量は Δ_{11} だけ上昇していた．1人当たり生産量増加の残りの部分 Δ_{12} は，資本労働比率の上昇では説明がつかず，何らかの意味での技術変化が起きたためと解釈できる．同じように考えれば図8・2では，資本労働比率の上昇は Δ_{21} であり，Δ_{22} が技術変化のためと解釈できる．後者の解釈で技術変化の割合が大きくなるのは，代替の弾力性が小さいために生産性（1人当たり生産量）の上昇を資本集約度（資本労働比率）で説明することが難しいためで

図 8・2　生産性の上昇に関するもう一つの解釈

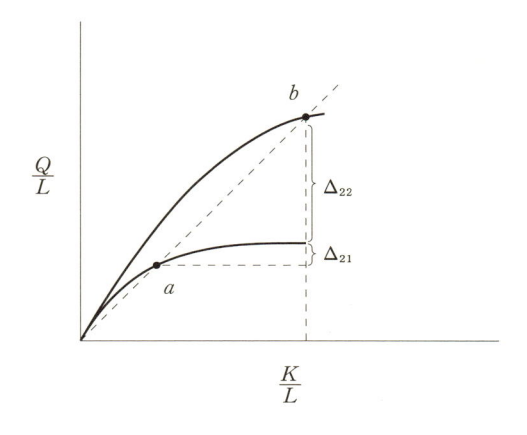

ある．時系列データを見るだけでは両方の解釈が可能であり，先験的な仮定をおくか，他のデータを使うなどの方法をとらないかぎりは，どちらかに決めることはできない．

　この識別問題は推計上の困難を引き起こすが，理論的にはとくに問題はないと考える人もいるだろう．多くの経済学者は実際そう考えている．たとえば，時系列データだけではなくクロスセクションデータがあって，ある一時点でさまざまの生産要素の投入を行う企業データが利用できれば，成長の二つの源泉を区別することができる．同時点で観察される企業は同じ技術的知識を利用していると想定できるからである．しかしながら，これらの企業が同じ経済にいながら，なぜ生産要素投入比率に違いがあるのか．違いがあるとすれば，各企業が直面する生産要素価格が異なるか，あるいは生産要素価格は等しくて企業が異なる生産技術を使っていると考えなければならない．どちらの仮定も新古典派の理論のなかでは出てこない仮定である．

いくつかの重要な概念的問題

　この背後には重要な理論的・概念的な問題が隠れている．新古典派の理論では，企業は自分がこれまで一度も利用したことの無い技術も含めて，その時点で利用可能なすべての技術的可能性のなかから選択を行うと仮定されて

いる．図8・1と図8・2の最初の生産関数において，点 a より右側の曲線部分は，これまでの企業が体験したよりもずっと高い資本労働比率での生産を表している．これは何を意味するか．誰も利用したことがないにもかかわらず，ここが生産可能であるなどとどうしていえるのだろうか．すでにこれまでの章で述べたとおり，現実に行われている生産要素の組み合わせから，遠く離れた組み合わせを使う生産技術がわかっているというのは，現実的な仮定とは思えない．使われたことのない技術を外挿するということは，これまでに述べてきた〝技術革新″と本質的には同じ内容を含んでいる．そうだとすれば，すでに存在している生産関数の上をたどって経済成長を説明することはできないというだけではない．生産関数の上をこれまで経験したことのない領域までたどるということ——これが新古典派による経済成長の説明の中心概念である——は，理論的な概念としても否定されなければならないということである．

　現在の生産要素の組み合わせから離れた組み合わせをどう実現するのかを説明するために，新古典派は生産関数に技術革新のモデルを接合した．が，あまり満足できる結果は得られない．この接合では，〝発明″や〝研究開発投資″の成果をあらかじめかなり詳細に予測できると仮定している．したがって，この接合をやっても，変わるのは，投資によって資本設備や工場を増やして生産関数の上をたどることが，研究開発投資によって別な形の資本（知識？）を増やして生産関数を〝上にシフトさせる″ことになるだけである．どちらの投資も同じ行動モデルで説明される．技術革新と通常の生産活動の違いは完全に無視される．

　この無視は，まず経済活動の記述のレベルで行われる，新古典派理論のなかには，あるべき不確実性が見られず，なにがもっともうまく行く選択かについての意見の相違も含まれていない．技術革新の可能性は基本的に曖昧であるということも考えられていない．

　また，生産活動の記述でも，無視されている面がある．新古典派のモデルでは，企業の利潤最大化行動の結果として研究開発投資への配分が決まり，それによって生産関数が〝シフト″すると仮定されており，この場合，研究開発投資の成果は公共財ではなく〝私的財″とされている．しかし，知識と

いうものは、"設計図"から経験にいたるまで、すべからく"公共的性質"をもっている。たとえ革新を行った企業がこの技術へのアクセスを制限しているときでも、公共的性質はなくならない。少なくとも他の企業がその革新を成功させたという知識が、どのような革新が成功するのかを他の企業に教えることになり、他企業の行動に影響を与える。いくつかのケースでは知識が公開されるか、あるいは専門家であれば十分に内容がわかるので、他企業のその後の研究開発の手がかりになる。

新古典派の技術革新モデルは暗黙のうちに特許制度を想定している。しかし、特許制度の理論的な定式化では十分ではない。特許のライセンス制度が完全であると仮定すると、ある時点で企業が利用可能な技術が、事実として企業ごとに異なっているという事実を説明しにくい。また、自分の研究開発投資の違いにより企業ごとに利潤率が変わることも、特許による説明の範囲外である。

ミクロデータとの不整合

修正された新古典派モデルでも、技術革新にともなう不確実性、技術革新で得た知識の公共的側面、そして企業行動の多様性は、説明の範囲外である。したがって、個々の企業の技術進歩や個人の発明——ほとんどすべての研究がこれらこそが技術革新の中心であるとしている——についてこれまでに知られている事実を説明することも難しい。その結果、技術革新の経済学には奇妙な不整合が生じてくる。マクロや産業別での経済成長の知見と、ミクロレベルでの技術進歩についての知見の相違がそれである。

長い間、経済学者、歴史学者、そして他の社会学者も、ミクロレベルから見たときの技術革新について研究を重ねてきた。我々はこれらの研究を第11章で取り上げる予定である。歴史学者の研究としてはランデス（1970）、ハバクック（1962）、デイヴィッド（1974）、そしてローゼンバーグ（1972）などがある。産業組織論からみた技術革新の研究としては、シュムックラー（1966）、ジュークスとサワーズとスティラーマン（1961）、ペック（1962）、グリリカス（1957）、マンスフィールド（1968）、フリーマン（1974）などがあり、技術進歩の過程について非常に興味ある事実を明らかにしてきている。

それらの事実のなかのいくつかは新古典派の理論と整合的であるが，整合的でないものも多く見受けられる．たとえば，大きな発明では洞察が重要な役割を果たしたこと，発明者たちのものごとを〝見る〟目には一般人とは大きな差があること，そして何か一つ画期的な発明がなされると，他の者たちはそれを真似，あるいは改良しようとすることなどがそうである．発明に限らず技術革新についても同じようなことがいえるだろう．そして，ある時点で存在する企業の間には，使っている技術，生産性，収益率の点でかなりの違いが認められる．これらの研究結果は次のことを示している．技術革新にとってその目的や成功の見込みが重要な役割を果たすだろうが，その一方で企業間，個人間で見られる差は，単純な最大化という概念では説明することが難しい．このような差を説明するためには，知識の差，最大化能力の違い，そして幸運などの他の要素を必要とする．市場競争の果たす役割は，新古典派のような均衡概念ではなく，技術革新や相手より先んじての新製品導入などを通じて行われるシュンペーター的な意味での競争として理解されるべきである．

　ミクロレベルで知られている現象と，マクロや産業レベルでの技術進歩モデルの折り合いをつけるために，マクロモデルは企業の平均的な行動を記述しているのであると主張されることがある．しかし，それは解決にならない．企業間の差と市場の不均衡は，技術進歩によって成長が起こるときの，本質的な特徴であり，新古典派モデルはこの点について何の洞察も与えないからである．

　新古典派の生産理論を修正して，ある時点で存在する企業の技術や収益性の多様性を扱えるようにしようという少数の注目すべき試みもある．ハウタッカー（1956）のモデルでは，ある時点で存在する企業群は異なる生産技術をもち，価格と生産量の組み合わせによって黒字になったり赤字になったりする．生産技術と生産能力は与件とされる．各企業は価格に依存して，生産をするかまったくしないかを決定する．このモデルでは，異なる時期・異なる価格に対して集計された生産量が，通常の新古典派の生産関数と似た形状になることを示すことができる，そしてその一方で，ある時点において，生産性や収益性についてかなり多様な企業が存在することをも許している．

ただし、ハウタッカーのモデルは、なぜ生産技術がそのような水準になったのかを説明しないし、生産能力の分布は与件であり、一定とされている。生産技術の相違を説明する方法としては、設備が導入された時期の違いに注目するモデルがある。たとえばソロー、トービン、フォン・ワイツゼッカーとヤーリ (1966)、サルター (1966)、ヨハンセン (1972) などである。しかし、これらのビンテージモデルでは、新しい投資は常にそのときのベスト・プラクティスの技術を使って行われると仮定されており、企業は新技術についての不確実性に直面することがない。そして、ベスト・プラクティスの技術自体がどう変化するかは説明されない。したがって、新古典派のビンテージモデルは——少なくとも現在のバージョンによるかぎり——経済学者がミクロレベルでの技術変化について観察してきた問題点の大半を説明することができない。

あたかも理論の統合失調症に陥っているように、経済学者の理解はばらばらである。理論体系の最大の目的は、一見して混乱したように見える現象をこれまでの知識を結びつけることであるはずである。しかし、技術進歩を新古典派的に限定的とらえることはこの目的にとっては有害である。さらに、現在の定式化された理論体系は、まじめに理論的分析を行う経済学者と、現象の方に注意を払う経済史家の間の溝を拡大している。

この緊張はすでに経済学者たちによって気づかれている。たとえばノードハウスとトービンは次のように述べたことがある。

「[[新古典派の] 経済理論は、集計化されたマクロモデルでも一般化された産業別モデルでも、新生産物、新技術、そして産業の登場と衰退、それにともなう人口の地理的・職業的分布の変化といった出来事のドラマを隠してしまっている。多くの経済学者はシュンペーターが大枠を描いて見せたような資本主義の発展に同意するだろう。それは、現在、ケンブリッジやマサチューセッツ、そしてイギリスのケンブリッジなどで作られている成長モデルとはまったく異なった考え方である。ただ、この考え方は、分析と経験的調査に使えるような理論の形にはまだなっていない」(1972, p. 2)。

2. 経済成長理論への進化理論的アプローチの必要性

　問題はこうである．新古典派理論による経済成長の説明が多くの残差を残し，この残差が技術変化に対応することがわかって以来，経済学者はこの技術変化の中身を明らかにすることに努力を注いできた．これは物理学者がニュートリノを発見したときに起きたことと同じである．しかし，現在我々が技術変化について知っている事実は，新古典派のモデルを拡張して技術変化を取り扱うことができると考えてきた経済学者にとって，あまり心地よいものではない．だからといって，それらの事実は理論的にうまく扱える現象に比べて小さいことであるとして，脇にのけてしまうこともできない．それらは経済成長にとってむしろ中心的な問題であるということを，すべての（あるいはほんどの）分析者が認めているからである．いまや犬の尻尾が犬を振りまわしている．理論という犬が事実という尻尾と合っていないのである．

　成長理論の新古典派アプローチをたどると，我々はすぐに行き止まりに達する．もし進化理論的アプローチが伝統的な教科書の設問に対してよりよく分析することができるとすれば，そのアプローチで成長を分析することの方が優れているはずである．

第9章 経済成長の進化モデル

　経済成長への新古典派アプローチの長所はたくさんある．新古典派理論は個別の産業部門と経済全体の長期経済成長の背後にある要因をどうとらえるかについての基本的な考え方を示した．この理論が注目してきたのは，要素比率の歴史的な変化であり，また要素比率と要素価格の関係にも分析を集中してきた．これらの重要な用語と理論的な定式化のおかげで，世界中のさまざまな経済学者によってなされた研究は，一貫性をもつことができた．一方，この理論構造の弱点は，技術変化を分析するためには著しく不十分な手段しか与えないということである．とくに正統的な定式化では，経済全体もしくは産業部門レベルの成長分析と，ミクロ経済学レベルの技術変化の現実とが整合的でない．

　進化理論の定式化は次のようなものになろう．少なくとも新古典派理論のマクロ的な成長パターンの予測力と説明力に匹敵する分析を提供しなければならない．そしてそれは技術変化を含む過程をより強力に分析できる方法でなければならない．とくに，ミクロレベルで起こっていることと，マクロレベルで起こっていることを統合した説明を可能にするものでなければならない．

　進化理論の重要なアイデアはここまでの議論ですでに準備されている．企業はどんなときも，彼らが与えられた外的条件の下ですべきことを決める能力，手段，そして意志決定ルールをもっている存在とみなされる．企業はさまざまな"探索"活動を行い，企業の生産活動のやり方に対してできうる改

善点を見つけ，考え，評価している．所与の市場環境の下で，利潤を生むことができる意思決定ルールをもつ企業は拡大し，そうでない企業は縮小する．概して，個々の企業を取り巻く市場環境は，企業行動に対してある程度は内生的である．たとえば，生産量と要素価格はその産業の生産供給と投入需要によって影響を受ける．第III部において，これらの概念は，市場条件の変化への企業の反応と淘汰としてモデル化された．ここでの課題はより広い範囲の理論，とくに経済成長理論に適合するような特定化されたモデルを作り出すことである．

この章で提出されるモデルはコンピューター・シミュレーション・プログラムで解かれている[1]．シミュレーション技術はさまざまな理由で経済分析に使用されてきた．ある場合（多分，もっともよく知られた応用），モデルは全体を構成する多くの部分の理解を基礎に組み立てられている．たとえば，大規模なマクロ経済モデルでは，これらの部分とは推定された行動関係という形となる．知りたいのは，多数の相互依存する変数（国内総生産，雇用，消費支出）の組に対して，いろいろと仮定を動かしたときの効果である（たとえば時間経過，税率の上昇など）．しかしながら，この問いは複雑すぎ，また条件が制約されすぎているので，分析的な手法で解くことは難しい．したがって，分析者は全体のモデルをコンピューター上で作り上げ，評価したい影響をもつ変数について〝実験〟する．このようなケースでは，分析者は自分が分析したいモデルの〝構造〟をはっきりと頭に浮べている．分析者はモデルを非常に単純化したうえで，通常の解析的方法で分析することもできるが，そのような〝過剰な単純化〟の損失を負うのは好ましくないので，シミュレーションの使用が考慮される．

ここでの我々の状況は少し違う．我々はこれから作るモデルに含まれる構成要素の定性的な性質について確信をもっているが，それらの要素がとるべき行動を正確に知っているわけではない．その他の構成要素については柔軟に考えて，モデルが使いやすくなるようにそれらを選ぶ．我々の主たる目的は，個々の企業レベルで多様な行動が生まれることを認めたモデルを作り上

---

[1] このモデルとそれについての議論は，ネルソンとウィンター（1974），ネルソン，ウィンターとシュッテ（1976）に示されている．

げることである．同時に，重要な変数について集計された時間経路を示せるようなモデルが欲しい．そして，これらの時間経路が歴史的経験と一致するように，特定の変数を操作できるようにしたい．また，ミクロレベルのある変数がマクロ的な時間経路へ影響を与える，その仕方を探れるようになりたい．これらの要求によって，我々は必然的にシミュレーションという方法にたどり着いた．

いうまでもないが，解析的モデルではなく，シミュレーションを使うということには代償がともなう．一つには，結果の一般性が限られてしまう．興味ある独立変数と調べるべきパラメータが多い場合，すべての範囲について調べるということは実際上，無理である．モデルが確率的な場合，問題はさらに悪化し，調べられた範囲についての結果でさえ，それを代表的な結果と見てよいかどうかは不確実となる．しかしながら，我々の見解では，多くのシミュレーションモデルの抱えるもっとも重大な問題は透明性の欠如である．すなわち，モデルの結果が理解することが難しいことである．ただし，この欠点は，シミュレーションの方が目立つとはいえ，本質的にシミュレーションモデルが不透明で，従来の解析的手分析の方が透明であると思うのは間違いであろう．最近の雑誌論文を無作為に取り出してみると，従来の解析的な方法で得られた"結論"は，複雑な数式で表現されていて，モデルの実質的な経済的解釈を見出すことはきわめて困難（おそらく不可能）である．

また，シミュレーションモデルでも比較的シンプルかつ無駄をなくすことで，かなりの透明性を達成することができる．そうすることにより，シミュレーションと解析的手法を併用して使うことができる．

我々の考えでは，解析的分析は優れたシミュレーション研究を補うものである．シミュレーションモデルの特別な場合（たとえば特定の変数がゼロと置かれる）は，解析的に扱うことができる．複雑なシミュレーションモデルのある特徴的な結果を表す簡単な解析的モデルを作れることもある．たとえば第10章において示す簡単な分析モデルは，この章で作る複雑なシミュレーションモデルと多くの共通点を多くもっている．一般に簡単な解析的議論によって，シミュレーションでの実験結果に経済学上意味のある解釈を与えることができる．

一方で，シミュレーションは解析的アプローチの有用な補助手段となりうる．シミュレーションモデルは，解析的な扱いやすさのために必要な制約に縛られることはない．ただし，シミュレーションには別の制約があり，動学システムのモデル化の際，$t+1$ 期の状態は t 期と外生的な要因にどう依存しているかについて，プログラムで完璧に記述していなければならない．もしそうでなければ，シミュレーション・プログラムを走らすことはできない．対照的に正統的な解析的モデルでは，力点は均衡条件に置かれており，時間経路はアドホックな方法で扱われるか，もしくは完璧に無視される．

解析的方法とシミュレーションの間のこの補完的な関係を有効に利用しようとおもうなら，シミュレーションモデルを設計するときに解析的方法にも考慮を払う必要がある．重要なのは，解析的な扱いやすさを気にしなくて良いという利点はただでは得られず，シミュレーションの結果は，解析的方法でチェックし，解釈されなければならないということである．解析的なチェックと解釈の労力をかけずに，"リアリズム"の名のみによってモデルを複雑にしていくことは，理論家の試みとしては不適切きわまりないことである．要するに，シミュレーションには理論はなく，その原理はできるだけ詳しく現実を"コピー"することであるというのは有害な考え方である．もし現実をコンピューターのなかに"コピー"できるのならば，そのような方法も生産的であろうが，――しかしそれは不可能だし，間違っている．

1. モデル

経済成長の進化モデルは，新古典派経済学が"説明する"総生産量，投入量，要素価格のパターンを説明できなければならない．この課題に取り組むにあたって，我々はロバート・ソローの古典的な論文 " Technical Change and the Aggregate Production Function "（ソロー，1957）を基本的に参考にしている．その論文で取り扱われているデータは40年間以上にわたる国民総生産（GNP）と資本投入，労働投入，要素価格であるが，ただしこれらのマクロ集計量のもとになったミクロのデータは無視されている．我々のシミュレーションモデルはこれらのマクロ集計量をミクロデータから"集め

て作り上げる"方法によって作り出さなければならない．また，我々のモデルは，理想的な生産関数と利潤最大化行動に基礎を置いた新古典派の分析道具を控え，その代わりに，意思決定ルールと探索，選択についての進化理論的な道具を使わねばならない．

モデルのなかにはたくさんの企業が，同質的な生産物（GNP）を生産している．その際，使用する要素は労働と物的資本の二つである．ある時点における企業は，使用している生産技術——投入係数の組（a_l, a_k）で表される——と資本ストック K で表現される．第6章のモデルで見た有限マルコフ連鎖の計算を使えるように，資本ストックは離散的な小単位の形で導入されると仮定する．生産に関する意思決定ルールは，単純に，そのときの技術を用いて，企業自身の生産能力をすべて使いきって生産するものとする——すなわち，生産速度を落としたり，操業停止したりすることは考慮にいれない．したがって，どんなときでも，企業の状態は，時間と個別企業の識別番号がついた，（a_l, a_k, K）という3種の変数の組によって表現される．t 時点の産業の状態は t 時点における企業の状態の（有限の）リストで表され，総生産量と労働需要は産業の状態によって直接決定される．賃金率は各期に労働供給曲線の交点として内生的に決定される．資本の総収益は単に生産量（価格は1に等しい）から賃金支払いを差し引いたものである．こうして，このモデルはソローが分析に使ったマクロデータを生成し，説明することができる．

産業の状態は推移規則に従って確率的に変動し，個別企業の状態とは別に生成される．この推移規則は，探索過程と投資ルールの特定化すれば決まり，推移規則は，ミクロ経済学でシュンペーター型競争といわれているものの特徴を取り込んだものとしたい．まず，最初に"操業している"企業——すなわち，正の資本ストックがある企業——についての推移規則について議論しよう．新規参入を決定する仮定については後で述べる．以下の議論において，括弧つきのデルタ（δ）は，シミュレーションの実験のたびに変わるパラメータであることを示す．これから述べる仮定はモデルの一般的な記述であり，第6章で分析したモデルとの共通点が多い．ただし，いくつかの重要な点で異なっている．

技術変化

現在の技術を改善しようとする企業の活動を〝探索〟という言葉を使って表すことは，技術の可能性の集合が事前に存在しているというイメージを与える．研究開発が特定の性質をもった新しい品種や化合物を見つけ出そうというときには，このイメージは自然なものに見える．しかし，研究開発を新しい航空機を開発することと考えるときには，少々不自然に感じるだろう．普通，そのような活動の場合，〝発明〟や〝設計〟といった言葉のほうが適切に思える．その場合の研究開発活動とは事前に存在する可能性のなかを探索するのではなく，事前に存在しない何かを創造するという意味に見えるからである．新しい品種や化合物についての最近の研究開発は，発見と創造の両方の側面があるといったほうがよいかもしれない．

しかし，進化モデルの目的からいうと，この相違は用語上の違いであり，本質的な違いはない．我々のモデルでの企業の研究開発活動とは，ある確率分布に従って新しい技術を思いつくことである．これはすでに存在する技術の分布のなかから確率的に技術を抽出するという風に見ることもできるし，またその代わりに，企業が〝創造〟するかもしれない技術の分布から，新しい技術を思いついていると見ることもできる．どちらにせよ，この確率分布は，時間（チャンスは時間と共に変化する）と，企業の研究開発方針（ある企業はより多く投資し，他の企業と違った研究開発を行うことがある），そして企業の現行の技術（探索はたいてい局所的に行われる）などの関数である．

この章で扱うモデルでは，時間それ自体を変数とはしない．発見されるべき技術の集合があり，企業の研究開発〝方針〟は〝満足化原理〟に従うとする．また，研究開発の結果として企業が思いつく技術は，自分が使っている技術とそのとき他の企業で使われている技術に大きく影響される．

満足化原理　　第 6 章の均衡型モデルとここで使われる進化モデルの類似点を見るためには，もし企業に十分利潤があるならまったく〝探索〟しないと考えればよい．彼らは単にそれまでの日常業務を持続しようとする．そして逆境にあるときだけ別の手段を考案しようと駆り立てられる．よって彼ら

の研究開発活動は継続的な方針の表明というよりは，その場かぎりでの組織の反応を表すものとして考えられる．この満足化原理仮説は，企業レベルの技術変化の誘引としては単純かつ極端な表現である．第Ⅴ部で使う動学的競争モデルではこの仮定をはずし，研究開発支出が異なることによる収益性の相違に主要な関心を向ける．しかし，この章の目的としては満足化仮説で十分に思う．このように活動的でない企業を仮定した進化モデルでも，経済全体として継続的な技術革新が起こりうると示すことは有益なことであろう．

我々のシミュレーションでは，資本収益率が16％の目標水準を下回る企業のみが探索を行う．企業の探索は，現在の自分の方法を漸進的に改善するか，もしくは他の企業がやっている方法を真似するかのどちらかである．しかし，両方を一度にやることはできない．

局所探索 技術的可能性は，与えられた技術を表す係数 a_l と a_k の集合で表される．技術進歩はこの集合内で徐々に探索と発見がなされることで起こる．探索をするどの企業も探索は〝局所的〟に行われる．次に何が見つかるかについての確率分布は，現在の技術に近いものほど高い確率になる．技術 h と h' の距離を式にすると，

$$D(h, h') = WTL |\log a_l^h - \log a_l^{h'}| \\ + WTK |\log a_k^h - \log a_k^{h'}|, \quad ただし\ WTL + WTK = 1.$$

すなわち，距離は投入係数の対数の差の絶対値を加重平均したものである．この定義では等距離となる領域は，円型ではなく対数表示の投入係数空間内でダイアモンド型になる．$WTL(\delta)$ の値を変えれば，労働もしくは資本，どちらかについて節約的な技術を重点的に発見するといった研究開発の方針の〝偏り〟度合いを表現できる．現在の技術から他の技術へ移行する確率は，距離について線形の減少関数として決まるとする．ただし，確率の非負条件と正規化，代替技術が見つからない確率の導入などは行っておく．この線形関数の傾きを $IN(\delta)$ で表すと，IN は〝技術革新の容易さ〟を示す．IN の値がより大きく（すなわち絶対値で見て小さく）なると，現在の技術とは大きく異なる投入係数をもつ技術が発見しやすくなる．

模倣 探索をしている企業は他の企業がやっていることを真似すること

がある．ここでは，ある特定の技術を見つける確率は，その期にその技術によって作られた製品の産業全体でのシェアに比例するとする．そうではなく模倣が〝最良の事例〟に焦点をあてると仮定する方法もあり，実際，我々は後で提示するモデルでそう仮定している．しかし，ここでの仮説はそれより普及モデルに近いものを採用する．すなわち，企業にとって事前にどれが最良の技術であるかは明らかではなく，広く利用されている技術が注目を集めるとしておく．

探索している企業にとって異なる技術を〝発見〟する実際の確率は，〝局所探索〟による発見確率と〝模倣〟による発見確率の加重平均である．局所探索と模倣の相対的な重みは外生変数 $IM(\delta)$ で表される．IM が高いと，他の企業が行っている方法を真似しやすくなり〝局所探索〟に頼る割合が低下する．

探索過程によって新しい技術が採用されるのは，現在の生産方法より高い資本あたり収益をもたらされると予想される場合のみである（企業の資本ストックは独立に決定されているので，資本当たり収益の代わりに総収益を基準に使っても結果は同じである）．賃金率はそのときの産業の状態に従って市場で決まる．二つの技術を比較するとき，確率誤差による要因があるとする．未知の資本と労働の投入係数は真の値ではなく，真の値と独立正規乱数とを掛け合わせたものである．企業は，約3分の1の確率で，未知の技術の投入係数を20％以上誤って評価することになる．

投資

企業の規模の変化の決定要因はとても簡潔なものである．正の資本を有する企業の資本ストックは，確率的に減少する．資本は1単位ごと，独立にそれぞれの期に $D = 0.04$ の確率で壊れて失われる．減少してしまった資本ストックは，その期の企業の投資によって増加する．投資は利潤によって決定され，利潤 πK は収入 Q から賃金支払い WL と配当 RK を差し引いたものである（より正確にいうと，投資は利潤の小数以下を四捨五入したものである．資本ストックは整数の値なので四捨五入が必要である）．結果として出る資本ストックが負にならないという条件を満たす限り，利潤が負の場合で

あっても，このルールが適用される．パラメータは $R(\delta)$ で，この値がより高くなれば，企業が実行可能な投資がより小さくなる．

参入

参入については特別な仮定を置く．現時点で資本がゼロの企業は潜在的な参入者であり，生産についての意思決定ルールについて"熟考"している．現時点の製品価格で計算して 16％を超える資本総収益率が得られる意思決定ルールを見出したなら，その企業は 0.25 の確率で実際の参入者となる．参入したならば，資本ストックは 5 から 10 までの整数からなる一様な分布から選ばれる（参入は比較的まれなので参入企業の投資の占める割合は全体のなかでは小さい）．他の企業（総収益の 16％テストを満たさないルールを考えているような企業）は確率 1 で資本ストックはゼロのままである．潜在的参入者による探索はすでに産業内にいる企業によるものと少し異なり，このことについては，以下で必要に応じて触れる．

労働市場

労働の価格はこのモデルでは内生的であり，労働に対する外生的な供給と内生的な需要によって決定される．使っている技術を所与として，賃金率はそれぞれの企業の収益性に影響を与え，また反対に，産業全体の動きが賃金率に強い影響を与える．このシミュレーション・プログラムで使われるすべての賃金決定方程式の形式は，以下のとおりである．

$$w = a + b \left(\frac{L_t}{(1+g)^t} \right)^c,$$

t は期，L_t はその期の総労働使用量，a, b, c, g は定数である．$g = 0$ のとき，労働供給条件は時間にともに一定で，モデル全体は推移確率を一定とした上でのマルコフ過程である．ゼロではない g は労働供給状況が変化していくことを意味する．モデル全体としてはマルコフ過程のままであるが，しかし結果として時間に依存した推移確率をもつようになる．

うえのような関係式で定義されたマルコフ過程は以下のように要約される．

企業の資本ストックと技術の両方が，その企業が必要とする労働投入量と生産量を決定する．これらを集計して総労働雇用と産業の生産量が決まり，総労働雇用量から産業の賃金率で決定される．賃金率が与えられれば，各企業の総収益率が決定される．

総収益率が目標水準を下回る企業は探索を行う．探索を行う企業のうちで，ある企業は技術革新に挑戦し，ある企業はより収益性が高い企業の技術を真似ようとする．企業は自分が探索によって発見した技術を選別し，もしそれらがより収益が高いとみなしたならば，それを採用して古いものは捨てる．目的の水準よりも収益率の高い企業，もしくは以前より良いと思われる技術を見つけられない企業は，そのままの技術を使い続ける．

現存の企業は，賃金と要求される配当を支払った後，残る利潤を投資にまわし，新しい資本を購入する．企業の純投資は総投資から減価償却を差し引いたものに等しい．もし潜在的企業が考えている技術の収益性が目標水準を越えたならば，その潜在企業は正の資本ストックで産業に参入してくることもある．

こうしてすべての企業の次期の技術は（確率論的に）決定され，次期資本ストックも同様に確率的に決まる．結果，次期へもち越される〝産業状態〟は決定されることになる．

実際の計算

モデルは，企業と産業の投入と生産の，時間的変化の経路を生成する．また，産業の賃金率と，企業や産業の資本収益率，労働シェア，資本シェアの時間経路も生成する．一つの重要な問題は，このモデルが実際に観測されるマクロ変数と似た時間経路を作ることができるかということである（とくにソローがデータのなかで示していたような時間経路について）．

モデルの初期条件は，1909年についてのソローのデータに対応するように設定する[2]．すなわち，最初に1909年のソローのデータに見られる投入係数の技術を企業に与えた．各企業には初期の資本量を割りあて，ここから

---

[2] より正確にいえば，シミュレーション第5期での値が1909年の実際の値にほぼ等しくなるように初期値を設定した．

図 9・1 ソローの歴史的な投入係数の値による
生産 1 単位当たりの投入係数の組

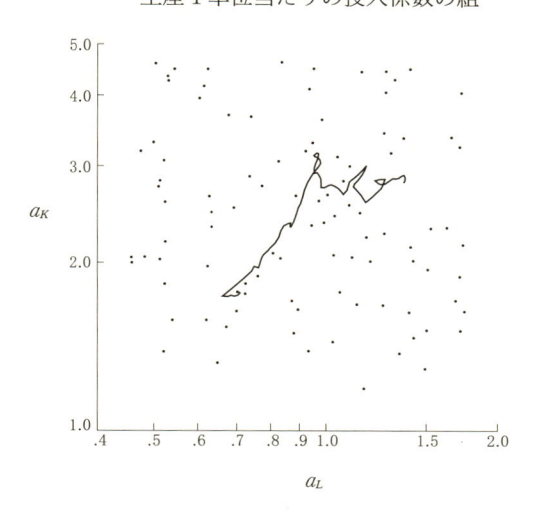

第一期目の労働需要量が得られる．この労働需要を与件として，賃金率が1909 年の賃金率に等しくなるように労働供給曲線の位置を設定した（簡便さのために，初期の総資本ストックを 300 単位とした）．賃金率と投入係数をこのように決めると，企業の初期の平均資本収益率は 1909 年のソローのデータに大体等しくなる．そしてモデルの初期条件下では，所得の労働と資本のシェアは実際のソローの 1909 年データと一致する．

またソローのデータは，モデル内で利用可能な技術（投入係数の組）の範囲をも示している．ここでは，技術は，投入係数の平面の正方形領域に一様分布するとして選んだ[3]．この正方形の領域には，ソローのデータによって示されたすべての歴史的な係数を含めることができる．私たちは，この領域に異なる技術が 100 あれば，クロスセクションでの多様性と歴史的な変化を十分表現できると判断した．図 9・1 に採用した技術の分布と，ソローのデ

---

[3] 技術の分布はランダムなものであるが，若干の恣意性は許した．すなわち我々は 4 とおりのランダムな分布をつくり，そのなかから "穴" ——すなわち技術がない領域——が一番ない分布を選んだ．

ータでの実際の投入係数の時間経路を示した．ここで問題にすべきことは，我々のモデルの（平均的な）投入係数が，現実のものとよく似た時間経路をたどることを示せるかということである．

投入係数，あるいはこれと密接な関係にある資本労働比率のような変数の時間経路は，労働と資本の伸びがどうなるかに依存している．ここで特定化されたモデルでは，それはいくつかのパラメータに依存する．このシミュレーションにおいては，労働供給曲線が年率1.25％で右方へシフトしていくと仮定しよう．これは歴史的に観察された労働の増加率と大体一致する．

いくつかの重要なパラメータの変更

モデルに問うべき問題は，ここで設定したパラメータのもとで，実際に観察されたものに似た時間経路が生成できるかということである．もう一つの問題はミクロレベルの変数とマクロレベルの時間経路の関係である．

このモデルでの"技術革新の探索の局所性"という仮定は，ミクロレベルでの技術革新のほとんどが比較的小さい革新ということを意味する．しかし，この探索の局所性の仮定を変更することも可能である——現在もっている技術とかなり違った（遠くかけ離れた）ものを企業が発見することを簡単（より起こりやすく）にすればよい（パラメータに即していうと，現在の技術から新しい技術までの距離とそれが見つかる確率との間の関係式の傾きを変えればよい）．もし探索がより大域的で，大きな革新がより簡単であったら，企業は大きく劣った革新をも思いつきやすくなる．しかし企業の収益性テストが信頼できるものであるとすると，そのような技術革新は採用しないだろう．したがって，採用される技術革新は，平均では大きくなるだろう（すなわち投入係数はより大きく低下する）．ミクロで大きな技術革新が簡単に起こるとしたとき，それがたとえば労働生産性や全要素生産性の急速な増加として，どのように現れるのだろうか．このような関連を明らかにできれば，このモデルはミクロとマクロのつながりを表現するモデルとして信頼に足るものになる．"大きな技術革新の難易度"を表すパラメータを変えることで，この問に対して答えることができる．

企業が"探索"を行うとき，技術革新を目指す活動と他の企業がどんな技

術を使っているかについて調査する活動の割合をパラメータの操作で変えることもできる．これはどんな違いをもたらすのか．ミクロレベルの理屈では，もし探索が革新より模倣を目指した場合には，企業の生産技術はより近くに集まる傾向を見せる．競争レースはより〝接戦〟になる．このことがもたらす一つの結果は，企業が技術だけでなく，その大きさも同じになる傾向にあるということである．シミュレーションの最初と最後の時点に産業集中度を計算することにより，モデルのなかで産業集中度が時間と共にどの程度変化するかについて調べることができる．このとき，模倣の度合いをさまざまに変えて，集中度などの変数がどう変わるかを見ることができる．もし興味深く，もっともらしい関係がシミュレーションの結果から現れたら，これらは現実世界のデータに照らし合わせてテストされるべき仮説になりうる．

　要求される配当率もまた変化させることができる．もし配当支払いが少なければ，多いときよりも，資本ストックの成長率は高くなるはずである．配当が少ないことは資本コストが低くなることと同じなので，資本ストックが増加し，これは労働需要を増加させる．労働需要の増加は賃金を上昇させるとともに，より労働非集約的な技術の採用を引き起こす．資本労働比率を変化させるもう一つの要因は，資本節約的と労働節約的な技術のうち，どちらがより簡単に探索できるかによる．これをモデル内で表現するには，技術革新の探索に関する距離尺度に与える重みを変えればよい．

　私たちのシュミレーションモデルでは，上で議論した各変数，すなわち大きな技術革新の難易度，模倣の度合い，資本コスト，そして労働節約技術への探索の偏向の四つの変数に対して二つの異なる値を用意する．したがって，異なる16のパラメータの組み合わせについて（各50期間の）シミュレーションを行う．16とおりというのは，四つの変数についてそれぞれ二つの水準があるためである．

　すべての試行は35の企業に対し，同じ技術を割りあてることから始まる．配当支払い率の高い八つの試行では，操業する15の企業それぞれに20単位の資本を割りあてた．配当支払い率が低い試行では，企業はそれぞれ22の単位の資本を割りあてた．これらの初期資本の値はこの経済がほぼ〝均衡〟になるように選ばれた——すなわち，最初の期の純投資の期待値がほぼゼロ

になるように選んだ．パラメータの値の意味するところを無視して，すべての試行を同じ状態から始めることは，直接的ではあるが単純すぎる方法であり，異なる試行において〝同一の〟初期条件を課することにはならない．試行の初期期間におけるマクロの挙動の大幅な違いは，パラメータの値の違いによって説明できるが，実際にはそのような大きな差は見られなかった．

2．シミュレートされた経済の成長の記録

コンピューターによるシミュレーション試行の結果は，定性的パターンについても定量的詳細についても豊かな示唆を含んでいる．企業は栄枯盛衰を繰り返す．新技術が登場し，すみやかに市場を支配し，その後消えていく．ほとんどの集計されたデータの時系列は強いトレンドを示し，そしてかなりの短期変動を見せた．総合すると800年にもなる歴史を記述した紙束の高さは8インチを超えた．議論のためには，かなり大幅に要約しなければならない．

集計された時系列はどんなものなのだろうか．一言でいうと，それはもっともらしいものであった．表9・1では，一つのシミュレーションの結果とソローの使った現実のデータを並べて表示した．もちろん現実とシミュレーションのデータが毎年一致することを期待することはできない．シミュレーションは非歴史的な確率項の影響を受ける．

さらに，この比較で重要なのは，シミュレーションモデルはソローの分析した現実のデータと異なり，行動と制度についての非常に単純な仮定に基づいて歴史を生成した点である．該当する現実の期間は恐慌と戦争を含んでおり，これらを歴史的な確率項と見なすとしても，シミュレーションモデルはそれらを現実的に扱う準備はなかった．モデルでは，労働力における変わらぬトレンド，変わらぬセイの法則の仮定，投資と留保利益の変わらぬ関係が毎年続いた．現実を考慮してパラメータの変更を適宜行えばより現実に近い動きをつくりだし，歴史的により正確なモデルをつくれたかもしれないが，我々はそれをしなかった．たとえば，初期条件をもっと一致させることはできただろう．

第9章 経済成長の進化モデル 267

表 9・1　シミュレーション試行で得られた時系列とソローのデータの比較 1909-1949 年

年	Q/L[a] Sim	Q/L[a] Solow	K/L[b] Sim	K/L[b] Solow	W[c] Sim	W[c] Solow	S_K[d] Sim	S_K[d] Solow	A[e] Sim	A[e] Solow
1909	0.66	0.73	1.85	2.06	0.51	0.49	0.23	0.34	1.000	1.000
1910	0.68	0.72	1.84	2.10	0.54	0.48	0.21	0.33	1.020	0.983
1911	0.69	0.76	1.83	2.17	0.52	0.50	0.25	0.34	1.040	1.021
1912	0.71	0.76	1.91	2.21	0.50	0.51	0.30	0.33	1.059	1.023
1913	0.74	0.80	1.94	2.23	0.51	0.53	0.31	0.33	1.096	1.064
1914	0.72	0.80	1.86	2.20	0.61	0.54	0.15	0.33	1.087	1.071
1915	0.74	0.78	1.89	2.26	0.56	0.51	0.24	0.34	1.108	1.041
1916	0.76	0.82	1.89	2.34	0.60	0.53	0.21	0.36	1.136	1.076
1917	0.78	0.80	1.93	2.21	0.59	0.50	0.23	0.37	1.159	1.065
1918	0.78	0.85	1.90	2.22	0.62	0.56	0.21	0.33	1.169	1.142
1919	0.80	0.90	1.96	2.47	0.57	0.58	0.29	0.35	1.190	1.157
1920	0.80	0.84	1.94	2.58	0.64	0.58	0.19	0.32	1.192	1.069
1921	0.81	0.90	2.00	2.55	0.61	0.57	0.25	0.37	1.208	1.146
1922	0.83	0.92	2.02	2.49	0.65	0.61	0.21	0.34	1.225	1.183
1923	0.83	0.95	1.97	2.61	0.70	0.63	0.17	0.34	1.243	1.196
1924	0.86	0.98	2.06	2.74	0.64	0.66	0.26	0.33	1.274	1.215
1925	0.89	1.02	2.19	2.81	0.59	0.68	0.33	0.34	1.293	1.254
1926	0.87	1.02	2.07	2.87	0.74	0.68	0.15	0.33	1.288	1.241
1927	0.90	1.02	2.16	2.93	0.67	0.69	0.25	0.32	1.324	1.235
1928	0.91	1.02	2.18	3.02	0.70	0.68	0.23	0.34	1.336	1.226
1929	0.94	1.05	2.27	3.06	0.68	0.70	0.28	0.33	1.370	1.251
1930	0.98	1.03	2.47	3.30	0.62	0.67	0.37	0.35	1.394	1.197
1931	0.99	1.06	2.46	3.33	0.70	0.71	0.29	0.33	1.408	1.226
1932	1.02	1.03	2.57	3.28	0.69	0.62	0.32	0.35	1.435	1.198
1933	1.02	1.02	2.46	3.10	0.85	0.65	0.16	0.36	1.452	1.211
1934	1.04	1.08	2.45	3.00	0.85	0.70	0.19	0.36	1.488	1.298
1935	1.05	1.10	2.44	2.87	0.87	0.72	0.17	0.35	1.500	1.349
1936	1.06	1.15	2.51	2.72	0.82	0.74	0.22	0.36	1.499	1.429
1937	1.06	1.14	2.55	2.71	0.83	0.75	0.22	0.34	1.500	1.415
1938	1.11	1.17	2.74	2.78	0.76	0.78	0.32	0.33	1.543	1.445
1939	1.10	1.21	2.66	2.66	0.88	0.79	0.20	0.35	1.540	1.514
1940	1.13	1.27	2.75	2.63	0.84	0.82	0.25	0.36	1.576	1.590
1941	1.16	1.31	2.77	2.58	0.90	0.82	0.23	0.38	1.618	1.660
1942	1.18	1.33	2.78	2.64	0.95	0.86	0.20	0.36	1.641	1.665
1943	1.19	1.38	2.79	2.62	0.93	0.91	0.20	0.34	1.652	1.733
1944	1.20	1.48	2.80	2.63	0.97	0.99	0.20	0.33	1.672	1.856
1945	1.21	1.52	2.82	2.66	0.97	1.04	0.20	0.31	1.683	1.895
1946	1.23	1.42	2.88	2.50	0.96	0.98	0.22	0.31	1.694	1.812
1947	1.23	1.40	2.89	2.50	0.98	0.94	0.21	0.33	1.701	1.781
1948	1.23	1.43	2.87	2.55	1.01	0.96	0.18	0.33	1.698	1.809
1949	1.23	1.49	2.82	2.70	1.04	1.01	0.15	0.33	1.703	1.852

a) Q/L=生産量(1929年ドル/人・時間当たり，ソローのデータで1939年以降のものはGNPの価格デフレータ率1.171を乗じて，1929年ドルに調整).
b) K/L=資本(1929年ドル/人・時間当たり).
c) W=賃金率(1929年ドル/人・時間当たり，ソローのデータは1939年から，1929年ドルに調整).
d) S_K=資本シェア(1から労働シェアを差し引いたものに等しい).
e) A=ソローの技術指数(数値を四捨五入しているので，他の列の数値に基づいて再計算しても正確に一致しない)．1944-1949のところにあるソローの数値は正した．原本の値は間違っていた)．
注) これらのデータは試行0001からのものである，番号づけについては表9・2を見よ．

しかし，私たちが考えるべき課題は，ここまでの節で見た経済成長の行動的進化モデルが，実際に観察されるマクロ時系列に似た系列を生成（したがって説明）できるかということである．そうだとすれば，私たちのシミュレーションはとても成功したと思う．労働係数，資本労働比率，賃金率について歴史的に観察されたトレンドが，シミュレーションデータではっきりと観察された．表のなかの A の見出しがついた列はソロー型の技術指標であり，現実的ではないが新古典派的な生産関数が中立的にシフトするという仮定に基づいて計算している．この値の平均変化率がシミュレーションとソローのデータとでほぼ同じである（このことは，我々がこの試行において局所探索においたパラメータの値が適切であったことを意味する）．ここで面白いことは，単純きわまりない企業が不均衡のなかで近視眼的に探索するというシミュレーションの世界で，ソローがアメリカの現実のデータから見つけたより，いくぶん滑らかな〝技術進歩〟が起こったことである．たとえば，ソローの時系列では11回の負の技術進歩が発生したが，このシミュレーションでは5回だけだった――そして，この点はシミュレーションで典型的なもので例外的ではない．

表9・2は，いくつかの変数について各試行で第40期に観察されたデータである[4]．またソローのデータで第36期（1944）と第40期（1948）での対応した数値を挙げた．シミュレーションの設計を考えると，2進法で試行を番号づけして識別すると簡便である．この番号づけに対しての解説は表9・2の注記にある．

明らかにシミュレーションモデルは〝技術進歩〟を生成した．技術進歩とともに，労働者1人当たり生産量が伸び，賃金率が上がり，資本労働比率が上昇し，一方，資本収益率はほぼ一定であった．変化率はソローのデータと大まかに一致していた．ある試行はソローの値ととても近い動きを生成した――たとえば0101と0111である．

---

[4] 期間の最後の方の値に注目するのは，パラメータの異なるときに，その違いが産業状態に及ぼす影響がはっきり出るだけの十分だけな時間をとるためである．観察するのが40期であって，それ以降の期，たとえば50期でないのは，いくつかの試行では最後の方になると，投入係数の平均値が意思決定ルールの選択領域の端に達してしまう〝境界効果〟が発生したためである．

表 9・2　第 40 期め集計された変数値

Run	$\frac{K}{L}(40)$ [a]	$A(40)$ [b]	$a_L(40)$ [c]	$a_K(40)$ [d]	$C_4(40)$ [e]	$\Delta w(40)$ [f]	$\Delta Q(40)$ [g]
0000	2.796	1.727	0.832	2.326	0.560	1.4	3.6
0001	3.129	2.391	0.592	1.851	0.521	2.5	5.0
0010	2.519	1.712	0.846	2.131	0.383	1.6	3.4
0011	4.242	2.716	0.477	2.025	0.387	3.2	3.6
0100	2.035	1.855	0.825	1.678	0.645	1.8	3.8
0101	2.695	2.106	0.679	1.829	0.404	2.4	4.5
0110	2.686	1.658	0.841	2.258	0.405	1.4	6.0
0111	2.703	2.123	0.672	1.817	0.388	2.1	4.6
1000	3.015	1.746	0.800	2.411	0.476	2.1	4.7
1001	4.511	2.359	0.524	2.364	0.457	2.4	5.6
1010	4.332	2.098	0.600	2.599	0.443	1.9	4.4
1011	4.258	2.450	0.514	2.190	0.325	2.8	4.3
1100	3.212	1.835	0.705	2.265	0.491	1.9	4.3
1101	3.391	2.190	0.600	2.034	0.518	2.6	5.1
1110	3.031	1.963	0.705	2.136	0.394	1.9	5.3
1111	3.315	1.913	0.682	2.260	0.327	1.9	4.1
Solow (1944)	2.63	1.856	0.675	1.776	—	—	—
Solow (1948)	2.55	1.810	0.699	1.784	—	1.7	—

a) $K/L=$資本労働比率．
b) $A=$ソローの技術指数(1944 年と 1948 年のソローの数値は正した，原本の値は間違っていた)．
c) $a_L=$平均労働投入係数 L/Q．
d) $a_K=$平均資本投入係数 K/Q．
e) $C_4=$ 4 社集中度 (初期値=0.206)．
f) $\Delta w=$賃金変化率，期当たり%．
g) $\Delta Q=$生産量変化率期当たり%．
注) 試行は二進法 $X_{WT}X_RX_{IM}X_{IN}$ によって番号づけされている．$X_{IN}=0$ のとき，技術発見確率は距離とともに，傾き-6.0で減少し，$X_{IN}=1$のとき，傾き-4.5で減少する．$X_{IM}=0$のとき，探索活動は確率0.2の模倣を含み，$X_{IM}=1$のとき，確率 0.4 の模倣を含む．$X_R=0$ のとき，必要となる配当率は $R=0.02$ で，$X_R=1$のとき，$R=0.06$である．$X_{WT}=0$のとき，探索方針に偏りはなく，$X_{WT}=1$のとき$WTL=0.4$，$WTK=0.6$である．

図 9・2 - 9・5 では 16 回の試行で生成された平均投入係数の時系列を表示した．グラフを見やすくするために，値は初期から，第 5 期，第 10 期というように 5 期ごとにプロットした．図 9・6 では試行 (1110) で得られた投入係数の軌跡をソローのデータの軌跡と比較した．このケースでは，初期点と 40 期で近い一致を示しているが，その間の期間では大きな相違が見られた．シミュレーションの軌跡は比較的一定の方向で進んでいるような印象を与えるが，現実のデータの軌跡は急激な転換があり，背景に制度変化があることをほのめかしている．明らかな転換点が 1929 年と 1934 年の間に起こった．シミュレーションモデルにこの転換点の再現をも要求するのは，過大な作業

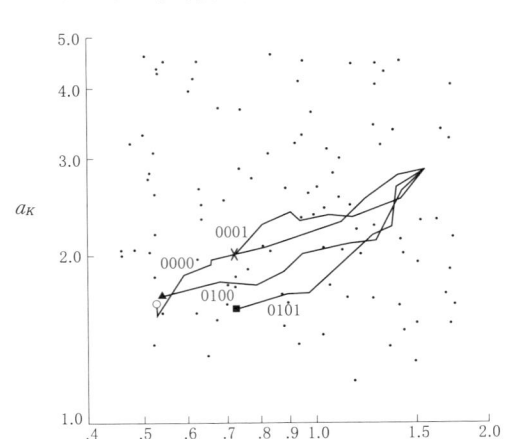

図 9・2 模倣の重要度が低く，探索に偏りがない四つの試行
における平均投入係数の経路

だろう．

　こう質問するのも面白いだろう．もし新古典派の経済学者がシミュレーションで生成されたマクロ時系列を現実のデータと信じ，それを使って彼の理論の実証を試みたら，彼はどんな結論を出すだろうか．

　その答えはデータを取るシミュレーションがどれかとどんな理論の実証をするかに依存する．しかし，全般的には，経済学者は自分の理論がうまく機能していると信じるように思われる（もちろん，もし経済学者がミクロデータも見て，企業間の技術のばらつきと成長率の違いを観察したならば，起こっていることを理論が本当にとらえているかどうか，すこし考えるかもしれない．もっとも，考えたあげく，マクロ理論はミクロの観察値と一致する必要はないと自分を慰めて終わりそうであるが）．

　表 9・3 と表 9・4 は，二つの方法でそれぞれの試行のマクロ時系列データをコブ・ダグラス生産関数に適合させた結果である．ソローの手順は表 9・3 に示される．仮想的な集計生産関数の中立的なシフト率は各期に算出され，技術指標 $A(t)$ が作られる．この指標は生産データから技術変化の部分を取

図9・3 模倣の重要度が高く，探索に偏りがない四つの試行における平均投入係数の経路

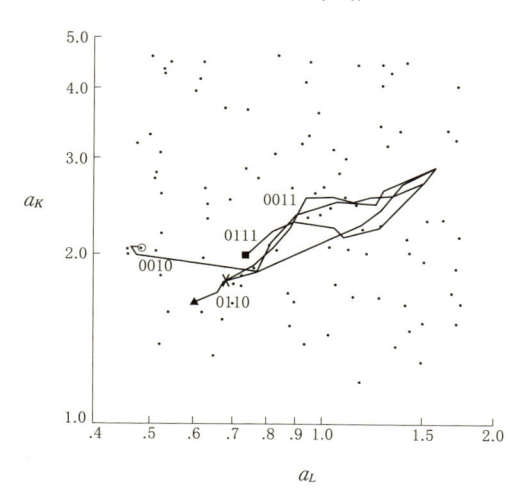

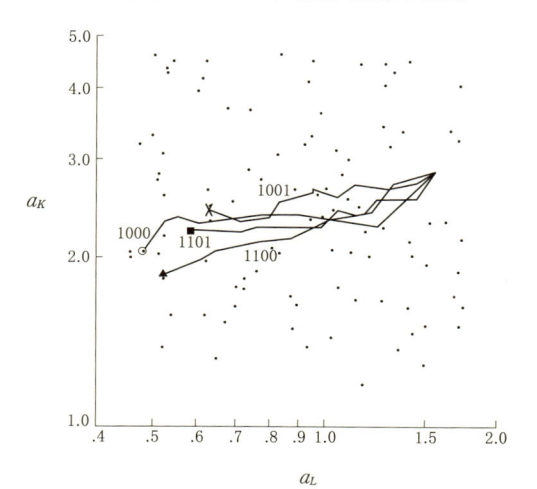

図9・4 模倣の重要度が低く，探索に労働節約的な偏りがある四つの試行における平均投入係数の経路

図9・5 模倣の重要度が高く，探索に労働節約的な偏りがある四つの試行における平均投入係数の経路

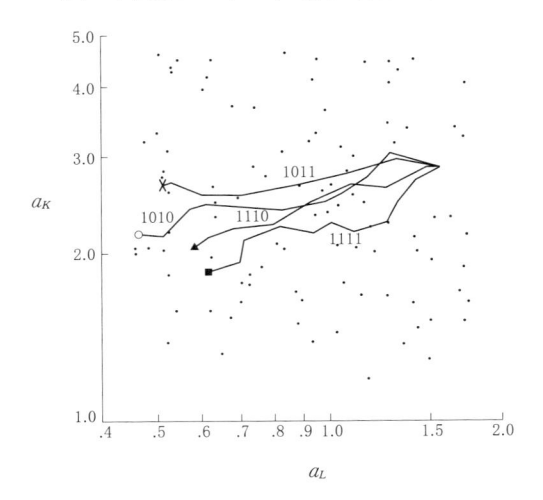

図9・6 平均投入係数の経路 ソローのデータと試行1111の比較

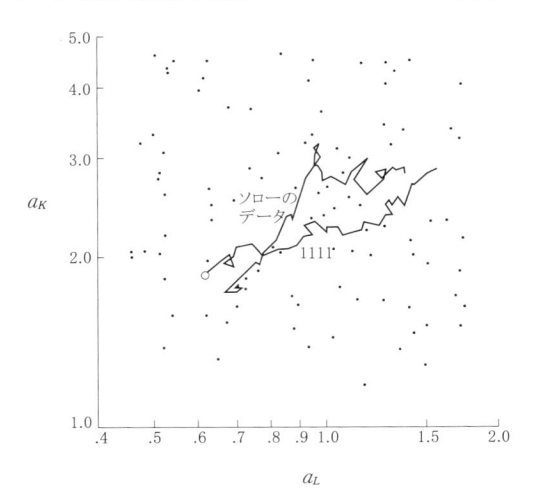

表9・3　コブ・ダグラス回帰ソロー方式

$$\log\left(\frac{Q(t)/A(t)}{L(t)}\right) = a + b\,\log\left(\frac{K(t)}{L(t)}\right)$$

Run	b	R^2	Run	b	R^2
0000	0.195	0.993	1000	0.211	0.968
0001	0.184	0.990	1001	0.268	0.991
0010	0.244	0.996	1010	0.261	0.994
0011	0.214	0.993	1011	0.256	0.986
0100	0.219	0.985	1100	0.325	0.999
0101	0.248	0.988	1101	0.241	0.987
0110	0.301	0.998	1110	0.249	0.978
0111	0.193	0.942	1111	0.313	0.997

表9・4　時間トレンドつきのコブ・ダグラス回帰

$$\log Q(t) = a + b_1 \log K(t) + b_2 \log L(t) + b_3 t$$

Run	b_1	b_2	b_3	R^2	Run	b_1	b_2	b_3	R^2
0000	0.336	0.649	0.012	0.999	1000	0.505	0.550	0.008	0.998
0001	0.681	0.541	0.011	0.999	1001	0.648	0.360	0.011	0.999
0010	0.201	0.764	0.016	0.998	1010	0.723	0.336	0.009	0.999
0011	0.728	0.158	0.017	0.997	1011	0.532	0.505	0.015	0.998
0100	0.281	0.654	0.016	0.999	1100	0.637	0.444	0.008	0.999
0101	0.222	0.833	0.017	0.999	1101	0.669	0.448	0.010	0.999
0110	0.405	0.593	0.009	0.998	1110	0.479	0.545	0.013	0.999
0111	0.075	0.658	0.013	0.999	1111	0.641	0.547	0.007	0.998

り除くために使われ，そして労働1単位当たりの調整済み生産量の対数が，労働1単位当たり資本の対数に回帰される．ソローの標本と大きさを同じにし，初期段階と最終段階の影響をできるだけ小さくするために，観察値はシミュレーションの5-45期から取った．表9・4の回帰は技術指標が指数関数型の時間トレンドをもつという仮定に基づいたものである．資本労働比率ではなく，絶対水準の対数で回帰している．標本の期間は同じである．

この推定式のもっとも特筆すべき特徴は，ほとんどのケースであてはまりがよいことである．表9・3では半分以上のケースでR^2の値が0.99を超え，表9・4では半分以上が0.999に等しかった．生成されたマクロ時系列は生産関数でうまく説明されており，シミュレーションされた経済に生産関数がないという事実は，何の障害にもならなかった．ソローらが現実のデータで行ったあてはまりの度合いが，我々の度合いと大差がないというのは事実であ

る．しかし，誰もマクロ生産関数について R^2 の小数点以下3，4番目で起こっていることに左右されたいとは思わないだろう．むしろ，競争関係にあるこの二つの説明の争いは引き分けとすべきであり，その勝負を決するためにはほかの証拠を参照すべきであろう．

したがって，進化理論によるモデルは，アメリカの経済成長のマクロ時系列に似た特徴をもった時系列を生成する能力をもっている．マクロ的な現象を整合的に説明できないという理由で，進化理論を却下することはできない．そしてこのモデルは一定の透明性をもっている．以前議論したように，新古典派でよく使われる説明の多くは，進化理論の枠組みでも使うことができる．

たとえば，実証で観察される賃金率の上昇と資本集約度の上昇，そして1人当たり生産量の増加のつながりを考えてみよう．私たちのシミュレーションモデルはそのような動きを再現する．そこでは，典型的な新古典派のモデルと同様に，賃金率の上昇は，個々の企業を資本集約的方向に向かわせるシグナルとなる．第7章で提案したとおり，企業が探索で見つけた新技術の収益性を検討するとき，賃金率が高くなると，より低い賃金率ならば〝合格〟したであろう〝利益を産む〟技術が不合格になり，逆により低い賃金率では不合格になったであろう技術が合格になる．後者は前者に比べより資本集約的である．したがって，より高い賃金率は，企業がそれまで行ってきたのと比べて，資本集約的な方向に動くよう後押しする．また，より高い賃金率はすべての技術の収益性を悪化させるが（我々のモデルでしたように資本費用は一定と仮定する），これによる費用増加の効果は，資本労働比率の低い技術で大きくなる．したがって，賃金の上昇はこれまでと比較して，産業の資本集約度を増加させる傾向がある．この結果，労働者1人当たり生産量は増加する．労働者1人当たり生産量が高まらなければより資本集約的な技術は収益性をもてない．

ここでの説明は新古典派的な響きをもっているが，新古典派的な仮定を基礎としているわけではない．我々のシミュレーションの企業は収益性のシグナルに反応して技術を選び，投資を決定しているが，利潤最大化をしているわけではない．彼らの行動を律しているのは平穏な生活の追及（うまくいっているときはくつろいでおり，変わるときも技術を小さく変化させることで

しかないから）か，もしくは企業の成長の追及（配当制約の元で，投資を最大化するから）と考えることができる．どちらの解釈をとるにせよ，私たちのモデルでは経済は均衡状態にあるわけではない．どんなときでも，技術にはかなりの多様性があり，実現される収益率にも企業間で開きがある．投入と生産の組み合わせは，パレートの意味での最適ではない．なぜならその企業がまだ見つけていないもっと良い技術があり，またつねにその時点での最善の方法より劣った技術を使っている遅れた企業が存在するからである．

　我々の見解では，長期の生産性変化についての新古典派的解釈と我々の解釈とははっきりと違う．それは，存在する生産関数の上を〝沿って移動する〟ことと，新しい生産関数へとシフトすることの区別に基づいている．進化理論では，最大化と均衡の代わりに〝探索と選択〟を置き，生産方法の改善が常に行われると仮定しているので，生産関数の概念があいまいになっている．上で議論したシミュレーションモデルのなかには生産関数はなかった——物理的に可能な活動の集合しかなかった．可能な集合のなかの特定の部分集合がそれぞれの時点で〝知られている〟わけではないので，生産関数は生み出されなかった．その集合の探索は歴史的かつ漸進的に行われ，そこでは企業の間で流れる非市場的な情報が大きな役割を果たし，また企業は実際には一度にたった一つの技術を〝知って〟いるだけである．

　我々も，我々以前の他の人たちと同様に，新古典派の理論的枠組みのなかで，〝成長会計〟による明快な要因分解は実証的にも概念的にもやっかいだと考える．たとえば，産業革命の間に繊維産業で起こった生産性の上昇について，機械化の要因と新技術の要因に分解し相対的な貢献度を評価することが意味のあることだろうか．また，電力産業での生産性の上昇を，規模の経済の効果と技術変化の効果に分けることや，緑の革命のときの収穫量の増加を，肥料をより多く使用した効果と新しい品種投入の効果に分けることについてはどうだろうか．紡績革命での重要な発明は労働を資本設備に代替する方法が見出されたことであり，それは労働力の不足が拡大したことによって引き起こされた．電力の場合には，物理法則から考えて，発電所の設備が大きければ大きいほど，生産1単位当たりの費用が安くなるということはいわれていた．しかしながら，この潜在的な可能性を利用するにはかなりの工学

的技術と設計業務が必要で，そのような努力をしても収益があがるためには，需要が拡大して大規模生産が可能になる必要があった．植物学者は品種によって，多くの肥料を与えると良く成長するものと成長しないものがあるということをずっと昔から知っていた．しかし，肥料価格が下がるまで，それらの品種を見つけ出すために多くの資源を投資する価値はなかった．以上のケースでは，需要と供給の変化にともなって，どの要素比率と規模で収益性があるかが変化してきている．したがって生産集合を現在行われている事例からはうまく定義することはできない．それは探索と創造によらなければならない．

　第II部で議論したように，個人が熟練して使いこなせる，もしくは企業が日常的に使用しうる技術は，現時点で使っている技術からかけ離れてはいない．以前とかなり違った技術を使用しようと試みるならば，より多くの検討と研究，試行，評価をともなう．しかし，第6章と第7章，そし本章で繰り返し述べるように，投入産出比率の小さな変化だけが〝お決まりの仕事〟（生産関数にそっての移動）とされるようなモデルでも，正統的理論が考える生産関数の定性的性質の多くを示すことができる．この章のモデルでは，企業が日常的に使用する技術は，たった一つと仮定している点が少し極端である．企業が複数の異なる技術を扱えて，それらを混合するためのさまざまな意志決定ルールをもっていると仮定することは進化理論と矛盾するわけではない．そう仮定すると，価格変化に反応した要素代替のかなりの部分がルールに従って決められる．しかし，面白いのは，このルールによる反応がまったくないとしても，進化モデルは，正統的な理論が非現実的な仮定──経験の範囲外に大きく広がる生産集合を企業がもっているという仮定──を使ってようやく説明できるデータを，そのような仮定なしに説明できるということである．

　〝探索〟過程の性質がどんなものであるかは，経済成長を理解しようとするときに重要になり，そして，進化的理論はこのとき問いを明確に提示することができるという長所をもっている．シミュレーションモデルにおいては，技術進化は完全に〝部門〟内の企業行動の結果と仮定しており，また，発見は時間を通じて大きく変動せず比較的一定であると仮定している．しかしな

がら，明らかにある部門の企業にとっての発明の可能性と探索費用が，部門外の影響によって変化することがある．大学と政府によって行われた研究により，航空機開発や品種改良の可能性，また電子産業と医薬産業における企業の探索の可能性は確実に変化した．シミュレーションにおいては，新技術の〝地図〟は長期にわたって一様である[5]．しかしながら，さまざまな研究が示してきたように，しばしば新しい技術の可能性は一つの塊になっていることがある．まず，他の部門で行われた研究によって，一つ新しい基礎技術が利用可能になる．ある企業がその新技術を見つけ，開発し，採用し，その後で，少しずつ改善していく技術革新のラウンドがはじまる．このことは一つのパターンであり，たとえば，石油精製設備と航空機産業で観察された．しかし，このパターンは綿織物製造業（産業革命後）や自動車産業では現れなかった．そこでは技術進歩はより連続的であり断絶はなかった．進化理論での探索と問題解決のための行動は，必然的に分析者にこれらの違いを気づかせる．そして，これをどう説明するかをせまり，少なくとも特徴を明らかにしようという努力を促す．

〝競争環境〟についての見方も進化理論では根本的に異なってくる．進化理論では，分析の焦点は動的な意味での競争と利潤，投資の絡み合いである．ある企業による投資はその時点の利潤に完全に縛られるだろうか．企業は規模拡大のために借入をできないだろうか．企業規模に限界はあるのだろうか，規模拡大速度が上がることで費用が増えるのだろうか．新しい企業が参入できるのだろうか．より良い，もしくは安い製品に〝消費者〟はどれだけ敏感なのだろうか．企業は優れた技術による独占をどれだけの期間保つことができるのだろうか．模倣に対してどんな種類の制度上の障害や奨励があるのだろうか？　これらの疑問に対する答えは，市場環境を理解する基礎となる．これらの詳細は，〝探索〟過程の性質と機構と同様に，我々の理論が実証的に明らかにすべき課題である．

---

[5] ここと本書全体を通じて，〝地図〟という言葉は比喩的な意味であり，新しいやり方の探索は，何らかの認識に基づいて行われることを示している．技術革新における地図とは，自分の前にどんな可能性が広がっており，自分のどこが有利な点か，また一つの可能性から他の可能性に移行するのがどれだけ大変であるか，などを教えてくれるものである．

この種の課題は技術革新についての膨大なミクロ的研究文献によって解明されるだろう．第11章ではこの点に触れる．しかし，ミクロとマクロの間のいくつかの興味深い関係は私たちのシミュレーションでもすでに現れている．

3．実験

モデルについてのここまでの議論のなかで，我々は，マクロの現象とミクロ的行動を結びつけるための四つの変数を導入し，シミュレーション試行でそれらを実験的に変化させてきた．これら4変数とは，技術革新の難易度，模倣の重視度，資本費用，探索過程の労働節約への偏向である．これらの変数を変えると，マクロの時間経路に影響が出るだろうか．

この問に対して，線形回帰アプローチで答えよう．三つの異なるマクロ変数を考える．それは，第40期におけるソローの技術指数，資本労働比率，4社集中度指数である．4つのパラメータ変数は，$X_{IN}, X_{IM}, X_R, X_{WT}$ である．これら4変数に対して値1を割り当てるのは，（それぞれ）重大な技術革新が比較的簡単な場合，探索で模倣が重視されている場合，必要となる配当率が高い場合，探索が労働節約的な方向へ偏向している場合である[6]．

第40期のソローの技術指数への効果は，以下の回帰式で表される．

$$A(40) = 2.335 + 0.456\, X_{IN} + 0.0529\, X_{IM} - 0.194\, X_R + 0.034\, X_{WT}$$
$$(0.006) \quad (0.59) \quad (0.07) \quad (0.73)$$
$$R^2 = 0.705.$$

括弧内の数値は有意水準である．ミクロレベルで大きな技術革新がより簡単に行われるようになると，マクロレベルで全要素生産性の成長率が高くなるという結果が得られ，予想通りである．この事実は，このモデルが経済成長のミクロとマクロの間のもっともらしく，理解可能な関係を提供している

---

[6] この実験での二つの場合わけのパラメータのついての詳細は，表9・2の脚注を参照．

という確信を強める．これが当たり前の結果ではないことに注意してほしい．なぜなら，この経済では全要素生産性の成長率と最終局面でのソロー技術指数の水準は単なるマクロ統計量であり，モデルの特徴から一致が導かれるわけではないからである．

また，第40期における資本労働比率の決定要因についての回帰分析から，いくつかの面白い結果が出てくる．

$$\frac{K}{L}(40) = 3.353 + 0.577\ X_{IN} + 0.288\ X_{IM} - 0.717\ X_R + 0.7825\ X_{WT}$$
$$(0.017) \quad (0.19) \quad (0.005) \quad (0.003)$$
$$R^2 = 0.766.$$

3番目と4番目の要因の効果がはっきりと確認された．配当として支払われなければならない部分が増えると再投資に回る部分が減って資本コストが上昇し，生産方法の資本集約度は大幅に低くなる．成長率への効果を見ると，0.02から0.06へと配当率 R が上昇すると資本労働比率の上昇率は，期あたり0.3％・ポイント減少する．四番目の要因は，探索における労働節約への偏向であり，これも同程度の大きさの影響を与えるが，もちろん，符号は反対の方向である．

係数 X_{IN} の大きさと有意水準はちょっとした驚きである．探索が簡単になり，より広範囲に及ぶようになると，なぜ資本労働比率が高くなるのだろうか．よく考えてみると，一つの考えられる答えは以下のように思われる．投入係数空間内の経路探索の方向自体は，探索の局所性には依存しない．しかし，もし探索がより局所的ならば，経路上の移動はより遅くなる．よって，経路がより高い資本労働比率に向かう傾向があると仮定すると（たとえば R の選ばれた水準と探索の偏向の結果としてそうなっているとする），探索が局所的なときには，そうでないときに比べて一定の期間後に生じる資本労働比率は低くなる．

もう一つの考えられる答えはよりシュンペーター的である．高い技術進歩率が高い水準の利潤を生み，それが今度は投資される．結果として起こる労働需要の増加はより高い賃金をもたらし，その結果，収益性テストは資本集約的な方向に経路を傾かせる．これらの二つの答えは，もちろん，互いに排

反するものではなく，両立する．

集中度に関する回帰の結果は以下のようになる．

$$C_4(40) = 0.495 - 0.058\,X_{IN} - 0.127\,X_{IM} + 0.0028\,X_R - 0.033\,X_{WT}$$
$$\qquad\qquad (0.04) \qquad (0.0004) \qquad (0.91) \qquad (0.22)$$
$$R^2 = 0.741.$$

ここでは C_4 は4社集中度である．模倣要因の効果が明らかにもっとも目立っている．私たちはすでに〝接戦の競争〟といういい方でこの効果を説明した．接戦の技術競争が企業集中度を引き下げるのは，シミュレーションモデルに二つのメカニズムが働いているからである．両者は現実の経済に関する仮説としてもかなりもっともらしい．第1に，操業している企業間で，技術が似ているとなると費用条件も似ていることになり，したがって利潤率，成長率も似ることになる．したがって接戦の競争は企業成長率の狭い分布とより低い集中度を生み出す．第2に，模倣が簡単で収益性の機会が頻繁に発生すれば，潜在的な参入者はもっとも優れた技術をもつ企業に近いところに入ってくる．参入企業の規模は（比較的低い値で）ほぼ一定なので，参入数が多くなると，参入によって追加される生産能力の量はより大きくなる．全産業についての〝均衡〟が維持されるとすると，参入による生産設備の増加は，以前操業していた企業が投資を減らすことで部分的に相殺される．後者は参入者のものより通常大きいので，企業集中度は低下する．

企業集中度への影響に関する以上の分析は，成長理論に対する新古典派と進化理論のアプローチの間の基本的な違いを説明するのに役立つ．新古典派の成長理論はマクロ現象に照準を定めており，そのミクロ的な記述はマクロのための道具である．進化理論は逆にミクロ過程を基礎とし，マクロ変数を集計量として扱う．したがって，進化理論はより幅広い現象を扱うことができる．すなわち，進化理論でのミクロの詳細は検証されるべき課題を提出している．たとえば，我々のシミュレーションモデルをマクロ経済成長の現象の理論的な説明としてだけでなく，企業規模の分布を理論的に説明するものとしても使うことができる．これは後の章で取り組むことになる．

4. 要約と結論

　はじめのテーマに戻ろう．新古典派理論は経済成長のマクロパターンを見るための有益な方法である．しかし，技術変化の現象をとらえきるには，明らかに失敗している．新古典派理論は，ミクロの現象とマクロの現象を同じ枠組みで考えることを妨げる．本章では，新古典派のものよりいくらか複雑になるという犠牲を払いながらも，進化理論に基づいたモデルを見た．複雑さが増すことは透明性の欠如となって現れるが，それでも投入増加と生産増加の間の関係，要素価格と要素比率の間の関係をはっきりと見ることはできる．逆にこのモデルの利点は，慎重に研究してきた人々の説明ときわめて近い形で，技術変化現象を描いたという点にある．またミクロ現象とマクロ現象を同じ枠組みのなかにとらえることができるということも利点である．私たちは技術変化をともなう経済成長を，以下の三つの事実に整合的であるように説明しようとしてきた．(1) 定量的にはマクロデータの特徴的な振る舞い，(2) 定性的には，クロスセクションで資本労働比率と効率性にばらつきがあること，また，技術革新と普及にパターンがあること，(3) 企業の意思決定についての実証研究の結果，この三つである．これらは現実経済の（少なくとも）一部であるが，特別な仮定によって説明されるべき分離した問題とみなす必要はない．我々のモデルは，これらの異なるタイプのデータを一貫して説明できる．このことは，単にどのデータにも矛盾しないというだけでなく，むしろこのモデルが〝現実で起こっていること〟とかなり密接な関係をもっているということを示している．

第10章　純粋な淘汰過程としての経済成長

　前章で開発したモデルは，複数の相互関連する要因から成っておりかなり複雑である．これらの要因のいくつかはやや込み入った構造方程式を構成している．その結果，我々はこれをシミュレーションを用いて分析する必要があった．

　この章では，（相互に関連する）二つの方法で，この分析を単純化する．第1に，新技術の開発あるいは探索過程を取り除き，当初から——多少なりとも——存在する技術の淘汰だけに焦点をあてる．第2に，分析のなかの確率的要因の部分を取り除く．こうした単純化により，離散時間ではなく連続時間としてモデルを扱うことができるようになる．

　モデルは，二つのバージョンを考える．第1のモデルでは，前のように100の技術を想定するのではなく，二つ技術のみを想定する．すなわち，"古い"技術と"新しい"技術の二つの技術の導入比率の時系列的変化に注目する．このモデルでは，個々の企業はすべて同じとし，分析でよく行われるように集合的に扱われる．

　第2のモデルでは，二つのみではなく複数の技術の存在を想定する．したがって，淘汰の過程はもっと複雑になっている．しかし，単純化されたモデルによって得られた結果の多くは，この複雑なモデルでも実証されることになる．

1. 経済発展と後発性——技術が二つのときの進化モデル

　技術が二つだけのモデルは，一つの産業においてある新しい技術が古い技術に取って代わる過程の研究に向いており，その結果として生じる産業の生産性の変化の分析に適している．グリリカスのトウモロコシの交配種の技術伝播の分析（1957），マンスフィールドのさまざまの新しい生産プロセスの伝播の分析（1973）などがこれに相当する．ただ，技術伝播が生産性や要素シェアなどに及ぼす効果はあまり研究されておらず，伝播パターンと生産性の変化を結びつけるような研究はまったく見あたらない．ここで開発されたモデルは，こうしたこれまで見過ごされていた課題の分析に適している．

　我々のモデルは，発展途上国の経済発展のある重要な側面を研究するために設計されている．この研究課題は次のように設定される．世界経済の際立った特徴は，1人当たり所得のレベルに国の間で大きな差異があることである．これは，労働者1人当たりの生産量に反映されている．開発経済学の狙いの一つは，この違いを説明することであり，いい換えればなぜ低所得国の生産性は高所得国より低いのかについて明らかにすることである．この問題を解明することは，どうしたら発展途上国の所得の伸びを効果的に伸ばすことができるのかといったもっと直接的な問題に答えることにつながる．開発経済理論の中心的課題も，前の章で議論したような高所得国の経済成長理論と基本的には同じである．これら二つの理論の違いは，発展途上国の方が，発展のなかで進んだ生産技術を取り入れる度合いが，他の先進国よりも多い点である．

　経済学者は，第2次世界大戦以降の先進国の経済成長の理論を作るとき，ミクロ経済理論の道具を使った．同じよう経済発展に関心を寄せていた経済学者も（固定生産係数のモデルに多少手を加えたうえで）新古典派ミクロ経済理論の分析道具をもち出した．低所得国と高所得国の労働者1人当たりの生産水準の違いを，同じ生産関数の上の異なる点にあるからであると説明しようとしたのである．そして，高所得国は，単に労働者1人当たりの資本が低所得国に比べて多かったと結論づける．これで生産性と所得格差を説明す

ることができるなら，経済発展への処方箋はすぐに書くことができる．資本労働比率が上昇すれば生産性は向上する．

多くの研究がこの理論に従ってなされてきた．発展途上国の資本ストックの測定は難しいので，実証研究では，資本の代理変数あるいは労働生産性に関係する他の変数を使わなければならない．これらの研究は，この理論の質的側面をいくらか実証することはできた．しかし，比較的早い段階で問題が発生した．それは，新古典派経済成長理論の研究のなかで，技術革新の重要性に警鐘が鳴らされたときと類似した問題である．仮に生産関数の形が通常の前提どおりになっているならば，労働者1人当たりの資本量など生産要素の違いで国の生産性レベルのばらつきを説明するというのは，理論的に不可能ではないもののきわめて疑わしく，できそうもないのである．図8・1と8・2は，分析の問題点を描写している．高所得国は，資本量や労働者1人当たりの投入要素で低所得国を上回っているが，それに加えて彼らはより高い生産関数の上で活動をしているように思えるである．

この発見は，新古典派による国家間のばらつきの説明を崩壊させ，新古典派の経済発展の見方は少なくとも不完全であるということを明らかにした．発展過程のほとんどは，発展途上国が先進国の進んでいる技術（資本集約型の技術）を学び取り入れることにつきるようである．

経済発展理論においても，進化理論的アプローチが求められる．進化理論的視点からは，どの国の経済成長でも，異なる技術をもつさまざまな企業群が関わる不均衡過程であると考えられる．ときが経てば，このさまざまな企業が混在している状況も変化する．先進国では，新しい技術は発明が起きるとともにこうした企業群に取り入れられる．途上国では，新しい技術は先進国から借りてきて彼らの企業群に入ることになる．そしてどの時点でも，国家間の違いは，導入されている技術群の違いや要素の割合の違いで説明できる．

この解釈を用いると，なぜ世界経済すべてに適応できるシンプルな新古典派的生産関数が存在しないかの理由がいくつか浮かび上がる．一つは，新しい技術は新しい装置や機材が必要であるのに，発展途上国の資本設備は先進国のものより古いという制約である．ある国が使う技術は，その国の資本が

新しいか古いかに影響を受ける．二つ目の理由は，発展途上国の労働者は，新しい技術を習得するのに時間がかかる．したがって，新しい技術を使うには，労働者のスキルが足らないことが設備投資加えて，途上国の制約条件になっている．いい換えれば，もし世界の生産関数を矛盾なくとらえようとするなら，生産要素をその特性に沿って細分化して考える必要がある．

これが，なぜ国家間の生産性など水準の違いを生産関数上の異なる場所で説明できない理由であるが，そのほかにも重要な理由がある．それは，企業にとって良く知っている技術より，知らない技術を新たに理解し習得するには，時間も費用もかかるということである．さらに，このような新たな技術を理解し習得する能力について企業間でも違いがある．

各国の異なる経済発展を比喩として描いてみよう[1]．前提は，次のとおりである．我々が関心をもつのは，経済全体の産出量・投入量・要素価格の変化経路と，それらの国の間での違いである．前章と同様に，古い技術があって，技術は規模に対して収穫一定で固定係数によって特徴づけられるとしておく．また，新しい技術もある．古い技術と比べると，労働者1人当たりの産出量は高いが，資本1単位当たりの産出量は同じである．要素価格の値にかかわらず，新しい技術が導入されれば，生産物1単位当たりの費用は低くなり，資本に対する利潤率は高くなる．また前章と同じで，資本の拡大と縮小は，資本1単位当たりの収入から賃金と配当金を引いたものに比例している．このモデルでは，どの企業がその技術を導入しているかを気にする必要はなく，技術の利用そのもの（あるいはそれを体化している資本）が拡大しているかあるいは縮小しているかを論じることができる．

大多数の経済活動が古い技術を使用している国を想像してみる．そのなかに多少新しい技術もあるとする．このモデルでは，経済発展は次のように考えられる．いつのときも，経済全体かあるセクターにおいて産出量1単位当たりの労働投入量は，二つの技術で加重平均された産出量1単位当たりの労働投入量である．加重する比率は，二つの技術による産出量の比である．二つの技術の資本産出比率が同じであるという前提に立つと，これらの加重比

---

[1] このモデルは，ネルソン（1968）に最初に登場したものを改訂したものである．

率は，それぞれの技術に投入された資本の割合と同じである．新しい技術を使用したときの生産1単位当たりの労働投入量を $l_2 = \alpha l_1$ ($\alpha < 1$) とする．そして K_1/K と K_2/K を古い技術と新しい技術を体化した資本の割合とする．すると次式が得られる．

(1) $\quad \dfrac{L}{Q} = l_1 \left(\dfrac{K_1}{K} \right) + \alpha l_1 \left(\dfrac{K_2}{K} \right)$

投資に関する前提は，次のように形式化することができる．製品価格を P として，（新旧の技術に共通の）資本産出比率を1とする．減価償却はなく，投資は超過利益に比例して行われるとする．

(2) $\quad \dfrac{\dot{K_i}}{K_i} = \lambda (P - r - w l_i)$

r は資本サービスの費用であり，w は賃金をさす．

w は一定として考えず，変化していくと仮定する．最初は（すべての資本は古い技術のもとにあると仮定するので），総資本，労働供給，そして結果として賃金 w は，古い技術でちょうど損益がバランスしている値にある．このなかで新しい技術は利益を生むなら，拡大していく．

システムが新しい均衡点に達するためには，製品の価格 P が下がるか，賃金 w が上昇しなければならない（あるいは，この二つのコンビネーションであるかもしれない）．産業あるいは一部門のモデルであれば，需要曲線は右肩下がりで，賃金は一定あるいは独立して動くと仮定するのが自然である．モデルの対象を広げて取り上げているセクターが大多数の経済活動を含んでいるならば，前章と同じ方向でモデルを完成させることが自然である．製品価格を基準価格としてとり，これを一定としたうえで，右上がりの労働供給曲線を考える．

(3) $\quad w = w(L).$

この場合，賃金 w の上昇が，システムを均衡に戻す．以上がここで取り入れた分析の道筋である．説明を簡潔にするために，人口は一定であるとし，

右肩上がりの労働供給曲線は時間が経過してもシフトしないと仮定する．労働力が増加するように分析を拡張することは簡単にでき，その場合は均衡概念が多少違ってくる．

いずれにしても，新しい均衡点では，労働者1人当たりの産出量が，古い技術のときのレベルよりも向上している．資本産出比率は常に一定である．したがって，資本労働比率は徐々に伸びて，やがて，新しい技術に対応する水準に達する．また，資本サービスの価格が一定であると，資本のシェア（ということは労働のシェアも）が古い技術の下でも新しい技術の下でも同じ値になる．

このモデルの興味深いところは，新しい均衡点に移行するときのパスについて理解することができること，そして，そのパスに沿って産業の性質を理解できるところである．新しい技術と古い技術の比率の変化は次のように描ける．

(4) $\quad \dfrac{d}{dt}\log\left(\dfrac{K_2}{K_1}\right) = \dfrac{\dot{K_2}}{K_2} - \dfrac{\dot{K_1}}{K_1} = \lambda w(l_1 - l_2) = \lambda w(1-\alpha)l_1.$

新しい技術の比率 K_2/K_1（または Q_2/Q_1）の成長率は，λ が大きいほど大きくなり，その結果，新しい技術を使うので労働の生産性も高くなる．もし，w に変化がなければ，K_2/K と Q_2/Q はロジスティックカーブを描く．w が上がれば，ロジスティック曲線で予測されているものを上回るペースで新しい技術が取って代わることになる．労働者1人当たりの産出量の軌跡は，発展のスタート地点では同じで，最初はゆっくり上昇し，その後加速した後，再びゆるやかな上昇に戻り，新しい均衡点に近づいていく．

要素価格とシェアはどうなっているか？ このモデルの前提を考えると，資本のシェアは新しい均衡点でも古い均衡点のときと等しい値になる．資本産出比率も等しい．もし資本収益率が資本サービスの費用と等しくなるなら（これは均衡の必要条件である），均衡点で資本シェアは特定の値に定まる．新しい均衡のもとでは，賃金は生産性の向上にともなって上昇し，労働のシェアは，最初と変わらない．しかし，均衡ではなく途中の不均衡の状態の際には，資本収益が準レントを含むとすれば，資本シェアはその均衡時の比率

より高くなる．技術伝播の過程で，新しい技術を使用し拡大しているサブ・セクターに正の値の準レントが作られ，古い技術を使用し縮小しているサブ・セクターに負の準レントが作られる．そして，経済が発展しておりネットで資本が伸びている場合は（通常は労働より資本の増加率のほうが高い），正の準レントを生む前者の効果が後者を上回るだろう．

$$
\begin{aligned}
(5)\quad S_k &= \left[P - wl_1\left(\frac{K_1}{K}\right) - wl_2\left(\frac{K_2}{K}\right)\right]\Big/ P \\
&= \left[r\left(\frac{K_1}{K}\right) + r\left(\frac{K_2}{K}\right) + (P - wl_1 - r)\left(\frac{K_1}{K}\right) + (P - wl_2 - r)\left(\frac{K_2}{K}\right)\right]\Big/ P \\
&= \left(\frac{r}{P}\right) + \left(\frac{\dot{K}}{K}\right)\Big/ \lambda P. \quad ((2)式より)
\end{aligned}
$$

資本と産出の伸びが最大のときに，準レントも最大値を取る（上の式の二つ目の項がこれを表している）．

　ここで，一つの国の発展過程から異なる国の間の経済発展の比較に視点を移そう．ある国は他の国より早く発展がスタートしており（つまり新しい技術をよりはやく導入した），また速いスピードで発展している．このような国では，古い技術はほとんどすべて消滅している．一方，経済発展が遅くスタートするか，スピードが遅いところでは，多くの企業で古い技術がまだ使われている．発展途上国は，平均的な生産性や賃金の水準が低く，資本労働比率も低い．が，それだけでなく，ほとんどの新古典派による分析では，全要素生産性にばらつきが大きいことがわかっている．発展途上国では，企業間で生産性，賃金レベル，それに利潤率が大きく異なる．したがって，途上国では近代的な技術を導入することによって大きな準レントが発生する．資本シェアは発展途上国の方が，先進国より高くなっていることが多いのはこのためであると考えられる．このようにこの分析から得られる結果は，現在の発展途上国と先進国の違いの描写として的を外れてはいない．

2．多くの技術と変数のインプット

先の分析では，二つの技術と一つの投入要素（労働）だけであった．今度は，我々は，多くの技術と多数の投入要素を取り入れた分析を行う．その他の前提はそのまま維持する．たとえば，すべての技術は同じ資本算出比率をもっており，利用する技術の拡大や縮小は，その技術の利用から得られる資本単位当たりの利益に比例するとする．このモデルでは前の分析に比べて二つの点で複雑化している．一つは，技術変化は，新旧二つの技術の比率変化ではなく，複数の技術の複雑なウエイトの変化によってとらえられる．二つ目は，生産要素の数が複数あるので，一つの要素について産出単位当たりの投入係数が低いというだけで，その技術の淘汰の是非が決まることはない．異なった技術の比較優位は，すべての投入係数（a_{ij}）と要素価格によって決まる．

技術 j を使用すれば，利潤（ノーマルな資本収益率）は，

$$(6) \quad \pi_j = P - r - \sum_{i=1}^{n} w_i a_{ij}.$$

もし，技術 j を使用している資本の量を K_j とすると，その産業全体の利潤率は，

$$(7) \quad \bar{\pi} = \sum_{j=1}^{M} \left(\frac{K_j}{K}\right) \pi_j = \sum_j S_j \pi_j,$$

ここで，$S_j = K_j/K$ である．もし，ある技術への純投資率がその技術を使った生産での超過収益と等しいとすれば，

$$(8) \quad \dot{S}_j = S_j \left(\frac{\dot{K}_j}{K_j} - \frac{\dot{K}}{K}\right)$$
$$= S_j(\pi_j - \bar{\pi})$$

$$= S_j\Big(\sum_i w_i \bar{a}_i - \sum_i w_i a_{ij}\Big),$$

ここでの $\bar{a}_i$ は，投入 i に対する産業の平均投入係数である．

(9) $\quad \dfrac{d}{dt}\log S_j = \sum_i w_i \bar{a}_i - \sum_i w_i a_{ij}.$

これを時点 0 から T まで積分すると，

(10) $\quad \log S_j(T) - \log S_j(0) = \int_0^T \sum_i w_i \bar{a}_i dt - \Big(\sum_i w_i a_{ij}\Big) T$

となる．ここで $\alpha(T) = \int_0^T \sum w_i \bar{a}_i dt$ と定義する．この項は，すべての w と a，そして初期状態に依存する．

(11) $\quad S_j(T) = S_j(0) \exp\Big(\alpha(T) - \Big(\sum_i w_i a_{ij}\Big) T\Big).$

要素価格を所与として考え，技術 j をそのときもっとも利潤の上がる技術としよう．そうすると，$T > 0$ であるとき，$S_j(T) = 1$ でないかぎり，$\alpha(T) > (\Sigma w_i a_{ij}) T$ である．しかし，時間 T を無限に延ばすと $S_j(T)$ は 1 に収束していく．もし，技術 j と同等の利潤が得られる技術があれば，それらの技術のセットを加重平均した値が，時間の経過とともに 1 に近づいていく．

このような技術の淘汰過程を前提にすれば，産業全体の産出単位当たりの投入量が時間を経てどう変化するかを分析することができる．

(12) $\quad \bar{a}_k(T) = \sum_j S_j(T) a_{kj}$

$$= \sum_j \Big[S_j(0) \exp\Big(\alpha(T) - \Big(\sum_i w_i a_{ij}\Big) T\Big) \Big] a_{kj}.$$

支配的な技術が一つだけ存在する場合，産業の平均投入係数はその技術の

投入係数に近づく．支配的な技術が複数ある場合は，産業の平均投入係数はそれらの平均に近づく．

規模に関する収穫不変と一定の要素価格を前提とすれば，一つかあるいは複数の支配的な技術がこのモデルのなかに存在し，モデル内の淘汰過程でそれが変わることはない．第6章で指摘された問題も，ここでは問題にはならない．

しかし，この淘汰モデルでは，前のより単純なモデルと比較すると，費用の低い技術が何であるかがが要素価格に敏感に反応する．ある要素（たとえば労働）の価格が上昇した場合の淘汰の過程や到達点への影響はどうなるだろうか．また，同じ点から出発して，賃金がより急速に上昇した場合とそうでない場合で，産業の平均労働投入係数の変化はどういう影響を受けるだろうか．本書のなかでこれまでに示されたモデルを考えると，淘汰モデルがどのような結果を生じさせるかは予想がつく．少し複雑な計算の結果，次式を得る．

$$(13) \quad \frac{\partial}{\partial w_k}\bar{a}_k(T) = \sum_j S_j(0) a_{kj} \frac{\partial}{\partial w_k}\left[\exp\left(\alpha(T) - \left(\sum_i w_i a_{ij}\right)T\right)\right]$$

$$= \sum_j S_j(0) a_{kj} \exp\left(\alpha(T) - \left(\sum_i w_i a_{ij}\right)T\right)\left(\frac{\partial \alpha(T)}{\partial w_k} - a_{kj}T\right).$$

この式の意味を評価するために，以下の点に留意する．

$$(14) \quad \sum_j S_j(T) = \sum_j S_j(0)\exp\left(\alpha(T) - \left(\sum_i w_i a_{ij}\right)T\right) \equiv 1.$$

この恒等式を w_k について微分すると，

$$(15) \quad \sum_j S_j(0)\exp\left(\alpha(T) - \left(\sum_i w_i a_{ij}\right)T\right)\left(\frac{\partial \alpha(T)}{\partial w_k} - a_{kj}T\right) \equiv 0.$$

したがって，

(16) $\quad \dfrac{\partial \alpha(T)}{\partial w_k} = \sum_j S_j(T) a_{kj} T = \bar{a}_k(T) T.$

式（13）に代入すると，

(17) $\quad \dfrac{\partial}{\partial w_k} \bar{a}_k(T) = \sum_j S_j(0) a_{kj} \exp\left(\alpha(T) - \left(\sum_i w_i a_{ij}\right) T\right)(\bar{a}_k T - a_{kj} T)$

$\qquad\qquad\qquad = -\sum_j S_j(T) a_{kj}(a_{kj} - \bar{a}_k) T$

$\qquad\qquad\qquad = -T \sum_j S_j(T)(a_{kj} - \bar{a}_k)^2,$

ここで，$\sum_j S_j(T) a_k(a_{kj} - \bar{a}_k) = 0$ である．

(18) $\quad \dfrac{\partial}{\partial w_k} a_k(T) = -T \operatorname{Var}(a_{kj}),$

ここで $\operatorname{Var}(a_{kj})$ とは，時間 T における市場シェアでウェイトをつけた投入係数の分散である．この分散が 0 でなく正であるかぎり，$a_k(T)$ の値は，w_k と逆相関する[2]．

分散が正の値をとるかぎり，標準的な結論が成立する．もし技術が一つだけ生き残って他のすべての技術が消えるなら，労働費用が上昇しても技術の淘汰には何の影響もない．むろんこのモデルで最初から他のすべての技術が消えているわけではない．最初にある一つの技術が相当の量の資本を用いている場合は，要素価格の変動はかなり時間をかけて技術の淘汰過程に影響を及ぼしていくことになる．

最初にいくつかの技術が存在して資本と一緒に使われており，このなかにやがて支配的になる技術が含まれているとしよう．要素価格の変化が支配的

---

[2] この結果は，R.A. フィッシャーの〝自然淘汰の基本原理〟：〝生物のある時点での適合度の上昇率は，その時点の遺伝的ばらつきに等しい〟(1929, p. 37) を思わせる．現在のモデルで，フィッシャー理論により直接的に対応づけられる点は，産業の平均単位費用の低下が，市場占有率でウェイトをつけた個々の単位費用の変化と等しいことである．この主張は，現在のモデルの仮定の下で導かれ，フィッシャーの主張と同じである．生物学関連の研究のなかで，ここでやったパラメータを変えたときの淘汰過程の変化に対応するものがあるかどうかはわからない．

技術がどれであるかに影響を与えないとすれば，時間 T の経過とともに，投入係数の分散はゼロに近づく．労働の価格の上昇が起こると，支配的な技術が他に取って代わる速度が速くなることもあれば，遅くなることもある．技術の投入係数が平均より低ければ速くなり，逆に平均より高ければ遅くなる．産業の労働投入係数の時間的経過はこのように影響を受けるが，時間経過とともに収束する値には影響はない．

　もし，要素価格の変動が支配的技術を変える，あるいは，もっと一般的には，支配的技術のセットを変える場合は，関数に不連続性が存在することになる．すなわち，時間 T の経過にともなって漸近的な投入係数と要素価格を関連づける関数に不連続性が生じる．たとえば，初期の異なる投入係数の技術がすべて費用を最小化していると仮定しよう．このとき，$\mathrm{Var}(a_{kj})$ はゼロに向かわず，その w_k の値で，

$$\lim_{T \to \infty} \frac{\partial}{\partial w_k} \bar{a}_k(T) = -\infty$$

となる．

　可変生産要素の投入比率が異なる技術があってもよいと仮定して，モデルを少し複雑にすることもできる．それぞれの技術は新古典派でいう等量線に乗っており，企業はどの要素価格に対しても費用を最小化するような技術を使おうとすると仮定する．技術 j のもとで最少化された生産単位当たりの費用を $\phi_j(w)$ とすると，

(6a)　　$\pi_j = P - r - \phi_j(w)$.

すべての分析は前と同じようにできる．$\Sigma w_i a_{ij}$ を $\phi_j(w)$ に置き換え，$\Sigma w_i \bar{a}_i$ を $\bar{\phi}(w) = \Sigma S_j \phi_j(w)$ に置き換える．$(\partial/\partial w_k)\phi_j(w)$ を分析する際，双対定理によってこれが前と同じように a_{kj} に等しくなる．

　もちろん，価格の変化が産業の投入係数に及ぼす影響を見るためには，追加的な条件が必要になる．

(19) $\quad \dfrac{\partial}{\partial w_k} \bar{a}_k(T) = -T \operatorname{Var}(a_{kj}) + \sum S_j(T) \dfrac{\partial a_{kj}}{\partial w_k}.$

したがって，淘汰過程の効果とともに，経済の通常の効果も働いている．

第9章のモデルと比較して，この章のモデルはきわめて簡略化されて定式化されている．このことの利点は，複雑な場合にはシミュレーションによってのみ研究できるようなモデルの特徴を解析的に分析し，理解できるようになったことである．たとえば，技術が二つだけのモデルでは，生産性の時間経過と生産要素の分析が可能になった．多数の技術や可変投入量を仮定するモデルでは，産業の平均的投入係数の経過に要素価格の変動がどう影響をしているかを研究することができるようになった．

この章のモデルと前の章のシミュレーションとどちらが適切なレベルの抽象化といえるか？　これはあまり良い質問ではない．両方とも適切である．それぞれが違ったタイプの理解を導くし，またそれぞれがお互いに問題提起をすることができる．

第11章　探索と淘汰に関するさらなる分析

　第9章と第10章で紹介したモデルは，かなり抽象化，単純化したものである．このような抽象化と単純化により，マクロレベルの現象とミクロレベルの現象の間にやや比喩的にではあるが整合的な説明を与え，マクロとミクロのつながりに光をあてることができる．たとえば，第9章のモデルでは，ミクロレベルでの技術進歩の確率分布と，マクロレベルの生産性の成長率との関係を調べることができる．模倣の難しさが，当初は低かった産業の集中率をどのように上昇させるか，あるいは上昇させないかをも検討できる[1]．

　単純なモデルはその目的を果たすが，その一方で，ほとんどのミクロデータやそれらの微妙な関係の分析のためには，単純化されすぎているところがある．この章の目的は，探索と淘汰という二つのモデルの構成要素を大きく発展させ，これらを使って技術進歩に関係するミクロレベルの現象を明らかにしていくことである[2]．

　ミクロ経済レベルの技術進歩の研究は，さまざまな分野の学術研究が混在している．経済学者，その他の社会科学者，歴史家，心理学者，そして自然科学の研究者すべてが貢献している．しかし一方で，研究対象や研究者の経歴の多様性により，それぞれの研究の連携は進んでいない．技術進歩についてのミクロレベルの知識は，別々の目的のもとに集められた事実がばらばら

---

[1] その逆である産業構造がイノベーションに与える影響を分析することも当然意味深い．後の章で我々はこれを試みる．
[2] この章は，ネルソンとウィンター (1977b) とネルソン (1979) によるものが多い．

に存在しているだけで，一貫した知識体系にはなっていない．これらの研究のなかから一致している部分を取り出し，それらの間の関係を見出して，より効率的にお互いの研究が助け合うような構造を作り出すことは，挑戦的な仕事である．

　この取り組みに重要なのは，このような多様性を包み込み，特徴づけるような理論的枠組みを構築していくことである．新古典派の経済成長や技術進歩への見方では，こうした多様性が示す重要な問題には注意が向けられない．同じ国でも成長率は時間によって変化するし，同時点の国を比べても国の間に成長率のばらつきは存在することは広く認められている．それに，必ずしも広く認められているわけではないが，産業によっても技術進歩に大きな違いがある——この話題には後で触れる．

　しかし，新古典派は，多様性を限定的な観点からしか見ていない．技術進歩についてのミクロ研究では，誰が研究開発をになうか，どういう基準が用いられているか，技術開発の鍵は何であるなどの点で，産業間で大きな違いがあることがわかっている．これらの研究は，新しい技術が選択され，淘汰される過程に大きな違いがあることを示している．技術と産業は産業ごとに異なるやり方で進化している．ミクロレベルでのこれらの技術変化の違いは，産業間の技術進歩の割合や生産性の伸びの違いに関係があると考えられている．最終的にはこうした関係はモデルによって検証される必要がある．

　しかし，この章のねらいはこれより少し控えめである．我々は，技術進歩をミクロレベルで研究するための材料として，探索と淘汰の過程の性質——この二つはこれ自体としても価値があるが——を探求することを試みる

1．探索戦略とトポグラフィー

　すでに述べたように，探索を考える上で鍵となる特性は，不可逆性（見つかったものは見つかったもので元には戻せない），見つかるものが〝そこにあるか〟に依存する状況依存性，そしてその基本的な不確実性である．探索のレベルや方向性について影響を与えている意思決定ルールや探索過程のトポグラフィーは，これから議論するべき話題である．第9章では，利用可能

な他の技術のトポグラフィーについて，自然な配置でかつそれが変化しないという仮定をおき，そのうえで特定の探索モデルを使用した．探索に関わる意思決定メカニズムもきわめて簡単に作り上げられている．企業は，目的としていた利潤を得られないときに限り探索する．探索に特定の方向性はない．ただし，探索の性質から何かが発見されるとすれば，結果としてはおそらく手持ちの技術の周辺になる可能性が高いだろう．市場条件は，企業が探索をするかどうか，また，発見した技術が利潤につながるかどうか判定するという形でのみ影響を与える．企業が探索をすべきかどうか，またどのように探索すべきかを考える上で参考になるような〝知識の蓄積〟は存在しない．このモデルを，研究開発と発明に関するこれまでの豊富な研究の成果と結びつけるためには，もう少し複雑な戦略とトポグラフィーを考える必要がある．

拡充された探索モデルの要素

我々が提唱している一般的な探索モデルにはいくつかの要素がある．第1に，まだ発見あるいは発明されていない技術のセットがある．どの技術も二つの面から説明できる．一つは，投入係数や生産効率など経済のパラメータである．もし，それらのパラメータがわかれば，与えられた需要と要素供給条件により，その技術の利用から生じる経済的利益が計算できる．たとえば，単位当たりの生産コストや利潤を確保できる価格水準などが計算される．もう一つの面は，対象物の大きさや化学物質の構造などいくつかの〝技術的〟側面である．これらは経済学的には関心の対象ではないが，研究開発の意思決定を行うときには，このような知識も非常に重要となる．

一般的に，研究開発の意思決定者は，その技術の経済的利益がどれくらいあるかを知っていない．知られている事は，いくつかの技術的側面（そのなかには，問題となっている技術の代替的な技術の〝名前〟も含む）と，技術と経済的側面との確率的な関係のみである．たとえば，高い圧力と高温のエンジンをもつ飛行機は，速く飛ぶことができて利用者にとって優位な点があるが，生産コストも高くなる．また，ある化学物質は痛み止めとして他の物質より高い効果があると知られてはいるが，このような技術的知識を使って経済的効果まで完全に予測することはできない．

技術の経済的，技術的性質を認識するための行動がいくつか存在する．この〝認識〟活動は〝研究を行う〟，〝テストを行う〟，あるいは〝学問的に学ぶ〟などから成っている．技術が開発され，実際に使用されるまでには，これらのさまざまな行動が関連しながら存在している．意思決定者は，さまざまの要素投入レベルで，こうした行動の結果を完璧ではないもののある程度まで予測することができる．

研究開発を決める人は，こうした行動をどう選択するかについての意思決定ルールをもっており，このルールが〝探索〟の方向性を決定する．これを一般的に〝探索戦略〟と呼ぶことができる．探索戦略を考える上で重要な変数はたくさんある．たとえば，企業の規模や利潤率，競争相手の行動，研究開発計画の一般的な収益あるいは特定の研究開発の利益，さまざまの技術開発を進めるときの困難さ，あるいは容易さ，そして企業がもっている研究開発の経験と技能などである．

このような活動の結果，生じる変化は，二つの変数によって確率的に説明できる．一つは発明であり，これまで発見あるいは発明されなかった技術が知られるようになったり，長い間の開発が実用化につながったりすることである．もう一つは，企業がもつ一般的な知識，すなわちある特定の新しい技術に関する知識にとどまらない幅広い知識が変化することである．技術が発見されると，(発見されたその特定の技術だけでなく) その技術の〝周辺〟の関連する領域全体に関する知識やその経済的側面について，何らかの知識を得ることができる．これらから生じる企業行動は，原理的にはトポグラフィー，探索行動，決定ルールの三つがわかれば帰納的に説明できるが実際には，モデルが非常に単純化されていないかぎり帰納することはほぼ不可能である．

第9章の探索モデルは，このような一般的なモデルを切り詰め単純化したものである．そこでは，通常のトポグラフィー，非常に単純な探索行動，素朴な意思決定ルールが仮定され，さらに新しい技術を発見はしても，知識が明示的に進歩するわけではないと仮定されている．探索がその技術の〝近傍〟で行われるという仮定は，ある技術についての知識は，その技術と関係した他の技術にも利用できることが多いという事実を定式化したものである．

最近の新古典派がつくった発明についての多くのモデルは、ここで述べた枠組みで理解しなおすことができる。ただし、我々は、新古典派とは違い、企業の意思決定のルールが文字通り最適なものであるとは考えず、代わりに不確実性や確率的過程を重視する。何度も述べてきたように新古典派の考えの問題点は、企業の目的や知的能力についての設定にあるのではなく、どんな選択肢があり、どんな知識が利用可能であるかが明快にわかっているとしているところである。ゆえに、現実には意思決定者や組織が違えば結果が変わるにもかかわらず、企業の意思決定は必然的であり正しいものであるという誤った結論に導かれてしまう。また、決定する前の〝事前〟には、どの選択が正しいかわからないという現実を無視してしまう。

　以下の章では、共通の意思決定ルール、戦略、そしてこれまでの経験的分析で明らかにされてきた技術進歩の経路を、より幅広い枠組みでとらえなおすことにする。そして、このモデルのなかで、発明と研究開発について、ここまで述べてきた〝事実〟を解釈しなおす。

研究開発の水準を決める意思決定ルール

　第7章では、意思決定ルールが時間のなかでテストされると考えた。すなわち、意思決定ルールは、企業の目標達成のため、周囲の変数に適切に反応しているかどうかという点からテストされた。同じ事が研究開発についての意思決定でもあてはまるというのが我々の仮説である。

　多くの異なる組織が研究開発を行う。大学研究室の研究の目的と政府研究機関の応用研究の目的は違う。また、利潤を追求する企業の研究所の研究目的も、これらの組織とは異なる。ここでは、民間企業による研究開発と民間人の発明に焦点をしぼり、利潤動機が圧倒的、あるいは少なくとも重要であると仮定する——すなわち利潤が大きいほど良いことであるとする。ここでの我々の仮説は、意思決定ルールの〝形式〟が、さまざまのレベルでの研究開発の配分と水準での収益性によって定式化されるということである。すなわち、意思決定ルールは、研究開発への需要と収支、そして研究開発の供給と費用に関連して決まる。

　いくつかの研究は、企業の技術開発努力は、その製品の売り上げや需要の

影響を多く受けていることを示唆している．シュムックラー（1966）は，企業が行う製品改善あるいは費用削減の研究開発は，予測される市場規模によって大きく影響されることを示した．少なくとも製造業では，研究開発費は直接的にも間接的（間接的とはサプライヤーによって研究開発がなされた場合である）にも，産業の売上高と相関している．売上高の増減は，研究開発の配分の増減を引き起こす傾向がある．ただ，市場規模と研究開発支出の関係は，分析的に見て微妙な問題群をはらんでいる．多くの研究者は製品需要の役割を重要視するが，この微妙な問題群を見落としがちである．とりわけ，研究開発にともなう〝外部効果〟が働くときに市場規模と研究開発の関係がどうなるかが問題で，第15章ではこの外部効果の問題を取り上げる．しかし，それでも，市場規模が研究開発の量と正の相関関係にあることは間違いなさそうである．

　この相関関係は，企業が研究開発費を支出する際の決定ルールに組み込まれている．いくつかの研究は，企業の研究開発支出は売り上げのある一定の割合になるような決定ルールがあることを示唆している．売り上げに占める研究開発支出のあるべき比率が産業別に系統的に違ってでもいれば別だが，そうでないかぎり，このような企業レベルの決定ルールは，産業レベルや部門レベルの違いを生み出すだろう．

　需要サイドが企業の研究開発支出へ与える影響が明らかなのに比べると，発明の容易さや困難さなど供給側要因が，研究開発にどんな影響を与えるかはまだよくわかっていない．その理由は，発明の容易さが分野によってどのように違うか，またそれに影響を与える変数をどう理解し測定するかが難しいからである．いくつかの推測は出ている．何人かの研究者は，ある特定の技術に関連する〝知識〟は他に比べてより強力であり，発明を促進するための基礎になっていると述べる．しかし，ここでいう〝より強力な知識〟というのはどういう意味であるのか明確に示すことは難しい．いくつかの研究は，知識を科学として考え，産業のなかで家電や化学製品などは科学研究との関係が他の産業，たとえば繊維より相対的に強いとする意見もある．しかし，知識や産業の分類については合意ができても，強い知識が研究開発の投入と産出に及ぼす影響ついては議論が分かれることが多々ある．経済学者のなか

には、シュムックラーのように、その産業の科学的基礎の強さと研究開発の大きさの関係は、製品の需要と研究開発の関係ほど強くないと主張している人もいる。また、そのほかにもローゼンバーグ（1974）のように、技術進歩のスピードは、科学に近い位置にある産業ほど速いと述べる人もいる。これらの研究は、お互いに矛盾しているというわけではない。前者が研究開発の投入に着目しているのに対し、後者は産出に視点を置いているからである。

ここで少し議論を整理するために、先に展開した探索モデルをもってこよう。しばらくの間、製品の質は、利用可能などんな製造方法を使っても一定であると仮定する。また、これらの技術は、規模に関して収穫不変であり、投入係数は定数であるとする。研究湯開発を決定する人には、これから発見されるかもしれない技術に関する経済的性質はまだわからないが、技術的性質についてはある程度知っている。そこで、技術をいくつかのグループに、たとえば〝青い〟の技術、〝黄色い〟の技術というようなグループに分けて整理することができる。そのうえで、彼は、そのときの要素価格の下で、ある技術グループ、たとえば青い技術のグループが将来有望で、単位コスト削減の目標ための方法として確率的に優位であるというようなことがわかるとする。

研究開発の過程は、次のように考えられる。研究開発決定者は、グループのなかから〝サンプル〟をとり、そのサンプル内のさまざまの対象に対して〝研究〟あるいは〝テスト〟することができる。研究は、経済的特質、たとえば開発された技術を使用することでのコスト削減効果などを明らかにする。開発は、知られている技術を実際に使用できるようにすることである。研究コストはすべての技術について同じで、テストされた技術数とは独立していると仮定すると、開発コストはすべての技術で等しくなる[3]。

ここでは、1期間で技術が一つだけ開発されたと想定する。意思決定のルールの定めるだけの水準で努力を行い、一定数の技術をサンプルとして選び出す。このサンプリングは、意思決定ルールが示した特定のグループに対し

---

[3] 研究開発を探索として考えている研究開発モデルは数多くある。エバンソンとキスレフ（1976），ロバーツとワイツマン（1981），ワイツマン（1979），そしてダスグプタとスティグリッツ（1980a, 1980b）を参照。

て行われ，たとえば"青い"技術グループからサンプリングするというように行われる．そのなかの"最良の"技術が，現在利用されている技術に比べてコスト削減が見込め，かつそれが開発コストを上回ると思われたとき，実際に開発されることになる．

　この意思決定ルールでの努力水準が，すでに話してきた関連する諸変数に反応して変化するとしよう．"市場規模"の拡大の影響を考える．新しい技術を使った生産の採用が拡がると，全体として投入係数の低減が起こり，コストが削減される．この探索モデルでは，開発を始める前のサンプルの数を増やすと，逓減的ではあるが収益は増加する．"より良い"技術を使うことによる経済的な利益が，限界収益曲線に沿って上昇するからである．したがって，決定ルールの"もっともらしい反応"の仕方としては，探索に費やす労力は生産や売り上げの期待値とともに増加することになるだろう[4]．

　たとえば，次のような形で知識ベースが強力になったとする．急に，青の技術グループがさらに二つのサブグループ，ストライプつき青とストライプなし青のグループに分けられ，前者の方が，後者より確率的には優れているとする．すると，サンプル数が同じ場合，より優れているストライプつき青の技術グループから選び出したサンプル内の，"最良"の技術によるコスト削減幅の期待値は，青のグループ全体から選び出した場合のそれよりも大きくなる．この意味での強力な知識があれば，一定の技術成果をあげるために必要なコスト（すなわちサンプル数）を下げるか，あるいは一定の支出（サンプル数）のもとで期待されるイノベーションの成果を上げるかのどちらかを実現することができる．しかし，もし最適な戦略が計算できるとしたら，より強力な知識が得られた結果，サンプル量が必ず増えるとは限らない[5]．伝統的なモデルが示しているように，何かある目的を達成するためのコストが低下したとき，その目的達成への支出は増えても，その目的への投入が増えるとは限らない．製品の需要量と支払うべき研究開発支出との関係に比べ

---

[4] 順位統計では良く知られている事実であるが（リップマンとマッコール，1976，ネルソン，1961，1978参照），サイズ n のサンプルの最大要素の数値は，n とともに上がるが，その上昇率は逓減する．ここでの数値は単に単位当たりのコスト削減である．ここから直ちに上の結果が得られる．

[5] リップマンとマッコール（1976）あるいはネルソン（1978）を参照．

て，知識の強力さと行うべき研究開発の量の関係は，非常に複雑で見きわめるのは困難である．現実の決定ルールが，"知識の状態"と研究開発支出を関係づけていると期待すべきではない．

したがって，このモデルは，シュムックラーの結論である科学ベースと研究開発支出との緩やかな関係を理論的な面から支持しているといえる．しかし，ローゼンバーグの議論も同様に支持している．研究開発の投入の"効果"は，このモデルによると知識の強力さに直接関係する．研究開発の投入が大きくない産業の間でも，知識のベースが強い方が弱いところよりも技術進歩のペースは速い．

全体予算が所与のとき努力配分に影響を与える要因

費用に影響を与える要因と収入に影響を与える要因では，努力水準に対して非対称的な効果をもつだろう．しかし，研究開発の努力配分を決める意思決定ルールには対称性がなければならない．対象となる製品（その企業が販売している製品）がいくつかの性質をもっているとしよう．車やテレビのサイズは大きいのも小さいのもあり，モデルもデラックスもスタンダードもある．研究開発の意思決定には，新しい技術群が製品にどのような性質を与えるかよく理解しておかなければならない．消費者の嗜好が製品のある性質から別の性質に変化したとき，環境によく反応する意思決定ルールをもっているなら，生産内容もこれに応じて変化する．そして，そのような変化は研究開発の配分についても同じ方向に影響を与える．

需要や収益の議論を行うと，このモデルでも要素価格や生産要素の節約のなどの点で，新古典派モデルと定性的には同じ結果を得ることができる．もし，研究開発の意思決定者が，"事前に"，労働生産性や資本産出率を向上させる技術群がわかっていれば，研究の探索の方向を労働と資本の相対価格に従わせるのが"もっともらしい反応としての"意思決定ルールである．ハバクック（1962）により始まった実証研究は，ハヤミとルタン（1971）やビンスワンガーとルタン（1976）によって大きく発展した．彼らは，要素価格が生産要素についてのイノベーションに影響を与えていると報告した．両者の関係は，我々の探索モデルでも説明できるし，また発明家が将来を見越して

計算する能力をもつという非現実的な仮定をする新古典派のモデルでも説明できる．

　研究開発の配分に関するよい意思決定ルールは，発明の容易さ・費用と需要サイドの双方に配慮していなければならない．技術的には面白く，開発が成功する可能性があっても，需要がまったくないものに取り組むべきではない．また，成功すれば大きな利益になるが，成功する見込みがあまりないものに取り組むのも問題である．問題は，双方の基準を満たすどのような意思決定ルールが使われてきているのかである．

　可能なすべてのプロジェクトの膨大さとそのトポグラフィーの険しさを考えると，研究開発に関する決定に際して，いくつかの簡単なガイドラインが求められる．広く使われている手順では，まず，プロジェクトを実現した場合の利益が高いものから順にリストを作成する．そして，このリストのなかで実現性のあるものとコストの妥当性を見ていく．いい換えると，収益側を先に見て，次にコスト側という手順である．しかし，いくつかの企業は，これとは異なり，最初に魅力のある技術の可能性に焦点をあて，そのなかで収益の高そうなものを選別していく手順を取っている．これまでの研究によると，この二つの戦略では，最初の方がより多く採用され，商業的に成功する可能性が高いことがわかっている．しかし，二番目の，最初に魅力のある技術を模索する戦略の方が，もし開発に成功したらより大きな利益を引き当てる場合が多い[6]．

　もちろん，これら二つの戦略とも文字通り最適というわけではない．我々の主張の基本的なポイントは，企業は最適な戦略を見つけられると期待してはならないということである．すべての可能な選択肢を考慮することは不可能なのであるから，何か自動的な手順で選択肢の範囲を狭めていき，そのなかから将来性のある要素を選び出すようにしなければならない．先に触れた二つの戦略が，片方で需要と収益に，もう片方でコストと実現性に分析の視点を置いていることは注目に値する．このような戦略が幅広く使われていることは，我々の仮説，すなわち，その時点の経営方針は（最適ではないが）

---

[6] パヴィット（1971）あるいはフリーマン（1974）を参照．

利潤に影響を及ぼす重要な変数にもっともらしく反応する，ということを実証している．

累積的技術進歩

これまでの議論は，一時点での研究開発に焦点をあててきた．しかし，ある期間を通じて継続して進む技術進歩を，単純な探索モデルで説明することも可能である．仮定として，明日のプロジェクトは今日のプロジェクトとは独立に行われるが，今日成果が得られると，これによって明日の努力から期待される成果は上昇するとする．知識が増えないとすると，妥当な仮定のもとで研究開発の効果は収穫逓減的になる．しかし，製品への需要が伸びればこの逓減は相殺され，研究開発は伸びて技術進歩は続きうる．この説明は，いくつかの技術のケースを説明することができる．しかし，多くの分野におきる技術進歩の累積を説明することはできない．多くの技術史のなかで，新しい技術はただ古い技術よりも優れているというだけなく，むしろ，新しい技術が古いものから進化したとされている．今日時点の探索の結果得られた技術は，ただ新しい技術というだけではなく，明日の探索の基礎になる知識を提供し，明日使われる技術の基礎ブロックにもなる．

たとえば，今日の探索は，新しい技術（一つの化学物質とか）で，ある経済的側面ももち合わせているものを求め，候補として青色に分類される技術群に焦点をあてているとしよう．そして，テストにより，そのなかでとくにストライプつきの青の技術が，経済的側面で望ましい性質をもつことがわかったとする．結果として，この青色の技術群のなかに優れた技術があるという仮説は正しいことが確かめたれたことになり，さらに，ストライプ入り青の技術がとくに魅力的であるという仮説が追加して得られたことになる．

さまざまな要素の組み合わせによる技術の可能性のセットについて考えてみる．過去の経験に基づき，このなかのどれかへの支出を他に比べて増やすと経済的に優位な製品が生まれることがわかっている．しかし，どの程度増やせばいいかは完全にはわからない．賢明な研究開発戦略は，まず成果がより大きい方向に向けて支出の組み合わせを変え，その結果をテストし，成果がよければ，さらにそこで支出の方向を見直してより良い方向に向かってい

く方法である．つまり，周りを見ながらより高いほうに丘を登っていく方法である．一般的に，よい戦略はこの丘の頂点より少し低いところでやめることになる．なぜならば，そこでは経済的な成果は十分に達成されており，さらに組み合わせを変えても，成果の増加分がテストをするコスト以下になるからである．しかし，この過程で得られた知識は次に実施される別の研究開発プロジェクト——それは今回のプロジェクトとは異なる要素からなるだろう——に役立つかもしれない[7]．

　航空機産業のような多くのハードウエアの製造業では，研究開発は，研究とテストを重ねて作られた大きな全体設計があって，そのなかの小さな部分を徐々に埋めていくような作業である．開発の後半では，新しいハードウエアの実物のプロトタイプの開発が中心になる．したがって，"発見されるべき代替技術がどこかにあってそれを見つける"といういい方はちょっと無理がある．研究者は，今まで存在しなかった種類の技術を構築し，実際にそれがどう動くのか見ようとしている．情報は，偶然的な新技術の発見だけでなく，何か新しいものを学習し創造することからも得られる．一般的に新しい設計は，多くの部分設計の部品から成り立っている．これら部分設計についても，所定の目標を達成するために解決すべき"設計問題"がある．知識は，代わりの設計として何が有望かについて指針を与えることで，問題解決に役立っている．また，知識は，何が難しく何が簡単であるかを示し，難しい問題に直面しないように全体設計を導く役割も果たしている．よい化学物質を探索するときによく見られるように，成功した開発プロジェクトは，その一つの発明を上回るものを生み出す．現時点での新しいハードウエアは，設計問題の一つの解決案を意味しており，これが続いて行われる新たな研究開発の出発点になる．

　このようなすべての事例で，今日の探索の成功は，新しい技術の発見であると同時に，明日の探索の出発点になっている．ここで，"近傍"という概念を考えるのが自然である．たとえば，新薬を探す場合も今ある薬と"似ている"ものでより良い効果をもつものを探す方が妥当である．航空機の開発

---

7) ボックスとドレーパー（1969）は，化学プロセスなど，製造工程の改善の探索を，単純な分散分析による分析を用いて導くことを提唱した．

でも，これまで成功している航空機の設計のさまざまの要素を変更して，設計上で残っている問題点を解決し，妥協せざるをえなかった点を改良していく方法が考られる．

　このような考え方は，これまで〝プロダクトサイクル〟として知られてきた過程のある側面をうまく説明しているように思える．いろいろな技術史を見ると，ときどき大きな発明がおきてその後は小さなものが続くことが多い．その一例として，製品デザインの進化がある．ミラーとサワーズ（1968）によると，ダグラスＤＣ-3のオリジナルモデルは，多くの研究開発の流れの合流点に位置しており，全ボディが金属で，低い翼をもち，機体とエンジン配置が流線型を維持して，よりパワーアップしたエンジンを搭載した斬新的な航空機であった．その後10年間で，ダグラス社やその他の企業により，この基本的なデザインはさまざまなモデルへと改良されていった．次第にスピードは上がり，航続距離も長くなり，飛行も快適になった．オリジナルデザインは新たな機能のために拡張され，多様な需要や条件に応えていった．たとえばＤＣ-4は，四つのエンジンを搭載したシリーズを生み出した．しかし，1950年代半ばには，この設計の可能性はほとんど開発しつくされ，次に登場したボーイング707やダグラスＤＣ-8の出現が，民間航空機産業の新しいプロダクトサイクルを開始させた．イーノス（1962）は石油精製技術に同様のパターンを見出している．ここでも，イノベーションは，たまに起こる大きな新技術の導入（1931年の連続熱処理，1936年の接触分解など）と，その後の技術改良の波というパターンである．石油精製技術では航空機技術よりも，技術改良が重要な役割を果たしてきた．イーノスは，導入された最初のバージョンの新しい技術は，それまでの古い技術とあまり変わらないことが多いし，なかには古い技術よりも何も進歩していないケースもあったことを報告している．新しい技術の利点は，その後に続く改良の積み重ねによって実現するのであり，新技術の優位性とは，古い技術ではこれ以上できなくなった改良が可能である点にあるのである．

　製品が進化するにともない，製造過程も進化する．〝学習曲線〟に関するもっとも最初で，かつ重要な研究の一つであるハーシュ（1952）は，三つの異なった学習のメカニズムが働いていることを指摘している．労働者は彼ら

の仕事のより良い進め方を学習し，経営者は効率よい経営のための組織を学習し，そして，技術者は，製品の再設計をして，仕事がやりやすく，また可能な範囲で経済的に労働者を減らせるようにする．ハーシュの機械の研究とアッシャー（1956）の航空機の研究によれば，学習過程の結果生じる影響は，コストの種類ごとに異なる．具体的には，生産物単位当たりの労働コストは大きく削減され，原材料コストもある程度削減されるが削減幅はより小さく，資本コストはむしろ上昇することさえある．イーノスも石油精製機械の改良を分析した際にこれと同じことを観察している．加えて，〝学習過程〟の詳細な研究によれば，学習は，生産活動を行えば生じる必然的な結果で他の何ものの影響も受けないというものではない．むしろ，学習はより能動的なもので，資源も投入できる活動である．

技術改良が向かう先は，多種多様な方向に拡散していることもある．しかし，いくつかのケースでは，二，三の特徴的な方向が注意を引きつける．たとえば，技術進歩が非常に速い産業においては，技術進歩はすでに必然的に決まった方向に進んでいるように見える．ローゼンバーグ（1969）は，〝技術的責務〟という言葉で，技術の進むべき方向がある場合がある事を指摘している．たとえば，一連の生産過程のボトルネックとなる部品の明らかな弱点などは，技術改良の格好のターゲットとなる．一方，ローゼンバーグがいうように技術改良の対象がシフトせず，より〝直線的〟に進むこともある．この直線的な進化の道を〝自然経路〟と呼ぼう．

自然経路は，ある種の限られた技術，あるいは広義の〝技術レジーム〟に見られる．ここでいう〝技術レジーム〟とはハヤミとルタン（1971）の〝メタ生産関数〟と似た意味である．彼らの考えは，関連する経済条件や物理的，生物学的な制約，その他一般的な行動制約の下で可能な技術のフロンティアを指している．ただし，ここでいう〝技術レジーム〟は，人々の認知に関わるものであり，それが可能な技術か，また試みる価値がある技術かについての開発者の信念に基づいている．たとえば，ミラーとサワーズ（1968）が論じた1930年代のＤＣ‐3の出現——すなわち金属機体，低翼，ピストンエンジンの飛行機の出現——は，特定の〝技術レジーム〟にあたる．技術者たちは，このレジームの潜在的な可能性について信念をもっていた．出現から

20年以上もの間，飛行機のイノベーションはこの潜在的可能性を刈り取ることに費やされた．イノベーションはエンジンの性能を上げたり，機体を大きくしたり，効率性を上げたりという形でなされたのである．

　多くの場合，ある技術レジームにおける有望な自然経路や技術進歩の戦略は，製品の重要な部品の改善に関わっている．航空産業では，技術者はエンジンの推力重量比や機体の揚抗比の向上に努力する．一般的な理論を理解しておくと，開発をどう進めるかについて手がかりを得ることができる．ジェットエンジン技術においては，熱力学の理論が，エンジンの性能は燃焼時の熱と圧力によって決まる事を教えてくれる．したがって，自然な結果として，設計者はより高い内部温度と圧力に耐えられるエンジンの設計を探求するようになる．機体の設計については，理論的な知識（これはそれほど洗練されたレベルではないが）は，飛行する高度が高くなると空気抵抗が低く，飛行に有利であることを示している．これにより，設計者はキャビン内の空気圧を高めることや，効率よく高い高度を飛べるエンジンの開発などを考えるようになる．

　しばしば，これらの複数の自然経路の間には補完性がある．エンジンの出力の向上と機体の流線形化は補完的である．同じ時期に蒔かれた複数の種が同じように成長し，やがて技術の収穫期を迎える

　自然経路は常に，問題となっている技術に特殊な要因をもっているが，非常に多くの技術に共通している自然経路もいくつかある．なかでも二つがこれまでの研究で明らかになっている．潜在的な規模の経済の追及と手作業から機械での作業への転換である．

　さまざまな産業や技術で，製造装置の技術進歩は潜在的な規模の経済を追求したものである．資本その他のコストを比例的に上昇させることなく製造装置の生産能力を拡大することができる産業，たとえば化学製造，電力などでは，設計者にとって，コストを削減するために製造装置を大きくすることが課題となる．ヒューズ（1971）は，設計者がどのように電力関連機器の規模の拡大しようとしてきたかを記している．レビン（1974）は，石油精製，アンモニア，エチレンや硫黄酸の製造過程についてケーススタディと理論的考察を行っている．規模の経済の追求は，石油精製機器の進歩にとっても重

要であったことはイーノスによって明らかにされている．航空機の製造では，設計者は機体が大きいほど座席数×飛行距離当たりの単価コストが小さくなることを承知している．もちろん，航空機産業でも電力産業でも，規模の経済をどれだけ利用できるかは，技術的限界に加えて需要規模の制約も受ける．航空機産業で旅客数と飛行距離が増えれば，市場はこれを機会とみなすだろう．歴史的に見て規模の要因は重要性を増してきており，技術者は設計するときに自分の直感に従ってこれを行ってきた．つまり，概して新しい世代の民間航空機の機体は前の世代のものより大きくなっている．

　自然経路でもう一つ共通することは，以前は人間の手による製造であった過程を機械化することである．このことは，ハーシュとアッシャーの学習の研究において明瞭に示されている．製造装置の設計者にとって，機械化はコスト削減，生産の精度や信頼性の向上，生産工程管理への対応として当たり前に受け止められている．この点は，ローゼンバーグ（1972）の，19世紀のアメリカにおける産業のイノベーション研究においても指摘されている．また，この傾向はピオレ（1968）によって，今でも存在することが確認されており，セッツァー（1974）はウエスタン・エレクトリック社の製造過程を題材にした事例研究で記している．研究開発にたずさわる技術者や発明家が，コスト削減のために設計の改善や発明を探求するよう命じられたとき，彼らはその道を機械化に見出そうとする．また，技術者は，訓練や経験を通じて，機械の設計を行うための経験則を獲得しているのが普通である．このような理由で，機械化を目指すことは，規模の経済を追求することと同様に，発明活動の関心事になる．

　デイヴィッド（1974）は，その重要で示唆に富むエッセイのなかで，これとは異なる仮説——ただし対立するものではなく補完的な仮説——を提唱した．上に述べた研究群で指摘されているのは，いずれも資本労働比率を上昇させるという意味で〝容易な発明〟である．一方，デイヴィッドは19世紀の技術ですでに資本集約的になっていた製造技術は，資本集約度が低い技術よりも，〝中立的〟な方向に改善が進むことを示した．当時は，すでに機械化された生産方法を改善する〝大きな余地〟があり，技術者や設計者は賢明にもその方向に進んだのである．

現在でも規模の経済の追及とさらなる機械化は，19世紀と変わらず多くの産業にとって技術進歩への重要な道である．実際，これまで引用した多くの研究事例は，比較的現代のものである．しかし，一つの時代の重要な自然経路が，次の時代でも重要な自然経路になると信じる論拠はなく，むしろこれを疑うべきである．たとえば，20世紀にはそれまで存在しなかった二つの自然経路が登場し，広く用いられた．一つは，電気についての理解と，これを利用した関連部品や製品の開発であり，もう一つは，同様の発展を経験した化学関連技術である．これらの技術開発は1800年代の機械化のように，さまざまの異なる影響を与えた．たとえば，電気に関する理解の増加と関連部品の開発によって，電気部品が他の部品を代替していった．そして，こうした電気部品を多く，または重要なところで使用している技術は，そうでない技術より多くの改善の恩恵を受けることができた．

その時点で広まっている自然経路の利用の度合いには，産業によって明らかに大きな差がある．この差はさまざまな産業や技術の興亡に影響を与える．19世紀に，綿が羊毛を凌駕したのは，生産工程で機械化が比較的容易だったからである．おそらく，ローゼンバーグの経路とデイヴィッドの経路の両方が働いていたと考えられる．20世紀に，テキサス綿が南東部の綿を市場から追い出したのも，この地域が機械化による綿の摘み取り作業に適していたからである．現在は，化学製品のデザインや技術の進歩が進んでいるので，化学繊維が天然繊維より重要になっている．

自然経路の一つの性質は，それが特定の技術でも一般的技術でも，あるいは19世紀でも20世紀でも，エンジニアや設計者，技術者など発明に関わっている人たちの知識に沿って展開していくことである．こうした知識は，交配種の作り方やジェットエンジンの開発に関する理解など特定の問題に関するものである．ただ，知識は科学というよりは人文的・芸術的な直感に基づく部分もあり，1800年代の機械化や規模の経済の自然経路を背後で支えていたのはこの直感であった．しかし，20世紀後半になって，多くの研究者は，もっとも急速に進歩した技術（あるいはその技術を使ったキーとなる製品）の背景には，比較的明確な科学的知識が存在するという仮説に惹かれていった．これは，"発明者"が科学者であるというわけでも，"発明する"た

めに最新の科学が利用されているという意味でもない．そうではなく，事実として大学で教育された科学者やエンジニアが応用研究や開発分野の多数を占めており，このことは，最低限，科学に対する理解がある程度必要になっていることを物語っている．

　プロダクトサイクルやある種の技術の自然経路という考え方を使うと，技術進歩の変則的なパターンやスピードを理解することができる．たとえば，異なる熱力学サイクルを使ったエンジン，あるいは異なる発電方法を導入している発電所など，いくつかの異なる技術によって成り立っている場合を考えてみる．これら異なる技術はどれも異なる技術進歩の自然経路をたどる．どの時点の研究開発も，常に一つの技術（青の技術）の開発に焦点を当てていて，それ以外の黄色の技術には，まだ知識がないので（十分な知識がなければその黄色の技術群のなかで効果的な探索ができない），目を向けようとしない．しかし，現在の技術の自然経路をたどっていくと，やがて収穫が逓減していく．そこで仮に新たな知識が（おそらくは大学などの基礎研究から）生まれたとしよう．この新しい知識によって，それまで十分な知識がないために応用研究で無視されていた技術への理解が進む（たとえば，黄色のストライプの技術は有用であるが，黄色の水玉の技術は有用でないというように）．行われている研究開発の性質は大きく変化し，古い経験と知識が役立たなくなる．研究開発のゲームは，これまでとは異なるものになり，これまでとは異なる背景をもった人や，従来にない企業が必要になるなどの変化が起こる．知識ベースが豊富になったことで問題群の解決が容易になると，技術進歩は急速に進み，やがてそれが停滞期を迎えるとともに新たな領域をめざす次の探索が始まるのである．

2．淘汰の環境

淘汰モデルの要素

　第9章で取り上げられたモデルは，探索のケースと同様に，〝淘汰〟の性質をかなり単純化，類型化している．淘汰をミクロ経済学での技術進歩に関する研究と結びつけるためには，もっと複雑で繊細な定式化を行い，産業別

の違いを認識できるようにする必要がある．一般的な淘汰環境のモデルを提案するためには，次の要因を定める必要がある．(1) 新しい発明を導入するかどうか決めるために組織が考慮する費用と便益の性質，(2) 消費者の嗜好や規制ルールが"利潤"の生じ方に与える影響，(3)"利潤"と組織の拡大・縮小との間の関係，(4) 組織が他の組織の成功させたイノベーションから学ぶ方法，あるいは模倣を促進したり阻害したりする要因，この四つである．新しいイノベーションの流れがあるとき，淘汰環境が決まると，時間経過のなかでさまざまの技術の使用割合がどう変化するかが決まってくる．もちろん，淘汰環境は，産業内の企業がどのような研究開発をすれば利益につながるかに大きな影響を与える．この章では，このような理論的な視点から，イノベーションに何が起こるのかについて広範な知見を整理したいと思う．ここで，先に進む前に，重要な理論的問題点に答えなければならない．

　技術変化に関するいくつかの研究は，"発明"と"イノベーション"とをはっきり区別している（イノベーションは，狭く定義された場合，技術を製品化することさす）．この違いは，シュンペーターの『経済成長の理論』にまでさかのぼることができる．シュンペーターが発明を語るとき，中心となるのは技術的発明ではない．しかし，彼の描く世界では，企業外の独立した発明者が企業や起業家などと連携して，新しい企業をつくり，発明を実現させていく．ただ，現在の制度のもとでは，イノベーションの多くは企業内部の研究開発によるものが多く，シュンペーターによる区別は古くてあまり有用ではない．さらなる研究開発を必要とせずに経済的に引き合う発明もありえて，そのとき発明は誰かが利用してくれるまで待っていることになるが，これは例外的なケースである．新しい技術は，初期段階では実験的に利用され，最後の段階でいわゆる研究開発の一環に取り込まれることが多い．

　ただし，古典的なシュンペーター学者が好む区別も存在する．イノベーションは企業がその生産物を顧客に売ることを目的に行われる．したがって，2種類のイノベーションがここに存在する．ジェット旅客機の登場の場合，最初にこれを生産したデハビランド社はイノベーターであった．しかし，この旅客機を購入した航空会社も同様にイノベーターであったといえる．一般的にいうと，どの経済部門に焦点を当てた場合でも，2種類のイノベーショ

ンに分けた方がわかりやすい．一つは，その部門の企業の研究開発から湧き出てくるものであり，もう一つは，供給者が提供する部品，原材料，設備の形をとるものである．しかし，しばらくの間，我々はこの区別を置いておき，新しいイノベーション——そのなかには効果的なものもあれば効果のないものもある——の流れを体験する経済部門全体に焦点をしぼることにしよう．

すべての可能なイノベーションとその経済部門の性格を考えると，分析の対象が非常に幅広くなる．そこで，分析作業としては，この広範なイノベーションのなかから共通性を見出し，また違いを際立たせるための概念の枠組みをつくる必要がある．

たとえば，次のような多様な産業でのさまざまなイノベーションを取り上げてみる．最初の 707 モデルを生産した航空機メーカーのボーイング社，最初に酸素を使った生産工程を導入したオーストラリアの製鉄会社，新しい品種の種を試した農家，新しい抗がん剤を投入したパイオニア的医者，ある種の訴訟の犯罪者を保釈金なしに釈放することを実験的に試みた裁判所，オープン教室を実験的に使用している学校などである．これらの事例のなかで起こっているイノベーションの種類や組織形態のあり方の幅は膨大であるだろう．

イノベーションが生き残るための必要条件は，それを導入するかどうか決める組織が，その技術を価値あるものとみなすことである．もし，イノベーションが存続し広がっていくとすれば，企業はこの新しいイノベーションを使った生産・雇用を行うことが利潤に繋がらなければならない．また，医者は治療が効果的であることを認め，学校は新しい教室設計が教育に効果的でかつコストに見合うと感じなければならない．そこで，分析のため，すべてのケースで政府民間を問わずこのような組織を"企業"と呼び，この企業にとっての価値を，貨幣的なものに限らずそれ以外も含めて"利益"と呼ぶことにする．ここでは，企業の目的が社会的に価値があるかどうかは問わない．企業は一番乗りすることによる名声に動機づけられるかもしれず，企業の目標についても産業部門ごとの違いがありうるだろう．

イノベーションが利益を生むかどうかの判断は，企業の目的だけに依存するわけでない．ほとんどの産業セクターで，企業は——それが利潤を追求す

る民間企業であろうと，公的機関であろうと，さらに個人の専門家であろうと——，企業の目的に照らしてイノベーションに点数をつけて評価し，企業行動に制約を与えるようなモニターメカニズムがある．このメカニズムの鍵を握るのは，その企業によって生産された製品やサービスの利用者であり需要者である個人や組織である．707型航空機を生産するボーイング社の利潤は，それを購入する航空会社の反応に大きく依存する．消費者が新しい種で栽培されたとうもろこしをコストに見合う価格で喜んで購入するかどうか．また，患者が新しい治療を受け入れるかどうか．学校や法廷は，上位の公的な組織で決まった予算によって制約されている．産業セクターによっては，法律で政府が企業をモニターし規制することが決まっており，企業がこの政府による制約も受けていることもある．たとえば，ボーイング社は，新しい機体の生産に入る前に，連邦航空局（FAA）の安全性テストに合格しなければならない．また同様に，新薬はアメリカ食品医薬局（FDA）の規制で管理されている．淘汰環境は，このように企業行動を制約する需要者やモニターの構造がどのようなものであるかによって大きく異なる．

　有益なイノベーションが広がるメカニズムは，大きく分けて二つある．一つは，イノベーションを提供した企業自身が，より広い範囲でその技術を使うことである．企業が多くの種類の製品をつくり多様な企業活動をやっている場合，これらをそれまでの古い技術から新しいものに置き換える．イノベーションによってその企業の規模が，絶対水準であるいは（競争相手がいる場合は）他との比較で，増加する．イノベーションの供給側に行政組織などが深く関わっている場合，二つ目のメカニズムが考えられる．それは，模倣である．ある種のイノベーションの模倣は，制度的な機構によって行われる．たとえば，農業普及サービスセンターは，農家に対して新種の種を利用することを促進している．また，イノベーションが部品サプライヤー企業によってなされた場合，その企業が自分の製品を売り込むことで技術は広まっていく．制度的な機構は模倣を抑制することもあり，たとえば特許制度はライバル企業がその技術を採用することを妨げる．

　このようなメカニズムの重要性は，セクターごとに変わる．国有鉄道のディーゼル化は，一つのシステムの下で，主たる動力を蒸気機関からディーゼ

ルに代えることで進んでいき，この転換によるサービスの向上から得られた資金により成長を続けた．もし，鉄道がいくつかの異なる組織で運営されていたら，ディーゼル化を最初に達成した企業は他と比べて成長するが，国全体の完全なディーゼル化は他の組織による模倣を待たなければならなかった．707型機の成功は，ボーイング社の生産設備の拡大を可能にした．そして，その他のメーカーも，競争の脅威にさらされて次第に同型機の生産に入っていくことになった．保釈制度の改革も，特定地域では広まるが，司法制度が地域によって細分化され，地域の数も多いので，この革新の広がりは模倣によってもたらされることになる．

我々が淘汰環境の一般モデルをつくろうとすれば，次の四つの要素を明らかにする必要がある．①その部門の企業にとっての利益あるいは〝価値〟の定義，②消費者の選好や規制の課すルールなどが利益に与える影響，③投資，④関連して起こる模倣のプロセス，の四つである．この章の残りのセクションでは，こうした理論的観点に沿いながら，産業部門の間の淘汰環境の違いを定性的に考察する．市場には部門ごとに大きな性質の違いがある．部門によっては，特別な性質をもつ非市場的な要素が関わってくる．

淘汰環境としての市場

市場競争は産業部門ごとに特徴的な淘汰環境をもつとする見方は，19世紀と20世紀初頭の経済学者の考えによく表れている．なかでもシュンペーターは代表的である．類型化されたシュンペーターの進化システムでは，企業がより良い生産技術を導入するよう動機づけるためのアメとムチが存在している．ここで〝より良い〟という意味は明瞭である．生産コストが低いこと，あるいは新しい製品を消費者がコストより高い価格で購入することであり，いずれのケースとも，より大きな貨幣的な利益を上げることができる．イノベーションの成功は，開発者には高い利潤をもたらし，利潤を生む投資機会を与え，利潤を上げた企業は成長する．その過程で，他の革新的ではない企業の利潤は減少し，規模は縮小し，市場から追い出される．イノベーターの利潤，あるいは出遅れた企業の損失を目の当たりにして，出遅れた企業は模倣を行おうとする．

新製品を生み出すプロダクト革新と生産過程を効率化するプロセス革新では，シュンペーター動学は異なっている．前者のプロダクト革新では，企業が利潤をあげられるかどうかは，潜在的な消費者の不確実な反応に依存する．一方，プロセス革新では，製品の性質自体を変えるものではないので，市場の制約はあまり受けない．企業は，消費者の反応を考えずコストに対する影響で利益性を評価する．このような違いを強める別の要因もある．プロダクト革新は通常，当該企業の研究開発により生まれるが，プロセス革新のかなりの部分はサプライヤーにより行われ，彼らの製品に組み込まれている．そうだとすると，プロセス革新はサプライヤーを通じて競争相手に伝わるので模倣は迅速であり，特許による遅延もない．

シュンペーター的過程には，イノベーションをなしたイノベーターの成長と競争相手による模倣の両方があることが本質的である．動学的競争の説明の際には，イノベーターの成長が強調されることが多い．考えてみると，イノベーションと投資の関係について経験的な研究がほとんど行われていないことは驚きである．企業投資に関する主要な研究は，新古典派理論をケインズの指摘を考慮して改良したものであり，イノベーションと企業成長の関係は無視される傾向がある．マイヤーとクー(1957)は，収益と生産能力の間の理論に基づき，成功したイノベーションは生産規模を拡張する傾向をもつことを示した．成功したイノベーションは，利潤を生み出し，需要をひきつけるので，少なくとも初期段階では，需要が生産能力を上回ることになる．もっと厳格な新古典派理論によっても，イノベーションによって新しい製品や製造工程を手にした企業は，生産能力を拡大しようとする．しかし，多くの企業投資に関する研究は，ほとんど例外なく，イノベーションが投資にもたらす影響を無視してきている．

例外なのは，研究者の基本仮説がシュンペーター的相互作用を意識している研究である．ミューラー(1967)は，企業の研究開発支出は，時間的遅れをともなった後に，新しい工場や設備などへの投資にプラスに影響していることを明らかにした．その後，グラボウスキーとミューラー(1972)は，前期の特許数を研究開発支出の指標として用いた研究で，研究開発が工場と設備などの投資へ与える影響は統計的に弱いことを示した．マンスフィールド

(1968) の研究は，シュンペーターの見方を支持している．彼は，産業レベルの投資を分析し，イノベーションの変数が，他の伝統的変数を補いながら，有意な説明力をもつことを発見した．しかし，彼のもっとも興味深い研究は，企業の成長率を比較したもので，イノベーションの活発な企業はそうでない企業より成長が速い傾向があるということを明らかにしたものである．ただし，革新的企業の優勢はしばらくは続くけれども，その優勢は長くは続かず時間の経過とともに消えていく．これは他の競争相手が模倣を行うか，対抗するあるいはさらに優れた技術の革新に取り組むからである．

　成功したイノベーションと投資の関係の研究がきわめて少ない事とは対照的に，利潤追求を行う部門でのイノベーションの普及（模倣）に焦点をあてた研究はたくさんある．これらの研究は，農業（農民の間への交配種とうもろこしの普及の研究），鉄道（ディーゼルエンジン），醸造，製鉄などさまざまな部門や産業にまたがっている．多くは，イノベーションの伝播のスピードに影響を与える要因として，イノベーションがもたらす利益の役割を指摘する．しかし，他の研究によれば，企業がイノベーションの利益を評価することは非常に困難であり，事後的に測定しようとしてさえ，イノベーションによってどれだけの利益が得られかは明らかにならない（ナスベスとレイ，1974）．いくつかの研究は，例外もあるが，コストのかかるイノベーションについては，（資金量の豊富な）大企業の方が中小企業より早く導入することを示している．また多くの研究によると，新しいイノベーションの普及は時間の経過とともにＳ型のパターンを表している．ほとんどの場合，このパターンはイノベーションを後から利用する者が，利用を決める前に，先行している利用者（とそのパフォーマンスを）をいろいろな側面から観察し評価するためである．ケースによっては，イノベーションはサプライヤーによる投入財によりもたらされることがあり，この場合，最初にイノベーションを導入した企業は，その後，競争相手が同じ技術を導入することを阻止できない．ただし，これがあてはまらない場合もある．たとえば，ガラス製造会社のピルキントン社は，フロート板ガラス工程の基本特許を保有しており，この会社は，自らが入れない市場を除いては，この技術が他の企業へ伝播することを阻止したいと考えていた．一般的な伝播の分析は，意外にもこうした

違いを考慮していない．

　イノベーターの成長と模倣者の模倣という二つの役割について同時に分析する研究がないことも驚きである．市場淘汰の環境が効果的に機能するには，これら二つのメカニズムの微妙なバランスが重要であると考える．この問題については後に検討を加える．

非市場的な淘汰環境

　経済学者は淘汰環境として市場に着目してきたが，淘汰環境としては非市場的な環境もあり，これは主として人類学者，社会学者，政治学者によって研究されてきた．学問分野の違いのため，分析の焦点には大きな違いが存在する．これら分析の違いは，ある程度，実際の淘汰環境の違いを反映していると考えられる．

　市場の淘汰環境に関する理論化において重要な要素は，一方で〝企業〟，もう片方で消費者あるいは規制者への明確な分離であった．消費者のその製品に対する評価，他企業の製品の評価，価格に対する評価は，資源配分を決める最終的な基準である．企業は，消費者に購入してもらうために競争し，市場は，利潤を通して，企業が他の競争相手に比べていかに消費者の選好をとらえているかを判断する．イノベーションが生き残るかどうかは，それに対する消費者の評価に依存する．

　非市場的部門の特徴は，市場部門のように企業と消費者を明確に分離できないことである．教育システムのような公共機関とクライアント（学生，親），資金提供者（市長，市議会，有権者）の間には，自動車の売人と購入者のような明快な距離がない．これに関連して，イノベーションの評価がどのように下されるかは，市場部門より非市場部門の方がかなり複雑である．公的機関は，この価値の評価に重要な役割を果たし，自らの意思で公共的利益のために働くことを期待されている．また，これと同様なことは，形のうえでは民間になっている部門にもあてはまることがあり，たとえば医者の医療行為がそれである．医者は，新薬を投与するかどうか判断する際に，それが医者にもたらす利益ではなく患者への効果を考えて決定するものとされている．さらに，彼は薬のことについては患者よりもよくわかっている．これ

は，必ずしも企業と消費者の利益が一致しているというわけではない．多くの非市場部門では（競争が停滞している場合の一般の市場と同じく），企業は何を供給するかかなり裁量の自由をもっている一方で，消費者は，企業のパフォーマンスに対して制裁を加える直接的な力をほとんどもっていない．たとえば，公共機関が表明する公益は，かなり自分の機関の存続あるいは発展と一致することが多い．しかし，一般的にいって，非市場部門における供給の〝管理〟は，供給者間の競争原理であるべきだとは思われていない．

こうした理由で，非市場的部門の企業は，金銭的利益だけが動機づけになることはない．ゆえに，彼らがイノベーションを採用するか拒否するかの判断基準を分析することは難しくなる．教科書によれば，消費行動理論では，企業理論と違って嗜好が重要であるけれども，嗜好は安定的ではなく分析もやりにくい．仮にイノベーションを受け入れるかどうかの判断をする際に比較的に明確な目的が存在している場合でも，その判断基準を一つひとつ明らかにしていくのは困難である．たとえば，コールマンとカッツとメンゼル（1957）による医師間の新薬の伝播に関する研究でも，既存の薬と比較したときの新薬の医学的効果を定量的に把握しようとは試みていない．ワーナー（1974）の研究は，医師の新しい抗癌化学療法を用いる際の意思決定を分析しているが，癌の種類によっては化学療法に効果があることを定量的に示す証拠はなかった．医師は，希望ということだけで客観的根拠もなく新しい抗癌治療の採用を判断していた．また，フリードマン（1973）は，保釈に関する新しい改革プログラムを諸機関がなぜ導入したかについての理由を明らかにしている．しかし，その理由はほとんどが定性的なものであり，興味深いことに，導入後もその効果が望みどおりだったかを調べることもなかった．その後，プログラムの重要な箇所で問題が発生したにもかかわらず，誰も気がつかなかったほどである．

政治的また規制による企業の管理を行っても，市場部門での消費者主権のような，広範で強制力のある価値や誘引をつくりだすことは無理である．つまり，サプライヤーにとっての自由裁量の領域が広く残ってしまう．しかも，規制や政治的な統治のメカニズムの場合，消費者主権と異なり，関係者はイノベーションが実際に使われる前に受け入れるかどうかの判断をする必要が

ある．フリードマンの保釈に関する研究では，予算が関わっているところでは，警察や裁判所，それに関連する議会それぞれが保釈プログラムの改革に先ずは同意する必要があった．政府機関は，議会や政府の長から新しいプログラムへの支持を先ず取りつけてからでないと実施に向けて動くことができないのが通常である．

　供給者と需要者を明確に分離できないということは，企業の間に競争原理を用いることが難しくなることを意味する．たとえば，米国郵政公社や国防総省など供給機関が一つの場合，イノベーションの伝播は，ある程度はより高度な政治判断に制約されながらも，内部の意思決定に従って進む．また，医療や州政府機関などいくつかの供給機関が存在する場合，イノベーションの伝播は主に競争していない組織の間の模倣過程に委ねられる．ただし，同時に，イノベーションを起こした企業が模倣を阻止するインセンティブは存在しない．組織が，規模を拡大して他の組織の領域に侵入することができず，他の組織と生存競争するわけではない場合，その組織には自分が行ったイノベーションが模倣で伝播していくこと阻止するメリットはない．実際，ここで考えられているほとんどのケースでは，組織の間に情報の共有や協力の仕組みが整備されている．そして，多くの場合，専門的機関が新しいイノベーションのメリットを評価して判断を下している．専門的機関による承認印とそれによって進展した導入例だけが，専門家ではない組織にとっての導入メリットの判断基準である．

　医療サービスの擬似的市場を考えてみる．消費者や外部の規制当局の強い制約がないとすれば，消費者の厚生を（それほど確実にはでないが）守るものは，主として医療処方の効果についての専門的な基準となる．新しい治療方法に対する評価は，医師たち相互の議論をへて，さらに権威のある医師たちの判断にしたがいながらコンセンサスとなっていく．モーア（1969）は，地域の公衆健康サービスの間で新しい政策やプログラムがどのように伝播していくかを調べていて，似たような専門家の役割を見出している．ウォーカー（1969）は，州政府による新しいプログラムの導入時期の州ごとの違いを調査した．そして，地域はいくつかのグループをつくっていて，グループにはリーダーとなる州（一般的に人口が多く，都市部で，裕福な州）があり，

他の州はこのリーダーを参照し，またモデルとして用いていることがわかった．

　専門的判断も，政治的に決まっている予算枠の制約を受け，また実施の細目に際しては行政当局の規制の制約を受ける．モーアの研究では，公衆衛生の専門家が上位の権限のある地位についていた地域ほど，そこの公衆衛生機関は新しいプログラムを早期に導入していた．新しいプログラムを採用したいという専門家の意向は，政治的かつ予算的な制約を受けるが，この制約はいわばそのプログラムを"消費する"住民が決めることである．ゆえに，結果としては消費者の態度が，公衆衛生サービスでのイノベーションを阻害していることになる．同様に，ウォーカーの研究では，州政府に課された予算制約のために，進歩的なプログラムの導入に前向きであった州の官僚たちの行動は，大きな制約を受けたとなっている（このプログラムは他の州で採用され，この採用の判断を官僚たちは賞賛していた）．

　クレイン（1966）は，アメリカの都市の間での水道水のフッ素化の伝播を研究した．このケースは，"企業"が導入に対して専門的知見に基づき積極的な立場を取る一方で，多くの"消費者"は拒絶する傾向があるという事例の典型であった．彼は，地域の衛生専門家が意思決定を任せられている間は，水道水フッ素化は急速な勢いで広がったと述べている．時が経つにつれ，フッ素化はよりオープンな政治的課題となり，意思決定の権限が衛生の専門家から市長に移っていった．その結果，フッ素化の普及は非常に遅くなった．そしてその後は，導入の決定は市民による住民投票によって決められるようになり，水道水のフッ素化の普及は，この時点で実際上ほとんど止まってしまう．

　ここで見てきたパターンは，経済学者が市場セクターを分析したものとは大きく違っていることがわかる．しかし，モデルとして考えると，同じ要素があることも簡単に見ることができる．すなわち，その部門の企業の誘引（ここでの誘引は一般化されたもので，貨幣的利益でなくてよい），消費者（しばしば投票者である），そして資金提供者（しばしば議会である）が存在して，企業行動を制約していること，そして模倣過程における企業間の情報や価値の共有メカニズム（イノベーションが普及する最大のメカニズムで）

があること，などである．

3．要約

　これまでの章では定式化されたモデルをつくって分析してきた．この章では，技術変化についての数多くのばらばらの知識を結びつけ，理解するための理論的枠組みと，そのための言葉と概念について考察してきた．以前の章では，関心の焦点は，発明とイノベーションについては基本的な不確実性をはっきり認識してそのモデル化を行うこと，そしてその結果，経済成長は不均衡な過程として描かれることにあった．本章でもこの考え方は同じであるが，産業によって探索や選択過程の性質がかなり異なることに注意を促しており，より複雑化している．なすべき事は，何とかしてこの多様性を取り込み，正確にかつ分析的に取り扱うことである．正確に扱うということは，農業は航空機産業と違うし，航空機産業は医薬産業とは違うということを理解することである．分析的に扱うとは，これらの違いをリストにするだけではなく，一般的なモデルのなかでのいわばパラメータの違いとして取り扱うということである．

　この目的のために，"探索"の中身は広く拡張され，探索は，広い範囲のトポグラフィー，探検の技術，そして多くのテクニックを使う意思決定ルールも含むことになった．"淘汰環境"の中身も，同じように拡張されている．

　一般的に，大きな理論構造は，広い範囲におよぶ個別モデルと整合的でありえて，そして個別モデルは，分析しやすさと現実らしさのトレードオフのスペクトラムのなかの，どこかに位置している．進化理論のときにそうであったように，新古典派でもより複雑で"現実的"であるが分析しにくいモデルを作ることはできる．しかし，新古典派モデルによって技術進歩の構造を分析しようとすると，数え切れないほど多くの"アドホックさ"を必要とし，これは新古典派の基本的な考え方と相容れない．したがって，もし新古典派の観点から経済成長のマクロ分析が行われたら，ミクロ分析を行っている研究者とマクロ分析をしている研究者の間で，共通の言葉での会話が成立しないことになるのは必至である．1人の研究者が，この問題のマクロ面とミク

ロ面の両方に関心をもったとすると，彼は知識が分断されてしまったように感じることだろう．進化理論のもっとも優れている点は，こうした問題を避けることができる点にある．

第Ⅴ部　シュンペーター的競争

第12章　動学的競争と技術進歩

　第Ⅳ部で検討したモデルは，成長理論のいくつかの中心的な課題に取り組んだ．企業によるイノベーションは，分析の中心におかれ，利潤は同時にイノベーション活動のモチベーションであるとともに，成功したイノベーターが他の企業に比べ成長する土台とみなされる．競争はアクティブな動的過程を代表するものととらえられていた．

　しかし，動学的競争の本格的な分析には欠かせない二つの特徴がこれらのモデルには存在していない．企業は事前の技術進歩の可能性については，すべて同じであるとみなされている．しかし，シュンペーターが強調したように，動学的競争の中心にあるのは，いくつかの企業が技術イノベーションでリーダーになろうとする一方で，他の企業は，そのリーダーの成功をまねすることで追いかけながら生き残ろうとすることである．一般的に，前者の政策は後者の政策にはかからない費用をともなう．そして，イノベーション戦略が利潤をもたらすあるいは少なくとも実行可能性である条件を検討することが重要である．第2に，モデルは，市場構造，研究開発支出，そして技術進歩の関係に焦点をあてていない．もちろん，技術進歩のパターンが時間をかけて形成された市場構造に大きな影響を与えていることには注意が払われている．しかし，市場構造が産業のパフォーマンスに与えるよく知られている影響はここでは見られない．なぜならば，モデルでは，企業は市場全体の規模に対して大きく成長をしても，一貫して価格受容者として扱われているからである．そして，進化する市場構造の研究開発や技術進歩に対する効果

はまったく考慮されていない．

　この第V部で扱うモデルは，産業における企業に対して開かれている一連の研究開発政策を明示的に検討し，市場構造，研究開発支出，技術変化，そしてその他の産業パフォーマンスに関わる側面の複雑な相互作用に焦点を絞る．これは，第III部と第IV部で考慮したモデルと一般的には同じ性質をもっている．企業は行動主体として取り扱われる．企業は，既存の技術に取って代わる技術を探索する．企業の利潤は，企業が拡大するか縮小するかを決めると想定する．モデルの数学的定式化は，産業の一連の状態におけるマルコフ過程のものである．しかし，ここで考察するモデルの構造は，以前に取り上げたものとは異なっている．部分的には，これはここでの焦点が異なっていることによる．しかし，我々の一般的な理論のスキームと整合的な一連の幅広いモデルを示そうとしていることもある．

　進化的アプローチと正統派との比較をそれぞれのトピックで行うことが可能であり．重要でもあった第III部や第IV部の分析とは異なり，以下の分析ではこうした比較は不可能である．第2章で強調したが，シュンペーター的競争の分析に，正統派理論の前提を用いることは困難である．近年，数は多くないがいくつかのモデルが，正統派の利潤の最大化や均衡に関する前提を保持しながら，シュンペーターの貢献を取り入れようとしている．これらのモデルはいくつかの有用な洞察を与えてくれてはいるが，シュンペーター的競争の重要な側面を無視している．すなわち，そこには勝者と敗者が存在し，このプロセスは連続的な不均衡の過程であるという点である．モデルがこの事実を認識するならば進化理論による分析が必要となるように思われる．

　我々が展開した進化理論では，経済問題の性質は正統派理論が描くものとは根本的に異なっている．正統派では，選択肢はすべて知られており所与のものである．彼らの経済問題とは，所与の選択肢のなかで生産と分配の最適なものを選ぶことである．競争が果たす機能とは，シグナルとインセンティブを正しくすることである．進化理論では，選択肢は所与ではなく，いかなる選択の帰結も知られていない．いくつかの選択は，他のものより明らかに悪いが，事前にどの選択が最適かどうかはわからない．この前提に基づき，多様な企業行動が現実的に存在することが予測できる．おなじ市場のシグナ

ルを受けても企業は異なった反応をする。シグナルが比較的新しいものである場合にはいっそう反応は異なってくる。実際，このような企業の反応の多様性は，さまざまな可能な企業行動が試されることになるという意味からも望ましい。競争の機能のひとつは，企業組織の面からみると，多様性をもたらすことにある。また競争の別の機能は，ここでのよりアクティブな意味においては実際に結果的によかった選択に報い，悪かったものを抑えることである。長期的に，競争システムは，平均的に良い選択をした企業を勝ち進めさせ，一貫して間違え続ける企業を排除するか，改革をせまるかする。

この観点からは，市場システムは，（部分的には）経済行動や組織の実験を行い，その結果を評価する装置と見ることができる。競争の意味やメリットはこれに基づき評価されなければならない。これは，ほぼシュンペーターが70年前に著書『経済発展の理論』のなかで表明した立場である（1934，ドイツ語版，1911）[1]。〝発展〟とは，「経済活動の変化のなかでも，外からではなく自らの自発性により内からもたらされたものとしてのみ」と，我々は理解すべきである，と記している（同書．p.63）。彼によると重要な発展過程は，「新結合の実行」である。競争的な経済では，「新結合の実行とは，競争による古いものの排除」を意味する（pp.66-67）。新結合の実行も，「先頭を切って新しい生産方式を導入する」のも企業家である。そして，企業家としての利潤を結果的に手に入れることになる。「彼は，他の生産者を自分と同じところに誘い込むといった意味でも先導者である。しかし，他の生産者はそもそも競争相手でもあるので，先導者の利潤を減らすことになり，やがてそれを消滅させることにもなる。あたかも自らの意思とは反して先導しているかのように」（p.89）。

シュンペーターのイノベーション，あるいは〝新結合の実行〟という概念は非常に幅広いものである。彼は五つのケースをとりあげている。「(1) 新しい製品の導入．(2) 新しい生産方法の導入．(3) 新しい市場の開拓．(4) 新しい供給源の開拓．(5) 独占的地位の形成のような新しい組織の実現」

---

[1] このことを強調したという点でシュンペーターはとりわけ特筆されるが，アダム・スミスから現代のフォーマルな理論化が始まるまでは競争的市場の実験的役割に何らかの重要性を見出していたのである．

(『経済発展の理論』上　シュンペーター，1934，p. 66）．正統派は，技術革新や企業の能力を非常に狭い科学技術の知の領域の問題としてしかとらえていないが，明らかにシュンペーターが挙げたこれらの事例は，これを大きく超えるものである．そして，この事例のリストを見てもまだ理解できない場合は，シュンペーターが発明とイノベーションを峻別することの重要性（p. 88）や生産方法の変化を組織面から見ることの重要性を考えれば明らかであろう（p. 133）．換言すると，シュンペーターのイノベーションの取り扱いは，技術と組織，潜在能力と行動，行うことと選択することなどの違いを強調しすぎることの間違いを早くから指摘していたのである．

　しかし，ここでは，もっと狭い範囲のことを考える．我々は，通常，用いられている意味での〝技術進歩〟に焦点をあてる．その際，組織のイノベーションは考慮しない．この狭い領域に焦点をあてるのは，シュンペーターの『資本主義・社会主義・民主主義』（1950）の分析と一致している．それは，企業の研究所がイノベーション・プロセスの中心であり，それがやがては企業家の役割を陳腐化させる．この分析は，もちろん，この研究の重要なバックグラウンドとなっている市場構造とイノベーションの議論の標準になった．とりわけ，それは，〝シュンペーター仮説〟といわれるようになったものも含んでいる．それは，大きな市場支配力をもった大企業を含む市場構造は，急速な技術進歩のために社会が支払うべきコストである，という主張である．

　最近の経済学者による多くの研究が，この仮説のさまざまな側面や意味について研究をしており，確かに，これは重要な問題である．しかし，シュンペーターの技術進歩の速い産業における競争の性質と社会的価値についての一般的な見方と，シュンペーター仮説にある市場構造の役割についての特定の見方とを区別することが重要である．前者については価値を認め，後者の議論については，とくにはっきりした判断を示さないかあるいは疑いをもっているという人もいるだろう．また，シュンペーター的競争の分析は将来性のあるテーマであり，研究がほとんど始められていないものと見ることもできるだろうし，他方で，狭い問題に向けられたある種の努力については過去の時点ですでに明確な収穫逓減の領域に入っているとみなすこともできるかもしれない．

1. シュンペーター的理論の複雑な構造

ここで取り上げる技術革新に関する見方は，技術面と組織面のイノベーションを峻別するという問題点を別にしてもかなり抽象的である．産業の技術進歩のペースとパターンに対し明らかに影響を与える多くの変数が存在している．イノベーションの源泉は数多くの異なるものがあり，多くの政策がそれらに影響を与えている．しかし，シュンペーター的理論に関する特徴は，一つの種類のイノベーター，すなわち産業における企業と，産業の（ある意味での）構造に影響を与える政策に焦点を絞っていることである．我々もこのような慣行に従うことにする．

市場の構造とイノベーションの関係

『資本主義・社会主義・民主主義』のなかで，シュンペーターはイノベーションにおける大規模企業の優位性を強調しているが，市場構造自体についてはあまり言及していない．"独占レベルの組織"について触れるとき，その具体的な優位性として上げられるもののほとんどは研究開発や経営における規模の経済，リスクを分散する能力や資金調達などから生じる企業が大規模であることによるイノベーションの"能力の優位性"に関するものである．

しかし実際には，競争者の集団にとってはまったく利用しえないか，もしくはそうやすやすと利用しえないものでありながら，独占者にとっては利用しうるようないっそうすぐれた方法が存在する．というのは，企業の競争的水準でも全然得られないわけではないが，事実上は独占的水準においてのみ確保されるような利益が存在するのである．それは，たとえば独占化がよりよき知能の影響力の範囲を拡大し，より劣った知能の影響力の範囲を縮小せしめるからであり，あるいはまた独占によって他では得られないような金融的地位が享受できるからである（シュンペーター，1950，中山伊知郎・東畑精一訳『資本主義・社会主義・民主主義』，p. 182）．

我々の時勢のもとでは，かような優越性が事実上典型的な大規模支配単

位——もちろん，単なる大きさだけがそれにたいする必要条件でもなければ十分条件でもないが——の著しい特徴であることについては，何らの正当な疑念もありえない．かような単位は，創造的破壊の過程において発生し，かつ静態的図式とはまったく異なった仕方で機能するばかりではなく，決定的に重要な多くの場合に，その成功に必要な形態をも準備する．すなわち，それは自己の占取すべきものの大部分を自ら創造する（同訳書，p. 183）．

彼は，中小企業に比べた大企業の利潤の〝専有可能性における優位性〟についても明らかに念頭においていた．『資本主義・社会主義・民主主義』における経済の世界では，彼の初期の研究におけると同様に，イノベーションによる利潤は，模倣のラグから生じる新製品や新しい製造方法の一時的独占によるものである．特許による保護が弱く模倣がすぐに起きる場合には，イノベーションによる利潤は，そのイノベーションをいかに短期間で利用できるかというイノベーターの能力にほぼかかっている．大企業は，生産水準，生産能力，マーケティングそして資金面で，新しい技術を迅速で大規模に利用できる力をもっている．

大企業は研究開発においてより効率的であり，さらに大規模にイノベーションを利用することができるという優位性を速やかに実現できるという議論に対し，大きな組織特有の官僚的な管理制度がこうした潜在的な優位性を部分的にあるいは完全に相殺するという反論もある．研究開発における規模の経済性の役割と大規模企業の専有可能性における優位性をとらえようとした理論モデルは現存しているが，しかし，どのモデルも内部管理の問題を明確にとらえようとしているモデルは我々の知る限りない．またこれは，ここで紹介するモデルを含めその他のシュンペーター的競争モデルすべてにあてはまることである．

この議論によれば，イノベーションに必要なものは企業の規模であって，市場の支配力それ自体ではない．イノベーションにはある最低限度の規模は必要であり，その規模が独占企業か寡占的な状態でないと達成できないという場合もあるかもしれない．しかし，市場支配力がイノベーションを引き出

すには重要であるという議論はこれとは異なっている.

このような議論のひとつは,競争相手が存在しないこと,そうして,競争相手による模倣を阻止する能力が専有可能性に影響を及ぼすということである.別のいい方をすると,市場の構造が,一時的な準レントが模倣によって侵食されていく速さに影響を与える.この関係は,シュンペーターが完全競争はイノベーションとは両立しないと述べた際に考えていたことであろう.「新しい生産方法や新しい製品の導入は,最初から完全で,瞬間的にも完全な競争の下では考えられない.そして,このことは我々がいう経済進歩と呼ぶもののほとんどは,それと両立しないことを意味するのである.実際のところ,いつも何か新しいものが導入されたときは,それ以外は完全競争の条件を満たしても,自動的にあるいは意図的に仕組まれた手段により,完全競争は一時崩れ去る」(p. 105).関連するがこれとは異なる議論は次のようなものである.競争の不在あるいは制限的な寡占的競争が,一般的に産業に高い収益をもたらすことにより,イノベーティブな研究開発を行う企業を一時的に守ることになる.もし,競争が激しい場合は,〝迅速な二番手〟を目指した企業が,本当のイノベーターを倒産に追い込むことも考えられる.

もちろん,多くの研究者が指摘しているように,弱い競争はイノベーションへの刺激をそぐことになる.研究開発のような活動を許す環境が,その活動が完全に実効されることを保証するものではないし,またそれが正しく行われるような規律をもたらすものでもない.市場シェアが大きく伸びる機会がない,遅れれば他の競争相手に市場から退出させられるなどの脅威がないといった状況は,イノベーティブな研究開発をするインセンティブやプレッシャーは鈍いものとなる.経営者の判断次第で,技術面でリーダーシップを追求するために資源が投下されるか,他の形の経営者による消費にまわすかが決定されるかもしれない.この問題は,大企業の官僚的行動がイノベーションの障壁になってしまうということと同様にこれまで明確にモデル化されていない.我々のモデルも同様にこれを取り扱っていない[2].

---

[2] より正確には,より競争的な市場構造によってもたらされるこのイノベーションへの〝刺激〟の問題は,利潤最大化を仮定したモデルの文脈でフォーマルに取り扱われてきた.しかし我々はイノベーションへの刺激の問題はこれがすべてであるとは考えていない.

最後に，これまでの市場構造とイノベーションに関する研究のほとんどは，市場構造からイノベーションへという方向での因果関係のみに注目しているが，シュンペーター的競争では，逆の関係も存在する．企業がイノベーションに成功し，競争相手よる模倣がすぐに起こらない場合は，得た利潤を投資し，その企業は競争相手に比べ成長する．同様に，"迅速な二番手"戦略を効果的に取った企業が結果的にその産業を支配することもありうる．市場構造は，シュンペーター的競争の分析では，内生的要因として扱わねばならない．イノベーションと市場構造は双方向の因果関係が存在するのである．そして，シュンペーター仮説の研究が，この双方向の因果関係の存在を認識していないことは驚きである．なかではフィリップスの航空産業の研究 (1971) は例外である．

　市場構造とイノベーションの関係についての研究の先には，政策に直接影響を与える二つの問題がある．ひとつは，市場構造とイノベーションのリンクに潜んでいる静学的効率性と技術進歩のトレードオフの可能性である．二つ目は，利用可能な政策ツールと，それが時間を経て市場構造と技術進歩に与える影響である．これらの問題については，第14章で述べる．この章の残りのセクションでは，シュンペーター的競争のフォーマルなモデルを示し，重要な因果関係を検討した予備的な実験の結果をいくつか報告する．

2．モデル

　市場構造と技術進歩と産業のパフォーマンスの他の側面とを結ぶ関係は明らかに複雑である．モデル化の困難さは，このなかで重要な関係を分析するためにより単純化されたモデルを工夫することにあり，さらに，モデル分析の結果がより複雑な文脈のなかで理解され，再検討されるように透明性を確保することにもある．

　我々のモデルは，いくつかの企業がひとつの同質的な製品を生産している産業を仮定する．この産業は，右下がりの需要曲線に直面している．それぞれの企業はどの時点においても自らが知っているなかで最適なひとつの技術を用いる．すべての技術は，規模に関する収穫不変と固定的投入係数で特徴

づけられる．企業は，要素市場から必要な補完的生産要素を購入し，最良の技術を使い，与えられた資本ストックで許容される最大限の水準で生産する．さらに，要素供給は完全に弾力的で要素価格は期間内は一定であると仮定する．したがって，それぞれの企業が用いる技術が，その単位費用を決定する．また，企業の資本ストックと技術が所与とすれば，産業全体の生産量も製品価格も決まる．そうすれば，それぞれの企業の価格——コストマージンも同時に決定される．

それぞれの技術は資本1単位当たり同じ量の補完的生産要素を必要とする．技術は資本1単位当たりの生産量で異なる．産業が面する生産要素の価格は一定である．かくして，資本1単位当たりの費用はすべての企業，機関を通じて一定である．しかし，生産物1単位当たりの費用はモデルのなかでは変数である．というのは，生産性は一般的に，企業によって異なり，よりよい技術（資本1単位当たりより多くの生産物を生産する技術）が見出され，実行されるからである．企業はより生産的な技術，すなわち，より低い単位費用で生産物を生産することを可能にする技術を次の二つの方法で発見する．すなわち，関連する一般的な技術知識の蓄積に依存し研究開発を行うこと，あるいは，他企業の生産過程を模倣することである．どちらの方法も研究開発への支出をともない，このような支出の結果は不確実である．

企業はイノベーションと模倣の政策について異なっている．イノベーションと模倣のいずれもが資本1単位当たりのこれらの研究開発への支出によって定義づけられる．そこで，企業が成長あるいは衰退するにつれ，模倣あるいはイノベーションのための研究開発支出も増加あるいは減少する．企業のイノベーションと模倣に関する政策は，その規模とともに，これらの活動への研究開発支出を決定する．

我々は両方の種類の研究開発を2段階のランダムなサンプリング・プロセスとしてモデル化する．所与の期間において企業がイノベーションの集合あるいは模倣の集合から〝くじ〟をひく確率は，企業のこれらの活動への支出に比例している．それゆえ，多くの期間が経過するなかで，一期間において実現された平均的なイノベーションと模倣のくじを引く回数は，企業が一期間においてこれらの研究開発に支出する平均的な額に比例する．イノベーシ

ョンのくじ引きは代替的な多数の技術の確率分布からのランダム・サンプリングである．この確率分布を我々がどう特定化するかについては以下で述べる．模倣のくじ引きは間違いなく企業が現存するベスト・プラクティスをコピーすることを可能にする．このモデルでは，研究開発を行うことにおける規模の経済は存在しない．大企業は小企業よりも研究開発に支出し，各期における研究開発のくじ引きの数が多くなる．機会は支出の増加に比例するだけである．しかし，大規模な企業の〝占有可能性における優位性〟は存在する．いったん企業がイノベーションのためのあるいは模倣のための研究開発によって新しい技術を手に入れたなら，企業はそれ以上の費用はなしでその技術をその全体の能力に適用できる．ここで我々は，技術進歩を具体化することに関わる問題を横に置いてしまっており，大企業は研究開発によって見出された新しい技術を採用する際に小企業よりも遅いかもしれないという可能性を仮定によって無視している．

　我々は，企業がイノベーションのくじを引くときのサンプル分布について二つの異なる定式化を検討する．この異なる技術変化のレジームは産業の生産性の成長と産業の研究開発支出の間のきわめて異なった関係に対応している．

　これらのレジームのうちのひとつでは，このケースを〝サイエンス型〟と呼ぶことにするが，イノベーティブな研究開発のくじ引きのサンプル分布が，産業の外部で起こっていること，たとえば大学で起こっている基本的な研究の進歩，によって時間とともに有利になっていくものとみる．いかなる時点においても，企業は資本の平均生産性の値の対数正規分布からサンプルする（すべての可能な技術についてすべての他の生産要素は資本に比例的であることを想起されたい）．この分布の（対数）平均値は，我々が〝潜在的な生産性〟の成長率と呼ぶ率で増加する．この定式化のもとでは，イノベーションのくじ引きの結果，企業が今日見出すことは企業が昨年あるいは一昨年見出したことと独立である．そうして，サンプルされている母集団はまえにサンプルされたものよりは有利なものである．ある企業によるイノベーティブな研究開発は産業のそとで創り出される変化する一連の新しい技術機会に追いついていこうとする努力の現れとして解釈することができよう．企業ある

いは，産業全体が研究開発を減らすことは，変化し続けるフロンティアをより詳細に負い続けることができなくなることを意味する．もうひとつのレジームでは，第7章，第8章で用いられたモデルのように，イノベーティブな研究開発の成果の分布は現在の企業の生産性の周りに分布しており，技術機会が外生的な要因によって決定されることはない．この場合，イノベーションのくじ引きは，実質的には，企業の現在の生産性の水準の比例的な増加の一定の分布から行われることになる．増加が小さいことのほうが大きいことよりも可能性が高い．イノベーティブな研究開発が成功すると，企業によりよい技術をもたらすだけでなく，次期の探索をより高い土台から行うことができることになる．これを"累積的技術"のケースと呼ぶ．

　市場構造は内生的に進化する．ある期の企業の資本ストックと技術が与えられると，その期の生産量が決定される．すると需要曲線が価格を決定し，生産性水準が（生産要素の価格を所与として）生産費用を決定する．各企業の価格と単位費用との比率——これを価格‐費用比率とよぶ——が決定される（すべての生産要素は資本と比例的ですべての生産要素価格は一定という仮定のもとで，研究費を無視すると，生産のための資本への収益率は価格‐費用比率の単調増加関数である）．

　企業の拡大したいあるいは縮小したいという欲求は，想定されている資本の物的減耗率と企業の投資の資金調達能力の組み合わせの制約の範囲内で，その企業の価格‐費用比率と現在の市場シェアに支配されていると想定する．所与の規模の企業にとって，価格の生産費用に対する比率が大きいほど，望まれる比例的拡張も大きい．そうして，価格‐費用比率が大きいほど，企業の留保利潤も大きく，企業が資本市場に資金を提供させる能力も大きくなる．ただし，研究開発支出は生産費用のように，投資にまわせる資金を減らすことになる．

　すべての企業が均一の製品を製造している産業を想定しているので，企業は価格戦略ではなく数量戦略を取っていると考えるほうがよい．数量戦略は，企業の投資についての意思決定を通して実行される（企業は常にフルキャパシティーで操業していることを想起されたい）．大きな市場シェアをもつ企業は，さらなる拡大は自らの市場を軟調にすることになるということを認識

している．企業の現在の市場シェアが大きいほど，拡大を誘発する価格‒費用比率は大きくなければならない．この関係の形を変動させることで，可能なさまざまな投資行動を描くことができる．これらのパターンは，企業が自らの生産量の拡大が産業の価格へ与える影響をどのように想定しているか反映していると解釈することができよう．この章の後のほうで登場するシミュレーションにおいては次の仮定をおいている．すなわち，産業の需要曲線の弾力性は1であると正しく認識しており，同じように弾力性が1の供給曲線に沿って産業内の自社以外の企業は反応すると考えている，というものである．この後の章では，二つのパターンを対比させてみる．一つは，この仮定よりも市場を損ねることへの心配が大きいことを折り込んでいるもので，もうひとつは，いっさい心配していないというものである．前者は，"クールノー戦略"と呼ぶことができる．ここでは企業は，資本ストックの目標を設定するにあたって産業の需要曲線の弾力性の正しい評価と他の企業は生産量を一定に保つという考えに基づいて行動する．二つ目のパターンでは，企業は自らの生産量のレベルの増減により価格は何ら影響を受けないと信じているように行動する．つまり，この企業は価格受容者として行動する．

　よりフォーマルにはモデルは次のような構造になっている．

(1) 　$Q_{it} = A_{it} K_{it}$.

t期のi企業の生産量は資本ストックに用いた技術の生産性を乗じたものに等しい．

(2a) 　$Q_t = \sum Q_{it} = \sum A_{it} K_{it}$;

(2b) 　$P_t = D(Q_t)$.

産業の生産量は，個々の企業の生産量の和である．価格は，所与の製品への需要・価格関数$D(\cdot)$のもとで産業の生産量によって決定される．

(3) 　$\pi_{it} = (P_t A_{it} - c - r_{im} - r_{in})$.

その企業の資本に対する利潤は，製品価格に単位資本当たりの生産量を乗

じたものから単位資本当たりの生産費用（資本レンタルも含む）と単位資本当たりのイノベーションと模倣のための研究開発コストを引いたものになる．

　研究開発は，二段階のランダム・プロセスによって新しい水準の生産性を生み出す．第一段階は，独立したランダム変数，d_{imt} と d_{int} に特徴づけられる．これらの変数は，t 期に企業 i が模倣かイノベーションのくじを引いたかどうかで 1 か 0 の値をとる．これら二つのどちらかのくじ引きで引き当てる確率は，それぞれ以下のようになる．

(4)　$Pr(d_{imt}=1)=a_m r_{im} K_{it}$
(5)　$Pr(d_{int}=1)=a_n r_{in} K_{it}$.

（確率の上限が 1 に達しないないように，パラメーターは設定されている．）もし，企業が模倣を引き当てた場合は，企業は産業のベスト・プラクティスを観察しコピーする選択肢をもつことになる．もし，企業がイノベーションを引き当てたら，その企業は，技術機会の分布 $F(A; t, A_{it})$ からサンプルする．この分布は，時間の関数であり，サイエンス型の場合，既存の技術とは独立している．累積技術の場合は，時間それ自体からは独立しているが，企業が現在もつ技術に依存している．

　ある特定の期間に企業が模倣とイノベーション双方を引き当てた場合，次の期の生産性は以下のようになる．

(6)　$A_{i(t+1)}=\text{Max}(A_{it}, \hat{A}_t, \bar{A}_{it})$.

ここで，$\hat{A}_t$ は，t 期において産業内でもっとも高い（ベスト・プラクティスの）生産性を表している．そして，$\bar{A}_{it}$ は，ランダム変数で，イノベーションのくじ引きの結果である．もちろん，企業は，模倣やイノベーションあるいはその双方とも引き当てることができない場合もある．その場合，次期の生産性の選択幅は小さい．

　企業が望む拡大や縮小は，価格と生産費用の割合 $P/(c/A)$，あるいは，同じことであるが費用に対するマージンの比率と，その市場シェアによって決定される．しかし，企業の投資資金を調達する能力は，その収益性によって制約され，さらにそれは研究開発支出や収入，生産費用に影響される．

(7) $\quad K_{i(t+1)} = I\left(\dfrac{P_t A_{i(t+1)}}{c}, \dfrac{Q_{it}}{Q_t}, \pi_{it}, \delta\right) \cdot K_{it} + (1-\delta)K_{it}.$

ここで，δ は，物的減耗率であり，総投資関数 $I(\cdot)$ は，非負の値を取るように制約されている．第1項については，非減少的，第2項について，非増加的である．さらに以下を想定する．

$$\lim_{s \to 0} I(1, s, 0, \delta) = \delta$$

言い換えると，価格が単位費用に等しく，市場シェアを無視できるほどであり，研究開発費もゼロであり，したがって利潤もゼロという企業は，投資もゼロになる．

我々のモデルと最近のシュンペーター的競争モデル——たとえば，カミエンとシュワルツ（1975，1981）の展望論文に含まれている研究，ダスグプタとスティグリッツ（1980a，b），フラハティ（1980）など——との重要な違いは二つある．すなわち，我々のモデルにおける企業がとる戦略ないし政策は，最大化の計算によって導かれたものではなく，産業は均衡しているという想定はとられていない．

本当のシュンペーター的競争の重要な側面は，企業は事前にイノベーターになるのと模倣者になるのとどちらが有利かわからない，また，研究開発費をどの程度支出するのが適切かわからないという点にある．実際，どの企業にとってもこの答えは，他の企業の選択により左右される．それに，現実には企業はどの政策を選択するかを決める前にテストして様子を見るということはできにくい．したがって，このなかから一連の均衡をもたらす政策が出てくるとは考えにくい．時間が経って，はじめてどの選択が良かったかわかるのである．そして，後から判断しても，どの選択が優れていたかは明確にはいえないところがある．同じ政策であっても運が良い場合には成功するし，運が悪いと失敗するという結果になるからである．

産業の進化の過程を理解するには，企業の研究開発政策がある期間一定であるケースに焦点をあてることを選んだ．これは，現実の研究開発やプログラムの開始や調整の費用が高いこと，官僚的反応の鈍さや現在の政策のフィ

ードバックのなかでシグナルとノイズを区別することが困難であること，といった理由を組み合わせることによって現実に近似していると弁護できよう．しかし，このアプローチのより根本的な正当性は，方法論的なところにあると我々は考えている．もし，競争が十分に激しく，政策の違いによる収益レベルの差も十分に大きければ，企業の成長にも大きな違いが生じ，成功した企業の政策が，他の企業の反応にかかわらず，支配的になる．しかし，もし，モデルが（実際にそうであるように長く続く）進化の過程のために準備されるならば，一企業の戦略が産業全体の環境を変えるようなことにはならないであろう．そして，それは動的過程の理解をより複雑化することになる．正統派のようにこの過程の理解を棚に上げると，システムを均衡に向かわせる力のスピードや効果という問題をそのままにしておくことになる．また，企業の成長率が異なるということが産業が向かうような均衡を形づくる役割を見過ごすことにもなる．モデルを適応的な研究開発を含んだものに補強することは難しくないが，淘汰が進化に果たす役割を明確にするためにここではそれを行わないことにした．同じ理由から，参入が阻止されているケースに力を注いだ．

モデルは，確率的な動的システムを定義しており，そこでは，時間が経てば，新しい技術が見出されるのにともない生産性レベルは上昇し，単位生産費用は下がるようになる．これらの動学的な力の結果により，時間とともに価格は低下し産業の生産量は増加するようになる．相対的に利潤の高い企業は拡大し，低い企業は縮小する．そして，イノベーティブな研究開発を実施する企業は，急成長するか衰退するかのどちらかである．さらに，彼らの運命は，イノベーションの流れに対して大きな影響をもたらす．

3．特別なケースにおけるモデルの展開

モデルを検討していくにあたって，シミュレーションが基本的なツールとなる．しかし，いくつかの単純なケースでは，解析的に結果を得ることができる．

まず最初に企業が新しい技術を得るための努力をしない場合のモデルの動

きを見てみよう．すなわち，すべての企業について r_{in} と r_{im} がゼロに設定されており，同じ単位生産費用をもっている場合である．もし，参入が不可能かすでに参入している企業の模倣に限定されている場合は，モデルの動きは潜在的生産性とは独立したものとなる．さらに，技術変化の発生に関連するところが全モデルのなかで唯一確率的であることから，簡略化されたモデルは完全に決定論的なものとなる．研究開発支出が唯一の生産費用以外の費用なので，もし価格が単位費用を上回っていれば，正の純投資は常にファイナンスすることができる．もし，すべての企業が同一の生産性と単位費用の水準をもっている場合は，N 企業が市場を等しく分ける均衡が生まれる．均衡価格‐費用比率は，投資方程式（7）によって，すべての企業に対して $K_{i(t+1)}=K_{it}$，$A_{it}=A$，$Q_{it}/Q=1/N$ に決定される．

もし，企業の生産性の水準 A_{it} と単位費用水準が異なっている場合は，もっと複雑である．仮に，N 社の企業がそれぞれ N 種類の費用水準をもつが，その差が小さい場合，すべての N 企業が生存するが生産量のシェアは単位費用水準とは逆比例するような均衡が存在する．反対のケースとして，まず，もっとも費用水準が低い N_1 の企業が存在する場合を考えてみよう．このもっとも低い単位費用に，$Q_{it}/Q=1/N_1$ として上に述べた方法で決定される均衡マージンがマークアップされるとする．もし，この値が最低から二番目の単位費用より低い場合，もっとも費用が低い企業の生産量の制限により妨げられることなしに速やかに自然淘汰が進み，他の企業はすべて市場から追い出されもっとも費用が低い企業だけで市場を分け合う．この結果は，N_1 が十分大きいときに必ず起こる．というのは，均衡価格‐費用比率は Q_i/Q がゼロに近づくに従って1に近づくからである．

ここで，r_{in} はゼロで，しかしすべての企業は同じ正の r_{im} をもっていると仮定する．自然淘汰のメカニズムによる効果は，模倣的な探索によって補われる．最終的には，すべての生存企業は，同じ単位費用水準をもち，それは初期の条件下で提示された費用水準のなかでの最低のものである（技術の比較で間違いはないことを前提とする）．生存企業の数は，（そうして均衡のマージンは）退出の過程をどのように特定化するかに依存する．もし，衰退企業が有限の時間内に退出すれば，模倣の過程がランダムであることは均衡の

結果がさまざまであることに反映されているであろう．

　もし，今度は r_{in} に正の値を取ることを認めると，潜在的生産性との関係が関わってくることになり，様相はかなり複雑化してくる．明らかに，企業の初期時点での生産性と潜在的生産性との関係や潜在的生産性の時間的軌跡に大きく依存することになる．仮定を変えると産業の"歴史的"発展パターンは根本的に異なってくる．この違いを分析することは非常に重要であり，現実を理解する上で役立つところが多々ある．しかし，ここでの目的にとっては，定常状態分析でよしとせざるをえない．そこで，潜在的生産性が一定の指数的な率で進歩しているときにどうなるか議論する．

　投資（参入と退出と同様に）を無視し，同様に企業が永遠に同じ規模にとどまるという単純化されたモデルを想定する．これにより，生産性の動きは価格と収益性から独立することになる．各企業は，それぞれ固有の（正の）研究開発支出をもち，それは時間を経ても一定である．各企業の平均生産性上昇率は，潜在的生産性の上昇率と漸近的に等しくなる．言い換えると，各企業の生産性水準は潜在的生産性に対するある長期的比率の平均値の周りを変動する．もちろん，企業の研究開発支出が大きければ，その比率も大きくなる．しかし，維持され続けるいかなる研究開発支出比率も（いかに小さくても）やがて漸近的に同じ成長率に収束していく．これは，企業が潜在的生産性から遅れれば遅れるほど，あるいは他の企業から遅れるほど，イノベーションや模倣による生産性の伸びの期待値は大きくなり，最終的にはくじ引きの間の長い平均的な間隔を補ってあまるほどになるからである．

　もし，各企業が同じ規模のままで変化しないという単純な前提を放棄するとしたら（これが我々の進化理論的分析の中心であるが），企業の成長率が異なるということに加えて，産業全体の需要に対する反応が現れる．需要が時間を経ても一定であると仮定すると，弾力性が1で一定の需要関数は特別な重要性がある．生産性がある比率で増加すれば，同じ割合だけ単位費用と価格を低下させる．そこでの産業の資本ストックは以前と同じ均衡か不均衡の状態にとどまる．つまり，需要の弾力性が1であると，生産性の上昇それ自体は産業の資本量に変化をもたらさない．反対に，需要弾力性が一定で1より大きければ，生産性の上昇は，価格－費用比率を（所与の資本ストック

のもとで）上昇させる．したがって，資本ストックを増加させることになる．情報を求める行為は資本量に比例することから，このメカニズムは，時間とともに実現された生産性水準に潜在的生産性に対する比率を増加させる．非弾力的な需要や需要の伸びあるいは減少のそれぞれがもつ含意は明らかである．

4．イノベーションと模倣の間の競争のシミュレーション

この章の残りの部分では，このモデルを使用したシミュレーション実験の結果を分析する．この実験は，初期の市場構造が産業のイノベーションと価格パフォーマンスに与える影響と時間を通じた産業構造の進化に与える影響についての予備的な検討である．個別の問題に焦点をあてたその他の実験は，そのうちのいくつかはここでの一連の実験の結果明らかになってくるものであるが，次の二つの章で取り上げる．

以下で記述されているシミュレーションは，最初の条件が異なる 5 つのケースを分析している．それらは，産業を構成する企業数を $2, 4, 8, 16, 32$ 社に設定している．それぞれのケースでは，半分の企業がイノベーションと模倣の双方に研究開発費を支出しており，残り半分の企業は，模倣のみに支出しているとする．また，それぞれ企業は同じ規模でスタートし，生産性の水準もそれと等しい潜在的生産性の水準も同じである．そして，すべての企業は開始時に同じ生産費用になっているが，イノベーションを行っている企業と模倣を行っている企業はいずれも，生産量の単位当たりの総費用は少なくとも初期には他の企業に比べ高くなっている．初期の総資本ストックは（そうして各企業の資本ストックは），それぞれのケースで純投資総額がゼロになるように設定されている．企業の市場シェアが大きいときに比べシェアが小さいときは，生産費用の上にのるマージンが小さくても正の投資を引き起こす．このことは企業数が多いほど初期の資本総額は大きく，価格は低いということを意味している．r_{in} と r_{im} の水準は，初期の資本の違いを相殺するよう調整されている．それにより，初期のイノベーションおよび模倣のための支出はすべてのシミュレーションで同じになるようにされている．した

がって，初期のイノベーションのくじ引きと模倣のくじ引きの期待値はすべての初期条件の下で同じになる．この意味では，産業はすべての初期条件のもとでも，同程度に進歩している．

　企業の数の違いや初期の産業の生産量および価格の違いに加えて，企業の投資の資金調達に関して二つの異なるレジームを検討した．一つのレジームの下では，企業は投資資金のために純利益の 2.5 倍まで借り入れることができるとする．また，もう一つのレジームでは，純利益と同じ額までしか借り入れできないという条件を考える．

　したがって，全部で 10 の実験条件が存在する —— 5 つの異なる市場条件に対しそれぞれ二つの資金調達レジームが存在している．そして，それぞれの条件で 5 回ずつ実験を行った．このシミュレーションは，各回 101 期まで（初期条件の後 100 期間）続けた．選択された特定のパラメーターについては，1 期間は実際の 1 年の四半期に相当すると考える．したがって，シミュレーションは全体で実際の 25 年間分に相当することになる．

　このシミュレーションは，サイエンス型産業について行っており，そこでは潜在的生産性の進歩が四半期で 1 ％，1 年では 4 ％となっている．イノベーティブな企業の r_{in} の値は，売上高 - 研究費比率でいうと約 0.12 に相当する．これは，現実の企業でみると高い値となっている．この高い値は，最初の実験で，イノベーションをもたらす研究開発のための費用を際立たせるために設定された．イノベーションに成功する確率は，産業全体として初期値の下で平均で 1 年に 2 回になるように設定した．そして，初期条件の下で産業全体として模倣が成功する確率もほぼ同様に設定した．

　産業の製品に対する需要の弾性値は 1 に等しく設定した．これはシミュレーションを理解するには重要な点である．というのは，産業の総資本額が実験を通して一定になる傾向を意味しているからである．生産性が上昇するということは，価格が下落し生産量が増加し，それにもかかわらず投入（この場合は，資本投入）は相対的に一定であることを意味する．結果的に，1 期間内で模倣のくじ引きを行う回数の平均は，実験を通して一定である．そして，イノベーションのくじ引きを行う回数の平均値は，イノベーション型企業の産業全体の資本に占めるのシェアが増加すれば大きくなり，減少すれば

小さくなる[3]．

　後からふりかえって見ると，このパラメーターの設定は，イノベーション型研究開発を平均的にやや不利なレジームにしていることが知られる．それらは，とりわけ，潜在的生産性の伸び率，1ドルの研究開発費の支出が新しい技術を発見する確率という意味でのノベーション型研究開発の生産性，そして，1ドルの研究開発費を支出するときに模倣が成功する確率という意味での模倣型研究開発の生産性である．第14章では，イノベーション型研究開発が利潤を生むかどうか決定する条件と，それが産業全体のパフォーマンスにどのような違いをもたらすかを検討する．しかし，ここでは，イノベーション型研究開発にとってあまり望ましい環境となってはいないこと念頭におきつつ，二つの問題を考える．

　第1に，初期の産業の集中度が産業のパフォーマンスに時間の経過とともにどのような影響を与えるのか？　検討すべきパフォーマンスに関する異なる変数がいくつかある．一つは，産業内でのベスト・プラクティス（もっとも高い生産性）の時間的軌跡である．平均的プラクティス（生産性の平均）の時間的軌跡もある．また，初期の集中度が産業の生産費用の上のマークアップの平均値へ与える影響を考慮することも重要である．そして最後に，価格がどうなるかも明らかに重要である．

　第2に，初期の集中度が，その後の産業構造の進化にどのような影響を与えるのかを考察することは興味深い．さらに，この文脈のなかで，イノベーション型研究開発が利益を生まないとき，どのような形で研究開発企業の生き残りが初期の産業の集中度に関係するのか．より一般的には以下の問題が重要である．どのような初期の構造が安定的であり，あるいは不安定であるのか，初期に分散していた産業構造は，時間を経て集中していくのか，あるいは，産業構造が初期に集中していた場合にはその後さらに集中度を高めていくのか？

　このような問題について，これから検証していく．我々の予備的な答えは，この産業モデルの動学的競争の過程に関する洞察力を高め，さらにその後の

---

[3] この章におけるシミュレーションに用いられたモデルの完全な数量的な説明は，本章の終わりの付録1において与えられる．

シミュレーションで検討すべき特定の課題を提起する．

パフォーマンス

図12・1から12・6は，初期構造の関数としてのさまざまなパフォーマンス変数を表している．実線は，企業が銀行からの融資を受けやすい状況（BANK＝2.5）に設定された上で5回実施したシミュレーションのパフォーマンスの平均であり，点線は，銀行からの融資が受けにくい状態（BANK＝1.0）での結果を示している[4]．すべての値は，シミュレーションの最終値であり，5回分の平均である．

図12・1は，101期のベスト・プラクティスの生産性を表している．このモデルでは，ベスト・プラクティス（あるいは少なくともシミュレーションの最後の時点でのベスト・プラクティス）の進化は，初期の集中度に影響されていないように思われる．図12・2は，初期の集中度の関数として生産性の平均（最後の値）を表している．図12・3は，生産性の平均値の潜在的生産性に対する比率の幾何平均値マイナス1の値の推移によって表される"平均的生産性のギャップ"を示している．これらの指標は，両方とも企業の数が多ければ，生産性の平均値（最終値と過程の途中のほとんどの値）は低くなっている．したがって，企業数が少ないケースでは，企業数が多いケースに比べ，生産性の平均値のベスト・プラクティスの生産性に対する比率は高いという特徴を示している．すべての初期条件の下で，全企業の最初の生産性レベルはすべて同じに設定されていることから，企業数が少ないケースの方が，平均生産性は急速に伸び，平均生産費用はより急速に下落している．

この後者の結果は，シュンペーター的競争仮説と整合的であるが，しかし，ベスト・プラクティスによる生産性の伸びは初期の産業構造とは関係がないことから，何かこれまでの理解と異なることが起きていると考えられる．図12・4は，それぞれ異なる初期の市場構造に対して累積的イノベーション型研究開発費のケースを表している．最終値におけるベスト・プラクティスの生産性と平均的生産性のどちらも，イノベーション型研究開発費とうまく相

---

[4] 図のもとになった数値とシミュレーションについてのいくつかの付加的な情報は章末の付録2でしめされている．

図 12・1 ベスト・プラクティスの生産性

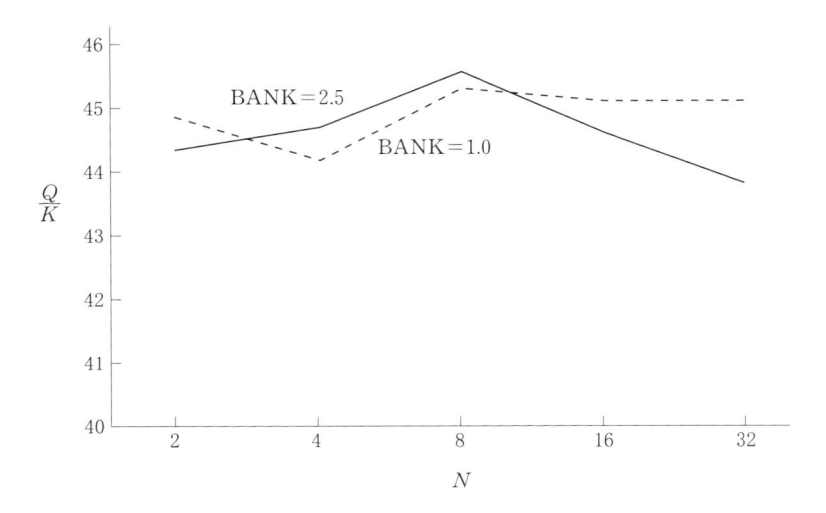

図 12・2 平均的生産性

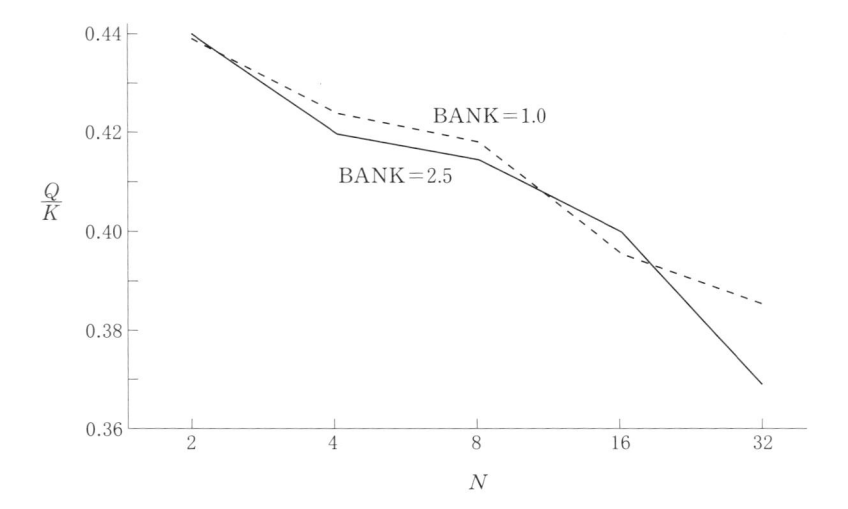

図 12・3　平均的生産性のギャップ

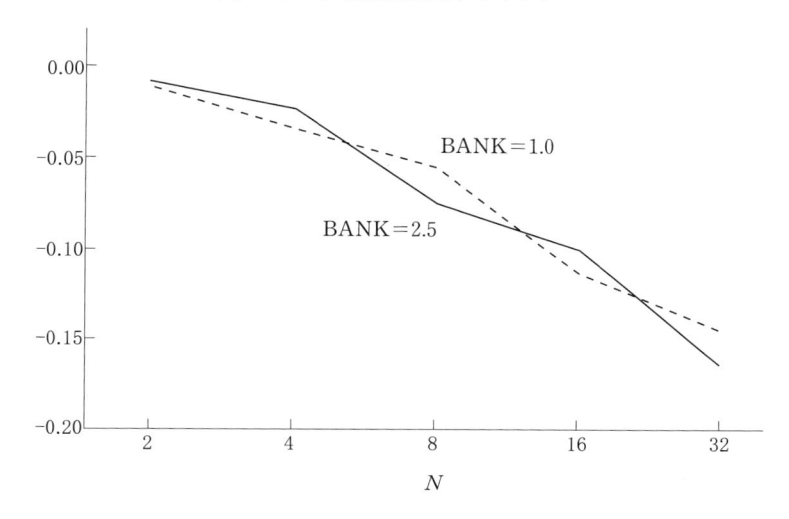

図 12・4　イノベーション型研究開発支出の累積

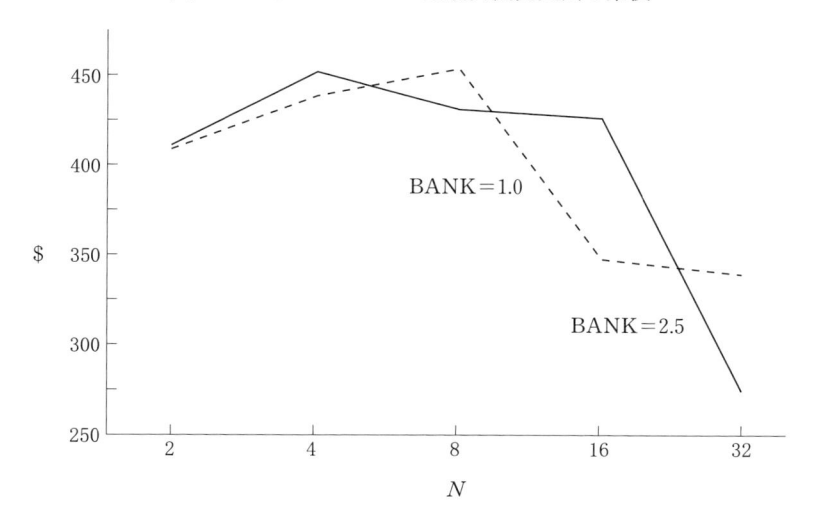

関しているようには見えない．

　ベスト・プラクティスの生産性の進化は，産業の総イノベーション型研究開発費あるいは産業構造に対して敏感ではないという点については部分的には以下のように説明できる．ここで検討しているモデルでは，産業のなかで技術進歩の原動力になっているのは，潜在的生産性の伸びであり，それは，ここでの産業内の企業の活動の外の力の結果として発生する．産業における企業によるイノベーション型研究開発は，どこか別のところで作られた新しい技術の機会を利用するようになっていた．産業の研究開発費が大きくなると，潜在的生産性をもっとスムーズにとらえることができるようになるということを意味している．しかし，それを別にすれば，ベスト・プラクティスによる生産性の軌跡は，これ以上高くはならないであろう．これらのシミュレーションで行われているサイエンス型産業のケースでは，産業の研究開発費は急速な収益逓減にみまわれる．技術機会の外生的成長が無く産業内の技術進歩が自ら蓄積されていく〝累積的技術〟のケースはこれとは状況がかなり違うと考えられる．この違いは第14章で考察する．しかし，ここのシミュレーションにおいても，企業数が16や32の場合にもイノベーション型研究開発は，潜在的生産性がベスト・プラクティスにより比較的よくとらえられるように十分行われている．

　するとなぜ，生産性の平均値はそのように産業構造に敏感なのだろうか．この答えは，最終的には，我々のモデルに含まれている企業の性質に関する特定の見方に関連する．それは制度としての企業の理論的重要性である．企業の境界の内において，資本1単位当たり用いられる技術情報は，資本の他の単位にも等しく，費用なしで利用可能となる．他方で，稀少な資源は最初に新しい情報を企業にもたらすイノベーションや模倣の過程で消費される．疑いもなくこの対比は，理論上の比較がたいていそうであるように我々のモデルでも誇張されている．しかし，第II部で展開した企業に対する考え方と大きく見ると整合的である．

　より詳しくは，生産性の平均値への効果は次のようになる．イノベーション型研究開発は，その時点での〝ベスト・プラクティス〟となる優れた技術をもたらすことがある．産業の規模に比べイノベーター企業の規模が大きけ

れば，そのような技術革新が産業の平均的生産性に与える直接的な影響も大きくなる．同様に，新しい技術が模倣されたときに，産業の規模に比べ模倣企業が相対的に大きければ，新技術を成功裏に模倣していくことの産業の平均的生産性に与える影響も大きい．モデルでは，模倣が行われる確率（模倣のくじ引き）は，産業構造とはほぼ独立しているといえる．したがって，企業数が多いときにはより小さな資本しか影響をうけないために，個々のくじ引きの影響が低下することは，産業の生産性の平均に完全に反映されている．なぜならば，企業数が多いときには小さめの資本が影響を受けるからである．与えられたイノベーション型研究開発費の水準における，ベスト・プラクティスによる技術の生産性の水準は，産業構造とは独立している．しかし，平均生産性とベスト・プラクティスの生産性の乖離は，より分散している構造の場合は大きい．なぜならば，イノベーションや模倣から得られる個々の成功の適用範囲が狭いからである．

　どの時点でも，ベスト・プラクティスの生産性水準を実現しているイノベーション型企業は最低1社は存在しているので，ベスト・プラクティスによる生産性と平均生産性との乖離の拡大は，イノベーターの平均的生産性水準と模倣企業の平均生産性水準とのギャップの拡大にともなったものであると思われるかもしれない．図12・5は，この期待がある点までは正しいことを示している．しかし，生産性におけるイノベーターの優位性は企業8社の場合に比べ32社のケースの方が小さい．この結果は，おそらく32社のケースにおいてはイノベーターに対して淘汰の力が強く働いていることを反映しているのであろう．小さなイノベーション型企業でここのところ成功に恵まれていない場合は，大きな模倣型企業で"迅速な2番手"戦略で成功しているものより古い技術を使用している可能性が高い．

　したがって，このモデルでは，競争的構造をもった産業は，集中度の高い産業より生産性パフォーマンスが落ちる．しかし，その理由は，一般的にシュンペーター仮説と結びつけられているものとは異なっている．それは，ベスト・プラクティス技術は，多数の企業の場合の方が企業数が小さい場合より進化のスピードは遅いというものである．産業の資本が集中しているより分散している場合のほうがベスト・プラクティスと平均的プラクティスのギ

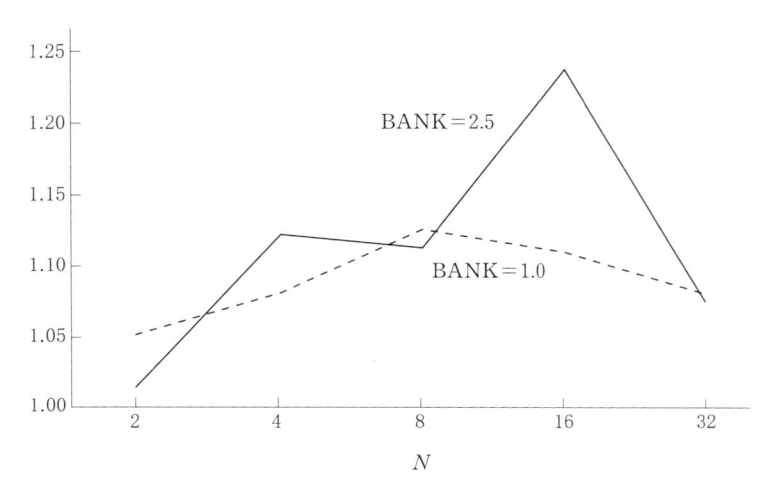

図 12・5　平均的生産性の比率：イノベーター／模倣者

ャップが大きい．

　生産費用の平均値は，企業数が大きいケースの方が高いが，図 12・6 は，価格 - 費用マージンの平均値は産業構造が競争的であるほうが低い．総純資産を表している図 12・7 も同様である．超過利益率（そして総純資産）は，産業が集中した状態でスタートしたときの方が高い．理由は教科書どおりで，大きい市場シェアによる市場支配力の意識が，投資を抑制しその結果，価格を押し上げそして利潤マージンを増やす．

　図 12・8 は，産業の最終価格が企業数の U 型関数になることを表している．少なくともこのシミュレーションにおいては，ある点までは，より競争的構造にともなう低いマージンはより高い単位当たりの生産費用を相殺して余りある．しかし，曲線は，産業が非常に競争的になるにつれ上向きになるように見える．企業数が 8 を超えたら，競争がさらに激しくなってもそれにともなうマージンの低下は限られたものになっていく．そして，これ以上の集中度の低下は，生産性の平均値の低下というコストをともなう．

構造の進化

　すでに触れたが，これらのシミュレーションにおけるパラメータの設定は，

図 12・6　価格-費用マージンの平均値

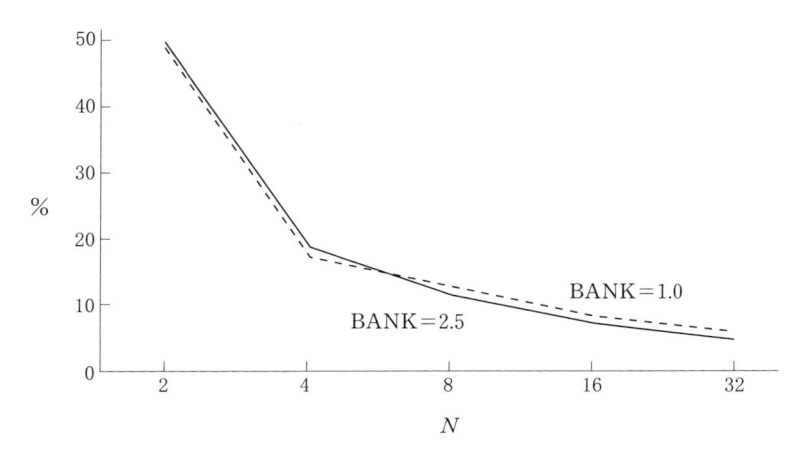

図 12・7　総純資産

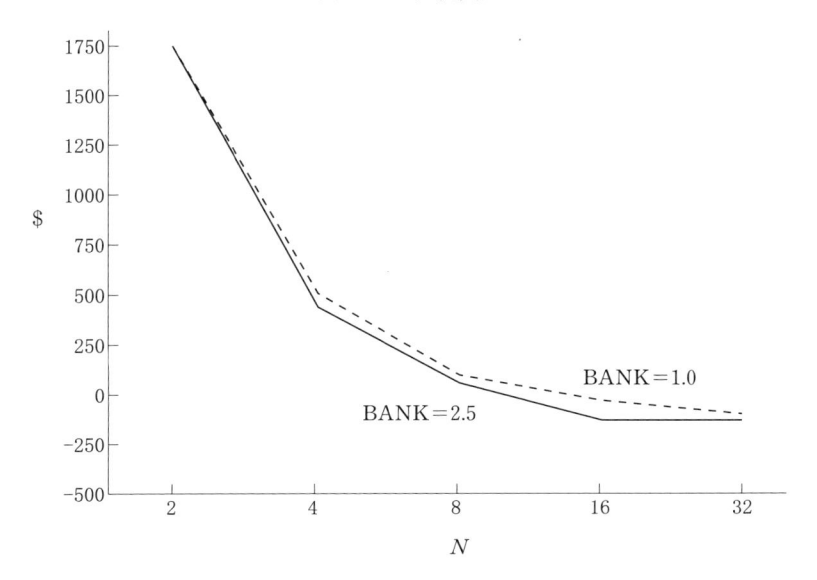

図 12・8　価格

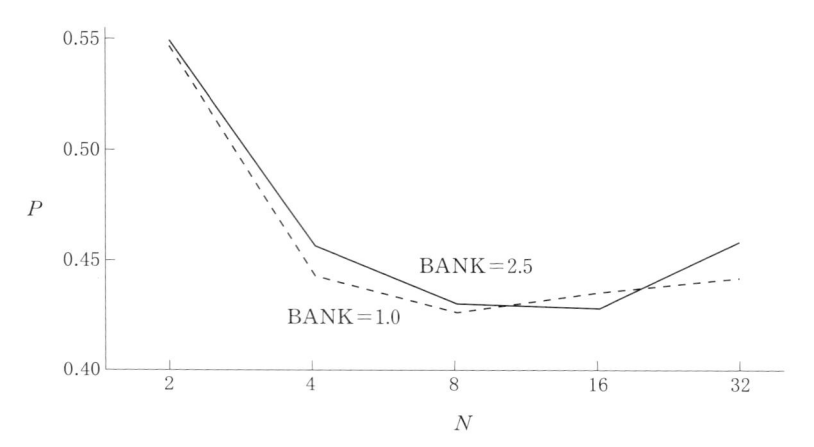

図 12・9　イノベーション型研究開発費回収率

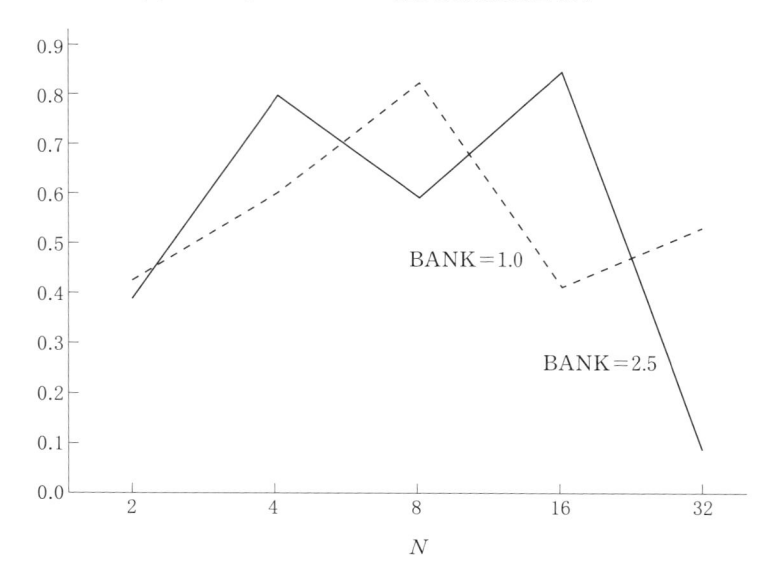

イノベーション型研究開発が利潤を生まない条件を定義する．図12・9は，研究開発費回収率を表している．これは，単純な指標であり，イノベーション型研究開発を行う企業が優れた生産性がもたらす一時的な利潤によって研究開発に支出した資金をどの程度回収するかを示したものである．この指標は，イノベーターによる最終の純資産と模倣企業の純資産の差を研究開発支出の累積値で割ったものプラス1で表されている．1.0の値は，もちろん，イノベーター企業と模倣企業との純資産が同じになることを意味する．このケースでは，イノベーション型研究開発による生産性の優位は，研究開発費にちょうど相殺されるものとなっている．0.5という値は，イノベーターの金銭的な利益が，もとになっている研究開発支出の半分程度という意味である．図12・9は，一般的にイノベーション型研究開発はこれらのシミュレーションでは利潤につながらないことを表している．イノベーション型企業とイノベーティブな研究開発を行わない企業の純資産の差を示しているのが図12・10である．基本的には，前の図に載っている結果をそっくり鏡でうつしたように反映しているものとなっている．

淘汰の議論を直截的にあてはめると，収益性の差から，イノベーション型研究開発を行っている企業は市場から追い出されることになるであろう．図12・11は，この考えが単純すぎることを物語っている．イノベーション型企業は，模倣しか行わない企業に比べ相対的に収益性は低いが，しかしそれにもかかわらず，企業数が小さいケースにおいては，シミュレーション終了時にイノベーション型企業は産業の総資本ストックの半分以上をしめている．企業数32社の場合にのみ，イノベーション型企業の低い収益性がその資本シェアに反映されている．

明らかにこれは二つの要因による結果である．第1に，企業数が小さいケースでは，企業間の競争が抑制されており，したがって，イノベーターは模倣を行っている企業より収益が悪いにもかかわらず，利潤を上げることが可能であった．高い利潤を上げている大企業が資本ストックを拡大し市場を"だめにしてしまう"ことに積極的ではなく，このことが収益性の低い企業を保護する結果となっている．第2に，このモデルでは，企業の生産能力の拡大の欲求は価格と生産費用のマージンに結びつけられていることである．

図 12・10　純資産の差：模倣者とイノベーター

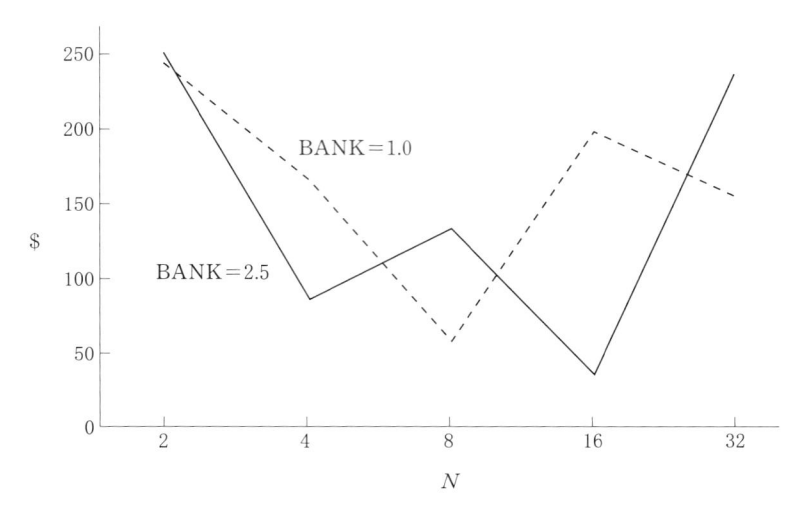

図 12・11　イノベーターの資本シェア

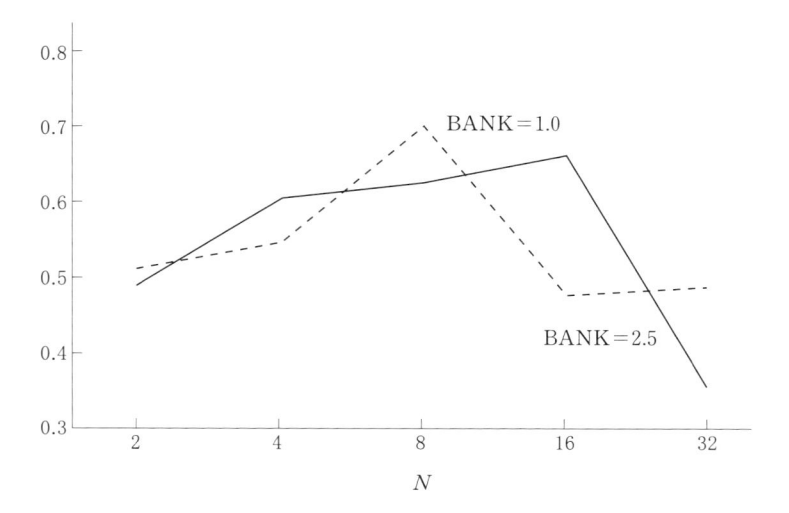

同じ市場シェアをもつ二つの企業があるとする．その場合，低い生産費用の企業は，高い生産費用の企業に比べ相対的に高い生産量と資本ストックを目標とする．たとえ，研究開発費も含めると前者の企業が後者より生産量1単位当たりの総費用は高くなっていてもそうである．利潤が高い場合，目標の違いが現実に反映されることを止める資金調達面での制約条件はない．

　後者のメカニズムが，イノベーター企業の資本シェアはほとんどのシミュレーションで実際に0.5を超えるという事実を説明するのである．しかし，イノベーター型企業の生き残りというより基本的な問題では，集中した構造にみられる投資の抑制が鍵である．もし，利潤を上げうる企業が，規模が大きい場合でさえもさらに拡大することを目指すとすると，そのイノベーティブな研究開発を行う企業は徐々に業績が悪化していくだろう．このような結果は，もし技術の進化がサイエンス型であればとくに深刻なものではないであろう．しかし他方で，技術レジームが累積型であればこの問題は深刻である．この問題については，後の章で検討する．

　経済構造の進化についてより一般的にどのようなことが言えるだろうか．最初が高度に集中した市場構造からスタートしたシミュレーションではそのまま集中した状態が続く傾向があるが，初期の構造が集中していない場合ではその後集中度が明確に高まっている．図12・12は，ハーフィンダール指数同値企業数による最終値を表している．これは，産業の生産量の集中を計る指標であり，直感的には，ハーフィンダール＝ハーシュマン指数でみて同程度の集中度をもつ実際の産業がすべて同じ規模の企業からなっていた場合の企業数である．したがって，すべての複占のケースのハーフィンダール指数同値の値が2.0に非常に近いというのは，この2社は同じような規模で残っていることを反映している．企業数4社の場合は，少しではあるが集中度が高まる傾向がある．これは，8社のケースからより顕著になる．そして，32社で10回の試行を行った場合には，ハーフィンダール指数同値の最大の終値はもし残りの企業規模が同じであれば，半分以上の企業が市場から消えることと同等の集中度のレベルである．そして，先に見たように，集中度の上昇のほとんどは，イノベーション型研究開発に投資する政策をとった企業の衰退による．

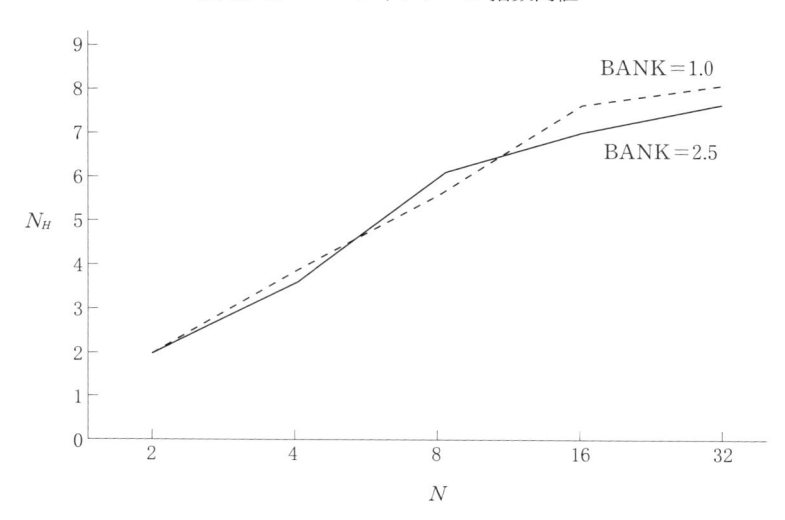

図 12・12　ハーフィンダール指数同値

N_H 縦軸、N 横軸のグラフ。BANK=1.0（破線）と BANK=2.5（実線）の2曲線を示す。

　この章では，一般的にイノベーションは利潤につながらないという文脈のなかで，さまざまな初期の産業構造からスタートした我々のシュンペーター的競争のモデルを検討してきた．そして，産業のパフォーマンスは最初の産業構造にどのように影響されるか，また産業構造が時間を経てどのように進化するかをともに検討した．第 13 章では，産業構造の進化についてさらに詳しく考察する．第 14 章では，構造とパフォーマンスの関連をより詳細に検討する．

付録 1

　表 12・1 は，企業の資本ストックについての初期値と，企業のイノベーティブな研究開発と模倣的研究開発に対する企業の支出を決定しているパラメータの値を示している．本文で説明したとおり，後者は産業の資本の初期における差異を相殺するように調整される．そして産業の資本自体は，初期状態において求められる純投資額がゼロであるのを維持するように調整されている．その結果，研究開発に対する産業の支出は実験条件を通じて一定とな

表 12・1　企業の資本ストックの初期値と R&D パラメーターの値

	企業数				
	2	4	8	16	32
K	139.58	89.70	48.85	25.34	12.89
r_{im}	0.00143	0.00112	0.00102	0.00099	0.00097
r_{in}[a]	0.0287	0.0223	0.0205	0.0197	0.0194

注 a) 数値はイノベーターのみ．イノベーター以外は，$r_{in}=0$ となっている．

る．また，すべての実験状態において，潜在的生産能力の初期値は 0.16 であり，すべての企業は初期状態で 0.16 の水準の生産性をもっている．

我々はここで，本章において報告されている特定の試行で用いられているパラメータ設定を組み込んだシミュレーションモデルの特徴を説明する．以下の式の番号は本文内の番号に対応している．本文中での説明は繰り返さないことにする．

(1)　$Q_{it} = A_{it} K_{it}$

(2a)　$Q_t = \sum Q_{it}$

(2b)　$P_t = 67/Q_t$

(3)　$\pi_{it} = P_t A_{it} - 0.16 - r_{im} - r_{in}$

(4)　$Pr(d_{imt}=1) = 1.25 r_{im} K_{it}$

(5)　$Pr(d_{int}=1) = 0.125 r_{in} K_{it}$

(6)　$A_i(t+1) = \text{Max}(A_{it}, d_{imt} \hat{A}_t, d_{int} \tilde{A}_{it})$，ただし $\hat{A}_t = \text{Max}(A_{it})$，また，$\log(\tilde{A}_{it})$ は正規分布 $N(\lambda(t), \sigma^2)$ に従い，$\lambda(t) = 0.16 + 0.01 t$，$\sigma = 0.05$. である．

(7)　$K_{i(t+1)} = I\left(\dfrac{P_t A_{it}}{0.16}, \dfrac{Q_{it}}{Q_t}, \pi_{it}, 0.03\right) K_{it} + 0.97 K_{it}$

ここで π_{it} は上記（3）によって与えられている．そして

$$I(\rho, s, \pi, 0.03) = \text{Max}\left[0, \text{Min}\left(\left(1.03 - \dfrac{2-s}{\rho(2-2s)}\right), f(\pi)\right)\right]$$

$$f(\pi)=\begin{cases}0.03+\pi\\0.03+2\pi\\0.03+3.5\pi\end{cases} \text{ただし} \begin{cases}\pi\leqq 0\\\pi>0 \text{ かつ BANK}=1\\\pi>0 \text{ かつ BANK}=2.5\end{cases} \text{のとき}$$

付録2

　図12・1から図12・12までのグラフで表された，5回の試行の平均値の正確な数値は，表12・2の最初の12の行に表されている．また5回の試行の標本の標準偏差は括弧内に示されている．標準偏差における顕著なパターンは，いくつかの変数において，結果の実行毎のばらつきが，複占の場合において他の場合よりもかなり小さいということである．イノベーションに対する支出の回収率（変数9）とイノベーターの資本分配率（変数11）はこの現象の例である．

　変数13は，試行の最後における産業の超過利潤率であり，四半期ごとの比率で表されている．変数14は，累積借り入れ額である．明らかなことは，資金調達の利用可能性は，企業の数が少ないときよりも，多いときのほうが，より重要な問題となる．ずっと競争的な条件の下では，企業に対して資金供給するための超過利潤をほとんどもっていない．そしてまた生産費用面での優位性をもつ企業は，大きな投資が望ましいことになる．というのはそれらの企業は実質的に価格受容者だからである．表12・2の最後の4つの変数は，第14章の結果と比較するためにここに示してある．変数15および16は，もっとも大きいイノベーター企業と，2番目に大きいイノベーター企業の生産量のシェアであり，変数17と18は，もっとも大きい模倣企業と，2番目に大きい模倣企業の生産量のシェアである．興味深いのは，どちらのタイプでももっとも大きい企業の最終的な規模は，最初の企業規模（あるいは企業の数）に，比較的センシティブでないということである．たとえば，4から32という企業数の8倍もの増加は，その試行の終わりにおいては，最大の模倣企業の平均の市場シェアのたった15％の減少と，最大のイノベーター企業のシェアのおおよそ3分の1の減少ということでしか反映されない．

表 12・2　5試行によるサンプルの中間値と標準偏差（値は試行の最終値）（その1）

			企業			
	BANK	2	4	8	16	32
1. BEST PRAC A	1.0	0.449	0.442	0.454	0.451	0.451
		(0.0154)	(0.0127)	(0.0248)	(0.0254)	(0.0163)
	2.5	0.443	0.447	0.456	0.446	0.438
		(0.0137)	(0.0148)	(0.0263)	(0.0190)	(0.0184)
2. AV A	1.0	0.438	0.423	0.418	0.395	0.385
		(0.0096)	(0.0138)	(0.0066)	(0.0210)	(0.0126)
	2.5	0.439	0.417	0.414	0.398	0.368
		(0.0195)	(0.0130)	(0.0130)	(0.0107)	(0.0130)
3. AV A GAP	1.0	−0.009	−0.044	−0.057	−0.116	−0.145
		(0.0075)	(0.0121)	(0.0083)	(0.0095)	(0.0074)
	2.5	−0.007	−0.028	−0.069	−0.098	−0.157
		(0.0130)	(0.0086)	(0.0147)	(0.0090)	(0.0145)
4. IN R&D SUM	1.0	412.8	441.7	445.7	353.9	343.9
		(0.6)	(5.7)	(48.0)	(53.4)	(21.6)
	2.5	413.1	456.1	435.0	432.8	278.6
		(0.4)	(14.2)	(78.3)	(53.3)	(27.3)
5. AV A: IN/IM	1.0	1.054	1.086	1.130	1.111	1.088
		(0.085)	(0.067)	(0.051)	(0.102)	(0.054)
	2.5	1.018	1.129	1.120	1.246	1.085
		(0.037)	(0.090)	(0.098)	(0.177)	(0.108)
6. MARGIN AV COST(%)	1.0	49.2	17.5	11.5	7.3	6.8
		(3.41)	(1.32)	(0.91)	(1.43)	(2.03)
	2.5	49.6	18.8	11.0	6.1	4.4
		(1.01)	(L 63)	(1.39)	(2.58)	(1.59)
7. TOT NET W	1.0	1745	515	119	−21	−103
		(5.5)	(19.4)	(63.3)	(51.1)	(73.9)
	2.5	1741	500	71	−127	−159
		(4.9)	(40.2)	(75.4)	(26.3)	(38.7)
8. P	1.0	0.545	0.444	0.427	0.435	0.444
		(0.0235)	(0.0137)	(0.0059)	(0.0263)	(0.0190)
	2.5	0.546	0.456	0.429	0.427	0.456
		(0.0277)	(0.0173)	(0.0117)	(0.0168)	(0.0157)
9. IN EX RECOV	1.0	0.417	0.618	0.847	0.418	0.556
		(0.075)	(0.056)	(0.280)	(0.373)	(0.226)
	2.5	0.402	0.802	0.599	0.874	0.124
		(0.053)	(0.250)	(0.524)	(0.240)	(0.303)
10. NET W:IM-IN	1.0	240	169	59	191	152
		(30.8)	(22.7)	(114.6)	(123.4)	(72.1)
	2.5	247	87	133	45	238
		(21.7)	(114.2)	(175.4)	(82.9)	(63.6)
11. CAP SHR: IN	1.0	0.504	0.564	0.716	0.478	0.484
		(0.009)	(0.027)	(0.110)	(0.160)	(0.091)
	2.5	0.500	0.618	0.628	0.666	0.344
		(0.007)	(0.055)	(0.164)	(0.093)	(0.114)

表12・2 5試行によるサンプルの中間値と標準偏差(値は試行の最終値)(その2)

	BANK	企業				
		2	4	8	16	32
12.H NUM EQV: K	1.0	1.998	3.816	5.560	7.574	7.991
		(0.002)	(0.203)	(0.693)	(0.278)	(1.152)
	2.5	1.999	3.662	6.123	6.991	7.599
		(0.000)	(0.155)	(1.063)	(0.760)	(1.071)
13.EX RET(%/QTR)	1.0	6.27	1.42	0.28	0.13	0.48
		(0.533)	(0.155)	(0.231)	(0.431)	(0.308)
	2.5	6.35	1.52	0.37	−0.43	0.04
		'(0.141)	(0.155)	(0.172)	(0.479)	(0.278)
14.CUM BORROW	1.0	55.1	100.7	135.4	186.4	212.4
		(12.45)	(8.80)	(22.84)	(11.73)	(12.33)
	2.5	65.2	136.4	207.8	289.3	326.6
		(11.16)	(19.47)	(34.97)	(15.02)	(26.16)
15.Q SHR. IN 1	1.0	0.518	0.326	0.246	0.170	0.222
		(0.030)	(0.036)	(0.038)	(0.063)	(0.097)
	2.5	0,504	0.347	0.248	0.240	0.200
		(0.016)	(0.034)	(0.069)	(0.027)	(0.115)
16.Q SHR: IN 2	1.0	n.a.	0.257	0.222	0.120	0.084
			(0.014)	(0.026)	(0.056)	(0.025)
	2.5	n.a.	0.299	0.198	0.198	0.057
			(0.039)	(0.061)	(0.030)	(0.040)
17.Q SHR: IM 1	1.0	0.482	0.251	0.156	0.214	0.213
		(0.030)	(0.033)	(0.048)	(0.069)	(0.040)
	2.5	0.494	0.242	0.122	0.132	0.214
		(0.014)	(0.050)	(0.046)	(0.058)	(0.064)
18.Q SHR: IM 2	1.0	n.a.	0.167	0.080	0.129	0.127
			(0.055)	(0.060)	(0.055)	(0.049)
	2.5	n.a.	0.112	0.103	0.093	0.127
			(0.024)	(0.042)	(0.040)	(0.058)

第13章　シュンペーター的競争下で集中を促進する力と抑制する力

　ここまで検討してきたいくつかのモデルでは，企業規模の分布は，動学的競争による勝者と敗者のパターンを反映し，時間の経過とともに変化している．第9章で展開した成長モデルでは，集中度が上昇する傾向があった．第12章のシュンペーター的競争モデルにおいても，産業構造に関し，初期においては低かった集中度が次第に上昇していく傾向がはっきりと見られる．他方で，最初から産業構造が集中している場合は比較的安定している．

　基本的な因果関係は明瞭である．イノベーションの成功は，莫大な利潤をもたらす．利潤が成長をもたらすかぎり，イノベーションに成功した企業は他の企業よりも成長することになる．もし，特定の企業がイノベーションに頻繁に成功するか，一つののイノベーションが圧倒的に大きい場合は，結果として非常に集中度の高い産業構造がもたらされる．しかし，これまで検討したモデルによると，産業構造の集中は必然的ではない．これらのモデルから集中度に影響を与える原因をいくつか指摘することができる．たとえば，第9章では，企業の探索活動の中心がイノベーションではなく模倣であるとすると，産業の集中度は有意に低くなることを明らかにした．本章ではこれらの関係を体系的に検討していくことにする[1]．

　いくつかの研究は，この因果関係のメカニズムを取り上げている．マンスフィールド（1962）は，イノベーションに成功した企業はその他の企業に比

---

[1] この章のほとんどの議論は，ネルソンとウィンター（1978）で最初に取り上げている．

べ成長が速いのかどうか，またもしそうだとすればどの程度その優位は保たれるのかを実証的に検証した．彼は，成長は速くなっている傾向は見られるが，その優位性は時間とともに減少することを示した．彼の研究は実証的で理論的ではなかったため，どのような要因で，イノベーションを成功した企業とそうでない企業の成長に違いが出るのか，またその違いが持続するのか消え去るのかについての考察はない．これらの要因が企業の規模の分布とその進化にどのような影響を与えるのかについても，彼はあまり論じていない．この問題について主張を述べた例はある．フィリップス（1971）によると，民間航空産業などまれにしか大きな技術進歩が起きない産業では，大きなイノベーションに最初に成功した企業の優位性は持続的なので，集中度は高くなる傾向がある．ウィリアムソン（1972）は，一度こうしたイノベーションに成功した企業が，その後とくに創造的な成果を挙げなくても市場を支配し続け，他の企業の新規参入を阻止するという反トラスト上の問題を検討している．

シュンペーター的競争の動学的諸力が集中に与える影響を検証するためには，ここまで述べてきたモデルを，企業の規模分布の確率モデルの一種ととらえなおすとよい．このモデルの基本的な出発点は，経済学でジブラの法則と呼ばれる単純な確率モデルである．企業の全体数が一定であるとし，ある期からその次の期への企業の成長率は，企業そのものの違いからは独立している確率分布に従って生み出されているとする．その確率分布は，すべての企業に対して同じであり，いつでも一定である（とくに企業規模と成長率の分布の間に関係がなく，系列相関がないとする）．この場合，企業規模の分布は，対数正規分布に近づく．企業規模の分布を"説明"しようとするすべての確率モデルは，ジブラの法則の親戚のようなものであるが，実際の企業の成長率に近づけるため，あるいは企業の規模の分布により近づけるために，さまざまな方法でこの法則に手を加えている．

これまでの章で検討したモデルも，多くの点でジブラの法則から外れている．なかでも次の二点が重要である．先ずは，モデルは，成長率の系列相関を作り出す仕組みに配慮していることである．次に，企業の成長率と規模（市場シェア）は独立ではない．

系列相関は，企業が今期に平均以上（平均以下）の技術をもつ場合は，来期も平均以上（平均以下）の技術をもつ可能性が高いという事実に基づいている．したがって，利益率と成長には系列相関が発生する．我々のモデルでは，このような系列相関が，研究開発や企業のマークアップ率が企業規模と無関係であるとしても発生する．しかし，このモデルで，研究開発費や投資戦略に対して企業規模がまったく影響しないというわけではない．もし，すべての企業が同じ研究開発方針を採用し（本章ではこれを仮定する），そして，イノベーションと模倣活動への支出が，資本単位当たりで決められていたとした場合，規模の大きい企業のほうが小さい企業より研究支出は大きい．また，企業が模倣に成功する確率は，研究開発支出に比例しており，したがって企業規模に比例する．これは，大企業が中小企業に比べて，常に新技術を獲得する可能性が高く，技術フロンティアにより近いところにいて，安定的な発展をする傾向があることを示している．また，企業が模倣に成功する確率も研究開発支出に比例的である．この事も大企業が技術フロンティアに近い位置にいて，持続的な成長を続ける可能性を高める．このような規模の優位性に対する反論もある．大企業が中小企業よりも速く成長する結果，大企業は自分がもつ市場への影響力を考えて，投資水準を抑制する可能性である．すなわち，大企業はあまり生産量を拡大しすぎると価格の下落に圧力をかけてしまうので，自らさらなる投資を控える傾向があるということである．この効果を考えると，大企業の成長率のばらつきは小さくなる．企業の平均的な成長率は小さい企業では高く，その後企業規模の増加とともに平らになり，そしてやがて下落し始める．

　このようなジブラの法則からの乖離は，実証データと整合する．前述のとおり，マンスフィールドは，系列相関関係の存在を指摘し，これがイノベーションの成功に関係すると述べた．彼は，また企業規模の増加とともに，企業間の成長率のばらつきが低下することを示した．そして，シンとホイッティントン（1975）の報告によると，英国でも，系列相関の存在があり，成長率の分布は大企業のほうが中小企業に比べて小さく，そして成長率と企業規模の間には正の相関関係があるとされている．彼らの研究では，我々のモデルに組み込まれている平均成長率と企業規模の間の非線形関係は見られない

が，これは彼らが分析しているのが極端に規模の大きな企業グループだからであろう．巨大企業の間の成長率の違いを詳細に分析した研究者の研究は，規模がある点を過ぎると成長率と企業規模の間に負の相関関係が存在することを明示している．たとえば，シュタインドル（1965）やイジリとサイモン（1964, 1974）がそうである．

1. 仮説と実験の設定

　初期状態で集中度の低い産業を考えてみよう．企業が前章のモデルに従ったシュンペーター的競争に参加していると仮定する．その場合，どのような条件で，この産業において急速に集中度が高まるのであろうか？　逆に，どのような条件があれば，この競争構造が維持されるのであろうか？

　我々のモデルに従うと，技術機会の拡大速度が速ければ速いほど，産業の集中度は高まりやすくなる．潜在生産性の成長率が高いときは低いときに比べて，研究開発に成功した企業は，その生産性を（平均的にいって）より大きく高めることができる．研究開発に成功した企業は，失敗を重ねている企業より競争上優位になる．どの時点でも，企業間の生産性や利益性には大きな差異があり，成長率にも大きなばらつきが存在する．ジブラの法則から類推して，これは集中度を高めると予測できる．

　同様の理由で，研究開発の成果のばらつきが大きいと，企業の生産性の水準のばらつきも大きくなり，成長率の差異が開き，傾向として集中度は高まる．これは我々の最初の推測であった．しかし，研究開発の企業間のばらつきが，そのまま企業間の技術水準のばらつきを決めるわけではない．我々のモデルにはその関係を弱める側面がある．関係が弱まる理由は興味深く，現実とも密接な関連がある可能性が考えられる．このあと，これについてはさらに検討する．

　模倣の容易さは，産業が次第に集中していく傾向を抑えるひとつの要因であろう．革新者の技術を模倣することが難しいほど，研究開発に成功した企業の優位が長く保持される．逆に，もし模倣が比較的容易（短い期間で模倣可能）であれば，研究開発に成功した企業が成功しなかった企業に対して初

期時点で大きな優位をもったとしても，それは長くは続かない．

　最後に，生産性や利潤の水準の高い企業が，資本ストックを拡大し，他の企業より優位にたとうとすることで，集中度は高まるだろう．逆に，大きくなった企業が，利潤があるにもかかわらず自らの拡大を抑制する場合，生産性や利益水準が低い企業に取って一時避難場所が提供されることになる．仮説としては，企業がほぼ同じ規模でスタートしたとして，成長する企業が自ら拡大を抑制しない傾向が強ければ強いほど，集中度は高くなると考えられる．

　これらの要因は，少数の同じ規模の大企業でスタートした産業でも同じ方向に作用する．ただし，この場合，同じ規模のまま安定的になる可能性も考えられる．企業が最初から大きいと，それだけ研究開発や模倣に支出することができる．したがって，これらの企業は技術面で互いに近づき，技術フロンティアを維持する．さらに，生産量の拡大に対する抑制は，企業がすでに大きいのでいつも作用している．

　我々のシミュレーションは，それぞれ四つの要因を二つの異なるレベルに分けている．①潜在生産性の向上のスピード，②潜在生産性の周辺での研究開発のばらつき，③模倣の困難さ，そして④投資に対する積極性である．そして，16すべての可能な組み合わせを，まず四つの同じ規模の企業で，その後16の同じ規模の企業でシミュレーションする．ここでは，すべての企業が同じ研究開発戦略をもっており，イノベーションと模倣双方に支出するとする．そして，技術変化のレジームはサイエンス型であると仮定する．与えられた組み合わせでの結果のばらつきを見るため，それぞれのセッティングで16企業のケースを最低2回シミュレーションした．

　集中の指標（これが非説明変数である）としては，産業の資本ストックの集中度をハーフィンダール＝ハーシュマン指数で計測する．我々のモデルでこの指数を使うことには理論的根拠がある．ハーフィンダール指数は，ここでの文脈では，成功した研究開発プロジェクトで改良される資本ストックの割合の期待値になるからである．

　ある一時点でひとつの研究開発プロジェクトが成功したとする．このプロジェクトはその時点で存在するどれかの企業によってなされ，企業がプロジ

ェクトを成功させる確率は，その企業による研究開発支出が産業全体に占める割合に比例する．したがって，企業の資本ストックが産業全体に占める割合と同じである．産業全体の資本ストックのなかでそのプロジェクトによって改良できる割合は，その企業の資本ストックが産業全体の資本ストックに占める割合と同じである．したがって，成功した研究開発プロジェクトによって近代化される産業資本の割合の期待値は，

$$H = \sum_i \left(\frac{K_i}{K} \cdot \frac{K_i}{K}\right) \sum_i \left(\frac{K_i}{K}\right)^2.$$

これは，資本ストックについてのハーフィンダール指数である．我々は，以下の分析の大半で，この指数の逆数，すなわち"ハーフィンダール指数で同値な企業数"を用いる．これは，実際の企業分布から計算したハーフィンダール指数があるとして，仮に同じ規模の企業が集まってその指数と同じ値になるとすると何社必要かを示したものと解釈できる．

2．結果

同規模の企業4社でスタートした試行の場合と16社でスタートした場合で大きな違いが出た．我々は，前者のケースの方が後者より初期の企業分布が安定的に保たれ，また，企業規模の最終的な分布も，潜在生産性の成長率や模倣の難しさなどの要因の影響をあまり受けないと考えていた．我々は，分析結果がこれらの推測を強く確認できたことに驚いている．

表13・1は，同規模の企業4社で開始したとき，101期目のハーフィンダール同値な企業数を表している．16社でスタートした表13・2の場合との違いは劇的である．101期の期間中（この期間を通して，潜在生産性の向上が"遅い"場合でも，資本1単位当たりの生産量の平均が50％以上伸びた），すべてのパラメータ設定について，初期にシェアの等しかった4社の産業内のシェアは，最初のときとほぼ同じ値に保たれている．これらの企業を一つに束ねている主要な要因の一つは，すべての企業が，新しい技術の可能性や競争相手のもっている技術に注意を払いながら，研究開発を幾度も成功させ

第13章 シュンペーター的競争下で集中を促進する力と抑制する力　369

表 13・1　最終時点の集中度：4 企業ケース

実験条件 2進数コード*)	ハーフィンダール 同値数	実験条件 2進数コード*)	ハーフィンダール 同値数
0000	4.000	1000	3.976
0001	3.995	1001	3.719
0010	3.998	1010	3.611
0011	3.973	1011	3.794
0100	4.000	1100	3.701
0101	3.997	1101	3.849
0110	3.978	1110	2.353
0111	3.998	1111	2.489

*) 2進数コード：実験条件は2進数のゼロイチで表されており，その意味は左から右に以下のとおりである．投資戦略の積極さ，模倣の困難さ，潜在生産性の上昇率，イノベーションの成果のばらつきの大きさ．いずれも，大きいほう（1であるほう）が小さいほう（0であるほう）よりも集中度を高める方向に作用する．たとえば，0101 は，投資戦略が消極的で，模倣が困難であり，潜在生産性の上昇率が低く，そしてイノベーションの成果のばらつきが大きい場合に相当する．

表 13・2　最終時点での集中度：16 企業ケース

実験条件 2進数コード	ハーフィンダール 同値数	実験条件 2進数コード	ハーフィンダール 同値数
0000	14.925 15.060	1000	12.937 13.158
0001	14.347 14.286	1001	13.550 13.228
0010	12.005 12.019	1010	7.429 7.788
0011	12.516 13.514	1011	6.361 4.938
0100	13.072 13.495	1100	10.893 11.001
0101	14.045 10.741	1101	10.091 8.058
0110	10.776 9.579	1110	6.150 5.102
0111	11.050 8.418	1111	2.856 4.686

ていることである．結果的に，彼らは大体同じ水準（多くの場合完全に同じ水準）の生産性をもつようになる．図 13・1 は代表的ケース（1000）のときに，時系列でみた 4 企業各社の生産性の推移である．

半分のケースでは，別の要因も作用している．それは，企業が生産性で他の競争相手より優位に立ったときでも，投資を抑制するとした場合である．

図 13・1　企業の生産性の時間経路：
　　　　　4 企業ケースの一つ（実験条件は1000）

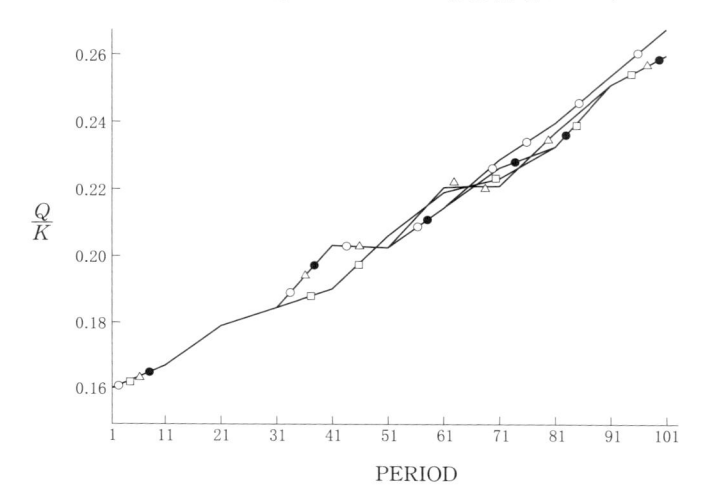

図 13・2　企業の生産性の時間経路：
　　　　　4 企業ケースの別の一つ（実験条件は1111）

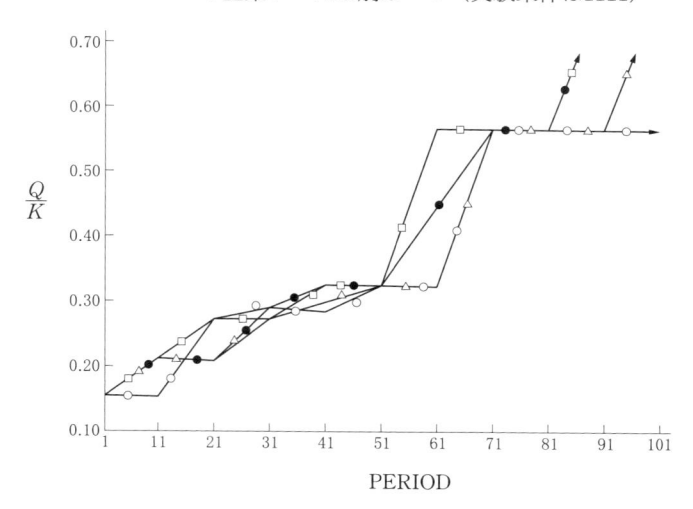

表13・1の右半分では、ハーフィンダール同値企業数は左半分に比べて系統的に小さくなっている。これは右側の数値は、企業が需要を無限に弾力的だと見ている場合で、一方、左側の数値は、企業が新しい能力のもとで投資を抑制している場合である。最後の2回の試行では、企業はこうした抑制をしないことに加え、潜在生産性の向上が著しく、模倣も難しいという条件で行ったが、その他の条件より高い集中度をもった構造が出現した。図13・2は、試行1111に関わる生産性の時系列である。明らかに、図13・1より企業の間にばらつきが見られる。これに、積極的な投資戦略が加わると明らかに集中度が高まっていく。しかし、こうしたケースはむしろ例外である。4社の試行のケースでもっとも目を引くことは、長期的な生産戦略が互いに非協力的で競争的でありながら、一貫して生産性は互いに近く、最初の市場のシェアが維持される傾向にあることである。

16企業を使ったシミュレーションでは、状況はまったく異なる。各パラメータ設定で行った2回の試行の結果が、表13・2に報告されている。この表が示すように、同じパラメータのもとでの2回の実験データに差異が認められるが、大勢として、この違いはパラメータが異なるときの差に比べて小さい。

前節のモデルの仮説を検証する簡単で強力な方法は、パラメータのうち、一つだけ値が違う試行を行って、ハーフィンダール同値企業数を比較することである。たとえば、模倣の簡単さ、潜在生産性の上昇率、研究の成果の分布についてはパラメータの設定を固定した上で、各企業の投資戦略については異なったパラメータを設定し、最終的な集中度の違い、あるいはその他変数の違いを比較することができる。

表13・2を詳細に見れば、このような比較は可能であるが、この表から直感的な印象を得るのは難しい。潜在生産性の上昇率の効果を評価するためには、上昇率が違うものを組にして比較した表13・3の方が見やすく便利である。潜在生産性の上昇率が低いものと高いものを比較したところ、すべてのケースで、高い方が最終的に集中は顕著である。同様に、投資を抑制する場合としない場合、模倣が容易な場合と困難な場合を組にし（他の要因は一定に保って）比較した結果、すべてのケースで、予測どおりの結果が確認でき

表 13·3　集中度：潜在生産性の成長率の違いの効果

実験条件 2進数コード(低率)	ハーフィンダール 同値数	実験条件 2進数コード(高率)	ハーフィンダール 同値数
0000	14.925	0010	12.005
	15.060		12.019
0001	14.347	0011	12.516
	14.286		13.514
0100	13.072	0110	10.776
	13.495		9.579
1000	12.937	1010	7.429
	13.158		7.788
1001	13.550	1011	6.361
	13.228		4.938
1100	10.893	1110	6.150
	11.001		5.102
1101	10.091	1111	2.856
	8.058		4.686

た．

　それに対して，研究開発の成果のばらつきの違いだけを変化させた場合，結果は不明瞭であった．ここで明らかになったのは，我々が次の点を考えていなかったことである．すなわち，企業は研究により"発見"した新しい技術を導入するかどうか考える際，それまであった既存の技術と生産性を比較してから決定する．そのため，研究成果のばらつきが増すと，研究成果による生産性の向上への期待値は常に上昇する．成果が既存の技術より劣る場合は，どれだけ劣っていても関係ないからである．そして，生産性が伸びる可能性が増せば，当然，期待値も上がる．表13·4は，研究成果のばらつきが高い場合と低い場合では，最終期の全体的な生産性水準が違うことを示している．

　このように考えるなら，研究成果のばらつきと企業間の生産性の水準の格差の間に，単純な関係は存在しないだろう．したがって，当初我々が考えた仮説，すなわち，研究成果のばらつきが高いと，企業間の生産性の格差が拡大し，これが企業間の成長率の差を生み出して，やがて産業の集中度を高めるという因果の連鎖の仮説は，連鎖の最初の段階が問題だったことになる．なぜなら，研究成果が既存の技術より劣る場合はその研究成果は導入されないので，次の期の企業の生産性の水準のばらつきは，研究成果のばらつきよ

表13・4 潜在生産性に対する産業の生産性の比率（幾何平均値）：革新的研究開発の成果のばらつきが変わったときの効果

実験条件	幾何平均値	実験条件	幾何平均値
0000[a]	0.977	1000	0.981
0001[b]	1.022	1001	1.049
0010	0.933	1010	0.966
0011	1.108	1011	1.191
0100	0.965	1100	0.969
0101	1.004	1101	1.033
0110	0.898	1110	0.936
0111	1.068	1111	1.102

a) ばらつきが小さいとき，b) ばらつきが大きいとき．

りは小さくなる．企業がその時点で生産性が高い位置にいればいるほど，この研究成果の放棄の影響は大きくなる．表13・4が再確認しているように，研究成果のばらつきが大きくなると，"その時点での生産性"の平均そのものが変化する．ここには細かすぎるので書かないが，さらに計算したところ，これらの要因の相互作用によって，研究成果のちらばりの拡大が最終期の集中度に対して与える影響はかなり弱まっていることがわかった．曖昧な実験結果がもたらされたのは，おそらくこのためであろう．

　検証の別の方法は，最小二乗法による回帰分析である．企業のハーフィンダール同値企業数を被説明変数とし，さまざまな実験条件を0と1のダミー変数としたものを説明変数とする．表13・5は，この回帰結果を16企業のケースをすべてプールした場合について示している（全部で32個の観測値になる）．1本目の回帰分析のダミー変数の係数は，単に表13・2で対応する比較ケースでの，ハーフィンダール同値企業数の平均値の差である．2本目の回帰分析による係数の解釈は，交差項の相互作用を含んでやや複雑である．

　1本目の回帰分析の結果は，もちろん先に見た2ケースでの比較の結果を裏づけている．投資政策，潜在生産性の伸び率，模倣の困難さに対応する回帰係数は，いずれも符号が合っている．この推定により，これらの変数が予測通りの方向に影響を与えているという結論はさらに強められる．また，研究開発の成果のばらつきと集中度のあいだの関係が弱いことも，回帰分析に表れている（t値は，記述的に解釈されるべきである．有意性の検定のために必要な誤差項の分布について仮定群が，ここではおそらく成立していな

表 13・5　ハーフィンダール同値数を実験条件のダミー値とその交差項に回帰した結果

式	定数	X_4 [a]	X_3 [b]	X_2 [c]	X_1 [d]	X_1X_2
(1)	16.19 (30.07)	−3.85 (8.00)	−2.38 (4.94)	−4.23 (8.78)	−0.79 (1.65)	
(2)	14.78 (24.70)	−1.39 (1.94)	−1.84 (2.56)	−2.62 (3.64)	0.23 (0.33)	−0.04 (0.05)

式	X_1X_3	X_1X_4	X_2X_3	X_2X_4	X_3X_4	R^2
(1)						0.86
(2)	−0.94 (1.30)	−1.08 (1.50)	0.27 (0.037)	−3.43 (4.76)	−0.38 (0.53)	0.94

a) X_4=生産拡張への慎重さを表すダミー変数.
b) X_3=模倣の容易さを表すダミー変数.
c) X_2=潜在生産性の成長率を表すダミー変数.
d) X_1=革新的研究開発の成果のバラつきを表すダミー変数.
注) ダミー変数は,すべて"1"であればより集中度が高まる方向(同値数が小さくなる方向)に設定してある.括弧内の値は t 値の絶対値.

い).

　回帰分析による方法は,2ケースの比較より相互作用の効果を分析するには適している.回帰分析(2)は,さまざまな相互作用の効果を示している.潜在生産性の上昇率と投資の抑制の間に強い相互作用が認められるのは驚くにあたらない.もし,潜在生産性の伸びが鈍い場合,一企業が突然,他の企業よりも生産性の水準で優位に立つ機会はあまりなく,逆に潜在生産性の伸び率が高い場合は,このような機会はより多くなる.しかし,ここでもし優位にある企業が規模拡大することを躊躇するなら,その他の劣勢にある企業への競争圧力は小さくなり,彼らに復活する機会を与えることになる.他方で,優位にある企業が積極的な投資戦略を採用すると,その企業の拡大により他の企業の衰えさせることになる.衰退した企業が研究開発投資を削減すると,結果的にその企業がキャッチアップする機会はどんどん減っていく.この論理に従うと,"模倣の容易さ"もこの相互作用に影響するはずである.ただし,表 13・5 に示されている回帰分析で,この効果を見出すのは簡単ではない.

　上記の議論より,相互作用を分析するための別の方法が考えられる.すなわち,サンプルを二つに分けるという方法である.まず,企業が積極的な投

表 13・6 集中度：生産拡張への抑制があるときと無いときにサンプルを分けたときの回帰の比較（変数は表 13・5 と同じ）

式	定数	X_3	X_2	X_1	X_1X_2	X_1X_3	X_2X_3	R^2
			Output restraint ($X_4=0$)					
(3)	14.97	−2.19	−2.51	−0.25				0.77
	(28.77)	(4.20)	(4.83)	(0.48)				
(4)	14.84	−1.40	−2.67	−0.36	1.06	−0.83	−0.74	0.82
	(20.65)	(1.47)	(2.84)	(0.39)	(0.98)	(0.76)	(0.68)	
			No Output restraint ($X_4=1$)					
(5)	13.57	−2.57	−5.95	−1.33				0.94
	(28.55)	(5.41)	(1.25)	(2.81)				
(6)	13.34	−2.68	−6.01	−0.73	−1.14	−1.06	1.28	0.96
	(23.21)	(3.56)	(7.8)	(0.32)	(1.31)	(1.21)	(1.47)	

注）括弧内の値は t 値の絶対値．

表 13・7 企業の成長率（81 期から 101 期までの成長率）と企業規模（81 期）の間の回帰

式	定数	K_{81}	K_{81}^2	R^2
		Output restraint ($X_4=0$)		
(7)	−1.957	0.1204	−0.0017	0.13
	(3.59)	(2.96)	(2.56)	
		No Output restraint ($X_4=1$)		
(8)	−3.014	0.0659	−0.0002	0.64
	(15.01)	(5.83)	(2.37)	

注）被説明変数は，企業の 81 期から 101 期までの平均の四半期単位の成長率．K_{81} は 81 期での企業規模（資本ストック）．16 企業ケースであるが，試行の条件は(7)では 0011 と 0111，(8)では 1011 と 1111 である．いずれのケースでも $N=64$ である．
括弧内の値は t 値の絶対値．

資戦略を採る場合と投資を抑制する場合に分け，次に，潜在生産性の伸び率の高い場合と低い場合にも分けてみよう．表 13・6 は，企業の投資戦略が積極的な場合と抑制的な場合に分けたうえで，ハーフィンダール同値企業数を残っている三つの独立変数に回帰したものである．潜在生産性の上昇率が高いと集中度が上がるという効果は，投資が積極的な場合のほうが抑制的な場合よりも大きい．そして，証拠は必ずしも明瞭ではないが，模倣の容易さが集中度に対してもつ効果も，企業が積極的に投資した場合の方が，拡大を抑制している場合より大きいことが見ることができる．潜在生産性の伸び率が高いケースと低いケースで，別の回帰分析を行ったが，やはり同様の結果が得られている．

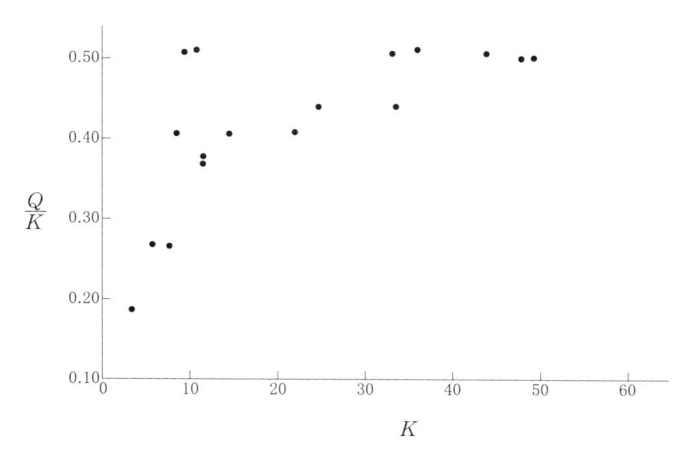

図 13・3　資本ストックに対する生産性のプロット：16企業ケース
（実験条件は0110，期間は81期）

$\dfrac{Q}{K}$ vs K

　この分析により，企業の規模と生産性の間に時間の経過とともに正の相関関係が生じることがわかる．企業の生産性が高いと，企業は大きく成長する．また，大企業のあいだのほうが，中小企業間より生産性のばらつきは小さいと予想できる．シミュレーションの結果はこれらの予想を裏づけている．図13・3 は，この関係をよく表している．大企業は，平均的に生産性が高いという有利さに加えて，新しい技術を発見する可能性が高いという有利さももっている．したがって，成長率の期待値と企業規模との間にやはり正の関係が存在すると考えられる．ただし，ある点を過ぎると，企業がそれ以上の拡大を抑制するようになり，関係も逆方向に徐々に転じうる．したがって，成長率を企業規模の 2 次関数として回帰分析し，試行を，企業が成長とともに投資を自ら抑制する場合とそうでない場合を分けてみる．結果は，表13・7 のとおりである．すべては予想通りの結果になっている．その上，企業が成長を抑制している場合の曲線の曲がり方が，成長を抑制していない場合より大きいことも確認された．

　このモデルに従うと，成長率の系列相関は，長期を考えれば消えていくものの，短期で見ればかなり強いはずである．これも実際に予想通りの結果に

図 13・4 標準化された $\log(K)$ の累積分布関数を，正規分布用紙にプロットしたもの（実験条件は1110，最終期）

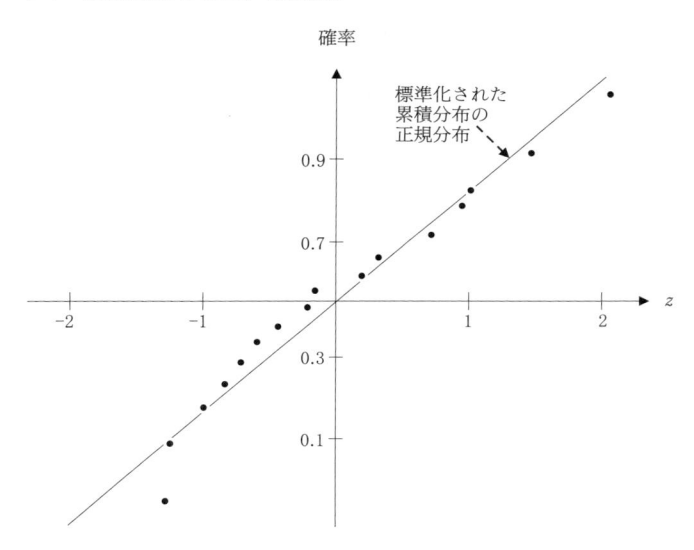

なった．

　ここで検討しているモデルは，シュンペーター的競争の性質を理解することを目的につくられている．そして，ここでの実験は，集中度を高めたり，それを抑制したりする作用に焦点をあてている．多くの企業成長の確率論的モデルと違い，このモデルは得られた分布が実際のデータに適合するように開発されたものではない．しかし，このモデルによる企業サイズの分布は，実際のデータでの分布に似た分布型になる．すなわち，いくつかのケースでは，シミュレーションによる分布は対数正規分布に近くなる．図13・4は，試行0110での$\log K_i$の累積分布を正規確率紙にプロットしたものである（したがって累積分布が正規分布なら直線になる）．見てわかるように，この試行については，対数正規分布にきわめて近似している．パレート法則が分布の上位のすそ部分（大企業）で有効かどうかを見てみると，投資を抑制している場合では，（企業規模の対数値／順位の対数値）のプロットは凹型になっている．

このシミュレーションモデルは，定性的に見て，我々の仮説に適合した挙動を示している．また，モデルは，産業集中の実証研究が明らかにしている多くのパターンやメカニズムも描けている．残っているのは，このシミュレーションモデルの結果を定量的な面から評価することである．

　14，15社と4，5社との違いは，産業構造として見ると〝興味深い〟違いである．この違いは，開始時点のまったく同じ状況から25年間の変化をシミュレートした結果，試行0000から試行1111の間に生じた違いを，ハーフィンダール同値企業数で測ったものである．このシミュレーションの結果が現実をそのまま反映しているというような大胆な主張をするつもりはない．これはあくまでも理論的な演習であり，とくに精密化に努めたわけでもないことを強調しておきたい．もし，パラメータとなる変数選択が違えば，結果も違っていただろう．

　一方で，シミュレーションとしては，モデルは比較的単純である．パラメータの数もそれほど多くない．ほぼすべてのパラメータが解釈可能で，現実に照らして確認することもできる範囲のものである．需要の弾性値には1を設定し，とくに特定の産業を選択してもいない．しかし，数値はまったくおかしくない．単位コストの優位さがどれだけ超過利潤をあげ，企業の成長をもたらすかを示す資本産出比率は，年単位で見て1.6である．潜在生産性の伸び率は，年率で2％と6％の二つの設定になっている．実際の観測による生産性の伸び率は，設定した2％より低いものと6％より高いものも存在する．他のパラメータについても同様に現実に近くしており，数値や実験条件も最低でも〝見当のつく範囲内〟に保つようにしている．したがって，定量的な結果もそれなりに重みがあると考えている．少なくとも，現実の経済での確率的過程のなかで生じる効果について示唆を得ることはできるだろう．この程度の控えめな主張にすら懐疑的で批判的な人には，どこで我々が見当違いの範囲に出たのかを説明してほしいものである．

　このような批判に関連して，少し答えられることがある．このモデルでは抽象化が行われているがそのなかには，観察可能な事実を使っての解釈と検証が困難になっている部分がある．それは，確率分布の形になっている研究開発の成果である．このモデルの重要な特徴として，研究開発の成果の〝く

第13章　シュンペーター的競争下で集中を促進する力と抑制する力　379

じを引く"行為は分割可能でない．もし，産業全体でイノベーションと模倣が稀になるようにパラメーターを設定すれば，一つのイノベーションの成功は，産業構造に大きな影響を与える．潜在生産性は，直近の成功から時間を置いて向上することになる．一方，模倣速度は遅い．運の良い企業は，一定の期間（次のくじも同じ企業がひきあてるというありえない幸運がない限りは一定の期間にとどまる），急速に規模を拡大していく．対照的に，安定してゆるやかに起こり続ける技術進歩は，すべての企業を同じ方向に動かす．個々の企業の研究開発の成功の影響は少なく，成功の数が多くなれば，企業間の違いも小さくなる．

　この問題を検証するために，試行1111の条件のもとで，イノベーションと模倣のくじ引きの頻度をこれまでの3倍にした試行を二回試みた．ハーフィンダール同値企業数は，5.4と8.3になり，予測どおり，これらの値は最初の試行1111のなかで得られた値より相当高い．イノベーションと模倣のくじ引き頻度が高いとき，平均規模の企業は，3回のうち1/4回の確率で（イノベーションか模倣によって）新しい技術を手に入れる．企業は，潜在生産性の成長にスムーズに追いつくことができる．

　後から考えると，"フィリップス仮説"は，このように解釈すべきで，研究の成果の散らばりで解釈するべきではなかった．問題なのは，研究開発プロジェクトの費用が高くてたまに大きな成功を収めるのか，逆に費用が安くて小さな成功が継続するかどうかである．前者の場合，集中は起こりやすい．これは，フィリップス仮説の定式化として，最初に考えていたものより優れている．

3．結論とまとめ

　シュンペーター的競争は，我々が一般に競争と呼んでいる多くの過程と同様に，勝者と敗者を生む．ある企業は，新しく創出される技術を他の企業より成功裏に採用することができる．その企業は発展し，その他の企業は衰退する．成長はさらなる成功をもたらす可能性を高め，衰退した企業は，古くなった技術によりさらに衰える．このようなプロセスが重ねられ，多数の同

じ規模の企業で開始した場合でも次第に産業集中が進んでいくのである．

　我々はこのモデルの論理のなかに，シュンペーター的競争の基本的な因果関係のメカニズムを見出そうとした．パラメータの数値を選択する際には，現実から見て〝見当のつく範囲内〟になるように気を配り，数値実験の結果が，現実に近いものになるように努めた．我々の実験結果は，競争のプロセス自体が産業集中をもたらす強い傾向があることを示唆した．このことは，政策的な観点からも興味深い．また，この集中傾向の強さは，産業の性質に依存して変わることも示された．このモデルで提示された集中傾向の強さの違いに関する仮説群は，このモデルを発展させたものによる経験的な実証分析の対象になると我々は考える．しかし，そのような実証分析が信頼できる形で行えるようになる前には，まだまださまざまな研究が必要である．

　産業の集中と企業の投資戦略との関係についての結果は，とくに強調に値する．それは，矛盾しているようにも思えるが，次のように簡潔にまとめることができる．大企業による市場の支配力の行使は，産業集中を抑制する重要な要因である．パラドックスのように思えるかもしれないが，この命題は我々のモデルからすれば当然の結果である．これは何も不思議なことではなく，投資決定についての価格受容者モデルとクールノーモデルとの比較から明らかにできる．産業集中についてこのような視点が産業組織論の文献に無いというわけではない．たとえば，支配的な企業は衰退するという主張は，我々の考えと非常に近いものである（シェラー，1980，pp. 239-240）．しかし，この主張は，高い産業集中は市場支配力の存在を意味するという考えほどには，まじめに議論されていない．

　我々の実験は，フィリップスが示した関係を鮮やかに描いている．フィリップスが自らの優れたケーススタディ研究で示したのは，次のことである．技術進歩が起こる環境で，とくに模倣が困難なケースでは，個々の企業は高い不確実性に包まれている．したがって，確率的な企業成長のメカニズムが働く環境なら，産業集中が進む．我々のモデルは，このフィリップスの仕組みを具体的に展開したものである．そして，潜在生産性の伸びと模倣に関する実験結果は，彼の集中度についての判断を裏づけるものである．研究開発の成果のばらつきの効果については，彼の仮説を定式化する我々の試みは，

理論的に間違っていた．しかし，その後の再解釈は彼の考えに合致するものである[2]．

別段，取り立てて強調してはこなかったが，サイモンや他の確率モデルの先行研究と比較したとき，このモデルも遜色のない程度に現実的な企業規模の分布を描いている．他の種類の異なるモデルと比較して，このモデルがとくに目立った利点をもっているとまで主張しようとは思わない．ただ，他のアプローチと比較したとき，確率モデルに一つの利点があることを述べたい．経験的に見て企業規模の分布には強い安定した規則性が見られる．企業規模や産業構造についてモデル化を行うときにこの規則性を無視することは，経験的に利用できるモデルの制約条件を使う稀な機会を失うことになる．現時点では，成長率が企業間で確率的に決まるモデルだけが，実際の経験が課す制約を満足させられるのである．

確率モデルの実証的な強さを認めることは，産業構造の体系的な決定要因を否定することにはならない．我々の確率モデルが示すように，確率的要因を認めることは，その事象を因果関係で説明することを否定するものではない．このモデルは，確率に基づいているが体系的な因果関係を否定するものではない．すなわち産業の進化を "まったくのランダム" な変化として扱うわけではない．もし，技術の規模の経済，製品の差別化，参入の条件など産業構造へのシステム的な影響を反映できればモデルはさらに良くなるであろう．しかし，モデルがそのように改良されたからといって，このモデルがここまで議論してきた変数群に反応しなくなるわけではないし，確率的アプローチの実証的な強さが失われることはない．

参入の条件の役割については，産業集中に関する産業組織論にとって重要

---

[2] この章では，我々の仮説のオリジナルな設定，その後の改良，そして最初の解釈から2番目の解釈への移行する過程での議論をそのまま残している．これには重要な理由がある．多くの発表された経済分析モデルは，作成者が最初に考えたモデルとは大きく異なっている場合が多い．理由は，最初に考えたモデルは期待通りに動かないことから，モデル作成者はパズルに直面し，これを解決する過程でモデル自体を改良するからである．シミュレーションの結果に刺激されて，このような実り多い再考を行うことを我々は大切な作業と考える．この作業は，シミュレーションモデルがどう動くか予想することが不可能なほどに不明瞭でないかぎりは，可能である．とくに，今回のケースでは，読者も我々の最初の誤解とその後のより良い定式化に向かった過程を体験することで，理解を深めることができるであろう．

なテーマでもあり，ここでさらに言及する必要がある．モデルの結果が，どの程度参入の排除についてセンシティブかどうかは，どのような参入に関するモデルを念頭に置くかによって変わってくる．具体的には，次の三つの問いに対し，参入モデルがどのような答えを出すかによる．(1) 参入が起きる規模，(2) 参入者の技術進歩の水準，(3) 参入には制限がかかり，参入に対するインセンティブ，の3つであり，つまり，参入するかどうか決定するときに行われる計算の性質である．もし次のような参入モデルであれば，我々の分析結果はほとんど変化しないだろう．(1) 参入規模は比較的小さく（試行の初期水準の企業規模かそれ以下で参入する），産業の生産能力に比べて小さい．(2) 典型的参入者は（最大限）既存の技術の模倣により参入する．(3) その産業の短期的な経験で見て参入に利益性を見出した場合にのみ，参入の引き金がひかれる．これらの条件では，新規参入者の立場はすでに存在している小企業が置かれている状況に近くなる．情報面での規模の経済のために既存の大企業は依然として有利であり，そのため，新規参入企業は過酷な競争条件に置かれる．逆に，参入企業が大企業で，技術的なリーダーで，よく考えられた長期的戦略に基づくものであったら，結果は明らかに異なっているであろう．

　参入についての簡単な考察が物語るように，集中を促進または抑制する力を一般的に扱うモデルを開発するには，多くの難しい問題と取り組まなければならない．この章で取り上げた問題は，その一部にしかすぎない．しかし，ここで示した問題は，この分野で現在支配的になっている見方が取り上げる問題とは，明らかに違うものである．それは，産業組織論での幅広い規範的，実証的課題について新しい視点を提供している．たとえば，我々のモデルは，〝サバイバル・モデル〟が規模の経済を検証しようとして用いるデータに，別の解釈を与えるものと見ることもできる．反トラスト法の領域では，ウィリアムソン（1972）が取り上げた〝支配的企業〟の問題のモデル分析の基礎を与える．それは，イノベーションの力によって支配的な地位を築き，その後，イノベーションを停止する企業の問題である．また，先のフィリップス仮説の議論に見られるように，イノベーションから集中度への因果関係を明瞭にモデル化することにより，イノベーションと集中度の関係について経験的，

規範的双方の議論ができるようになった．次章では，シュンペーター的競争の規範的問題に焦点をあてる．そして，産業構造とイノベーションの間の"シュンペーター的トレードオフ"について分析を試みる．

第14章　シュンペーター的トレードオフ再考

　経済学者のシュンペーター論争に対する関心のほとんどは，イノベーションを誘発する構造が短期のパレート最適の損失になるという考察に基づくものである．現代の経済学者は，技術水準が高い（集中度の高い）産業での製品市場の市場支配力による生産量の制限から生じる厚生の損失を静学的コストと見なす傾向がある．これは，我々が探求しているシュンペーター的競争を考えると単純すぎることは明白である．この章では，引き続き考察を行うが，第1にシュンペーター的競争が提供するパフォーマンスや政策課題の側面についてより正確な理解が必要である．そして，第12章で展開したモデルを用いて三つ目のシミュレーションのグループを分析する．これらの実験は，進歩にともなう集中度の動学的な変化や過程に影響を与える外生的要因を明らかにさせる．結果のなかには，政策課題に新しい視点を提供するものも存在する[1]．

1．トレードオフと政策ツール

　民間企業同士が比較優位を求めて競合する経済組織のシステムでは，技術

---

[1] こうした課題に関する先行的な研究については，ネルソン，ペックとカラチェック（1967）を参照されたい．最近の研究だと，カミエンとシュワルツ（1975,1981），シェラー（1980），ダスグプタとスティグリッツ（1980b）そして，フラハティ（1980）がある．シュンペーター的競争に関する政策課題についての議論は，第16章で引き続き行う．

進歩が"購入"される場合にいくつかの社会的コストを発生させる．

その一つは，生産量が競争的水準を下回るコストである．こうしたコストが存在することは，もっとも技術の高い企業において限界費用と価格が乖離することでわかる．しかし，一企業が規模で市場に対する影響力を保有しているかどうかとは関係なく，"ベストテクノロジー"で産業全体を独占しているところでは静学的非効率性が存在する．特許制度や企業秘密による技術情報の使用に対する制限から二つの異なる種類のコストが発生する．一つは，現在の技術知識で実現できるよりも高い平均生産費用である．それは，ベスト・プラクティスと平均的プラクティスのギャップに基づくものである．もう一つは，研究開発の重複である．その結果，産業の研究開発の累積に対して低い水準のベスト・プラクティスが導かれてしまう（あるいは，所与のベスト・プラクティスを得るまでより多くの研究開発が必要である）．さらに，全研究開発の水準にゆがみをもたらしてしまう可能性があり，他のコストを与件とするときの，想定しうるセカンドベストの最適点に比べて過大あるいは過少となる．

この最後の点を少し置いておいて，これ以外のコストを考えると，図14・1に描かれているようになるだろう[2]．全企業がベストテクノロジーに関する情報を共有し，研究開発を完全に効率よく行っていると仮定した上での，単位当たりの生産費用を C とする．需要曲線 A-B において，可能な消費者余剰と生産者余剰の和は三角形 ABC になる．次に，実際の（研究開発の重複を前提にした）ベスト・プラクティス・テクノロジーにおける単位当たり生産費用を c とする．階段状の線 c-c' は産業の生産費用を表し，もっとも効率よい（コスト c）企業からもっとも非効率な（コスト c'）企業のコストが並んでいる．$\bar{Q}$ を実際のアウトプットとする．その場合，実際の余剰は $AP'c'c$ になる．実際と可能な余剰の違いは，次の三つの面積に表される．(1) $P'de$，ベスト・プラクティスによるコストを使っての競争的均衡に比べて生産量が制限されることによる通常の死荷重の三角形．(2) $cc'e$，ベストと平均的プラクティスとのギャップによる過大な生産費用．(3) $CcdB$，非

---

[2] この図による表現は，リチャード・レビンにより提案されたものである．

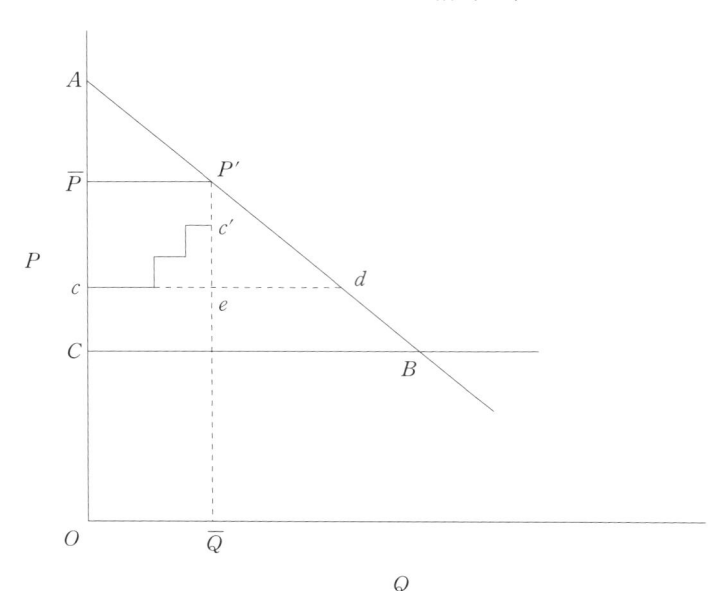

図 14・1　シュンペーター的競争の社会コスト

効率な研究開発による低いベスト・プラクティスから発生する費用．

　もし市場においてイノベーションが起きるなら，これらいくつかの形のコストは避けることはできない．もしイノベーションに対する私的なインセンティブがあるとすれば，成果がある程度私的財産（最低でも事実上の）として認められている．実際には，このようなコストはこれまで指摘した社会コストは許容範囲のうちであると考えなければならない．私的なインセンティブによるすべての研究開発の適切さに関する結論を得るために，産業の研究開発を増やすことによる社会的便益をどのように評価すればいいのだろうか．まず，前の二つの章からもわかるように，社会的便益の重要な決定要因のいくつかは，市場構造により内生的に，あるいはそれと同時に決定される．たとえば，研究開発費が社会から見て効率的に配分されているかどうかであり，これは一部は市場構造により決定される．しかし，このほかに外生的な点で考慮すべき重要なものもある．高い研究開発支出から得られるものは，研究開発の成果を決める技術レジームに影響されるところがある．たとえば，研

究開発に関する収穫逓減が早い時期に，より鮮明に見られるかどうか（前章のサイエンス型の場合），あるいは研究開発支出が高い水準にあっても限界収益が引き続き高いかどうかが問題である．前者の場合のみ，低い水準の研究開発支出が，高い水準のときにほぼ同じような社会的便益をもたらすかもしれない．

政策課題

既存の技術を所与として最高のパフォーマンスをもたらす産業構造と，技術進歩に貢献する構造との間にトレードオフがあると仮定する．そして，さらに社会はトレードオフの性質と政策の目的について合意を得ることができると仮定する．ここまでの議論は，イノベーションの機会と進化する市場構造との因果関係を明らかにするが，この関係が自動的に社会的なトレードオフを最適化するとは信じられない．したがって，経済学者が構造に影響を与える政策に関心を寄せるのも理解できる．しかし，ほとんどの議論は，どのような政策ツールが構造に影響を与えるのか明確に示していない．

多くの研究の背景に，産業構造自体が政策変数であって，産業構造はトレードオフを最適化するように選択されるべきであるという考えがある．しかし，どこまで存在している，あるいは提案されている政策が構造に恒常的な影響を与えることが可能なのか明確ではない．具体的には，産業の集中度が低いほうが，静学的にも動学的にもイノベーションを促進しやすいとしても，政策で低めた集中度は，イノベーションが活発に行われる環境下，企業が成長し，そして衰退する過程で元通りになってしまう．そして，構造に影響を与える政策介入が繰り返された場合は，結果的にコストを上げることになる行動変化につながるかもしれない．

ときには，政策は企業統合や参入を制限したり促進したりすることにより直接あるいは恒常的に構造に影響を与えることができる．しかし，産業のパフォーマンスに影響を与えようとする政策の多くは，特定の行動を抑制したり促進したりするなどで，むしろ構造への影響は間接的である．この議論では，たとえば特許保有者の権利や責務に関する政策は，模倣を容易にするか困難にするかといった影響力をもつ．あるいは，反トラスト法が，大きな市

場シェアと強い技術力をもつ企業がこれらの優位性を利用してより大きな市場シェアを獲得することを許容するかもしれないし，あるいはこういう傾向を抑制するかもしれない．行動を管理しようとする政策は，パフォーマンスに直接影響を与える．そして，また同時に進化する構造に対しては影響を及ぼし，その結果，パフォーマンスに間接的に影響を与えることになる．

もうひとつの政策の複雑さとして，実行可能な政策調整により構造が反応するには時間がかかるという事である．構造に影響を与える政策ツールを分析する際は，社会の費用便益の時系列的パターンを考慮することを最低でも提案したい．そして，産業間で異なる発展段階や歴史的過程，政策に対する動学的な反応なども考察に含まれるべきである．技術レジームの変化も同様である．これらは，シュンペーター的問題を限定的な状況に応じた多岐にわたる争点に細かく分解したものである．

総じていうと，市場構造を技術進歩や静学的効率性に関連させる分析の多くは，既存の政策ツールと繋がらない．より踏み込んだ分析には，構造はシュンペーター的競争に内生化されていることを認識したうえで，構造に影響を与える政策変数の確認が求められる．

2．実験

我々がこれらの課題を検討するために使用するモデルは，第12章で説明された．ここでも同様に，異なる研究開発政策をもつ企業間の競争にフォーカスする．

また第12章と同様に，初期の産業集中度の，イノベーティブな企業の生存に対する影響を分析する．しかし，初期の産業構造の差異に加えて，イノベーションや模倣の困難さに関する仮定や大規模で利潤が上がっている企業がイノベーティブな企業に対してどの程度攻撃的な投資政策を採るかについてのさまざまな仮定について検討する．

本章では，とくにシュンペーター的トレードオフに注目する．先述した異なる社会コストはすべてこのモデルに反映されている．模倣がコスト高で，一般的に時間もかかるということは，ベストなテクノロジーを使用すること

は限られていることを意味する．このことは，ベスト・プラクティスと平均的なプラクティスのギャップに表れる．また，産業内に多数の企業が存在して，産業全体がある生産性の軌跡上に維持されるとする．この場合，すべての企業がベストな技術へ自由にアクセスできる状況に比べて，より多くのイノベーション型の企業（より多くの研究開発の成功）が必要になる．市場支配力があると思っている企業が自らの投資を抑制することもこのモデルに反映されている．結果としては，教科書的な理論どおり，価格と平均コストの間に大きな乖離が生じる．また，生産量の水準も低く，価格も企業が市場支配力を行使しなかったときより高くなる．

また，サイエンス型技術と累積型技術の場合の両方について高い研究開発支出による便益と高い率でイノベーションが起こることの便益を検討する．モデルには，抽象的な政策変数に対応する三つのパラメータが存在する．それらは，技術の模倣の簡単さや大企業がどの程度まで自ら投資を抑制するか，そして初期の企業規模の分布に関連する．

我々は，三つのシミュレーションを実施した．それぞれは，半分の企業が模倣とイノベーションの双方を目的とした研究開発を行い，残りの半分が模倣のみを目的とした研究開発を行ったと考える．また，資本単位当たりの模倣のための研究開発支出は，すべての企業で一定とする．同様に，資本単位当たりのイノベーションを目的とした研究開発支出は，その支出を行う企業についてはすべて等しいとする．その上，それぞれのケースで，初期の状態として，企業の規模はすべて同じで，既存の生産性の水準において産業は大体均衡していると仮定する．さらに，このモデルでは新規の参入はないものと考える．これらの仮定は，イノベーションと模倣の対立や，過程のどの段階でも存在する産業集中の程度について参考になるポイントを我々に明らかにしている．

モデルを計算する際に用いた数値は，四つのシミュレーションの〝期間〟がカレンダーの一年に相当するように選択している．これにより，産業の平均年間売り上げと資本の比率は，技術進歩の速い産業のそれとほぼ等しい．低成長ケースでも，潜在的生産性の成長率は大まかに年２％としている一方で，高成長ケースでは，年６％になっている．売り上げに対するイノベーシ

ョンを目的とした研究開発費の割合は6％で，第12章の場合に比べ，より現実的な値になっている．模倣が困難な状況では，ベスト・プラクティスを習得するために必要な模倣のための研究開発は，それが簡単な場合の2倍になると考える．それで，シミュレーションを101期，初期から25年間という期間を設定し試行した．

　このフレームワークでは，次に説明する三つの実験がより具体的であり，それぞれの実験で異なるパラメータの条件下でシステムがどのように動くか考察した．

サイエンス型寡占企業の行動とパフォーマンス

　最初の実験は，初期の産業集中は高く，企業の投資戦略によって競争が相対的に抑制されているようなレジームを形成している条件で行った．産業は，サイエンス型であり，潜在的技術の進化のスピードは外部の力によって決定されると考える．すべての企業の生産性の水準は，そのときに支配的な潜在的生産性に近いところから出発する．4社のなかで2社は，技術の先端を目指し研究開発に支出を行い，その他の2社は，先を進んでいる技術を模倣するために研究開発を行うとする（研究開発で先頭に立っている企業も他の企業の技術を見ている）．

　このサイエンス型寡占の場合において，潜在的生産性の成長率と模倣の簡単さの二つの変数とパフォーマンスの検討を試みた．革新的な研究開発を行う企業と模倣者の成功による産業の進化は，どの程度，新たな研究開発ターゲットの進化のペースに依存するのか．企業による他企業の技術の模倣の簡単さがどのように進化に影響を与えるのか．また，この試行は，それ自体が面白い．加えて，この試行は最初の産業集中があまり高くない場合との比較の対象としても興味深い．この4社によるシミュレーションの試行を理解することは，より一般的にモデルの働きを見据えるのに非常に役に立つ．したがって，他の状況における解釈にも大いに助けになる．

　我々がモデルとしている産業についてのこれまでのシミュレーションの経験から，高い産業集中の条件でスタートする場合，いくつかの予測をしてみた[3]．第1に，潜在的生産性はイノベーターのほうがよく追跡できる．な

ぜならば，彼らの研究開発のための支出の水準は，モデルの他のパラメータを所与として十分に高く，新しい技術機会の進化する分布を比較的頻繁に企業がサンプルするからである．第2に，模倣者は，イノベーターをよく追跡できる．この場合も研究開発が，十分なため，たとえ模倣が難しいケースでも，ベスト・テクノロジーを習得するのに何期もかかってしまうことは少ないと考えられるからである．第3に，ある条件下では，イノベーション型研究開発のコストを負担する企業よりもその他の企業のほうが多少利潤を上げやすい．しかし，イノベーターも利潤を確保し生き残り，模倣者に比べて成長する．ここで大企業が自ら投資を抑制することは，利潤の高い企業がそうでない他の企業をその優位性を利用し市場を支配してしまうことを制限することになる．この抑制された競争環境では，利潤を最大限拡大していない企業も生き残ることができる．そして，何かに失敗した企業も再生の機会がすぐ完全に奪われることはない．

　これらの試行において考慮された産業行動の社会的な利益に関しても，いくつかの予測は比較的明らかである．第1に，産業は生産費用に上乗せされる高いマークアップを特徴としている．したがって，大きな〝死荷重の三角形〟が発生している．第2に，より競争的な産業に比べて，水準の低い技術を使用することによって生じる無駄が少ない（平均的プラクティスとベスト・プラクティスの間の差が少ない）．第3に，研究開発支出は，より効率的である．それは，平均的なプラクティスが潜在的なベスト・プラクティスから一定の距離を置いて追随していくのに必要な総研究開発支出は，少なくて済むからである．価格が高くなるか低くなるかは残された問題である．

より競争的なサイエンス型産業

　2回目のシミュレーションでは，企業16社は同じ規模で開始し，そのうち8社がイノベーションと模倣両方を行い，残りの8社は模倣だけを行うという条件で走らせた．4社の場合と同様に，潜在的生産性は速いペースで成長したケースと遅いペースのケースがある．シミュレーションの半分は，模

3）もちろん，我々の経験との妥当性は，我々が，モデルのパラメータの値の大部分をこれまでの章のモデルとほぼ同じにして分析していることに部分的ではあるが帰することができる．

倣が簡単で残りの半分は難しいという条件を設定した．このシミュレーションと前の4社の場合とで実験のバリエーションの幅で一つの重要な違いは次の点である．16社のいくつかの試行では，企業の期待する純投資率が市場シェアの拡大とともに下がるという前提を設けていることである．いい換えると，もし企業が市場シェアの拡大とともに，価格と費用の差がさほど大きくない場合にも引き続き成長した場合どうなるか検討する．4社のケースではこの検討を行わなかった．それは，抑制された寡占として解釈できる状態をベンチマークとして使用したかったことと，第13章のシミュレーションから4社の場合は投資の抑制が行われなくてもそれぞれのシェアに大きな影響はないという傾向が見られたからである．それに比べ，16社のケースについては，二つの理由から実験することに意義があると思われる．一つは，4社のケースよりもさらに競争的構造になっていることの影響である．そして，企業が成長する際に優位性を利用するのか抑制するのかが競争行動の重要な側面である．第2に，先に述べたが，重要な問題は，イノベーターが「迅速な二番手」につぶされないためにはどの程度優位性を追及する必要があるかである．

　4社のケースと対比して，16社の場合の産業のパフォーマンスについても，いくつか予測できる点がある．先に，期待される価格－費用マージンの平均の違い，平均的プラクティスとベスト・プラクティスの差，そして潜在的生産性の上昇率が同じレジームの研究開発の効率性について検討した．その他の予期される違いは，4社よりも16社の場合では初期の産業構造は安定的ではないことである．一般的に，シュンペーター的競争により集中度は高まる．多くのパラメータの被説明変数として注目すべき一つの競争がある．それは，イノベーターのパフォーマンスと生き残りが模倣者に比べてどうかということである．率直に感じるところでは，イノベーターの成長し生き残る力は，潜在的生産性の上昇に正比例し（イノベーションを目的とした研究開発による平均成長を決定する），模倣の簡単さに逆比例になっている．

累積的技術による競争的な産業

　この三つ目のシミュレーションは，二つ目の実験の基本的な仮定を次の点

を除いて同様に適用している．それは，イノベーションを目的とした研究開発は，技術の可能性の変動する分布からランダムにくじ引きするのではなく，既存の技術の累積的な進歩を取り入れていることであると仮定する．企業のイノベーティブな研究開発の成功の確率分布は，既存の技術を中心としている．したがって，イノベーティブな企業は模索を繰り返しながら徐々に技術の可能性の集合を辿って上る．

それまでの二つのシミュレーションで用いた潜在的生産性の上昇率に関する仮定は，今回の実験で次のように置き換えられた．一つの仮定の下では，イノベーティブな研究開発が発見する新しい技術は，既存の技術の周りに密集していて，生産性の大きな進展はあまり期待できない．もう一つの代替的な仮定では，分布はもっと広がっており，企業は一つのイノベーションから大きな生産性の上昇を実現できるより大きなチャンスがある．

模倣の困難さについては，サイエンス型の試行の場合と同じようにパラメータの設定を変化させた．それに，企業が成長した際にさらなる拡大を自ら抑制するかどうかによる違いもテストした．

そして前回の16社のケースと今回の試行の重要な違いは，前回は技術のフロンティアは外部的な力によって推し進められていたことである．もし産業内のイノベーティブな研究開発が小さい場合は，それによる平均的な成功が信じられないような大きい進歩をもたらすことになる．このシミュレーションの条件にはそのような外部の力は存在しない．したがって，もしシュンペーター的競争によりイノベーションを目的とした研究開発が抑えられるようであれば，ベスト・プラクティスと平均的プラクティスの進歩も低くなる．

3．シミュレーション結果

シミュレーションによるデータは，表14・1-14・6にまとめた．表のなかの略語は，以下のようになっている．一番上の段は，101期において革新的な研究開発を行う企業が保有する産業資本のシェアである．一般的に，0.5より低いシェアでは，研究開発を行った企業は行わなかった企業より利潤は低い．ただし，0.5より少し高いシェアでも，利潤はより低くなることがある．

2段目の値は，産業全体として平均超過収益率（利潤）を四半期ごとのパーセンテージで表している．3段目と4段目は，上が産業全体の価格－平均生産費用マージン率，$(P-C)/C$，と下がベスト・プラクティスの技術を保有している企業の価格－平均生産費用マージン率である．

次の5段は，101期における産業集中を示す統計である．5段目から8段目までは最大と二番目に大きいイノベーターおよび模倣者による産業全体に占める生産量のシェアで，9段目は，（資本）集中のハーフィンダール＝ハーシュマン指数の逆数で，集中度指数同値の企業数である．

次の5段は，生産性を示す統計である．10段目は，産業生産性の平均値を表している．11段目と12段目はそれぞれイノベーターと模倣者の産業生産性の平均値を示している．13段目は，最終期のベスト・プラクティスで，14段目は，101期間での平均生産性と潜在的生産性の差の平均を表している．

15段目と16段目は，101期間の全研究開発支出とイノベーションが起きた回数である．最下段は，101期の価格を表している．

列の項目にあるSとF，EとHは，それぞれ潜在的生産性の上昇が遅い，速い，それから模倣が簡単，困難を表している．それぞれの項目の下の1，2とあるのは，同じパラメータの設定で行った二つの異なった試行の結果である．

高度な寡占

表14・1は，企業4社（初期は同規模でスタート）でその内2社が模倣を目的にのみ投資するという産業構造のモデルでシミュレーションした結果を表している．結果として際立ったのは，生産性および規模について4社とも近似したことである．この状況の下では，ベスト・プラクティスの生産性の上昇と平均生産性の上昇（あるいは試行が終わった際のそれらの水準）は，潜在的生産性の上昇率とのみ関係している．これらの変数は，模倣の困難さには影響されないということである．

表14・2は，企業数を同じ規模の16社に増やして同じ条件の下で試行した結果である．それぞれの企業の違いについては後で詳細に分析するが，ここではまず，先述した4社のシミュレーション結果と比較してみる．ある所与

第14章　シュンペーター的トレードオフ再考　395

表14・1　4社による試行

	SE		FE		SH		FH	
	1	2	1	2	1	2	1	2
1. CAP SHR: IN	0.51	0.49	0.50	0.50	0.52	0.50	0.50	0.51
2. EX RET(%/QTR)	4.8	4.8	4.7	4.7	4.8	4.8	4.8	4.8
3. MARGIN AV COST(%)	33.7	33.3	33.0	31.3	33.2	33.2	32.4	31.4
4. MARGIN BEST PRAC(%)	33.7	33.3	33.0	31.3	33.2	33.2	47.8	38.0
5. Q SHR: IN 1	0.26	0.25	0.25	0.26	0.27	0.25	0.27	0.28
6. Q SHR: IN 2	0.26	0.24	0.25	0.24	0.24	0.25	0.25	0.22
7. Q SHR: IM 1	0.26	0.25	0.25	0.26	0.25	0.25	0.25	0.27
8. Q SHR: IM 2	0.23	0.25	0.25	0.25	0.23	0.25	0.23	0.22
9. H NUM EQV	4.0	4.0	4.0	4.0	4.0	4.0	4.0	4.0
10. AV A	0.28	0.28	0.82	0.94	0.28	0.29	0.86	0.75
11. AV A: IN	0.28	0.28	0.82	0.94	0.28	0.29	0.89	0.75
12. AV A: IM	0.28	0.28	0.82	0.94	0.28	0.29	0.83	0.75
13. BEST PRAC A	0.28	0.28	0.82	0.94	0.28	0.29	0.96	0.79
14. AV A GAP	0.05	0.04	0.22	0.18	0.03	0.08	0.15	0.17
15. IN R&D SUM	156.	153.	156.	157.	156.	155.	153.	154.
16. IN DRAWS	77	76	79	78	72	88	62	81
17. P	0.75	0.76	0.26	0.22	0.76	0.73	0.25	0.28

表14・2　16社による試行，サイエンス型で投資が制約されている場合

	SE		FE		SH		FH	
	1	2	1	2	1	2	1	2
1. CAP SHR: IN	0.51	0.55	0.55	0.50	0.60	0.61	0.80	0.70
2. EX RET(%/QTR)	0.77	0.77	0.66	0.77	0.87	0.92	0.69	0.81
3. MARGIN AV COST(%)	7.9	9.8	7.5	0.83	0.96	10.8	11.9	12.5
4. MARGIN BEST PRAC(%)	12.1	13.7	27.4	12.3	13.6	15.1	37.9	35.5
5. Q SHR: IN 1	0.09	0.11	0.16	0.11	0.11	0.14	0.19	0.27
6. Q SHR: IN 2	0.09	0.11	0.09	0.11	0.10	0.14	0.16	0.17
7. Q SHR: IM 1	0.08	0.12	0.15	0.12	0.11	0.12	0.09	0.20
8. Q SHR: IM 2	0.08	0.12	0.15	0.11	0.08	0.07	0.02	0.04
9. H NUM EQV	13.7	11.8	11.3	12.2	12.4	11.1	8.0	7.3
10. AV A	0.26	0.28	0.81	0.82	0.27	0.27	0.86	0.83
11. AV A: IN	0.26	0.28	0.81	0.81	0.27	0.28	0.91	0.85
12. AV A: IM	0.26	0.28	0.81	0.82	0.26	0.26	0.65	0.79
13. BEST PRAC A	0.27	0.29	0.96	0.85	0.28	0.28	1.06	1.00
14. AV A GAP	0.06	0.06	0.02	0.12	0.04	0.03	0.09	0.05
15. IN R&D SUM	196.	206.	197.	187.	200.	186.	242.	210.
16. IN DRAWS	87	110	78	97	104	106	137	102
17. P	0.66	0.63	0.21	0.21	0.65	0.65	0.21	0.22

の潜在的生産性の上昇率において，ベスト・プラクティスの生産性の上昇は4社の場合と16社の場合であまり大きな違いは見られない．しかし，平均的プラクティスについては，4社の場合の方が16社より高くなる傾向が見られる．存在するベストな技術の広がりを最大限利用するという意味では，産業集中が高いほうが低い場合よりよい結果が出ている．また，産業集中が高いほうが，研究開発支出の累積が小さくてもより高い生産性の上昇をもたらす．つまり，集中が進んでいる産業構造の方が，研究開発をより効率的に行っていることになる．

他方で，可変費用に対する平均的なマークアップは，4社の方が16社のケースに比べ相当高くなっている．したがって，静学的な三角形の損失も大きい．そして，高い利幅は高い平均生産性上昇を相殺する以上である．したがって，潜在的生産性の上昇率を所与とすると，価格は産業集中が進んでいる方が16社の場合より高い．

より競争的なサイエンス型産業

16社の試行で，もっとも重要なことは，上ですでに触れているように，ベスト・プラクティスと平均生産性上昇に関する4社の場合との比較である．その際，潜在的生産性の上昇を所与として，その他のパラメータ，たとえば模倣の簡単さや利益を上げている企業の積極性などの設定にも考慮する必要性が見つからなかった．また，これらのパラメータの影響は実際には少ないことを記しておきたい．最初の考えでは，これは驚きであった．ベスト・プラクティスの生産性の上昇は，これらの制度的変数からあまり影響を受けないと考えられる．支配的なベスト・プラクティスの模倣が難しいケースでは，その模倣が簡単な場合より産業の平均生産性がベスト・プラクティスより遅れることは予測できた．実際に，潜在的生産性の上昇が著しくベスト・プラクティスの模倣が困難なケースでは，革新的な研究開発を行った企業（とくに生産性でリードしている企業）と模倣を行った企業との間に大きな生産性の乖離が生じた．また，模倣を行った企業はイノベーションに成功した企業に比べ規模が小さくなった．したがって，リーダーと遅れた企業との乖離は大きいと同時に，遅れた企業の産業資本のシェアは試行の終わりになるほど

小さくなっている．

　以上，4企業の場合と16企業の場合の大きな違いは，後者のケースでは，産業構造が大きく変化することである．初期の企業のサイズの分布は次の場合において比較的安定している．一つは，潜在的生産性の上昇が模倣の困難さに関係なく鈍い場合である．あるいは，潜在的生産性の上昇が速く模倣が簡単で，利潤を上げている企業が成長するに従い生産の拡大を自制している場合である．このような設定に基づいた試行では，研究開発を実施していない企業がしている企業より利潤が得やすい．いい換えれば，革新的な研究開発はそれほど利潤につながらないということである．しかし，少し利潤を上げている模倣者が生産の拡大を自制していることから，競争によってイノベーティブな企業が市場から追い出されるまでにいたらない．

　潜在的生産性の上昇が急速で模倣が困難な場合，利潤を上げている企業が生産の拡大を自制しているにもかかわらず，革新的な研究開発を行った企業のパフォーマンスは良く，模倣しか行わなかった企業の業績は悪い．これらの試行では，イノベーターが優位性を生かした拡大をかなり自制しているにもかかわらず，明らかに模倣者は徐々に市場から追い出されていく．

　表14・3は，利潤を上げている企業が，すでに大きい市場シェアをもっているのに積極的に拡大を続けている場合の試行の結果である．表14・2と表14・3の比較はとても興味深い．潜在的生産性の上昇率や模倣のレジームに対して基準化すると，業績の良い企業が拡大し続ける場合は，自制している場合より，すべての結果においてイノベーターの運命が模倣者に比べ相対的に暗くなる．競争が激化している場合のすべての試行で，最終的にイノベーターの産業資本ストックのシェアは半分より大きく下回ってしまっている．

　潜在的生産性の上昇が速く模倣が困難な場合においては，同様の比較による違いがより鮮明に表れる．競争が抑制されているときには，イノベーターが最終的に産業資本全体の70％以上を占め，明らかに優位に立っている．企業が積極的な投資策をとっている場合は，これとは反対に模倣者が同じぐらい圧倒的な優位に立つ．競争の激しさが，優位に立つ企業がどの程度の差で勝利するのかに影響するのは簡単に理解できるが，どのタイプの企業が勝利者になるのかにまで体系的に影響することは驚きである．

表 14・3　16 杜による試行，サイエンス型で積極的な投資がともなっている場合

	SE		FE		SH		FH	
	1	2	1	2	1	2	1	2
1. CAP SHR: IN	0.32	0.31	0.34	0.32	0.38	0.36	0.36	0.32
2. EX RET (%/QTR)	0.19	0.19	0.03	0.09	0.28	0.21	−0.01	−0.15
3. MARGIN AV COST (%)	2.3	2.9	1.1	1.8	4.7	4.9	0.1	−1.1
4. MARGIN BEST PRAC (%)	2.3	9.6	13.0	4.7	12.7	8.9	6.0	4.1
5. Q SHR: IN 1	0.06	0.06	0.13	0.10	0.07	0.08	0.11	0.12
6. Q SHR: IN 2	0.05	0.05	0.08	0.06	0.06	0.07	0.11	0.05
7. Q SHR: IM 1	0.13	0.12	0.22	0.23	0.21	0.18	0.44	0.54
8. Q SHR: IM 2	0.12	0.12	0.16	0.18	0.13	0.15	0.15	0.07
9. H NUM EQV	12.1	12.3	8.6	8.5	10.3	10.8	4.4	3.4
10. AV A	0.26	0.27	0.85	0.70	0.26	0.26	0.71	0.97
11. AV A: IN	0.26	0.27	0.80	0.69	0.27	0.26	0.70	0.96
12. AV A: IM	0.26	0.28	0.87	0.70	0.26	0.26	0.72	0.98
13. BEST PRAC A	0.26	0.29	0.95	0.72	0.28	0.27	0.76	1.02
14. AV A GAP	0.02	0.04	0.11	0.10	0.00	−0.05	0.05	0.33
15. IN R&D SUM	162.	165.	174.	176.	174.	164.	175.	188.
16. IN DRAWS	72	76	99	79	85	77	92	104
17. P	0.63	0.60	0.19	0.23	0.63	0.65	0.23	0.16

　これらの結果と投資を抑制した場合に見られる正反対の結果の説明は，次の通りである．このモデルでは，模倣している企業は，イノベーターのもっとも高い生産性の水準を超えることは絶対ない．模倣者がイノベーターの生産性と同等になるときは，研究開発によるコストがかからないので得られる利潤が高くなる．しかし，もし模倣企業が生産の拡大をあるところで抑制した場合，イノベーティブな企業が縮小することへの圧力が緩和される．したがって，研究開発予算は確保され，イノベーターにも復活する機会が与えられる（一方で，イノベーション型の大企業は，小さな模倣者に対する優位性を確率的に拡大する）．しかし，模倣する大企業が引き続き成長した場合，イノベーターへの縮小圧力は増す．そして，イノベーターの研究開発予算が縮小するにつれて，イノベーションが起きる確率も低くなりイノベーターが復活する機会が徐々に失われていくことになる．結果的に，模倣企業が模倣するまでのリードタイムも次第に失われていく．

　この現象については，モデルの形であっても熟考する意義があると我々は

考える．我々のモデルの世界では，模倣戦略は，もし産業の進化の初期段階で幸運に恵まれれば，明らかな勝ちをもたらす．そして，模倣者は，いつかは幸運に恵まれる．しかし，社会全体として，こうした強みである模倣が支配的になることが望ましいであろうか．我々が先に述べたように，それは，革新的な研究開発の低さが社会にどのような損失を与えるかによる．

これらのシミュレーションの試行では，積極的な投資を行った場合，それを抑制したケースに比べ，所与の潜在的生産性上昇率のもとで，最終期のベスト・プラクティスあるいは平均的プラクティスが低くなる傾向はあまり見られない．これは，ある程度産業全体の生産量と資本が大きく（しかし，前のケースでは，イノベーティブな企業の全資本のシェアは低くなっていることが多い），シミュレーション試行の期間における研究開発支出の総額も二つのケースで大きな違いはないということによる．結果は，大きな模倣者が支配的な構造が社会的に優勢であることを一部示唆している．イノベーションが一度起きると，産業の能力の大部分に素早く適用される（表14・3のHFのケースのなかで，模倣者の生産性の平均の高さに注目）．

しかし，革新的な研究開発に対する急な収穫逓減が，サイエンス型技術レジームに特徴的であることが主な理由である．研究開発費が低いと，潜在的生産性の軌跡をよく辿れない上，産業のベスト・プラクティスと潜在的生産性の違いは平均的により大きくなる．しかし，イノベーションがときどき起きることにより，この平均的な乖離が大きくなってしまわないように保っている．しかし，現在の技術変化が産業の外の要因より産業内部の事前の研究開発努力に影響されるようなこれまでの試行で考えられたレジームの下では，もし模倣者が産業を支配するようになった場合，社会的な損失が非常に大きくなる．

累積的技術進歩

ここまでで述べられたシミュレーションの試行では，外部からのイノベーションの増加はないとしている．しかし，すべてのイノベーションのくじ引きの結果は引こうとしている企業がすでにもっている技術により大きく影響される．技術進歩はこうした意味において累積的であるといえる．

表14・4と14・5は，表14・2と表14・3のように異なるパラメータの設定構造をもったシミュレーションによる産業統計を表している．これまでと同様の関係の多くはここでも確認できる．イノベーションの性質と模倣は，産業集中に同様に影響を与える．イノベーションが速く模倣が困難な状況は，産業集中を起こしやすい．イノベーションがゆっくりで模倣が簡単な場合は，こうした傾向は見られない．イノベーターと模倣者の競争に関しては，イノベーティブな企業は技術進歩が早く模倣が困難な場合で大企業がさらなる拡大を自制しているという状況で，パフォーマンスが良い．一方で，パラメータの設定がこの反対の場合は，模倣者のパフォーマンスが良く，イノベーターは悪い．企業が積極的に拡大しようとしている場合，イノベーターと模倣者の利潤は，抑制する行動が見られる場合よりそれぞれ下がる．しかし，とくにイノベーターの方が利潤に対するダメージは大きい．モデルの非対称性は，イノベーションの性質に関して異なる条件のもとで力をもち続けている．模倣者は，イノベーターの生産性の最高水準と同じ水準には到達しない．もし，拡大を自制した場合，イノベーターは復活できる．しかし，利潤を上げている模倣者が積極的に拡大した場合，イノベーターの復活は難しくなる．これらの結果は，これまでのものと同様である．

　これらのシミュレーションの試行で何が違うかというと，競争の激化は，ベスト・プラクティスによる生産性と平均生産性の双方にマイナスの影響を与えることが明白になったことである．同様の設定でその他のパラメータによる試行を比較すると，企業が生産の拡大を自制した場合，しなかったときに比べすべてのベスト・プラクティスは高い数値を記録している．先の試行と同様に，積極的な競争姿勢は，新しいイノベーションをすぐに模倣できイノベーターより低コストで経営できる大企業が最低1社は入っている構造を生成する．そして，利潤を得られないイノベーターが縮小するに従い，産業全体の革新的な研究開発も低減していく．また，すべての比較において，産業のイノベーティブな研究開発は，競争が激しい場合の方が，競争が抑制されている場合より低くなっている．

　また，イノベーションが起きる回数も小さい．サイエンス型のケースでは，このように革新的な研究開発とイノベーションが起きる回数の低減が産業の

表14・4　累積的技術変化がともない投資が制約されている16社による試行

	SE		FE		SH		FH	
	1	2	1	2	1	2	1	2
1.CAP SHR:IN	0.56	0.50	0.64	0.49	0.57	0.50	0.77	0.68
2.EX RET(%/QTR)	0.72	0.74	0.78	0.75	0.84	0.78	0.77	0.83
3.MARGIN AV COST(%)	8.6	8.6	10.0	8.3	9.0	8.5	10.7	12.6
4.MARGIN BEST PRAC(%)	13.1	12.9	32.4	22.3	13.7	13.2	31.1	31.4
5.Q SHR:IN 1	0.10	0.11	0.17	0.19	0.10	0.10	0.23	0.20
6.Q SHR:IN 2	0.10	0.09	0.14	0.08	0.10	0.09	0.19	0.19
7.Q SHR:IM 1	0.08	0.10	0.17	0.18	0.10	0.09	0.07	0.11
8.Q SHR:IM 2	0.08	0.10	0.06	0.17	0.09	0.08	0.07	0.08
9.H NUM EQV	14.3	12.6	10.7	9.4	13.1	13.4	7.2	8.1
10.AV A	0.24	0.25	0.59	0.62	0.23	0.23	0.83	0.60
11.AV A:IN	0.24	0.25	0.62	0.61	0.24	0.23	0.89	0.64
12.AV A:IM	0.24	0.25	0.55	0.62	0.23	0.23	0.64	0.52
13.BEST PRAC A	0.25	0.26	0.71	0.70	0.24	0.24	0.98	0.70
14.AV A GAP	n.a.	n.a.	n.a.	n.a.	n.a.	n.a.	n.a.	n.a.
15.IN R&D SUM	197.	190.	210.	182.	206.	188.	235.	208.
16.IN DRAWS	99	104	105	100	102	100	130	107
17.P	0.72	0.69	0.30	0.28	0.74	0.75	0.21	0.30

表14・5　累積的技術変化がともない積極的に投資を行う16社による試行

	SE		FE		SH		FH	
	1	2	1	2	1	2	1	2
1.CAP SHR:IN	0.23	0.29	0.26	0.40	0.32	0.35	0.38	0.48
2.EX RET(%/QTR)	0.14	0.17	0.19	0.19	0.17	0.20	0.00	0.02
3.MARGIN AV COST(%)	2.3	2.4	3.0	2.5	4.3	3.3	1.3	2.1
4.MARGIN BEST PRAC(%)	2.3	2.4	9.1	9.3	9.5	7.8	6.2	5.7
5.Q SHR:IN 1	0.05	0.06	0.06	0.10	0.05	0.07	0.12	0.14
6.Q SHR:IN 2	0.04	0.05	0.05	0.09	0.05	0.06	0.08	0.13
7.Q SHR:IM 1	0.13	0.14	0.24	0.16	0.14	0.13	0.20	0.27
8.Q SHR:IM 2	0.12	0.14	0.16	0.14	0.12	0.12	0.20	0.14
9.H NUM EQV	11.4	10.9	8.5	11.2	12.1	11.8	7.1	7.0
10.AV A	0.22	0.24	0.51	0.75	0.20	0.23	0.62	0.56
11.AV A:IN	0.21	0.23	0.50	0.73	0.20	0.23	0.61	0.56
12.AV A:IM	0.22	0.24	0.51	0.77	0.20	0.22	0.62	0.55
13.BEST PRAC A	0.22	0.24	0.54	0.80	0.21	0.24	0.65	0.58
14.AV A GAP	n.a.	n.a.	n.a.	n.a.	n.a.	n.a.	n.a.	n.a.
15.IN R&D SUM	148.	158.	146.	189.	156.	161.	192.	209.
16.IN DRAWS	80	84	83	86	64	88	99	115
17.P	0.75	0.69	0.32	0.22	0.83	0.73	0.26	0.29

ベスト・プラクティスの時系列的な軌跡に大きな影響を与えないが，この試行の場合では，落ち込んだ産業のイノベーションがベスト・プラクティスの低成長をもたらしている．

　平均生産性に対する影響は，ベスト・プラクティスに対する影響より予想通り小さい．産業資本の大きなシェアを保有している大きな一模倣者が存在するところでは，平均生産性はその生産性によってほぼ決定され，その生産性はベスト・プラクティスに近いところで推移する．しかし，ほとんどのケースでは，平均生産性は，競争が激しい状況の方が抑制されている場合より低くなっている．

　競争の激化が，産業の製品価格に対しどのような影響を及ぼしているかは明らかではない．競争が激しい場合の費用に対する低いマークアップは，その場合の高い費用を相殺する．それにもかかわらず，教科書的な知識と大きく矛盾することは，同様のパラメータの設定で，競争が激しいケースのほうが抑制されている場合より終期の産業における価格が高くなる傾向がある．さらに，二つの対照的な設定での価格トレンドに関する分析は，もしシミュレーション試行がより長ければ，競争が激しい場合の価格はより紳士的に競争が行われているケースより漸次的に上昇することを示唆している．我々の101期のシミュレーション試行はいくつかのイノベーターがある程度の資本ストックをもち生存し，後退している．そして，後退が続くと，産業の革新的な研究開発は必ず枯渇する．そして，結果的に産業は，利潤がゼロで固定的な技術による競争的均衡状態に近いところに落ち着く．

　表14・6は，201期までシミュレーションを行ったデータである．サイエンス型技術のレジームでは，イノベーターは投資行動が積極的な場合では確かによりいっそう縮小した．しかし，ベスト・プラクティスの生産性に対する影響はひどくない．一方で，累積的技術のレジームでは，201期のベスト・プラクティスは競争が激しい状況では，抑制されている場合よりよりいっそう低い．見えざる手は，金の卵を産むガチョウを窒息させたのである．

4. 政策的実証的含意

　間違いなくシュンペーター研究が容易ではないのは，多くの場合その複雑さや主題の難しさによる．しかし，その問題の一部は，経済学者がこれらの複雑さに対応するようなモデルに取り組まなかったことにある．
　我々は，シュンペーター的競争の抽象的なモデルを提示した．このモデルは経済学者がそれらの過程を考えることや，技術進歩と市場構造の関係についての直感的理解を研ぎ澄ますこと，そしてこれらの関係に潜在的な政策課題を明確に見極めることを助けている．このモデルの含意のいくつかは，シュンペーター的競争の性質に関するあまりフォーマルでない主張と一致している．企業にとって大きいということは優位である．とくに，企業が大きければ，研究開発の成功から得られる利益をより多く回収することができる．また，大企業による研究開発支出の多さは，生産性の上昇をよりスムーズにより確実にもたらすことになる．したがって，イノベーションの一時的な不足による脆弱性も低くなる．
　このモデルにより，インフォーマルに検討された場合に不明瞭だったところが明確になってきた．とくに，市場構造そのものが重要であるということがその一つである．もし，残りの市場が小さい場合，あるいは小さい企業によって構成されている場合は，企業が自らのイノベーションから利益を回収しやすくなる．また，市場構造や行動は，模倣がもたらす利潤がより大きいという状況において，革新的な研究開発をする企業の衰退を防いだり進めたりすることができる．
　いくつかの経済的現実に映し出される難しい政策問題は，このモデルによって描かれている．それによって，比較的集中している産業の方が集中度の低い構造より研究開発を促進することになり，またこの環境において生産や技術進歩はもっと効率よくなっていたと予想することができる．したがって，いくつかのトレードオフは明らかになったが，これまでにわかっているものとは必ずしも同じではない．具体的には，サイエンス型技術をもつ産業では，高い産業集中は，高いマークアップ，平均的プラクティスとベスト・プラク

表 14・6 201 期間の 16 社による試行でイノベーションが困難で潜在的生産性が急伸している場合

	Science-based		Cumulative	
	Aggressive	Restrailted	Aggressive	Restrained
1. CAP SHR: IN	0.23	0.87	0.30	0.49
2. EX RET(%/QTR)	−0.13	2.27	0.03	3.68
3. MARGIN AV COST(%)	0.75	16.24	0.13	28.36
4. MARGIN BEST PRAC(%)	12.5	29.1	7.8	31.5
5. Q SHR: IN 1	0.20	0.22	0.22	0.26
6. Q SHR: IN 2	0.01	0.20	0.02	0.22
7. Q SHR: IM 1	0.73	0.08	0.55	0.24
8. Q SHR: IM 2	0.02	0.01	0.14	0.23
9. H NUM EQV	1.71	6.25	2.81	4.41
10. AV A	3.48	3.66	2.62	4.77
11. AV A: IN	3.54	3.75	2.48	4.80
12. AV A: IM	3.47	3.00	2.68	4.74
13. BEST PRAC A	3.81	4.05	2.81	4.90
14. AV A GAP	0.16	0.15	n.a.	n.a.
15. IN R&D SUM	339.	484.	383.	389.
16. IN DRAWS	183	254	175	185
17. P	0.04	0.05	0.06	0.04

ティスとの差が小さいこと，そして研究開発がより効率的であること（所与の生産性の水準をもっと低コストで実現することを意味する）と〝トレードオフ″する．しかし，生産性の速い上昇率は手に入れることはできない．さらに，産業によってトレードオフは異なる．我々の累積的技術をもつ産業の実験では，高いマークアップをともなう，より競争的でない環境は，急速な生産性の上昇をもたらすことになる．

　イノベーターがスキルもあり積極的な模倣者に競争で負けていく結果はとくに刺激的であり，経済学で通常取り上げられないような可能性を表している．革新的な研究開発をした企業が競争で追い込まれたり敗北したとき，その社会コストが小さい場合（サイエンス型産業）と大きい場合（累積型技術の産業）における異なる技術レジームについて論じているものもない．

　このモデルより興味深い実証的関係が予測できる．しかし，これらの関係は政策の難問と同様に，多くの経済学者がシュンペーター的競争のなかに存

在すると考えているものより難解である．ほとんどの実証的テストは，大企業のほうが中小企業に比べ研究開発支出が大きいというシュンペーター的見解に基づいている．我々独自の実験条件では，このような因果関係は選択の結果によってのみ存在する．それは，イノベーターと模倣者の成長が異なることによる．イノベーターが利潤を上げているような条件では，研究開発に支出する（対資本比率も高い）企業は，模倣者に比べ成長も高いが，その反面，小さい企業が潰されることになる．イノベーティブな企業が利潤を上げにくい場合で，ただ市場構造により生存が許されている状況では，研究開発型企業は小規模になる傾向がある．

　このモデルに基づけば，急速な技術進歩をともなう産業は平均的研究開発集約度が高い水準にある．そして，産業が成熟すれば技術進歩が遅い産業より産業集中が進む．また，産業間での成長の違いを分析している多くの研究が，こうした関係を確認していることは興味深い．モデルは，技術進歩をともなう産業は，産業集中が時間とともに高まる傾向があることを示唆している．この点も実証されているようである．

　その他の重要な関係も実証研究の（難しいが）興味深い課題になる．たとえば，研究開発費と生産性の上昇率の関係は，その産業の技術進歩の性質による．とくに，新しいイノベーションの機会が外生的に存在するか，技術変化は累積的で過去の技術の上に作られていくものなのかというような点である．実際には，このような可能性はどちらか一方だけということではない．しかし，どちらかひとつのアプローチを選択する純粋なケースがいくつか存在する．産業を技術変化のレジームごとに分類し，技術進歩と自社内の研究開発支出との関係によってどう違いがあるかをテストするのも意味深い．同様に，〝技術機会〟を計測することも興味深い．したがって，急速に発展する機会が広がっている産業は，高い革新的な研究開発支出と産業集中を同時に併発しているかどうかという問題を（研究開発集約度と集中を技術変化に対して回帰分析するより間接的な推論と違い）直接に問いかけることになる．模倣の難しさがイノベーティブな企業の存続に影響するか．そしてまた，この問いに対する答えは，模倣の困難さを計ることができるかどうかに関わっている．

シュンペーターの進歩的資本主義の評価は，理論家，計量経済学者や政策アナリスト，および技術変化の研究者に対して絶え間ない挑戦を与えている[4]。我々の分析が，多くの研究者にとってシュンペーターの議論を新しい視点から見つめるきっかけとなることを望んでいる．

---

4) 理論については，我々のシミュレーションモデルと類似しているシュンペーター的競争のモデルは，ホーナー（1977）と最近では岩井（1981a と 1981b）によって分析されている．

第VI部　経済厚生と政策

第15章　進化理論的視点による規範的経済学

　ここまで我々が提示してきた進化理論的な見方では，規範的理論よりは実証的理論に重きが置かれてきた．もっともいくつかの場所で，規範的な論点が明確に現れたこともある．シュンペーター的競争レジームにおいて，産業の効率に影響を与える要因についての議論などは，その一例である．そして，その他の多くのところでも——たとえば，要素価格の変化に対する代替の大きさに影響を与える要因についての議論など——内容的には明らかに規範的な意味を含んでいた．
　企業と産業の世界で何が起きているかについて進化理論的な見方をとると，何が起こるべきかについての見方も明らかに変わってくる．正統派理論に対する我々の批判は，その規範的なところにまで及んでいる．現在の規範的理論は，配分と分配について論じるとき，実証的理論で採用されている仮定，すなわち既知の機会集合が与えられているという仮定に基づいている．規範的経済学の問題は，その集合の中で社会的厚生を最大化する点の特徴を明らかにすることとされている．分析の過程で理論上の難物とされているのは，社会的厚生関数のほうであり，選択肢の集合[1]ではない．しかし，もし可能な選択肢の範囲があいまいであるならば，そのとき（何を最大化するのかはさておき）最大化を定義することは不可能であり，最大化点を特定することはできなくなる．もし新しい選択肢の発見と発明が，経済活動の不可欠な

[1) これについての典型的な見解はアロー（1951）にある．

側面であるならば，望ましい配分を特定しようという試みは，将来になってから認識され理解される選択肢が与える効果をも考慮しなければならない．

これに関連してもし経済のなかでの組織の面を進化理論的視点から見るならば，競争が理想的な（あるいは満足のいく）組織形態をつくりだすという伝統的な見解も，必ずしも正しくはない．というのも，もし経済の世界が常に流動的であるならば，我々の実証理論が示したように，競争均衡の規範的特性が無意味なものになってしまうからである．それはちょうど均衡が行動の描写としては無意味であるのと同じである．市場構造とイノベーションというシュンペーター学派の関心事は，規範的議論の周辺ではなく，その中心に移動しなければならない．

実証的経済学への進化理論的アプローチは，このように規範的経済学の再考を求めている．ただし，それは非常に困難な作業である．進化理論的アプローチと整合的な規範的理論は確実に複雑で扱いにくいものになるだろう．上級の専門書や基礎的な教科書に現在載っているような，包括的な規範的定理を証明することはできそうにない．しかし，失望するにはあたらない．経済学者は何百年もの間，ミクロ経済政策の問題について発言してきたが，現在の厚生経済学の明快な定理に基づいて発言するようになったのはごく最近のことに過ぎない．さらに，市場と競争に信頼を置く現在の議論のかなりの部分が，現行の理論の形式的な適用ではなく，むしろ暗黙のうちに，起きている事象および，組織の選択肢についての進化理論的な見方に基づいている．現在の正統派の規範的議論と比較して，ハイエク（1945）やシュンペーターの議論は厳密さに欠けてはいるが，より説得力がある．現在の読者がこれを読むとき，そこには競争的企業の強みだけでなくその限界を理解させ，そして現代社会の実際の制度的生態系を特徴づけている組織形態の多様さと相互依存関係の巧妙さを理解し始めることができるような丁寧な記述を見ることができる．

1．よく知られた問題の再考

現在の厚生経済学は，経済的問題を二つの異なる見方で見ている．一つは，

資源配分の選択の問題であり，もう一つは，組織に関する問題である．我々の考えでは，組織に関する議論のほとんどは実際には進化理論的なものである．

配分の問題は，最適化という言葉で定式化される．資源や技術，選好の集合が与件として仮定される．資源と技術はともに生産可能性集合を定義する．ある水準の生産における効率性は，経済がその生産可能性曲線のフロンティアにあることを要求する．商品に対する選好も考慮すると，効率的な生産と産出量の分配をもたらす配分の集合から，効用可能性フロンティアが描ける．さらに，社会的な選好を個人の選好に関連づけるような社会的厚生関数を仮定するならば，経済的問題は，資源の利用可能性，技術，そして選好を最終的な制約条件として，この社会的厚生関数を最大化する問題として提示することができる．

もう一つの視点から見ると，厚生経済学は，経済問題は配分と分配とを（直接に）選択する問題ではなく，むしろ組織構造を選択する問題であると見ている．配分と分配の問題として定義された経済問題に対して，以下のような仮定を置いてみよう．選好と生産の集合は凸性であり，また，すべての財は私有され，完全な契約がコストなしで締結されかつ守られる．そして民間企業は利潤を，民間の家計は効用を，正しく計算して最大化できる．これらの仮定のもとで，現在の厚生経済学の二つの基本定理が得られる．いかなる競争的な均衡もパレート最適であり，いなかるパレート最適な配分も（それは社会厚生を最大化するようなものも含む），適切な所得移転を行えば競争的均衡として達成される（アローとハーン，1971）．

注意しておくべきは，配分についての現在の議論と，組織についての議論の間には違いがあることである．配分の問題の分析では，可能なすべての配分の集合が認識されることになっているが，消費者主権と自由市場に基づく企業からなる体制のもとに行われる（補助的な仮定の下での）組織的な選択では，そのような強い認識が得られることはありえない．組織による選択を明示的に扱う分析は，追加的な仮定の下で競争的なレジームを使って行うことができる．この議論は，競争が中央計画経済その他の組織的選択よりも優れているといっているのではないことには注意せよ．むしろ組織的選択など

その他の選択方法で最大限努力して得られる点が，競争的均衡と同程度であるといっておいたほうがよいだろう．

　これらの事実に注目すると，現代の論調が自由企業に対して好意的なことを，近代の厚生経済学の分析だけで合理的に説明することはできない．多くの教養のある経済学者は明らかにこのことを理解している．そして彼らのなかには，近代経済学の規範的理論が達成したもっとも重要なことは，自由企業体制が最適性を達成するという主張が常には成立しないことをドラマチックに示したことであるといっている者さえいるのである．しかし，最適性の定理に必要とされる条件の多くが満たされないということが認められているにもかかわらず，西側の経済学者は，自由企業体制こそが経済問題に対する基本的な組織的解決策であると主張する傾向がある．多くの技術において，非凸性を生み出す規模の経済が存在し（そしてそのため，これらの産業において利潤最大化を目指す企業が価格受容者として行動しなくなる）ということが認識されている．多くの財は〝パブリック〟なものであり，外部性はいたるところに存在している．複雑な契約は作成することも守ることも困難である．企業と家計は完全な情報をもちえないということも認識されている．そして明らかに，現実の政治経済は，倫理上理想的な（あるいは少なくとも人道的な）富の再分配のためのシステムを生み出さない．競争と組織にともなうこれらの問題は，補足的な組織や仕組みによって部分的には対処可能である．競争を可能な限り維持しながら，公共財に対して有効需要を作り出し，外部性を管理し，そして貧困層を救済することができるとみなされている．そして許容できる程度の欠陥はあるが，このような継ぎはぎをあてたシステムこそが，西側の経済学者が支持し提唱しようとしているものなのである．この提唱を行うとき，議論の中心を近代の厚生経済学に置くことはできない．

　また，継ぎはぎをあてた自由企業体制という解決策を主張するとき，多くの経済学者は他の（定式化された）選択肢を想定している．その選択肢とは，経済システムのレベルではソビエト型の中央計画経済であり，セクターレベルでは公有化，あるいは政府による細部にわたる規制である．民間企業について認識されているさまざまの欠陥にもかかわらず，西側の経済学者の間には，中央計画経済ではもっと状況が悪くなるだろう（そして，それが確立し

たところではすでにそうなっている）という点についてほぼ合意がある．さらに，市場に調整を委ねている経済セクターを政府に規制させることに対しては，幅広い失望がある．計画と規制に対するこれらの否定的な反応は，厚生経済学の定理のどこにもその基盤を見出せない．これらの定理は計画や規制が（最適に）なされないことについて何もいっていないのである．

　明らかに，現在の経済学者は，経済活動のなかでの組織の役割とさまざまの組織構造の機能を分析するためには，アローやドブリューの分析とは異なる考えが必要だと考えている．最近の議論では，この問題は分析上二つの側面から議論されている．一つの側面は，情報と計算に関係している．現在の厚生経済学が，配分と分配の問題の最適解を得る方法を，しばしの間受け入れるとしよう．すると，その解を得るためには膨大な数のバラバラのデータをどうにかして集め，計算を行う場所にもち込み，驚異的な範囲に及ぶ計算作業を行うことが必要になってくる．そのデータは，個人の選好や利用できる技術の特徴，資源の利用可能性についての評価を含む．もう一つの側面は，命令と制御に関係している．適切な情報が集まっており，計算がなされ，それに基づいて適切な配分と分配が明らかになるかあるいは決定されるとしてみよう．農場や工場，流通センターや消費者は広い範囲に散在している．一つの工場にも，非常に多くの人々が，互いに関連しているにちがいない活動に関与している．これらのさまざまな主体が，自分たちがすべきことについて知らされていなければ，経済問題に対する"解決策"は機能しないのである．さらに，たとえ情報をもっていたとしても，彼らが正しいことをするように動機づけするか，あるいは強制しなければならない．

　明らかに多くの経済学者が，市場競争という選択肢が，情報と計算の問題と，命令と制御の問題の両方について魅力的な特性をもっていると信じている．市場のなかで活動する分散化された自由企業体制が，政府による企業の所有や中央計画よりも優れていると主張されている．というのも，企業の公有化や中央計画による策は，非常に多くの情報の伝達や，より大きな問題についての計算を行う必要があるからである．また自由企業は，政府の官僚制よりも需要に対してはるかに敏感で，消費者の選好を満たすようにより強く動機づけられているため，政府の官僚よりも効率的に生産を行えると西側の

経済学者は強く信じているように見える．

　我々の議論の鍵はここにある．なぜ現在の経済学者は，議論の科学的な基盤としてしばしば支持されている厚生経済学の定理によって正当化される水準よりもはるかに強固に，自由企業体制を支持し中央計画に反対する傾向にあるのだろうか．このパズルを解く一つの鍵が我々の議論である．パズルの背後には，巨大な配分問題を解決するときに組織が果たしうる役割についての理論が暗に存在しており，また異なる組織構造の機能のしかたについての推測がある．しかしながら，厳密性な最適配分の議論とは対照的に，組織についての議論はあまり明確ではなく，注意深い理論化や実証的研究というよりは，むしろお手軽な経験論や偏見を反映しているように見えることもしばしばである．また，組織についての議論は，最適配分の議論に単に補足的につけ加えればよいという考えもあるようだが，この考えは疑問である．組織に関わる議論で取り扱われる問題——情報と計算，命令と制御を含むような問題——は，現在の厚生経済学の主流のなかには明確な居場所がないからである[2]．

　とくに，厚生経済学の議論は均衡状態を仮定しているが，組織的問題についての議論の多くは，明示的にも暗黙的にも動学的変化を仮定している．そこでは選好や資源，技術が時間とともに変化し続けており，その変化は完全には予測できない．このため，配分問題は移動する最適解を追い続けなければならない．仮に状況が静学的で予測可能であるならば，組織に関する問題はそれほど困難でなく，費用がかかるものでもないだろう．情報と計算の問題も〝一度ですべて〟解決できるだろう（これは定式化された理論での問題の見方そのものである）．このような1回限りの分析を行う費用は，その費用総額を経済システムが存続する期間で割ってしまえば大きなものにはならない．おそらく，組織構造間での費用の違いもそれほど重要ではなくなってしまうだろう．同様に，命令と制御の問題についても，すべての人々が行いそうなことを事前に1回限りの予測で特定することができれば，とくに難しくもなく費用がかかるものでもない．そのときには，広い範囲の組織につい

---

[2] 最近の業績のなかではこれらの点について明らかな形で取り組もうとしているものもある．おそらくもっとも緻密な議論はマルシャックとラドナー（1972）である．

て，効果的な指揮と監視の方法が比較的容易に見出されるだろう．

　実際には，組織が問題となるのは，本質的に経済が流動的なときである[3]．流動する世界では，組織の能力の比較は，状況の変化に対する対応の正確さとスピードを考慮しなければならない．この認識は古典的な経済学者の著作において明らかに示されている．スミスからマーシャルにいたるまで，自由企業体制を支持する議論は，民間企業の適応的で活動的な側面に重点を置く傾向があった．命令と制御の問題と情報と計算の問題は――前者のほうが後者よりもより明確に述べられる傾向があったが――ともに認識されていた．そして明らかに，当初から私企業制度が大きな政府による経済制度と比較されていた．古典的な組織の分析は，現在の公式的な考え方よりも，明らかに動学的で，比較に関してもより明確である．

　ミーゼスとランゲとハイエクとの間のやり取りは，関連する問題をひときわ明らかにしている[4]．この論争は，第2次世界大戦後に定式化された厚生経済学の利点（あるいは欠点）とは，直接には無関係に進んだ．ミーゼスは，自由な競争市場から生じた価格は，きちんと機能する情報と計算のシステムの本質であると主張した．それがなければ，生産者はどのような商品を生産すべきか，そして生産においてどのような投入の組み合わせを行うべきかについて判断するための経済情報を何一つもたなくなってしまう．それらがあることによって，計算量の問題は，利潤と費用の計算に単純化されるのである．ランゲはミーゼスのいう価格の役割を認めたうえで次のように返答した．社会主義においても資本主義と同様に，消費者は自分の収入と価格のもとで自身の支出に関わる意思決定を行うだろう．そして生産者は生産にかかる費用が最小になるように投入の組み合わせを選択し，産出量の水準を限界費用が価格と等しくなるように選択する．さらに，最終製品や投入物の超過需要や超過供給は中央機関にフィードバックされ，中央機関はそれに応じて実際に市場を刺激するために価格を上下させて調整を行うことができる．

　このようなランゲの説に対するハイエクの反論は，情報と計算の問題と命令と制御の問題とを適度に組み合わせた興味深いものであった．彼はランゲ

---

3) このような観点はハイエク（1945）やその他によって強力に主張されてきた．
4) ミーゼス（1951），ランゲ（1938），ハイエク（1945）を参照．

のいうような情報の流通方式では，さまざまの時間と場所についての膨大な量の詳細なデータを取り扱うことはできないと主張した．ある地方の地域 X におけるリンゴの需要の増大は，地域 X におけるリンゴの価格の上昇に反映されなければならない．需要超過に関する情報を中央処理センターに戻し，中央が価格を上昇させるべきと決定することを待つのは，時間の浪費で面倒な作業である．地域 X の農業経営者や食料雑貨商は，価格を変える権限があれば，中央よりもはるかに早く価格を上昇させようとするであろう．その結果として，その地域への供給が刺激され，真の自由企業体制の下では，ランゲの社会主義体制におけるよりも早く，外部からその地域へリンゴが流入することになるだろう．ハイエクはまた，価格の変化に対応して適切な生産行動をとろうとする動機づけは，利潤を追求する民間の農場経営者や食料雑貨商のほうが，政府官僚よりも大きいと主張した．

　市場社会主義と私企業体制の利点を比較するこのような議論は，後者を相対的な視点から見ている点において，そしてなされている議論の幅広さという点において，注目に値するものであった．もっともこの専門分野のごく初期から，市場と競争の問題は常に暗示的な（明示的なときもあったが）比較の問題であった．経済政策における重要な問題について，私企業体制とは異なるアプローチは研究者の頭のなかにあり，実際，最近になって経験されたり，提案されたりもしている．あるべき組織の姿は，静学的で定式化された問題への完璧な答えというより，むしろ現実の，あいまいで，変化し続ける問題に対する現実的な答えとして考察されてきた．ハイエク以上に——おそらくシュンペーターほどではないにせよ——古典的な経済学者は，経済システムの目的を多様なイノベーションを生み出し，それらのなかから選別を行い，長期的には利益の大部分を消費者が確実に受けることであるとみなしていたのである．

　経済学の伝統が競争の利点についての抱いてきた長い関心を，現代の厚生経済学の定理とそのまま同一視するのは明らかに過剰な単純化である．現在の厚生経済学は，配分問題を集合からの最適点の選択の問題とみなしている．組織の問題が定式化されるとすれば，それは社員を管理するためにいかにシグナルと誘引を正しく設計するかになる．配分問題についての古典的な見解

は，本書での分析のように，配分問題の本質を新しい選択肢の探索にあるとみなしている．組織の問題も同様である．こう考えると，厚生経済学についての進化理論的視点は，これまでの伝統からひどくかけ離れたものではない．むしろそれは，先に進化理論の実証理論で述べたときと同じように，経済学の古典に見られる伝統的な視点への回帰であり，現在の優れた論説において暗黙のうちに実際に採用されている見方を明らかにしているのである．

　古典のなかの伝統と，現在の定式化されざる規範理論に共感しながらも，我々は少なくとも以下の三つの点で，これら2者とは異なっている．第1に，我々は，自由企業を主張する人々は，動学的環境におけるシステムの利点をあまりに安易に議論してきたと考えている．この問題は理論的なものである．第2に，我々は，経済組織のもっとも根本的な問題は，典型的議論によくあるように，仮定によって分析から問題を排除することや，政府の機能についての"最低限の"リストを列挙するということでは解決されないと考えている――そのような認識にたつと，もし政府が自分の仕事に専心しさえすれば，問題を解決できるということになってしまう．ここでの問題は，制度についての理論的仮定が，現実に存在している制度を反映していないことである．第3に，このような主張者たちは，しばしば，現実の政策課題に対して，定型化された一般理論を適用しようとする傾向をもっており，そのため，実際の経済システムは定式化されたモデルよりもはるかに複雑であるという事実を見逃しがちである．ここでの論点は，実際の政策分析において重要なのは，そのときの状況とその特定の組織がとりうる選択肢の詳細にあるということである．

　理論的な問題としては次の点がある．自由企業が，移動し続ける投入産出の最適解をすばやく正確に追跡することができるという信念は広く受け入れられてはいるが，この信念は理論的には正当化しにくい．競争的市場体制が，他の（定義されていない）組織体制よりも正確に移動する均衡を追随できるという主張に理論的な支持がないだけでなく，そもそも競争的市場体制がどのようにして移動する目標を追いかけるのかについての理解もほとんどないのである．数理経済学者も，制度についての妥当な仮定と，経済的意思決定の不可逆性を十分取り込んだうえで競争均衡の安定性を理論的に証明すると

いう作業をなしえていない．また彼らは，現実の市場システムにおいて生じる，異時点間効率性からのおそらくは避けられない乖離を，感覚としては〝小さい〟こととみなすことにも成功していない．同様に，ここまで我々が強調してきたように，競争市場がイノベーションを生み出す能力を，標準的な最適化理論の枠内で取り扱うことはできない．もちろん，どの命題が確立された定理で，どれがそうではないかが明らかであることは，近代の定式化された経済学の重要な長所である．問題が生じるのは，実際的な関心から質の良い論議をしようとするときで，より単純な市場礼賛の考え方を支持するあまり，理論の含意がゆるく解釈されたり，無視されてしまうことがある．

　私企業体制を支持する者が，制度的問題の扱いが曖昧だったり楽天的であったりするために間違った議論をしがちであることを示す例は，いくつでも挙げることができる．とくに3つの重要な（そして互いに密接に関連した）ものが重要で，それは財産権の取り扱いと，契約と，法の執行である．定式化されたほとんどすべての経済理論では，財産権と契約義務は曖昧さのない言葉で費用をかけずに表すことができると仮定され，そして民法や刑法の執行はコストなしで完全に行われると仮定されている．これらの，透明性，完全性，無コスト性を結合させることで，自発的な交換システムのための基本的な制度的基盤をいかに提供するかという問題自体がなくなる．したがって，当然，残された社会的問題については，自発的交換が主な効果的な解決策として提示されることになる．

　権利の表記と執行を明確で完全にするための基準となりうる法システムを現実につくろうとすれば，それは複雑でかつ費用がかかるシステムになる．この問題は，もし権利のシステムが洗練されて，いわゆる外部性の問題——経済学者はこれを財産権の定義と執行における〝単なる〟問題の一つとみなしている——をその守備範囲内に入れたときに明らかになる．たとえば，化学工場が地下水を汚染するような方法で有害廃棄物を処分する権利を有するのか，それとも近隣の土地所有者が汚染されていない地下水を飲む権利を有するのかという問題である．もちろん，自由企業体制という解への人々の支持は，定式化された理論がもつ露骨に非現実的な制度的仮定に依存しているわけではない．しかし，それはシステムの非常に重要なパラメータを曖昧に

しておくという代償を払って，問題をやり過ごしているだけである．現実の国の制度は，社会的相互作用を自発的交換に導き，明確に定義された権利を社会の各メンバーに保障するようなものであろうか？　もしそうならば，このような仕組みの公平性はどのように保証されるのか？　このような社会は理想的な社会というより無政府状態にあって，そこではさまざまな形での私的な権力が，常に社会の重要な決定要因となるということはないだろうか？　もしそうであるならば，自発的交換についての現在の分析が，社会に生じる出来事の本質を説明すると考えてよいのだろう？

　現実の政策課題を検証する際に，細部に注目することの重要性に関しては，まず次の例をあげたい．ハイエク派の議論では，狭く理想化された私企業体制のイメージを想定しているようなときがある．そのイメージは，前述したリンゴ市場の例によって示されるように，懐古的な素朴さを示しているように見える．それは原子論的な競争が行われている市場が，地理的に分散化して点在しているというイメージである．しかし，我々は，経済組織の問題に対して，仮に私企業体制という〝解〟を採用したとしても，それが常に市場的な解決策になるわけではないことを知っている．なぜなら，良かれ悪しかれ，巨大民間企業の内にある命令と制御の要素を含んでいるからである．企業の内部が原子論的な競争であることはほとんどない．さらに，競争が激化するとき，国内的あるいは国際的な競争が視野に入っている．地域のリンゴ市場が価格に反応して調整されるという望ましい面だけでなく，地域のアップルソース工場が閉鎖されるというような負の側面も見なければならない．工場閉鎖の意思決定は遠く離れた企業の本社でなされ，その本社の決定も地球のさらに遠く離れた地域での実際のあるいは推測された変化に反応してなされる．そして，現実の私企業体制という解決策はしばしばまったく私的ではなく，さまざまな形での政府の支援を受けている．これらのリンゴ生産者はおそらく政府の支援のもとに組織された生産者組合に属している．

　このような細部の考慮をしたとしても，私企業体制という解やそれ以外の現実的選択肢の利点について何か判断をしているわけではなく，ハイエクの洞察を無意味だといっているわけでもない．これは，システムの得失についての一般的な議論を，特定の現実の組織にそのまま適用することに警告を発

しているのである．農業の〝民間企業〟は航空産業の〝民間企業〟とはまったく異なる．そしてこの二つの産業はともに，程度は異なってはいるが，かなりの程度公共政策によって形づくられている．特定の分野の組織がもつ独特な特徴は，その分野の政策の分析のなかで明らかにすべきものである．

　幅広い範囲の問いに答えるための理論的枠組みをつくろうとするとき，現実の制度の多様性と複雑さは克服すべき課題となって立ちふさがる．この課題に対する進化理論の答えは，この後の章で詳細に説明する．ここでは，単に進化理論的観点での規範的理論は，我々以前の多くの経済学者によって支持された原則に本質的に基づいていることを指摘しておきたい．つまりもっとも有効な形での規範的分析は，特定の組織的選択肢の優劣を詳細に比較することなのである．現実の市場と理想化された中央計画のパフォーマンスを比較すること，あるいは逆に，現実の計画経済と理想化された市場のパフォーマンスを比較することは役に立たない．しかしながら，比較的抽象的なレベルでなら，利潤追求型の企業と市場とからできている政治経済体制で，ほとんど不可避的に生じる政策課題を検討することに意味があるだろう．

2．厚生経済学の標準的問題の再評価

　経済の進化は情報の流れによって推し進められる．新しい科学的発見の情報や，研究開発プロジェクトの成功または失敗に関する情報が，次の研究開発に向けて意思決定をさせ，新しい商品の特徴についての情報が潜在的な購買者を引きつけ，生産や購入の費用に関する情報が生産者を方向づけ，利益についての情報が投資家に意思決定をさせる．市場化された経済における組織のジレンマは，有用な情報は公開することが効率的ではあるが，情報を収集することへの私的インセンティブのためには，逆に情報が私有化されていなければならないという点である．社会主義システムのジレンマは，もしシステムが新しい考え方やデータの登場を許すなら，情報の流れが集権化システムには手に負えない規模になってしまうことである．システムを閉鎖的にして計画を強制的に実施すれば，他の選択肢を除外し，未然に対処していなかった間違いを犯すという危険が生じる．もし市場を使わずに分権化を行え

ばハイエクが議論したような問題をもたらす．

　これらの情報に関わる問題は，ほとんどすべての経済過程に満ち溢れている．研究開発によって解決される不確実性もあれば，生み出される情報もある．また，発見の過程のほとんどは，無関係なばらばらの学習過程に帰属させることはできない．消費者は研究開発がなされた後に，経験を通じて新しい商品について知ることになる．生産者が，消費者が何を購入するか知るのは，消費者がその商品を実際に知った後である．新しい情報と経済変化は分けることができない．情報とはどういう変化が起きたかについての情報である．そして逆に情報が変化を引き起こし，この変化が新しい情報となって，さらに次の変化を刺激し作り出すのである．

　我々がこれまで述べてきた進化理論においては，二つのことが登場してきた．そのうちの一つは能力と行動である．そしてもう一つは，能力と意思決定ルールを有する組織である．これらの制度構造の進化は，部分的には我々が考えてきたような市場メカニズムを通じて起こる．すなわち，シュンペーター的競争が，発明と企業の両方に淘汰を加え，技術の変化と市場構造を形成する．しかし，このような変化は，部分的には意図的な社会政策の影響を受ける．たとえば反トラスト法は集中度の上昇を防ぐため，あるいは遅らせるために導入されたし，また市場集中への誘引を制御するためにさまざまの規制レジームが課せられている．

　この後の章は，制度的変化に対して公共的な視点から意図的に影響を与えようという議論について詳しく解説する．ここで重要なことは，市場の失敗の解剖学は，制度的構造の問題であるが，同時に制度的構造自体が人々の問題認識に対応するように進化してきたということである．

　新古典派経済学における〝市場の失敗の解剖学〟の議論は，市場システムの均衡状態に焦点をあてている．我々は，進化理論的観点から，この議論は，変化に対する対応と調整の問題に焦点をおくべきであると提案する．視点の転換は重要である．それは，〝最適解〟とそれを達成するための制度的構造を決めるという伝統的な規範目標を放棄し，生じた問題の性質と可能な改良案を考えるという控えめな目標を受け入れることを意味する．ただし，市場の失敗についての伝統的な文献は，問題の有益な分類枠を提供してくれる．

たとえば，問題をどう見るかという理論的観点が異なっていても，供給側の権力の集中問題に対処することは現実の課題である．外部性と公共性は，進化理論においても正統派理論においても同じ問題を提起し，規制と集団的選択をどう行うべきかという課題を提示する．広い意味での公平性と効率性の間の緊張関係は，どのような理論であっても理解すべき重要な論点であろう．ただし，これらの問題は，進化理論と新古典派正統派とでは，いくぶん異なる表れ方になる．

正統派の観点では，民間企業の独占による社会的費用は，非競争的な価格設定から生じる死荷重という言葉で表される．独占に対処する上での政策的ジレンマは，独占が規模の経済から生じている場合，企業を分割するとかえって非効率になるということである．このような認識は，進化理論での厚生評価においても重要なものとして残るが，しかしそれ以外の問題点が明確な形で見えてくる．すなわち，独占の問題は〝単一志向の問題〟である．いい換えれば，独占ではたった一つしかイノベーションの源泉がないという問題が生じる．ここで分割という解決がはらむ緊張関係は，研究開発では一貫した見通しをもつことに大きな利点があるということである．

正統派的な均衡の分析は，独占を〝すでにあるもの〟とみなしている．進化理論では，構造を進化し続けるものと見なしている．進化理論における独占問題で常に問題になるのは，企業は過去のスキルあるいは運によって独占を達成しているということである．このように動学的に独占問題を見た場合，政策に関して深刻なジレンマが生じる．片方では，過去の成功の結果として大きく成長した企業に介入しそれを分割したりすることは，企業が重要なイノベーションに取り組むインセンティブを削ぐことになる．もう一方では，何の政策もとらなかった場合，我々が手にするのはイノベーションを起こす能力を失った企業によって独占された産業であるかもしれない．多くの経済学者はこの問題に対してどちらかといえば楽観的である．というのは，もし企業のイノベーションの効率が下がり熱意も失うのであれば，新規の小企業が参入し成長することができるはずで，独占は一時的なものになると考えているからである．しかしながら，我々の分析が示唆するのは，もし大企業が十分な模倣能力をもっているなら，小規模の革新的企業の参入と成長があっ

ても独占は維持される．独占の固定化というこの問題は，経験の蓄積が重要な産業においてはより深刻になるであろう．この状況を救うことができる唯一の可能性は，過去のものとはまったく異なる発展経路をたどる技術をどこか他のところで開発することである．シュンペーターが独占の問題に対してやや楽観的な見方をとったのも，この可能性を見ていたからである．これは新しい企業に対して，大企業がその経験と模倣能力から得ている利点を圧倒し，成長するチャンスを与えてくれる．

　外部性と公共性という概念は，現代厚生経済学の議論でよく使われる．それらは両方とも，〝需要側〟の組織の問題であり，そこでは，生産者に適切な誘引を与えるための規制と集団的選択のための仕組みが考察される．そのような仕組みなしに，誘引が市場価格に反映されることはないからである．常にではないが，一般的に，〝外部性〟という用語は規制による誘引や管理がないかぎり生産者が関心を示さないような〝副次的な〟効果——たとえば汚染，騒音，職務経験や近隣の安全など——を生じる費用や利益に対して使われている．それと対照的に，〝公共性〟とは，（たとえば，国防などのような）意図された主産出物の分割不可能性に対して使われている．ある文脈ではこの区別は有益で明確であるが，汚染が外部性の問題とされながら清浄な空気が公共財とされたりするように，区別が恣意的な場合もある．ここで，これらの定義では，影響を受ける人々の数はその区別の本質的な要素ではない．汚染はすべての人々に被害を与えるかもしれないし，またはわずかの人々にしか害を与えないかもしれない．あなたのバラの庭は，あなたか近所の人々によってのみ楽しまれるかもしれないし，地域の共同体全部が楽しんでいるかもしれない．しかしながら，少数か多数かという違いは，それが少数間の交渉または訴訟によって解決することができる問題なのか，それともより大規模の集団的選択を必要とする問題なのかという違いに対応している．そして，後者の場合が重要である．ここで，我々は，外部性と公共性との間の違いにはこだわらず，人々の需要をまとめて集団的選択を行うような状況に焦点を置くことにする．汚染などのような外部性に対処するとき，交渉という方法が使えない場合には，集団的選択の仕組みが必要になる．この仕組みの必要性は，汚染に対処するために排水に課金すべきか他の価格システム

を適用すべきなのかという議論の迷路のなかで，やや見過ごされやすい．おそらくこのような仕組みをつくることは可能である．しかし汚染に対する価格は公共的に設定されなければならず，そしてその価格設定こそが公共財の望ましい水準を選択するにあたってのすべての問題を含んでいる．

　進化理論的観点では，"外部性"の名前で呼ばれる現象は，限定的な一度限りの現象としてではなく，特定の歴史的そして制度的な文脈に密接に関係するものとしてとらえられる．かなりの程度，政策の議論を支配している（そして，学術研究者が遅ればせながらそれに対して関心を向けている）外部性の問題は，経済の変化がもつ一つの側面である．変化を通じて，何らかの方法で対処しなければならないような新しい"外部性"が，つぎつぎに生じてくる．需要と供給の変化に対応して継続的に技術が発展し，制度構造が進化し続けるような社会では，既存の法や政策では十分に抑えることができないような新しい非市場的な相互作用がほぼ確実に生じ，そして古い相互作用は消えていく．長期間残留するような化学殺虫剤は80年前には問題になっていなかった．馬の糞尿が町を汚染していたが，自動車の排気ガスによる汚染はなかった．進化理論の標準的な"外部性"問題は，古い制度構造では問題にならなかった利益と費用を新しい技術が生み出すことである．

　社会が私的問題ではなく集団的な問題と考えるような活動が何であるかについても，同じように進化理論的観点が見出せる．公共性はほとんどの場合，程度の問題である．何が"パブリック"なものであるかということは，ある部分は商品やサービスの技術的特性によっているが，またある部分では人々が何が重要で価値があると考えているかによっている．我々が呼吸している大気や飲んでいる水が公共性の高いものであるという認識が高まっているのは，人々が呼吸する空間や水飲み場の用途別の区別がなくなってきたためであるが，それ以外の理由もある．それは人々が以前よりもこれらの事を気にするようになってきていることであり，これによって人々の集団的な行動が刺激されているのである．町の反対側の住民がどのように見え，どのような暮らしをしているかということを自分が気にするかどうか，そしてそのような感情の強さが，ある程度は財が私的なものか公共的なものかを決定する．近代経済学はアダム・スミスの多元的な認識を祭り上げる傾向があるが，現

代社会は詩人ジョン・ダンにより共鳴するように思える．社会が私的にしておきたいものと公的なものにしたいものとの間の境界が，時間を経ても常にそのままであるとは考えられない．社会の経済問題の中心部分は，この境界線を引いたり，引きなおしたりすることを続けることである．正統派経済学は，性質として公共財とされる財の最適供給を達成することに重きを置いているが，進化理論的アプローチは，状況と需要が変化し続けるなかで，集団的選択を行う仕組みに焦点をあてる．

　経済学者は，所得分配の問題を，誘引の逆の問題という認識をもつようになってきている．正統派の観点では，所得の違いは初期保有量の違いから生じる．所得移転が誘引を減少させずに分配問題を解決する．進化理論的観点では，所得分配の問題の重要な部分は，経済発展の過程において，自身の過失がないにもかかわらず，被害を受けてきた人々の問題である．〝創造的破壊の突風〟は，資本家や経営者の所得を吹き飛ばすだけでなく，技能が陳腐化してしまった労働者や，産業が時代遅れになってしまった地域に不幸にも住まざるをえないような人々の所得も吹き飛ばしてしまう．一方では，このことは，補償や社会復帰のための取り組みは，経済が急激に変化する世界においては，当然あるべき社会政策とみなさなければならないということを意味している．しかしその一方では，動学的な世界において経済が効率的であろうとすれば，なによりも雇用や企業立地が流動的でなければならない．所得分配の問題は，初期資産を補うための所得移転ではなく，収入の保障ととらえるべきであり，また時代遅れの活動を援助するのではなく，転換を容易にするものでなければならない．政策のジレンマは，人々が新しい技能を学習する意欲を損ねたり，古い権益に固執しないようにしながら，所得（あるいは生活水準に対する指令）をどの程度〝補償する〟ことができるかという点にある．

　したがって，すべての伝統的な〝市場の失敗〟の問題は，進化理論的厚生経済学によっても取り組まれなければならなくなる．ただし，それらは幾分異なった形で分析されなければならない．さらに，取り組まなければならない厚生経済学の新たな中心的問題が現れる．それは静学的な世界では存在しないが，情報が不完全で流動的であり，嗜好や価値観が継続的に変化し続け

るようなときに，顕著に現れる問題である．消費者行動についての正統派経済学の理論は，消費者がすべての可能な商品集合に対して（さらに，将来のどの時点でも，世界のどのような状態に対しても）順位づけを行える確立された選好を有していると仮定している．しかしもし一度も試したことがない場合，自分はどのようにして新商品を好きかどうかを知るのだろうか．もしそれを試したら，それは自分をうんざりさせるものだろうか．これをどのようにして知ることができるのか．利用できる情報は断片的であり，識者と呼ばれる人の意見も一致しない．集団的選択に関しても，状況は同じである．異なった法案について，自分が呼吸する大気の質がどの程度よくなるのかということを，どのようにして知るのだろうか？　大気の改善が，どの程度自分の人生の楽しみや，自分の寿命に影響を与えるかを知ることができるのだろうか？

　進化理論から見た世界は，正統派経済学の世界とは異なっている．それは完全には予想できない形で物事が常に変化しているという点だけでなく，これらの変化に適応するため，また変化を活用するために常に調整がなされ続けなければならないという点においてである．それはまた，これらの調整や適応が，私的なものだろうと公共的なものであろうと，一般的に厳密に予測できるような成果に結びつかないという点でも異なっている．良かれ悪しかれ，経済現象は予想外の出来事に満ちているのである．

第16章　公共政策の進化と理論の役割

　法律，政策，組織は，民間セクターの行動の進化を形づくる環境を構成する重要な要素である．何が特許の対象となり，何がならないか，また許容されるあるいは必要なライセンス契約に関する法律や政策は，イノベーションと模倣のどちらが優位かに影響を及ぼす．反トラスト法やその行政および司法における解釈は，競争行動の許容範囲を定める．規制制度は，いくつかの民間の行動を制約し義務づける．公的な教育制度や教育支援プログラムは，研究開発人材の供給に対し影響をもつ．政府の研究開発支援プログラムは，第2次世界大戦以降，総研究開発費の約半分を賄ってきた．もっと一般的にいえば，経済活動の大きな部分は，民間ではなく公的機関によって行われてきたのである．経済の能力やその活動の進化は，混合経済のなかで起こっていると理解しなければならない．

　ある目的のためには，法律，政策，組織を背景の一部として考えるほうが効果的であるが，民間セクターの行動と同様に，これらも連続的な進化をともなう．長期的に見ると，民間や公的セクターの行動やそれへの反応の累積は結果として，社会の基本構造の漸進的な修正をもたらす．もちろん，マルクスはとりわけこのような長期的変化のパターンや潜在的な不連続的な変化に関心をもっていた．シュンペーターの『資本主義・社会主義・民主主義』の大部分は，資本主義的競争の自然の力学が，何らかの形の社会主義を政治的に成立させる可能性に繋がることを論を尽くして予告したものである．

　この章の焦点は，これらよりは幅が狭く短期的である．我々は，ある特定

の公共政策あるいは特定の現象に焦点をあてた政策の進化を考える．先ず，公共政策が生まれ，修正され，そして（あるときには）消えていくその過程についての一般的な見方を展開する．そして，その過程のなかでとくに政策を導くために必要な知識を意識的に整理・先導しようとする側面に焦点をあてる．我々の能力や企業行動の進化理論と同様に，政府の政策決定要因の分析においても，人間と制度はしばしば意思決定において合理的であろうと努力するが，人間の理解はリンドブロムがいった効果的な〝大局的〟分析を行うことができず，したがって，きわめて思慮深い行動ですら〝試行錯誤〟の要素を大きくもっているのである（リンドブロム，1959）．また，我々は，ケインズとともに，人間が問題の分析を試みる場合に，その問題を見る理論的観点に大きく影響されることを強く認識している．

　我々がこの本のなかでたびたび強調してきたように，理論のもつ政策課題を明らかにする力こそが，その理論の真価を図るもっとも重要な尺度である．したがって，これまで詳細に検討してきた技術変化の進化理論が，産業のイノベーションにおいて政府が果たす有益な，そうして有益でない役割を明らかにすることができるかを考えることでこの章を括りたい．

1．メカニズムとアクター

　公共政策は部分的には，認識された需要と機会の変化，民間の技術や市場構造の進化，もしくはその他認識できる客観的状況のシフトということから起こる変化に対して反応するなかで進化してきた．公共政策は，客観的な状況の変化ではなく，価値もしくは理解の変化を反映する．社会内部のさまざまな利益団体や集団の相対的な権力が時とともに変化することにより，その後を引きずられて政策が変化するのである．政策を導きそして修正を行う特定の制度や手続きは，前述したさまざまな力が新しい政策の出発点にどうつながるかを決定するのである．ときおり，政策形成の制度や仕組みは一人歩きをするようにも見えるときがある．

　米国における大気汚染規制の進化は，これらのすべての力とメカニズムの働きを示している．米国における大気の質は1950年代および60年代にかけ

て一般的に悪化していった．ピッツバーグなどのようないくつかの地域では，汚染物質の排出を減少させるような地域の取り組み（この場合は瀝青炭の燃焼の禁止）の結果として大気環境は改善されたが，ロサンゼルスなどのような地域では，急激に増加した自動車交通量と石油精製工場の相乗効果によって，大気環境の著しい悪化が起こった．環境悪化の源は，事前には明らかになっていなかった．さまざまな汚染物質の健康への影響の評価は長い間，そして現在でも，生物学的知識の限界と，測定技術の限界によって制限されている．このため最近までは，石炭を燃料とする火力発電所からの排出についての関心は，二酸化硫黄に焦点をあててきた．その一方で最近の研究によると，硫酸塩の方がより深刻な問題であるということが示されている．

発表される研究は，大気環境に関する意識を喚起するのに中心的な役割を担っていた．いくつかの研究は狭い分野に焦点をあてていた．たとえば1950年代において，カリフォルニア工科大学の研究者は，自動車の排気ガスがロサンゼルスを取り巻くスモッグの源であると示唆していた．なかにはより徹底的な者もいた．レイチェル・カーソンの『沈黙の春』(1962)は産業から排出される汚染物質全般について警鐘を鳴らした．1960年代においては，それまでポツポツとしてしか出てこなかった研究成果が，奔流になって出始めた．ローマ・クラブは，身近にせまる災厄を予測した（メドウズ他，1972）．より焦点を絞った注意深い研究としては，たとえばリドカー(1967)による大気汚染の経済的コストの最初の推計を行ったものがある．

政策による対応は，積極的には行われなかった．いくつかの州では，大気環境を保全する法律が制定された．1960年代初期のカリフォルニア州の自動車排出規制基準はもっとも有名な例である．連邦政府の行動は体系的なものではなかった．1965年，連邦議会は自動車排出規制基準を承認した．しかしながら，一般的に当初は，連邦政府による法案は特定の基準を強制することを避け，州政府に対して取り組みの責任と自由がかなり与えられた．大気汚染防止法（Clean Air Act）の1970年修正条項は，連邦政府機関である環境保護庁（EPA）に明らかにより多くの権限を与え，そして規制の実施についてもより詳細に法に記述されていた．1970年修正条項がそのような形になったのは，ある部分ではそれに関わった何人かの重要な議員の政治的

な意図と戦略によるものであった．ジャコビーとスタインブルナー（1973）は，エドモンド・マスキーが重要な上院の委員会の委員長だったことと，公聴会のときに，彼が大統領選挙への出馬を考えていたことについて言及している．彼とその他の議員は，州が十分に実行力をもって取り組んできていないと信じており，汚染を生み出しているあるいは汚染を生み出すような自動車を設計している民間企業は非難されるべきであり，責任を取るべきであるということを信じていた（そして彼らはかなりの割合のアメリカの有権者がそれに同意すると考えていたように見える）．また，特定の技術的な要件が課されるならば，民間企業はそれを達成するインセンティブと能力をもつはずであり，それにかかるコストはあまりに重荷にはならないだろうという信念があった．

　新しい法律の形，EPAによる法律の解釈の仕方，その後の行政的および立法的な修正の経験などは，適用のいくつかの領域で若干異なっていた．しかしながら，ジャコビーとスタインブルナー（1973），ソンダ（1977）とホワイト（1982）が自動車排出ガス規制について，ルーリー（1981）が銅の精錬工場からの排出について，エッカーマンとヘスラー（1981）が石炭火力発電所の規制について，それぞれ語った話には多くの共通点がある．1970年の法律は，EPAに対して与えられている広範な行動を制限するものだった．しかし本質的に議会はすべての詳細な点について特定してしまうことはできず，また制限にはまだ十分な余地が残されておりEPAが依然としてかなりの裁量をもつことができた．ある部分は議会がそのように権限を与えたことにより，またはEPAが法的に与えられた権限をそのように解釈したことにより，EPAの規制はある特定の基準に基づく形をとっていた．それはしばしば人体にとっての安全性の評価と関連しており，また最良の技術が達成しうることについての判断につながっていた．環境保護団体と規制対象の産業はともに議会とEPAに対して説得したり，圧力をかけたりすることにより規制を修正させようとした．これらの圧力の一部は，告訴や法廷を通じて行われた．

　基準を設定し正当化することと裁判においてそれを守るために，EPAは数多くの調査を行い，健康への影響と日々発展する技術の状況についての科

学的根拠を評価しようと試みた．これらの調査は一般的に，環境保護の多様な戦略に関わる便益と費用についての幅広い問題には取り組んでおらず，また，可能な手段の範囲を探索することにも取り組んでいなかった．それよりはむしろ，それらは策定すべき特定の規制や攻撃を受けている規制に焦点をあてており，特定の提案されている，あるいは現行の基準を正当化することや，あるいはその基準の何らかの変更を検討することを試みるものであった．議会やEPAは，多様な利害団体による圧力や訴訟によって，環境保護法において問題となっている幅広い価値観を認識することを強いられた．自動車会社は，現行の規制の結果として途方もなく高い費用と失業が起こると主張し，東部の石炭会社や石炭会社の労働組合も同様の主張を行った．EPAの調査は，一般的にこのような不満を想定しておらず，彼らが主張したこのようなトレードオフについて真剣に理解するということまでにはいたらなかった．同様に，EPAの調査は，規制の設定の代わりに排出量に課金するなどの異なる規制手段を真剣に検討することもほとんどなかった．

　対照的に，大学やブルッキングス研究所などの研究機関では，価値観，トレードオフ，そしてさまざまな戦略についての幅広い問題が検討されていた．たとえばクニースとシュルツ（1975）による研究は，アカデミックではない聴衆を想定していた．そして1970年代半ばには，政治的環境は大きく変化していた．その変化のなかには関係するトレードオフと，可能性のある規制手段の範囲についての新しい理解を反映しているものもあった．

　1970年代の後半まで，カーター政権のもとで規制改革が流行語となった．チャールズ・シュルツの指導力の下に，EPA（とその他の規制官庁）についてのチェック機能が政権内部で確立された．これらのチェック機能は，EPAがトレードオフや代替手段についてより注意を払うようにしむけた．これは，さらに，EPA内部の規制改革を信じていた公務員の力を強化することにつながった．便益と費用のバランスを取ろうという方向への動きもあったが，1980年までに，世論の雰囲気はさらに振れていた．2大政党の大統領候補者は双方とも規制緩和を政権構想の一部に掲げていた．

　これは，1967年から1980年にかけての，大気汚染規制についての簡潔な説明ではあるが，大よその概要を示すのには十分である．この事例に特有の

点がいくつかあるが，多くの点ではこのパターンは典型的なものである．

　たとえば，クレインら（1969）による公共水道へのフッ素添加の普及とその中止についての研究は，大気汚染の事例と多くの共通点があることを明らかにしている．公共プログラムの開始は，公共水道へのフッ素の添加によって子供の虫歯を減少させることが望ましいとされ，また可能であるとされたように，ある必要性が公共部門の活動によって満たされることへの認識によって引き金が引かれる．公共機関の活動とそのメカニズムは，フッ素添加を進める方法や，この政策が効果的に中止されたその方法に，強く影響を与えた．初期段階では，地方自治体機関──衛生局と水道局──はフッ素添加に対する問題を自分たちの領域のなかの問題として扱い，民主政治の領域の外側の問題とみなした．やがて，子供に対する便益の可能性とは関わりなく，フッ素添加の安全性や公共の飲用水にフッ素のような物質を加えるという政治決定の正統性に対してすら疑問の声が上がった．子供はフッ素が入ったミルクを飲むことが提示された．公共上水道にフッ素を添加すべきかどうかということは，たびたび選挙において候補者がどちらかの立場を表明しなければならない問題になった．また，この問題について住民投票が行われたところもあった．

　さらに，この事例に特有な重要な要素もあったが，フッ素添加に関する公共政策の歴史は，他の多くの政策の進化にもあてはまるパターンをもっている．そこには，スタイナー（1971）による合衆国における福祉政策の進化についての話と，そしてヘクロ（1974）の英国とスウェーデンにおける福祉政策の進化についての説明と多くの共通点がある．同様の要素は，アート（1968）の戦術戦闘機実験（Tactical Fighter Experimental＝TFX）に関わる決定の分析やネルソン（1977）の超音速旅客機への政策の分析においても見られる．

　これらすべての研究は，公共部門と民間部門の活動の進化におけるある類似性を示している．いかなるときでも，民間における技術と政策のように，公共政策は，〝組織的なルーティーン〟として組織によって実施される．ときおり大きな変化はあるかもしれないが，既存のルーティーンから起こる変化は通常局所的なものである．これらの変化は，生き延び定着するものもあ

れば，覆されるものもある．提案される政策変更の大部分は局所的なものであり，淘汰環境は相対的に安定しているので，公共政策はある軌道を辿る傾向がある．このため，現在の政策変更は，それ自体それ以前の一連の変化の結果である政策基盤から進化してくるものであり，そして今度は将来の進化理論的発展の土台となると理解することができる．

　これらの事例研究はまた，民間の政策形成と公共部門の政策形成との間の重要な違いを指摘している．重要な違いは，第1に，パブリックな意思決定では複数のグループのアクターが参加するという性質があること，第2は，パブリックな意思決定では複雑な仕組みが関わることである．正統派経済学の理論によれば（必ずしも，現実でそうだというわけではないが）民間の営利企業のさまざまな目的は，ただ1人の人間のものとして取り扱われる．"パブリック・インタレスト"を求めるという言葉のもと，多くの政治的議論が行われているが，政治学者は，経済学者同様，そのような"パブリック"は，明確な目標をもった具体的なものというより，比喩的であると理解している．政策選択とその結果に関心を寄せる実際の"パブリック"は多様で多彩な利害をもっており，それらは少なくとも部分的には衝突するものである．さらに，利益団体が政策形成に影響を及ぼすことができるさまざまな方法がある．前述の事例研究は多くの場合で異なったアクターとさまざまなメカニズムとが関与していることを示している[1]．

　民主的な社会において，市民と市民利益団体が究極的には主権者である．たまに，フッ素添加の事例のように，特定の問題についての住民投票によって主権者の力が示されることもある．住民投票が行われないような場合でも，選挙に出馬している候補者はある問題に対して特定の立場をとり，選挙の結果は住民投票の結果と同じように解釈されるだろう．より一般的には，特定の政策が選挙の一部として公知されることはなく，議員や利益団体は自分た

---

[1] アクターの種類の多様性は多くの事例研究で明らかにされているが，政策における意思決定についての多くの理論的分析は，一つあるいは二つの異なるアクターにしか焦点をあてていない．たとえば，ダウンズ（1957）は，有権者と選挙に出馬している政治家を取り扱い，ニスカネン（1971）は部局の官僚と予算を担当している幹部クラスを扱っている．大気汚染とフッ素添加の両方の事例では，さまざまな局面で，選挙民，政治家，官僚，法廷のすべてが重要な役割を果たしていた．

ちのやり方で調整を行っている．

　すでに述べたように，特定の案件についての住民投票が行われることは少ない．このため，議員は，行政府と立法府のメンバーの双方とも，一般的にかなりの活動の自由をもつようになる．大気汚染とフッ素添加の事例では，両方とも政治家の価値観や認識の重要性を示している．

　有権者の意思が一般的に，政治家の行動に対して緩い制限しか与えられることができないというのと同じように，政治家の意思決定は一般的に，かなりの裁量権をプログラムや政策を実施する官僚やその他の人々に残す．1960年代以前には，〝行政〟の役割は，政治学の文献では，有権者によって委任され，政治家によって定義された目的を達成したり政策を実行したりするための最良の方法を実施するという，単純に技術的なものと見られていた．しかしそれ以降，政策の様態はそれが実施される方法によってかなりの程度決定されるということがよりよく理解されるようになってきている．

　有権者や政治家，官僚に加え，法廷もまた政策を決定する上でしばしば重要な役割を果たしている．多くの活動が規制官庁によって管理されている．連邦制においては，関連する統治機構がいくつかの層になって存在している．政策形成や修正過程は，複雑な多数のアクターによるゲームである．

　異なるアクターの相対的な重要性や彼らの果たすそれぞれの役割は，公共部門の活動のさまざまな領域によって異なる．ダール（1961）は多元的民主主義を議論するなかでこの多様性を強調している．国防についての政治と行政は教育におけるものとは明らかに異なっており，また福祉についてのものとも異なっている．そして，大気汚染規制とフッ素添加の例がともに示すように，さまざまな政治アクターの役割は時とともに変化しうるものである．

　これらの違いや変化は部分的には，政治の仕組みのそれぞれ固有の設計のあり方によって決定されるものであり，またそれを反映している．その政治の仕組みは，さまざまな団体がいかに相互作用するか，また，相互作用の外でいかに政策が生まれ変化するかを決定し定義している．投票理論の研究者はかなり前から，ある選好と選択肢が与えられたもとでは，個々の投票ルールのあり方と選択肢の提示のされ方が，強く結果に影響することを理解してきた．ウィルダフスキーの連邦政府の予算過程についての研究（1964）は，

研究者に，予算についての行政の仕組みが果たす重要な役割について気づかせてくれた．同様に政治的，行政的仕組みを，異なる利害のどちらにどの程度重きを置くかということを決めるものと単純に見るのは不適当であるように思える．その仕組み自体が非常に影響力のある役割を果たしている．したがって，大気汚染規制の事例では，上院での公聴会が，その場で何を行うかを決定するための仕組みの一部だっただけでなく，政治家にとっての再選や将来のポストへの舞台でもあったのである．

　本書を通じて，特に第5章では，我々は，企業における意思決定がどのように行われるかということについての知識が，どのような意思決定に行き着くかということについて我々に何かを教えてくれるということを強調してきた．企業がその活動から得る便益と費用だけに焦点を置き，企業が情報と選択肢をどのようにして収集し，処理し，評価するかを無視することは，予測につながる有益な情報について目を閉ざすことになる．このことは，政府の意思決定について，さらに明らかな事実となる．

　政治的仕組みは，政治的なスタンスを示すとともに，力比べをし，取引し，議論や審議をするアクターが関わっている．政治過程，あるいはとりわけ政策の進化の研究者にとって，これらの側面はすべて興味深いものである．

　しかしながら，社会科学者にとって，審議の局面は特別な意味をもつ．結局のところ，もし我々のような研究者が政策に影響を及ぼそうとするならば，研究者は政策の文脈の解釈のされ方に影響を及ぼすことによって影響を与えるという可能性がもっとも高い．多くの公共政策の課題は複雑で，それらの問題の本質と選択肢はよく理解されておらず，また関連する価値は明瞭であることはほとんどない．問題の本質についての考えはさまざまな段階で重要な役割をもっている．第1に，現状分析とそれを最初の段階で特定の種類の政策課題として定義すること．第2に，政策についての経験を解釈し，そのなかで最初のプログラムに対しそう大きくない修正が提案され議論される文脈を提供すること．第3に，そのプログラムが基本的に順調に進んでいるかどうか，もしくは抜本的に変更すべきか，さらには廃止すべきかどうかということについての幅広い評価に影響を及ぼすこと．

　解釈の枠組みの多くは，社会の文化的遺産や，深く根づいた信念やイデオ

ロギー的な選好に根ざしており,それらは政府の正統な役割あるいは正統でない役割や,価値のある動機か否か,何が状況のなかで対応されているのかそうでないかについて定義している.この広い文脈のなかで,特定の技術的な解釈は,さまざまな課題についての科学的理解の一般的な状態によって与えられている.このような解釈は,議論になっている特定の政策課題に特化した研究または分析によっては部分的にしか影響を受けない.さらにこれらの研究もまた,独立した解釈を提示するというよりは,イデオロギーと科学的理解によって強く条件づけられている.しかしそのような研究も役割をもっている.大気汚染防止法の歴史は,特定の政策分析が前述のどの段階でも考えに影響を与えるという重要な役割を果たしたということを示している.1950年代から1960年代初期にかけて,政策分析はプログラムと政策の実施において重要な一部であると理解されていた.しかし,行政全般においては,分析は,単に事前に特定された目的が与えられた既知の選択肢のなかから効果的な選択を導くということよりも,さらに幅広い役割を現代の政府において果たしているということは明らかである.ウィルダフスキー(1966)などのように,分析の役割が大きすぎるため,より限定すべきだと述べる人々もいる.いずれにせよ,その役割をよりよく理解することは重要であるということだろう.

2. 政策形成における分析の役割

我々がここでいう"分析"とは,政策の選択肢を明らかにし,影響を与えることを明確な目的とした,社会科学や他の学問分野で訓練を受けた専門家による可能な政策や関連する価値の異なる政策の採用にともなって起こりうる結果について検討し,そのような検討結果を明確に説明することを意味する.経済学のさまざまな学派が政策分析の役割をどのように見てきたかを検証することは意味のあることである.

仮に,すべての個人はすべての公共政策の選択肢と,その個々の(おそらく状態依存的な)選択肢の結果のすべてを知っているという,いくつかの"合理的期待"モデルにおいて行われている仮定を用いると,政策分析のい

かなる役割も見出すことは困難になる．公共財の存在やその他の集団的行動を必要とする理由により，集団的意志決定の仕組みが必要とされるが，果たすべき〝パブリック・インタレスト〟なるものは存在せず，個々の利益の集合があるだけである．集団的意思決定にいたるには，異なる利益の間の対立を解消する必要がある．しかし，この観点からは，他の利益よりも〝よりよい〟利益というものは存在しない．そして，だれもが経済的（そして政治的）問題の構造を他の誰とも同様に知っているため，〝専門家〟は存在せず，〝分析〟の必要もないのである．政策形成の問題は単にパレート最適な合意に到達するという問題になってしまう．もちろん，実際の集合的選択の仕組みを考えると，これは単純な課題ではない．多くの単純な投票のスキームはそれを達成できない．合理的期待の枠組みのなかでの政策分析の一つの可能な役割は，投票や交渉が〝効率的〟な選択肢に進むように，あるいは選択肢を少なくとも〝便益が費用を上回る〟集合に制約することである．しかしそのような〝分析〟は，単に選択肢の集合を制約することはあっても，何ら新しい〝情報〟を提供することはないのである．

対照的に，1960年代に〝政策分析〟に強い信頼を寄せた経済学者は，既存の知識の限界と知識を取り入れるための特定の調査の重要性とを強調する立場を取った．分析は，現在の政策問題に光をあて，そして政治家や官僚や有権者がそれについて正しい認識をもつように教育するために必要であるということである．この観点からすると，知識の欠如が重要視され，利益間の対立は重要ではなくなる．見つけ出すべき〝パブリック・インタレスト〟は存在し，分析はそれを探し出すのを手助けできるということになる[2]．

実際の政策形成は異なる利益がぶつかり合いまた取引が行われ，パブリック・インタレストを特定しようという試みがともなうことは明らかである．政治家は，再選だけに関心をもっており，同様に利己的な有権者に対して迎合するという，政治に対するダウンズ的な見方には幾ばくか真実があるが，それだけではないのである[3]．特別な例として，大気汚染防止法の分析に

---

[2] 初期の正統派的な主張はヒッチとマッキーン（1960）である．政策分析の役割についての現代的な理論的説明はミシャン（1971）やストーキーとゼックハウザー（1978）である．多くの点で我々と同様な見解についてはリンドブロムとコーエン（1979）を参照せよ．

関連して，我々は，修正主義的な規制の理論の限定的な有効性は認めるが，それが完全であるという主張は拒絶する[4]．大気汚染防止法とフッ素添加物の両方の事例について顕著な特徴は，多くの団体にとって，強力な私的な利害がなかったということである．しかし，彼らは政策課題には関心をもっており，それが重要だと感じており，何らかの立場をとっていた．彼らはパブリック・インタレストを特定しようとし，それを支えようとしていたといってもよいだろう．

　政策形成における分析の役割をパブリック・インタレストが定義される過程の一部とみなすことは有効であると我々は考えている．このことは，研究が，何らかの厳密な客観性で真実の公共利益を特定するということを意味するものではない．研究が公共利益を定義することを手助けしているということを主張しているのである．これは単なる言葉の意味上のごまかしではない．我々は，他の研究者と同様，客観的なパブリック・インタレストという概念については問題があると考えている．しかしながら我々は，政治的アクターがパブリック・インタレストを探しているかのようにしばしば行動することを観察している．近年，研究はそのような探索において大きな役割を果たしているように見える．そして，研究が特定の私的な利益をさらに進めるために援用される可能性があり，またしばしば実際にそのようになっていることを否定しない．だが，我々のいいたいことは，これもまた政治過程の一部である自分の力の強さをためすことや取引と異なり，研究は，広く受け入れられた，そして特定の集団ではなく社会全体に対して適用できるとみなされるような価値観のもとで，ある政策が他の政策よりもより良いものであるということを人々に合理的に説得するような主張を提示することが期待されているということである．

　ここでの我々の立場は，一部の科学哲学者によって取られている立場と似ている．客観的な真実が真に存在するということ，あるいは仮にあったとしてもそれを科学が見つけることができるということは疑わしいかもしれない．

3）ダウンズ（1957）参照．
4）スティグラー（1971）とペルツマン（1976）を参照．批判についてはレヴァイン（1981）を参照．

それにもかかわらず，科学は真実の探求であると認識され，たとえ究極的な真実が手に入れられなくても，そのような探索は意味のあることだとされている．

このような見方は，確かに政策分析者が明確にしている考え方の一部，とくに近年の主張と一致している．このような意味で，シュルツ（1968）は政策分析の役割を，相互作用の過程のなかで，"効率性という目的"を堅持し，提示することであると強調している．効率性は唯一のパブリック・インタレストではないかもしれないが，よい政策の一つの一般的な特徴と広くみなされていることは確かである．しかしながら我々は，パブリック・インタレストを，客観的なものというよりは政治的な対話において作り出されるものとして扱うという点において現代の政策分析と袂を分かつ．またパブリック・インタレストを，問題の明確な理解と，関わるさまざまな価値と，目標についての安定的な合意とを反映した目的と見るのではなく，問題についての特定の解釈のもとで，その周りに広く政治的支持が集まるものとして取り扱っている点で異なっている．

同様に，我々は，分析が"最良の"政策を特定すること手助けするという考えと，この考えに基づく分析のスタイルについても問題だと思っている．このような考えによると，分析の正しい方法は，状況のモデルを構築しそのモデルのなかで最良の政策を見つけるということになる．そのモデルは豊かで複雑なものかもしれないし，あるいは単に有限の選択肢の集合とそれぞれについての便益と費用の計算を並べたものかもしれない．どちらの場合でも，モデルにおける最良の選択が現実においても最適かあるいは少なくとも良い政策である，あるいは，いずれにせよ最適化を追求することこそがもっとも有益な方法である，という信念が影に潜んでいる．

ここには大きな信念の飛躍がある．ヒッチ（1955）は，オペレーションズ・リサーチ学会の会長就任演説において，この飛躍を明らかに認識していた．彼は，モデルが高度に単純化されており，しばしば現実の文脈の特徴の誤った描写をしていることを強調したが，それにもかかわらず，モデルを構築しそのモデルのなかでの最適解を探すことが，実際の文脈に対してよい政策を探し出すまたは設計する上で有益な発見的方法であると主張した．そう

であるかもしれないけれども，しかしこれは自明であるというには程遠いことである．ニューウェルとサイモン（1972）の，チェスの試合のような〝単純な″文脈における人間の問題解決についての研究により，チェスについての単純なモデルを構築し，そのなかで最適化を行うよりもよりよい発見的方法が存在することが示されている．これらのよりよい発見的方法は，パターンを認識し，パターン認識を用いて一つか数個の選択肢にすばやく着目し，これらについてだけある程度の深さで探索し，自分の置かれている立場の上での有利な点と不利な点からさまざまな打つ手のメリットを考慮する，というものであった．もちろん，さまざまな場所の値は〝近似的″なものである．計算能力の限界を考えると，ダイナミック・プログラミングによって計算することは不可能である．それらは経験とゲームの全般的な理解に基づいて何度も設定，再設定されなければならないからである．近似的な値は問題解決の発見的方法において重要な部分を占めている．

　課題を（パレート）最適な政策の特定と位置づけることは，対立する目的と価値観の間の綱引きから分析を遠ざけることになり，それはときには政治的な対話に貢献するような政策の能力を減じてしまうことになる．もちろん，個人や集団の間の利害の違いを回避する技術的に正しい方法があるかのように政策問題を提示することに対するアローの不可能性定理の警告を，真剣に受け止める程度は，経済学者のなかでも差がある．この教えを理解した経済学者は，何をなすべきかを決めるためにはただ分析をするだけではなく社会的な意思決定の仕組みが必要であるということを認識する傾向がある．しかし，ほとんどの場合，彼らは依然として，良い分析とは，どのあるいはだれの価値観にもっとも重きを置くべきかという点に対して中立でありながら，選択肢を列挙し，それらの選択肢のもたらす結果を突き止めることであるとみなしている．しかしながら，ここで進めてきたような見方からすると，このような立場でさえ単純すぎる．限定的合理性についてのあまり理解されていない一つの含意は，我々は自分たちの知識と価値観を完全に切り離す能力に欠けているということである．実際，我々の（大枠での）価値観は，我々の知識の大きな部分をなしている．大枠での価値の分析は良い政策分析の重要な部分である．

我々はここで，最初に利害対立があるように見えたことでも，より慎重な分析によって，本当は対立など存在しないことを示すことができる，あるいは分析によって常により明らかな利害を特定できる，などというような根拠のないパングロス的な楽観的な見方を認めているわけではない．ある場合には研究や説得が認識されたパブリック・インタレストを生み出すという結果になることがあるが，他の場合では，十分に情報を知らされている利益集団間でそれについてのいかなる合意を得ることも不可能な場合もある．そのようなことが可能な場合でも，多元的な民主主義において認識されたパブリック・インタレストが定義される過程は，価値観の複雑な相互作用と異なる利害間の頻繁な取引を含むことになる．研究は，そのような政治過程に対する補助的な役割をもつものであって，それ自体に政治的正統性を有しているとみるべきではない．ある場合には，研究は支配的な役割を果たすかもしれないが，別の場合にはわずかな役目しか果たせない場合もある．仮にそうでなければ，民主主義は，政治的意思決定のために我々が有している複雑で金のかかる組織をなくしても，我々に必要なことを決める分析の部局を設立するだけでよいことになろう．分析の役割を過大に評価する者のなかには，我々がそうしないことに当惑しているように見える人もいる．

　我々の合理性は限定されており，多くの場合に実際に価値観や利害の対立があり，パブリック・インタレストというものは仮に定義できても客観的な事実というよりはむしろ（おそらく一時的な）社会的合意といったものであるということを明確に理解したそのうえで，何が良い政策かということについての指針を導くことができるだろうか．我々はそれができると考えている．

　第1に，分析の役割は問題の理解を高めるということである．目的は最適解を探すことではない．戦術的な目的は，チェスの試合のように政策の発展における合理的な次の一手を特定することである．より高次の目的（勝利）の明瞭化は，次に何をなすべきではないかについてなにがしかの手引きを提供するかもしれないが，しばしば，可能性のある（明確に負けるわけではない）次の一手のなかからどれかを選び出すのには役に立たない．その評価を行うためには，行われているチェスの試合の種類について戦略的によく理解している必要がある．ここにおいて政策分析が大きな影響を及ぼすことがで

き，また実際に及ぼしていると我々は考えている．分析は人々が問題を考えるのを手助けする．たとえば，人々が合理的だとみなす選択肢の幅について，それぞれの選択を行った場合の結果について，関わる大枠での価値についてなどである．戦術分析のように，戦略分析は最適化の言葉を通して考えられるべきではない．人々は必ずしも今いる場所から，見知らぬ離れた場所への最良の道を知ることはできないし，そこにたどり着いたときにどのようなことになるかについてさえ知ることはできないのである．しかしながら，よい道路地図や，旅の目的についての思慮のある考察は確かに役に立つのである．大気汚染規制や他の多くの事例が明瞭に示したように，本当の危険は，政策形成が次にどの方向に曲がればいいかのといったようなことについての議論で容易に泥沼化してしまうため，旅の目的や地図が忘れ去られてしまうということである．

第2に，分析は民主的な政治における議論や取引に影響を与えるものとして理解されるべきである．分析は〝パブリック・インタレスト〟を一連の多様な私的な利益のなかから作り出すことはできない．しかし，それは公平なものとして提案されながら実は明らかに他を犠牲にして一部の利益につながるような提案の正体を暴くことができる．それは（たとえば，合理的な費用で有害な大気汚染物質を減少させることなどのような）幅広い公共の目的を達成することを約束する政策を特定することが可能である．そのような目的が，特定の断片的な政策と狭い既得権益が絡み合うなかであいまいにされたり，あるいは失われてしまったりしている政策を確認することを助けることができる．目的と旅の計画についての議論は，次にどうすべきかについての取引に影響を与えるのである．

しばしば，政策分析についての議論では暗黙的に，もっとも重要な研究は政府自体か政府に雇われたコンサルタントによってなされるものであると想定されている．政府部内もしくはその近くでなされる分析は明らかに重要である．しかし大気汚染規制や他の事例で示されたように，問題についての注目を喚起し，既存の政策の問題点をもっとも明確にし明るみにだし，しかも厳しい批判を行い，新しい政策についての検討の端緒をつけるのは，政府の外部の研究者であるという場合もある．外部の批判あるは新しい血によって

一歩さがって考えることを強制されない限り，権力をもった政府が，新しい戦略的な考察を行うことができない，あるいは戦術的な決定を行う際にも既存の戦略を記憶しておくことさえできないということは，民主的政治の特徴かもしれない．そのような文脈では，(政府の外部でなされる) 分析は，社会がそれにより政府を管理し，耐えうるほどの程度に注意を怠らないようにしておくためのシステムの重要な構成要素になっているのである．

第3に，明日の開かれている選択の範囲を限定しないという意味での今日の行動の柔軟性と，行動が生み出す将来の選択可能な経路についての情報はぜひ必要なものである．よくても，戦略的なロードマップはかなり大雑把に作られている．それらは方向性と大まかなガイドラインを提供しているが，どの道が予期せぬほどひどい状態で，修理中であるかは教えてくれないだろう．それらはまた，分岐点に来て開かれた目で見たときに明らかになるような新しく作られる道をほとんど見逃しているだろう．政策形成は継続した進化の過程である．分析は，実践的な社会学習が容易な近道をとることができるかのように考え行ってはならない．

第4に，政策形成を継続的な過程とみなすならば，それに関わる組織的，制度的な構造は決定的に重要になってくる．公共政策やプログラムは，民間部門の活動と同様に，組織に埋め込まれており，そして組織によって実施される．そして，基本的には，学習し適応するのは組織である．良い政策の設計とは，大部分は，学習することができ，学習した内容に対応して行動を調整できるようにする組織の構造の設計である．立法府による委任は，追及すべき価値に対して幅広いガイダンスを提供することであって，手段の選択について行政府の手を縛ることをすべきではない．もし，価値のトレードオフやもっとも適切な手段の本質が不確実であるならば，探索が立法府の委任と行政府の戦略の明確な一部分となるべきである．

これらの主張は，もちろん，行政学においては古くからいわれてきたことであるが，そこでの知的根拠は，ほとんど経験だけに基づくものである．経済学者は無意識的にそれらに魅力を感じ，それらは，標準的なミクロ経済理論から演繹できると考えているように見える．しかしおそらく，その理論に対して大幅な事前の不確実性と，情報の獲得だけでなく，その伝達について

のコストを導入することなしには，そうならないだろう．これらの要因はもちろん我々の進化的な視程のなかでも中心をなすものである．

　最近の著作のなかで，マホーネとウィルダフスキー（1978）は，ここまで描いてきたようなものと同じような見方をとっている．彼らの論文のタイトルは，興味深いことに，"進化としての実行"である．彼らもまた，政策を制度的に埋め込まれたものとみなしている．政策はしばしば，政府の比較的上層で明確化されるが，実行は政府の下部のレベルで民間の主体と相互作用しながら行われる．幅広い形で提示された政策がどのように実行されるかは，行政の構造に依存しているのである．政策の実行は何が機能し何が機能しないかについての情報を生み出すとともに，潜在的に利益を受ける者と失う者との間の利害の対立を解きほぐすことも含んでいるのである．経験の結果として，幅広く打ち出された政策が実際に行われる仕方は修正される．政策のあり方もまた変化するかもしれないのである．

　第5として，市場経済の働きについての多くの分析が民間経済から公共政策やプログラム，そして制度を取り去って抽象化してしまう傾向にあるように，公共政策とプログラムについての分析のあまりにも多くが，政策の効果が，かなりの程度，政府ではなく民間のアクターによって決定されるということを十分に認識していない．実際，広い範囲の公共政策が，ある特定の分野において市場的活動と非市場的活動の組み合わせ，あるいは，政府と民間の相互作用の様式を規定していると見ることができる．大気汚染の規制の問題は明確にこのようなものであると考えることができる．水道水へのフッ素添加に関わる政策論議は次第に政府活動に対する適正な制限に関するものへとなっていったのである．

　確かに，民間と政府との役割分担についての選択が重要ではない問題もある．どの防衛システムを調達するかという問題においては，政府と民間の責任の分担という問題はほとんど重要ではない．ここ数年，初中等教育政策についての議論は民間と政府の役割分担についての問題（バウチャー制度や授業料支払いの控除可能など）に過度に集中しすぎているかもしれない．しかし，民間と政府の役割分担とその妥当性の問題が重要になっている興味深い政策領域があることも確かである．

そのような分野について真剣に政策分析を行うには，制度や仕組み，利害や関係する価値について理解することが必要である．前章で議論したすべての理由により，単純な民間企業の最適性についての（単純な）議論や，市場の失敗についての単なる指摘では，分析はあまり進展させることはできない．特定の政策問題について真剣に分析することは必然的にその文脈のとりわけ顕著な特性を詳細に検討することを意味する．そのような詳細な政策分析に実際に取り組むことは，理論に関するこの本の目的を超えている．とはいえ，我々は特定の現象と状況の解釈において理論的な視点の重要性を強調してきた．理論を評価するもっとも重要な基準は政策課題を解明する能力であるという我々の主張の観点からすると，少なくとも我々の進化理論が特定の政策問題を検討する枠組みをどのように提示するかという点について示すことは我々の責務だろう．

本書の大部分は，産業における技術変化についての理論を作り上げることに関心を払っている．そのため，我々の進化理論についての考え方がその話題に関する政策問題をどのように解明するかを考察することは適切であろう．これまで断片的ではあるが我々は，たとえば反トラスト政策についての難しい問題などの政策的な含意を考察してきた．この章の最後にあたって，産業における研究開発に対する適切な政府の政策についての問題を体系的に考察する．

3．産業における研究開発に対する政府の政策

これまで述べてきた視程からみると，特定の政策についての議論には，潜在的に幅広いさまざまな政策分析が可能であることが知られる．スペクトラムの一方の端では，直接，検討の対象となっている特定の政策選択肢とこれらに対して可能な代替案に焦点をあてた研究がある．これらの種類の研究は特定の文脈に非常に依存しており，次の一手は何をすべきかという質問を探求するように設計されている．これに対してもう一方の端には，領域全体に及ぶ幅広い調査を行うような研究がある．それは戦略的なプランニングの改良を手助けすることを目的にしている．より狭い研究は非常に特化したもの

であるため，それらが手法的なブレークスルーを内包していないかぎり，興味深いものはほとんどない．そのため，ここでの議論の焦点は，たとえば，連邦政府は次世代民間機の開発において航空産業を今支援すべきかどうかであるとか，自動車の研究開発を支援するため連邦政府がアメリカの自動車産業に協力すべきかどうかというような，特定の現時点での政策課題には置かない．むしろ，ここは，産業における研究開発を政府が積極的に支援することが果たす適正で効果的な役割についての一般的な事項に関する背景となる分析を示すことにする．結局のところ，いかなる特定政策についての研究も，そのような分析を仮定しているのである．

　そのような分析は，もちろん産業における研究開発についてなされた仮定に依存している．ここで我々は，第11章での議論と類似した研究開発についての基本的な仮定を置くが，それらはより様式化されたモデルにおいて採用されたものとは幾分異なっている．研究開発は生産とは切り離された活動である．それは高度に不確実な活動であり，そのため合理的な人であっても研究開発プロジェクトの順位づけには一致して同意するということはないだろう．研究開発プロジェクトは，実施に移せる技術という成果をもたらすかもしれないし，あるいは何も見つけることができず，発明されないこともある．どちらの場合でも，プロジェクトは，代替的技術についての知識を修正するという成果を含んでいるのである．とくに，成功した研究開発プロジェクトは，それと同様ではあるが同一ではない研究開発プロジェクトによって同様のしかし同一ではない技術がもたらされるかもしれないということを明らかにしてくれる．成功しなかったプロジェクトは，"空井戸"の場所についての一般的な情報を提供してくれる．結果として，イノベーションの地勢が十分規則正しいものであるなら，技術進歩は次のような意味で累積的なものになるだろう．一度目の研究開発プロジェクト群の成果（それらはいくつかの成功と失敗からなる）は，更なる研究開発によって事前に開発された技術と同様のあるいはそれ以上の技術をもたらしてくれることが有望な"近傍"の一群を定義してくれる．これらの近傍は互いに近い範囲内にないかもしれない．むしろ，明確な技術のサブクラスを探求するにあたって，探索すべき有望な系統の技術のことかもしれない．一つのクラスのなかのある研究

開発プロジェクトは，同じクラスのなかでの次の回の研究開発プロジェクトに関連した知識を提供してくれる．しかしながら，それらは他のクラスの技術を目指した研究開発活動に関連した理解にはあまり貢献しないだろう．

　産業における研究開発の意思決定に関する情報がどこに存在するかということを明らかにしておくこともまた重要である．一般的に，その情報は，製品の生産とマーケティングに関係する組織に存在している．それらの組織は，現在用いられている技術の強みと弱み，および改良の目標とその機会について知っている．それらは消費者がさまざまな製品デザインに対してどのように反応するかを知っている．生産とマーケティングを行う部門から遠く離れた研究開発部門にこのような情報の多くを伝達することは，最低でも時間やコストがかかることである．当該する企業間の協力がなければ，それは不可能である．このように，利益追求を目的とする私企業に商品とサービスの提供を基本的に依存している経済においては，研究開発に関する意思決定の多くが民間企業に分権化され，研究開発による収益は，企業秘密，特許による保護，あるいは市場支配を通じて内部化されるということは，ほとんど不可避的である．

　ここで考えなければならない問いは以下のものである．第1に，産業における研究開発を民間部門に全面的に任せてしまうことの強みと弱みは何か．第2に，産業における研究開発に政府が関与することの機会と限界は何か．我々は，市場の失敗の分析および政府の活動についての機会と制約の両方が，市場の構造や産業における競争の特徴に依存しているだけではなく，特許の強さとその範囲，企業秘密の範囲などのような制度的変数にも依存していることを主張する[5]．

　互いに競争関係にあり，それぞれが独自に研究開発を行う多数の企業から構成される産業を考えてみよう．そこには認識されるべきいくつかの異なる"市場の失敗"が存在する．第1に，もし企業が自社の技術を他の企業が利用することを排除するのに十分な能力をもたないのであれば，そこにはよく知られた"典型的な外部性"が存在する．それは，ある企業によって発見さ

5）この後の分析は，ネルソン（1981）より導かれている．

れた（創造された）技術が他の企業によって模倣される可能性によって起こる．仮に特許が直接の模倣を阻止したとしても，イノベーションによって明らかになりながら特許では他の企業に対して守ることのできない〝近傍〟が存在するため，外部性の問題が修正された形で残る．第2に，さまざまな文献で近年強調されてきたことであるが，一つの油田に複数の独立した採掘者が集まる問題や同じ漁場に多くの漁師が群がる場合と類似の問題が存在する．最初に発明し，特許をとろうというインセンティブは，多くの企業に対しより早く発明しようとすることを促す．バーゼル（1968）やその他が指摘したように，ある仮定のもとでは，そのような競争的なレースにおいて多くの資源があまりに早く費やされてしまうのである．確立した特許と不完全なライセンス市場のもとでは，個々の企業は，もしそれらが他社の開発した最良の技術を利用できるのであれば価値がなくなってしまうようなプロジェクト，つまりほとんど社会的価値をもたらさないプロジェクトからでも利潤をあげることができる．特許の権利が強ければ強いほど，典型的な外部性の問題に比較して油田の問題の重要性が大きくなる．典型的な外部性の問題は研究開発投資の総量を社会的最適水準よりも低く抑えてしまう．油田効果は研究開発投資を促進するが，その配分は社会的に非効率である．

さらに，もし技術進歩が累積的であるならば，もう一つの資源配分の問題が生じる．競争的状況では，立地に関する決定の事例においてホテリングによって描かれたものに似た問題が研究開発に関して生じることになる．技術進歩から企業が得る収益が，産業における最良の技術に対してではなく，現在使用している技術に対して評価される場合で，さらに利用可能な最良の技術の大まかな位置が知られ，その近傍は有望でかつ特許に守られていない場合には，すべての企業が同じ幅広い機会のまわりに集まるようなインセンティブがシステムに存在している．長期的な技術開発の開発において，技術の地平の特定の部分にあまりに多くの関心が向けられ，本当に必要な取り組みの多様化が行われないということになる．もしある企業が新しい領域を探索するとしても，何かに出くわすことはあまり起こりえない．そしてもしある企業が何か新しいことを見出しても，他の企業がその周囲に集まってくることをその企業は知っているのである．

今度は，まず競争的な場合と比較してインセンティブの構造が異なることに注目して，独占状態の産業を考えてみよう．独占状態の産業では，典型的な外部性も油田の外部性も存在しない．そして一連の地図のない探索に成功することによる知識の外部性も内部化されている．コストの面での優位性もまたあるかもしれない．多くの種類の研究開発において少なくともある程度までは，いくつかの異なる源から生じる規模の経済が存在している．ある種の研究開発の投入と生産は分割不可能な固まりとなっている．いくらかでも成功の見込みをもとうとするならばプロジェクトにかなりの研究開発努力が向けられねばならない．小規模な研究開発の取り組みは，成功を得ることはまったくできないだろう．そして仮に成功するとしても，より高い水準で投資していた場合よりもおおきく遅れてしか成果が得られないことになるだろう．また大規模な研究開発においては多様化の優位性がある．特定の目的に対して多面的に取り組むことが可能となる．大規模で多様な一連のプロジェクトに取り組むことは，企業を研究開発の成功の間にある長期的な空振りの連続のような経済的損失から守ることができる．そして企業の資本や売上高の成長率が限られている限りにおいて，大企業は小規模な企業よりも新しい技術開発をより大規模な生産量や資本に迅速に適用という事実に基づいた規模の経済が存在するのである．

　これらの独占の利点に対して独占の負の側面とはどのようなものだろうか．伝統的な理論では，産業における生産量が小さくなるとされている．これにより独占による伝統的な三角形の損失が生じる．それはまた研究開発が適用される生産量が縮小されることを通じて研究開発のインセンティブにフィードバックする．競争的な場合よりも独占的な場合において，行われる研究開発の規模が大きくなるか小さくなるかをいうことは難しい．内部化の程度が大きくなることと，生産量が小さくなることは反対の方向へ引き合っている．独占の場合には，誰か他者が特許をもっているという理由だけで競争では利益が出るような研究開発を行うインセンティブは低くなる．これが，独占的な場合において競争的な場合よりも研究開発の水準を低めるように働くもう一つの要因だが，それは二つのケースの間のもっとも重要な違いは研究開発の配分の効率性であることを示している．もし独占企業が利潤最大化を行う

と仮定することができ，そしてある特定の研究開発プロジェクトの選択の結果がおおよそ明らかであるならば，独占は競争の場合よりも，よりよい研究開発プロジェクトのポートフォリオを生み出すということを強く主張することができる．

　しかしながら，もし人によって代替案をみる見方は異なっており，組織はかたよった視点と単純な意思決定の様式を採用するという傾向をもつということに留意すると，この暫定的な結論は説得力に欠けるように思える．むしろ中央集権的なケースは，そこで実施されそうな研究開発のポートフォリオという点であまり魅力的に見えず，そして競争的なケースのほうがより魅力的に見えるのである．独占に反対し競争を支持するここでの議論は教科書的な経済理論における標準的なものではない．それは利潤最大化の選択から導き出されるものでもなく，限界費用が価格と等しくなる水準に生産量の水準を決定することが社会的に望ましいというような命題と同様の議論から導き出されるものではない．むしろその議論は部分的にはもっとも可能性のある技術は何かということについての異なるさまざまな見方は独占のケースよりも競争的なケースのほうがより明確に表れてくるし，それらが多様化された研究開発ポートフォリオとして実現される可能性が高い，ということである．その議論はまた，大規模な保護された組織は，自身が行う研究開発において，独創的で柔軟性に富んで創造的であるよりも，古臭く非創造的あるいは狭量で独善的になりがちであるということである．それは単に独占が新しいアイデアの源を制限するということではなく，大規模で安定した企業によって支配される産業は良いアイデアを生み出し，それを慎重にスクリーニングすることを促す環境ではないということである．いかなる形の競争的研究開発でも，何らかの無駄や重複を含む．独占のコストと危険性は，原理的には，技術の選択肢の探索を行うにあたり，単一の意思——しかもそれは鋭敏なものであることはあまりない——に依存するということから発生するものである．

　寡占のケース——そこでは多数の小規模な生産者の存在にともなう研究開発のインセンティブの問題もなく，真の独占による価格設定や唯一の生産者に依存する問題もない——をもっとも望ましい制度的構造とみなしたくなる人もいるだろう．多くの著名な経済学者が，シュンペーターからガルブレイ

スにいたるまで，この立場を取っている．そして興味深いことに，寡占は新技術への投資やその発明が比較的早く進む産業において自然とその方向へと進化していく市場構造である．寡占的構造は，競争および多元化と，研究開発の利潤の内部化との両方の最良の側面を合わせもつことができる可能性をもっている．

　しかし，そのような構造にはまた，独占状態と競争状態の両方の最悪の特徴を併せもつ潜在的可能性もある．多くの寡占的産業では，企業によって行われる研究開発のかなりの部分が，"防衛的"なものであり，大きく異なる何かに到達することを目指すよりはむしろ，競争相手によって開発されたものと同様の製品を企業が手に入れること保障することを目指している．少数の企業しか存在しないということは，真の研究開発の多様性はなく，かなりの数の研究開発の重複をもたらすかもしれない．

　そして，寡占を進歩的なものとして称賛する経済学者は，以下の可能性に対してより注意を払うべきである．つまり，技術の選択肢の領域の明らかに異なる部分を探索する研究開発の寡占的競争では，寡占状態は不安定なものになるかもしれないということである．すなわち独占構造に徐々に進化していくかもしれない．シュンペーター的競争の中心的特色は，成功したイノベーションの報酬としての利潤は企業に対して成長へのモチベーションと資金の両方を提供するという点にある．そしてよりよい技術（費用が低いか，製品がよいか）をもつ企業が，市場におけるシェアを増やすことには，社会経済的な優位性があるのである．しかしながら，企業の研究開発支出が規模に関係づけられており，これまで議論してきた種類の規模の優位性が存在する程度において，成功したイノベーターは，その競争相手をもはや効果的な競争相手ではなくなるような段階にまで減少させてしまうかもしれない．何人かの研究者が主張してきた寡占的なシュンペーター的競争のメリットがあるとしても，我々のシミュレーション研究は，その構造は自己破壊的なものになりうる可能性があることを示している．

　少なくとも理想的な計画モデルの基準に即して判定するならば，市場に導かれる研究開発の"失敗"もまた深刻なものになりうる．利潤追求を行う企業と競争的市場を，研究開発を促進し，誘導する組織的方策として用いるこ

とには，実際に根本的なジレンマがある．仮に問題が，一部の経済学者が信じているように，単純な〝外部性〟の問題であれば，特許制度を厳正化するか単に研究開発へ補助金を出すことにより解決できるだろう．しかし問題はそれよりはるかに複雑であり，そこにはある形の研究開発への過剰投資と他の研究開発への過少投資や研究開発戦略の歪曲，本質的に公共財である知識の使用への制約などが含まれているのである．研究開発に関する市場の失敗は，単に従来の政策措置に小規模な修正を加えることや，いくつかの新規の政策措置を導入するぐらいでは，うまく解決できないのである．

もちろん，研究開発や研究開発のなかのある部分を，市場システムからほとんど切り離すことも可能である．基礎研究に関しては，そのほとんどが利潤追求型企業ではなく大学で行われ，政府によって大規模に投資が行われている．この戦略は（もしこれまで述べてきた分析が受け入れられるのであれば），二つの理由によりかなりの程度成功してきた．第1に，基礎研究の意思決定を誘導するために必要な情報は，商品やサービスを生産する組織の現業的な部分ではなく，基礎研究に携わる科学者の頭のなかや経験に存在するからである．これに関連して，資源配分を誘導する課題は，企業の利益目的ではなく，科学的理解を深めることにともなう論理や価値観によって示される．実際，これらの違いが基礎研究を定義する基盤となっているのである．第2に，基礎研究に関わる意思決定はほとんどが分権的で多元的なものであったということである．つまり，その提案はほとんどが研究者や研究機関から出され，ピアレビュー・システムやそれと同様のものを受けなければならないのである．

社会は，どの分野の研究を，公的資金によって支えられた科学的専門分野の教義によって誘導されるべき基礎研究とし，どの分野を応用研究として，特定の技術を使用する組織の価値観での優先順位によって（必ずしも資金が投入されなくても）誘導されるようにするか，ということについての選択を実質的には行っているのである．歴史の教訓によれば，このようにして科学と定義された分野が次第に発展し，そして科学的理解によって技術の選択肢やそれらと経済的価値のつながりが明らかになったときに，前者のアプローチが長期的には大きな利益をもたらしてきた．理解しておかなければなら

ないのは，基礎研究の資源配分を行うこの分権化された〝科学の共和国″においても，分散化された研究開発の資源配分メカニズムをもつ市場と同じ種類の多くの非効率性が存在するということである[6]．どちらのシステムにおいても見えざる手の定理は存在しない．しかし，自然と徐々に明らかになっていくある種の理解の集積に固有の論理によって導かれる研究の集積をもつことが利益になる限り，（収益性による順位づけと対照的な）科学的な順位づけによってこれらの分野の研究開発の配分が誘導されることは起こりうることである．良い意思決定が，現行の研究の詳細に詳しく接近できることを必要とし，ともかく単一の集権的な頭脳に依存する危険性が存在する限り，分権化は中央計画システムよりもよりはるかに望ましいように思われる．

しかし，産業技術の発展に関する研究開発の多くについては，関連する情報の多くは生産活動を行う企業に存在している．そしてよい研究開発の意思決定は，経済的利益と費用を直接考慮することに関わっているのである．科学の共和国は，生産技術を高めることを目的とした問題志向の研究開発を統治するには適切なシステムではない．ここで政府それ自体が当該する製品の重要な購買者や生産者である場合は考慮せず（そこでは特別な検討が必要である），他の民間産業が他の民間の買い手に製品を売っているような場合に焦点をあてることにする．このような環境では，政府が研究開発を誘導し支援するためにできることは非常に限られている．その理由としては，第1に情報の制約がある，第2には，〝公平性″の要求によって課せられる制約がある．そして第3には，官僚的な政治による制約がある．

最初の二つの制約は，密接に関連したものであることがわかる．財とサービスの供給者が競争関係にない場合，政府の情報アクセスの問題は解決できる．農業や医療などはその好例である．これらの場合では，政府の情報収集と研究開発支援は，産業のある部分を他の部分を犠牲にして支援しているとはみなされず，産業全体を支援しているとみなされる（この認識が正当かどうかは別の問題である）．政府の研究開発支援だけでなく，資金配分を公的機関が行うことや，公的な研究開発事業でさえ，一般的にこれらの分野では

6）「科学の共和国」という考えは，ポランニー（1967）によるものである．

歓迎されている．

　民間の供給者が競争関係にある場合，情報アクセスに関わる難しい問題が，"公平性"という問題とともに生じてくる．このような状況は，米国の産業の多くでみられる．そのような場合には，良い研究開発の意思決定を可能にする情報は，ある企業に他の企業に対して競争優位を与えるような情報である．研究開発はしばしば企業の競争力にとって重要な手段であるため，競争のバランスを混乱させるかもしれない政府の計画が提案されたときには，企業は協力的でなくなる傾向がある．政府やその他の外部の利害関係者は，ある技術開発についてリスクや能力の限界のために民間の投資が妨げられていると推測するかもしれないが，彼らは民間企業がこれらのプロジェクトにどれだけ投資しているかを正確に理解することには非常な困難を覚えるだろう．企業間で技術的知識を共有しようという提案は，企業を結びつけ，司法省反トラスト部の反対をもたらす可能性が高い．公共政策にとっては実際の技術のポートフォリオについて確固とした情報が何もないときに，ポートフォリオの穴を埋めることは，困難である．

　政府の政策は，情報のアクセスの制約によって限定されているだけでなく，産業全体に対する支援であり，中立的で，現状に脅威を与えないとみなすような政府活動に限定されているのである．このため産業は長い間，公平な税額控除を求めてきた．産業によって運営され，個別的な利益の範囲外で活動するようにされている共同研究開発組織への支援は，欧州では広く行われており，米国ではそれほど行われていない．当然ながら，共同研究開発は，いかなる企業にも競争優位を与えないような共通の利害に関する技術に集中する傾向にある．

　大学や非営利機関，政府系研究機関におけるある産業に特化した基礎研究や，ある種の技術の試験的開発への支援は，米国でもしばしば行われてきた．政府の投資が実際の操業から十分に離れたプロジェクトに向かうものであり，そのため民間の間で明らかに勝者と敗者になるようなものが存在しない限り，これは政治的に実行可能である．原子力や民間飛行機に関わる技術に対する支援がその好例である．これらの分野での経験は，玉石混交である．困難な大部分は，政府が先端技術の研究について完全に産業にとってかわるのでな

ければ，情報と公正さについての制約により，政府は民間企業が自ら投資する意味がないと考えている選択肢を探求せざるをえなくなる，という点にある．ある場合には，真の〝市場の失敗〟の問題を政府による投資が解決しているかもしれない．しかし大抵は，産業が投資しないものは，少なくともそのときには（広い社会的な基準にてらしても）投資に値しないのである．

　航空機と原子力エネルギーの事例はまた，〝官僚政治〟の問題をも示している．これらの分野での研究開発活動への政府の支援は当初は，最先端を探求する研究開発がもつ〝公共的知識〟という性格，という言葉で正当化されてきたが，時が経つにつれ，政府内部において特定の技術選択肢や研究開発プロジェクトの支援者が出てきたのである．上に示したように，政府の研究開発計画に関して避けられないものではないが，それを避けるには，（農業のように）地理的そして政治的に分権化するか，（国立保健研究所や全米科学財団のように）外部のピアレビューを利用することによって多元性を確立することが必要であろう．このことは，長期的な目標が商業化にあり，多くの関連する知識が，公開され科学的なものであるよりはむしろ産業的なものであり，そして関連する産業が競争状態にあるときには困難である．

　そのため，もし比較の基準を理想的に最適化された計画の下での研究開発の配分とするならば，〝市場の失敗〟は深刻な問題であるかもしれないが，これは誤った比較基準である[7]．ある程度競争的な市場において財やサービスを販売する利潤追求型の企業によって大部分の財やサービスの生産が行われるような経済では，これらの企業が研究開発の大部分の中心になることは避けられないことである．ある種の研究開発は，他の情報やインセンティブシステムによって誘導される他の制度的レジームにおいて成立しうる．おそらく，学術的基礎研究のレジームはそのもっとも良い例である．しかし産業における研究開発のかなりの部分は，最終的に技術を使用する企業に提供される情報とそれに関連した基準によって導かれるべきである．政府が市場を効果的に補完できる範囲は非常に限られている．そして政府と産業の協力は産業における競争関係によって非常に制約を受けるのである．

7）また，我々はコース（1960）によって支持された命題に戻る．

進化経済学の理論による，産業における研究開発での市場の失敗や政府活動の限界についての観点は，実証的な正統派理論によって示される点と大きな違いはない．ただし，その強調する点が異なっている．進化経済学の観点では，第1に，実行可能な物事の範囲とさまざまな物事を行うことの結果についての不確実性の現状に重点が置かれる．第2に，最適な政策を定義しようという試みではなく，むしろ，分析のスタイルは，避けるべき政策とより有望な政策を特定することを試みて，そして後者に焦点をあてるということである．ある意味では，このことは，限定された合理性についての我々の明確な認識を政策分析の分野にもち込むことを表している．また部分的には，〝市場の失敗〟のような概念が政策分析をあまり進めることにはならない，なぜなら市場の失敗は普遍的に存在するからである，という，より一般的な認識を表している．最後に，それは以下のような明確な認識と関係している．つまり，政府がうまくできることは非常に限定されており，それゆえに政策分析は，民間の活動の非効率性だけでなく，これらの制約にも関心を向けるべきであるということである．第3に，柔軟性，実験，学習の結果に応じて方向性を修正する能力といったことが，提案された制度的レジームに必要な事項のリストの上位に置かれていることである．

　率直にいえば，産業分野の研究開発における政府の役割が有益であるかどうかについて，我々の分析に比べられるだけの〝正統派〟経済分析を我々は知らない．これは概ねこの問題に本当に関心をもっている経済学者が，しばしば正統派の言語や概念を用いながらも，明示的にとまではいかないが，暗黙的に進化理論的な見方を採用する傾向にあるからである．たとえばマルシャック，グレナンとサマーズ（1967）や，ノル（1975）を見てみればよい．我々が主張したいのは，企業が文字通り利潤を最大化し産業が均衡状態であるという仮定のために，問題の分析は進展するのではなく妨げられているということであり，そして限定された合理性とゆっくりと進行する淘汰が明確に認識されるときに初めて，その分析が発展するということである．

　シュンペーターから多くのことを導き出した研究者として，産業におけるイノベーションについての我々の政策的観点は，明らかに少なくとも重要な一点において，彼のものと大きく異なっていることは興味深い．資本主義か

ら社会主義が生み出されるという彼の予測の一部として，シュンペーターは，イノベーションのルーティーン化と，起業家の衰退について述べている．彼は，このような展開が技術発展やそれによって必要となる経済の調整を抑えるかもしれないが，それがイノベーションを妨げたり深刻にゆがめたりすることはないと主張しているように思われる．おそらく超音速旅客機や増殖炉などのような技術発展を計画し最適化しようとした努力の結末についての我々の知識に影響されているのだろうが，我々の分析は我々を異なる立場に導く．技術発展を最適化しそれに従って管理しようとする試みは，我々が提唱する進化理論によれば，効率ではなく，非効率をもたらす．

第VII部　結語

第17章　本書を省み，将来を展望する

　本書では，経済変動を理論化する一般的な方法を発展させること，および，その広いアプローチと整合的で経済変動の特定の側面あるいは特定の問題に焦点をあてた個々のモデルや議論を探求していくことを行ってきた．このような二つの試みのなかで，一般的理論化のアプローチの発展がはるかに重要である．個々のモデルは，それ自体一つひとつは興味深いが，これらのモデルは，我々が提案している理論化の方法に整合的な一連のモデルの例示であると考えている．ポランニーが正確に指摘した形式知と説明の限界を信ずるものとして，いくつかの具体的な事例を提示することが我々の考えを伝えるのにもっとも有効であるとする立場を取ったのである．

1．本書を省みる

　我々が，もし正統派ミクロ経済理論の教義となっている考えが経済変動の過程の基本的な特性をあいまいなものにしてしまっていると信じるようにならなかったならば，進化理論的アプローチの構築を目指すことにはならなかったであろう．正統派モデルは，厳密な〝最大化〟へ固執するあまり，外生的な変化に対応し新しい技術や政策を試してみるにあたって，何が最善の方法かを判断するために企業がもっている基盤はきわめて限定された程度のものでしかないという事実を，うまく取り扱えなくなっている．企業は考慮すべき選択肢の幅がどの程度のものかを考慮することさえ困難であるかもしれ

ないのである．そもそもこのような状況のなかでは本質的に企業はそれぞれ違ったことをするものであり，そのなかでいくつかが他より優れているということは基本的な特質である．時間の経過のなかで，もっとも適していない対処法（それを実施する組織の視点から見て）は消滅し，より優れているものが多く使われるようになるかもしれないが，こうした淘汰の過程には時間がかかるというのももう一つの重要な特質である．正統派ミクロ経済理論は，企業は最大化を行い，産業（あるいはより一般的に企業を含むシステム）は均衡しているという考えに基づいており，こうした経済変動の特性を正統派が描く青写真に基づいたモデルはまったく無視するか，うまくとらえることができないということになることは必然的であると我々は考える．最大化や均衡といった考えに大きな柔軟性をもたせられることを否定はしないし，また，理論研究者たちが経済変動の過程の特徴を理解するためにこれらのモデルに創意工夫をしてきたことに敬意を払うにやぶさかではない．しかし，我々は，このモデルとは違う別の分析の枠組みを用いることにより，分析はずっと容易になり，知的な作業はよりスムーズで実りのあるものになるということを主張してきた．

　我々は，経済変動の進化理論の三つの基本コンセプトを詳説してきた．第1は，組織のルーティーンという考え方についてである．いかなる時点においても，組織はそのなかに一連の物事を行う方法と何をするか決める意思決定の方法とを組み込んでいる．我々のルーティーンの考え方は，正統派の概念である能力（企業が用いることができる技術）と選択（正統派理論の企業の最大化に関する部分）とをつらぬくものであり，これらを同様な企業の特性として扱う．企業行動をルーティーンによって管理されていると見るということは，それが不変であるとか，非効率的であるとか，日常的な意味で〝非合理的〟であるということではない．そうではなく，企業の実際に行っていること，あるいは最近行った行動は，外部の観察者が企業に与えられているものと考える一連の仮説的な抽象的可能性とは概念的に大きく異なる，ということである．もっとも重要なのは，ルーティーン化された行動の柔軟性の範囲には限度があり，変化する環境変化は企業をルーティーンの修正の試みることによりその生残りをも危うくするように追い込むことがありうる

ということを認識することである.

　第2に, "探索" という言葉を用いて, 現在のルーティーンの評価とそれによるルーティーンの修正, または思い切った変更, あるいは新しいルーティーンの導入による完全な置き換えにつながるすべての組織行動を示した. 我々は, こうした種類の行動は, それら自体が一部ルーティーン化されており, 予想しやすいが, 他方で, それらがモデルの作成者やこれらの行動を実施する組織の視点から見ても, 確率的な性質をもっている, ということを強調した. ルーティーンは, 一般的に我々の進化理論のなかでは, 遺伝子の役割に当たる. 探索のルーティーンは, 確率的に突然変異をもたらす.

　第3に, 組織の "淘汰の環境" は, その健康状態に影響を与え, したがって, 組織が拡大するか縮小するかにも関わるすべての考慮すべき点の集合である. 淘汰の環境は, 部分的には特定の産業ないしセクターの企業外の条件——たとえば, 製品に対する需要と要素供給条件によって決定されるが, しかし, そのほかに同じ産業セクターの他の企業の特性や行動によっても決定される. また, 成長の違いは, 我々の理論においても生物学の理論と同様の役割を果たす. とくに, 最終的に重要なのは, 個々（企業）の運命ではなく, 集団あるいは同一遺伝子をもつ個体群（ルーティーン）の運命であることを覚えておかなければならない.

　これらの概念は相当な範囲と力をもったさまざまなモデルの基礎を提供する. 我々が考慮した最初の一連のモデルは, 競争的な産業均衡の性質と変化する市場の条件に対する企業や産業の対応の問題に焦点をあてたものである. これらの問題は, 正統派モデルが大変うまく処理してきたといえる. しかし, このような正統派モデルの本来の領域ですら, 企業のルーティーン, 探索, そして淘汰を基にしたモデルのパフォーマンスは適切でありまた興味深い. 進化的モデルは, より正統派的な構成要素で構築されたモデルと比較して, 同様の均衡の性質や変化する市場の条件に対しても同じような定性的対応を予測することができ, またこれらと整合的である. しかし, これらのパターンについての解釈は異なる. また, これらのパターンが得られることができる状況の範囲を定める前提条件も異なる. さらに, 分析の関心の中心は現実的には新しい均衡に移行する軌道の上になければならないが, 進化モデルは,

調整のメカニズムへの洞察を提供する．これは正統派モデルによる不均衡調整過程に対するアドホックな取り扱いによっては解明できない．

　産業のイノベーションにより引き起こされる長期的経済変動の過程に関連して，正統派モデルのアプローチは，集計された変数の時間的経路の説明について多少の（しかし傑出しているとはいえない）成功を収めた．しかし，この成功は，分析を，技術進歩の過程について実証的に知られている側面とは矛盾するフレームワークのなかに閉じ込めてしまうという犠牲のうえにもたらされた．進化理論の考え方に基づいた我々のモデルは，正統派モデルと比較しても集計的なデータとの数量的な整合性という点では遜色がない．しかし，我々のモデルは，さらに少なくとも技術進歩の過程の幅広い性質とも一致しており，また，正統派モデルが扱わない問題である企業の規模分布や"普及曲線"の質的な形状といったミクロ経済の現象などについて整合的な予測を導き出すことができる．

　同様に，最大化や均衡に関する正統派の概念は，もしシュンペーター的な競争過程の定式化の相当部分に包含するためには，かなり無理に解釈する必要がある．最近のいくつかの正統派モデルに基づいた研究は，この挑戦に応えているが，これらのモデルには本格的な動学的不均衡の分析が含まれていない．このような分析は完全なシュンペーター的モデルには本質的に重要であるように思われる．とりわけ，フィリップスの，集中はイノベーションの帰結として起こるという主張の重要性を認めるならばなおさらである．我々のモデルは，このような動学的分析を含んでいる．そして，それはシュンペーター的競争のもとでの産業構造やパフォーマンスの重要な決定要因のいくつか，たとえば模倣の容易さ，大企業による投資の抑制，技術変化のレジームの性質などを明確に指摘している．

　最後に，規範的経済分析の問題に対する我々の定性的検討は，まだ暫定的ではあるが，進化理論的な視点は経済システムが何を行っているべきかについての洞察を提供できるということを明らかにしている．我々の分析では，社会的最適というような考えは消え去っている．その中心にあるのは，社会は実験に従事し，そこから得られる情報やフィードバックが経済システムの進化を導く中心的な役割を担うという概念である．見えざる手の定理は消え

るか，またはたとえ話という本来の位置づけへと戻される．それにかわって，多様性と多元性を高く評価する議論の基盤をそこに認めることができよう．より重要なのは，進化理論的な視点から規範的経済問題を見ると，なぜ今日の経済システムがさまざまな制度的形態の混合であるかという点だけでなく，またなぜそれが適切なのかを理解できるようになるのである．

　さらに一般的に，進化理論は，正統派理論よりもさらに複雑な経済問題を認識できるし，そのことは進化モデルの優位性を示していると我々は考える．進化モデルは，本書が取り上げた事例が示すように，正統派モデルより複雑になる傾向がある．このことは部分的には，進化理論的な理論化とシミュレーション手法が親和性が高く，解析的取り扱いやすさという要因に制約されたモデルよりもはるかに大きな複雑性を取り扱えるからである．しかし，基本的な理由は，進化理論は本質的に動学的理論であり，そこでは企業の多様性が鍵となる重要な性質なのである．

　もちろん，複雑性を積極的に認識することがあらゆる意味で望ましいというわけではない．経済学のモデルは，明らかにしようとする状況をより抽象化し単純化したものでなければならない．それは，理解できるもので，論理も透明でなければならない．たくみな単純化は，技術の高いモデル化のしるしである．我々のいくつかのモデルは，より複雑であるにもかかわらず，正統派の系統のモデルのいくつかよりもはるかに"透明な"論理が展開されている．そして，進化理論に組み込まれているより高い柔軟性は，モデル化をする際にどこを単純化しどこをより複雑にするかについてより多くの選択肢を多く与えている．

　古典的な問題である価格変動が主要な経済アクターの行動に与える影響についても進化理論の枠組みのなかで検討した場合，有利な点が浮かび上がる．企業がエネルギー価格の上昇に対応する際，過去に真剣に考えてはいないことを試みるということも含めるべきというのは正しいと思えないであろうか．企業が自ら可能と考える対応の範囲が大きく変わるということがありそうではないだろうか．進化理論的視程から得られるこうした性質を認識できる能力は，分析が複雑になっても十分に価値があると考える．実際のところ，こうした性質を考慮しないで，現実のエネルギー価格に関する政策に係わり，

責任ある提言を行えるとは考えられない．これらが結局のところ，政策がそもそも影響を与えようとしているアクターにとっての明確な現実なのである．我々も注意を向けたように，経済学者は，実際に政策に真剣に係わるようになれば，物事がいかに働くかについてかなり柔軟で心が広くなるようであるようである．しかし，正統派理論がその助けになることはほとんどない．

　ここでの複雑さについての議論を始めることになった出発点にもどると，規範的ミクロ経済理論の現在の中心的課題の一つは，西側の市場経済における制度の高度の複雑性を認識し，理解することであると考えられる．進化理論は，いくつかの理由からこれに適切な枠組みを提供する．

　第1に，企業は複雑な組織であるという進化理論の見方は，その他の種類の組織やその重要な違いを検討することへと拡張することができる．ルーティーンに組織的な記憶が埋め込まれているという考えは，非常にあいまいな目標を掲げる組織，たとえば大学などに対しても，あいまいではない利潤追求という目標を目指す組織に対しても同じように有効である．ルーティーンの制御や再現性に関する問題は，小学一年生に読むことを教えること，あるいはファーストフードのハンバーガー・スタンドを一般大衆がどこでも利用できるようにすることにまで関わっている．

　第2に，進化モデルは，価格と市場が活発に情報を伝達する唯一の社会的メカニズムであるとみなすという罠を突き破る．この罠には，もっとも進んだ水準のものも含めてすべての正統派理論が依然陥っている．システムのどこかで決定される"潜在的生産性"レベルを現実のものにしようとする我々の単純な模倣モデルや産業部門における研究開発のモデルは，その他のメカニズムのフォーマルな取り扱いのほんの始まりにすぎない．一般的なフレームワークは，この作業に容易に適用可能であり，そして，この作業は重要である．現代の制度について何かわかっている事があるとすれば，それは，たくさんの情報を伝達しているということである．

　第3に，第16章でも強調したが，制度の発展過程は，進化プロセスであり，両方とも企業や産業の進化の過程にリンクされており，類似している．それは，手探りで，漸進的な過程であり，そこでは毎日の状態はその前日の実際の環境によってもたらされる，またそこは不確実性に満ちている．した

がって，より大きな社会システムのレベルでは，企業や産業レベルよりも明確に進化論的な視点が適していることは明白である[1]．システムの大変な複雑さに直面しても，我々がそれを理解し，予測しようと思うのは，時間を通じた継続性が存在するからである．それゆえに，我々はその継続性の構造や根源を理解することが求められている．

第4に，進化理論的視点は，我々より先に何人かの経済学者が行った規範的分析の見解と十分に，そして必然的に整合的である．適切な研究は，現存する制度の構造の分析と比較であり，それが存在する現実の条件の下で，より優れているパフォーマンスを期待される代替的な制度構造を設計することである．また，ここで強調したいのだがここでは実践的で独断的でないアプローチがもっとも必要であり，また制度変化には予期せぬ重要な影響が発生する可能性があることにも留意すべきである．理想的な状態で最適となる制度の抽象的な分析は，良くても研究のための問題発見的な研究であり，悪くするとそれからの逸脱でしかない．

最後に，正統派の分析と比較して，進化理論に導かれた規範的分析は，政策の議論に参加するその他の者にとってより意味があり，受け入れやすいものである．この点に，もっと幅広い重要性がある．実証的経済学にとっても，現代の経済学理論は，建設的な対話を阻害する要因となり，また知的自足性への傾向をさらに悪化させる．これも，正統派の思考の性質から発生するものである．

2．経済学の知的自己完結性についての補足

あらゆる技術的な専門用語は，使用するものを知的な面で孤立化させる．しかし，経済学でのこうした影響は，とりわけ特殊で不必要に大きい．また，すべての専門家は，ことわざに出てくる手で触れた象の部分を過大評価する

---

1) 大きなシステムにおける進化論についての問題は，経済学の中の制度進化を中心においていた古くからの伝統的な進化理論的思考の伝統と一致している．この伝統は，今日の the Association for Evolutionary Economics とそのジャーナルである，*The Journal of Economic Issues* に引き継がれている．同様に，エドガー・ダン (1971) とマンサー・オルソン (1976) は，我々の研究に密接な関連がある．

傾向があることもよく知られている．しかし，平均的に経済学者にはとくにこうした偏向に対して明確に意識しておらず，"問題の全体像を摑む"という知的理想に応えることが比較的弱い．我々は，挑戦的なまでも自己完結的な傾向は，正統派理論が用いる極端に柔軟性のない抽象化によるものであると確信している．加えて，"仮定すると"を原則とした方法論に過度に頼ること——このことはときには，"事実で私をわずらわさないでくれ"といっていることに等しい——も要因である．この学問分野は，いくつかの問題に対して第1次近似的な解答への執念ともいえる愛着をいだいているように見える．そして，いっそうの近似を導くような提案はしばしば，こうした大切に抱いている思考への脅威とみなされる．この態度は，多くの経済学者を次の段階の近似値はどうあるべきかについての有用な議論から遠ざけている．それは，経済分析による第1次近似が多大な説明力をもっているという考えを受け入れようとする経済学者を含めてである．我々の見方では，フォーマルな正統派の理論の無限の合理性と最適化という第1次近似化へのコミットメントは，本質的に硬直的である．したがって，アプリシエイティブな議論においては多くの経済学者の常識が妥協へと導くとしても，彼らは単にフォーマルな理論をより柔軟的に扱うことを知らないのである．

　この言語と概念の孤立がもたらす一つの帰結は，今日の経済学がその他の社会科学から隔絶切り離されてしまったということである．心理学，社会学そして政治学のなかに長年にわたり経済学に関係のあるいくつかの研究成果が蓄積されてきている．しかし，多くの経済学者は，たとえば心理学の研究で不確実性のもとでの個人の選択は，ベイズの定理やフォン-ノイマン・モルゲンシュテルンの効用に関する公理とはまったく別の原則に支配されていることを明らかにしていることに注意を払っていない[2]．同様に，彼らは，組織の内部で行われることは"テクノロジー"には緩やかにしか制限されていないという組織行動学の研究成果にも興味を示さない．また，彼らは，最大化の考えと対立する組織の意思決定過程の研究による豊富な事例をも活用

---

[2] 我々は，トバースキーとカーネマン (1974) をとくに念頭に置いている．これらに対し，わずかの経済学者しか関心を払っていない，たとえば，グレーザーとプロット (1979) やセーラー (1980) を参照のこと．

していない³⁾．

　政府の経済への介入の源を分析するにあたって，経済学者は二つのモデルの間を行ったりきたり揺らぐ傾向がある．ときには，経済学者は，政府のプログラムを市場の失敗を補うものとして正当化する．またあるときには，政府の政策を私利を追求するプレーヤーによる政治ゲームの結果としてとらえる．これらの二つの視点は，第16章で議論されているが，不十分であることが明らかである．政策のアウトカムを決定する際に明らかに現実の政治機構が重要であることを考えると，政府の行動を理解しようとしている経済学者には，政治学の研究を中心的に学ばねばならないように思われる⁴⁾．その他の社会科学者は，経済学に対して比較的敵対的で冷淡な見方をする傾向がある．なぜならば，経済学は実際に起きていることを信じ難いようなとらえ方で説明しており，それは彼らの研究による知見と矛盾しているからである．他の社会科学で得られた知見と矛盾せず，それらの分析や修正意見に関してもオープンな既存の理論に取って代わる理論があればそれは経済学者が得られる知識を大きく広げるだろう．そして，経済モデルの内容をもっと信じやすいように表現することは，従来の経済問題に関する知識だけではなく，社会科学の知識一般をフォーマルなモデルの構築と探求を通して一般的に高めることができるという議論に寄与するであろう．

　重要な例外もあるが，経済学および経済学者を自然科学の研究や実施，および自然科学者から分かつものは，経済学の陰鬱な知性であるということが一般的なルールとなってしまっている．たとえば，明らかにそれがなんであろうともすべて（"あたかも"）最適化しており，彼らはすでに最適化についてはすべて理解しているという確信ほど，経済学を経営の研究と実践から効果的に切り離してしまっているものはない．同様に均衡も経済学者が他の重要な研究を退けることにつながっている．たとえば，企業の経営の問題は，

3）技術や経営管理によって与えられる企業内の制御されない人間の行動を認めることについては，ロスリスバーガーとディクソン（1939）に戻って参照されたい．最近では，ペロー（1979）が関連する文献サーベイを行っている．ウィンター（1975）は，企業の意思決定*過程*は，最大化であるとする作業上の主張の問題点を実証的事例を用いて指摘している．
4）このトピックで我々が学んだ多くのことは，いくつかあげると，アリソン（1971），ウィルダフスキー（1964），ウォールステッター（1962），プレスマンとウィルダフスキー（1973），ダール（1961），メイヒュー（1974）などの研究による．

最初から正当に計算された利益はいつもゼロであると確信している研究者にとってほとんど関心はない．工学や自然科学との間については，生産集合という概念により学問分野の境界がはっきり定義されている．生産集合の概念の向こう側にあるものはすべて他の学問に属しており，こちら側にあるものが経済学に属している．このような壁がないところでは，知的な交流の機会が存在する．法学との境界については，状況は少し抑圧的ではなくなる．責任のルールやその他についての経済分析を提供することで，経済学者は，契約はいつも明確というわけではなく，いつも費用なしで執行することができるわけでもなく，内容も常に文書化されているわけでもないという事実を扱う機会を得た．しかし，有限責任や破産，企業税制など多くの分野で知的な交流はほとんど始まってはいない．

注目すべきは，進化理論的視点は，なぜこれらすべての分野に経済学者がすぐ関心をもつべきかという議論を提供することである．我々が提唱する進化理論を用いることの一つの重要なメリットは，アイデアの自由なやり取りを促すことにあると考えられる．

3．将来を展望する

本書では，進化理論が適用できるトピックスの領域を探り始めたばかりである．多くの一般的な理論的課題がまだ検討されず手つかずのままのこされている．我々の理論上の議論の過程でいくつかの実証的課題も着目されたが，進化理論をテストし，より発展させていくために必要な実証研究の一般的なプログラムをまだ描いていない．ましてや，このようなプログラムを実行し始めるにいたっていない．我々は進化理論的視点が経済政策の課題に適用されたとき豊かな結果がもたらされると主張したが，それを詳細には示していない．理論的，実証的，政策のそれぞれの分野で，一連の問題が残されている．すなわちそれには進化理論のアプローチの基盤を強化すること，正統派理論との間でどこが両立可能でどこが対立するかを明確にすること，本書で検討した適用領域をさらに探求すること，さらにまったく新たな適用領域を発展させていくこと，が含まれる．

理論的問題

　第1章で，一群の産業行動のマルコフ・モデルを説明したが，それは本書で取り上げた一連の個々のモデルよりもはるかに大きなものである．さらに重要なのは，進化理論のフォーマルなモデルがより幅広い現象に取り組み，正統派に広い分野で挑戦していくならば，我々が分析したモデルでは取り上げられておらず，取り込まなければならない明確で一般的な重要性をもった事柄が存在している．たとえば，変化する環境のなかでの進化の闘争——どの企業のルーティーンが環境変化に対し適応していくかの争い——のなかで生き残る条件についての分析的な検討の必要がある．この一般的な問題に含まれているのは，企業が生産技術や研究開発政策ではなく，たとえば，マークアップ価格設定ルールや望ましい負債‐自己資本比率で違いがあるときの進化理論的競争の分析といった個別的な問題の分析である．第7章の投入要素価格の変化の影響に関する分析は，淘汰と探索の影響やさらにルーティーン的反応の影響を組み込んだダイナミックなシステムのなかで，〝標準的〟な結果がもたらされる条件をより明らかにするように拡張されなければならない．最後に，我々のフォーマルモデルはいずれも，企業のバランスシートが果たす役割を，単に資本ストックが企業規模を決定するということ以上には認めていない．過去の出来事が今日の企業行動にバランスシートを通じて影響を与えること，またそれは単に企業規模を決定するという以上により微妙な方法で影響を与えるということは，市場がいかにして淘汰メカニズムとして機能するかという基本的なストーリーに重要な複雑性をもたらす[5]．

　シュンペーター的競争については，我々のモデルはいくつかの重要な方向に分岐していく最初の一歩となっている．それらは，産業の構造や特定の製品市場についての〝ライフサイクル〟の考え方の基礎になっている．すなわち，それは，新しい産業が創造され，成熟し，やがては停滞するか衰退するというものである．このようなタイプの理論を構築するには，参入，退出，

---

[5] ハーバート・シュッテ（1980）の学位論文は，この問題について最初に着手したものである．彼は，異なる費用条件をもつ競争関係にある企業が拡大のための資金を単純な資本市場に求め，資本市場の反応は標準的な財務分析のルーティーンに従うという進化論的モデルを分析した．

学習曲線や生産資本のビンテージ効果，合併，戦略変更などを明確に考慮しなければならない．企業戦略にライバル企業の行動に対するルーティーン的な反応を含み，ときにはライバル企業の行動の包括的な分析に基づくイノベーティブな変化をも含む企業戦略を取り入れた進化モデルを発展させることはとくに重要である．製品の差別化は，多くの産業の歴史において重要な役割を果たしてきた．これを十分に理解するためには，進化する企業が活動する市場の需要により複雑さを認める必要がある．我々は多くの資本財，消費財産業のモデル化には，戦略的な相互依存性と製品差別化の双方を認識しなければならないと信ずるにいたった．この分野はその他の分野と同様に，進化理論が長期的な観点から見て正統派を超えると信じるが，寡占的産業の実り多いモデル化は今後の課題として残っていることは否めない．

　新しい探索戦略や探索が行われる場についての我々の議論はきわめて豊かであるが，これらに関する我々のフォーマルモデルのなかでの扱いはかなり単純である．技術レジームや自然軌道について議論してきたが，モデルのなかでは企業は外生的に与えられた母集団から選択するか，ローカルに探索するかのいずれかである．累積技術モデルを別にすると，〝自然な″進化を扱っていない．企業間でイノベーションを重視するか模倣を重視するかの違いを取り入れたモデルを別にすると，我々は代替的な探索戦略を取り扱っていない．将来のシュンペーター的競争の研究は，技術レジームや企業戦略をモデルに明確に位置づけなければならない．さらに一般的には，レジームの変化を含む重要な問題がある．たとえば古いレジームから抜け出してイノベーションの機会がきわめて豊かな新しいレジームへと変化するケースとか，成功のためにはこれまでとは大きく異なる研究開発〝戦略″が求められる新しいレジームへ変化するケースの研究である．

　これらすべての研究は，それだけでも価値があるが，製造業製品の国際貿易における〝プロダクト・サイクル″現象の進化理論を発展させることに貢献する．プロダクト・サイクル理論の言葉による説明は，さまざまな国が，異なる要素価格やイノベーション能力をもち，潜在的生産性の成長への影響が異なるなかで国際的なシュンペーター的競争が行われているということを示唆している．産業における技術の進歩が早い場合，要素価格が相対的に高

くても技術進歩をより効率的に達成する国が競争における優位性をもつ．そして，技術進歩のペースが落ちると，技術面での能力はあまり重要ではなくなり，要素価格の高さがより大きなマイナス要因となってくる．このことと第V部で検討したシュンペーター動学の議論との類似性は明らかである．ただし，プロダクト・サイクルの完全な進化モデルに関しては，さらに多くの研究が必要なことも明白である．

実証的課題

　正統派理論の重要な長所は，企業が行うことは何なのかということについて比較的明確な考えを提供しているところである．すなわち，企業は，制約条件のもとに利益を最大化しようとするのである．もちろん実際には，非常にたくさんの種類の問題点がこのフレームワークに投げかけられており，また，そのモデルが同じ観察値から互いに矛盾する予測を導いたりしており，正統派理論は企業行動に関する実証的内容をもっているという主張を疑わしくしている．にもかかわらず，正統派理論はフォーマルなモデルの性質に対して断固とした規律を課している．現実の企業は，適切で精巧な正統派モデルによって描写することができないような行動をとるかもしれない．しかしジャーナルに投稿された論文が，正統派のレフリーによって企業行動を〝的確に〟モデル化していないとして不適切であると判断されることはまさにありうることである．このモデルの判断基準は，正統派の理論の知的ルーティーンをより永続させるという意味で貴重である．

　進化理論においては，企業行動を的確にとらえているかどうかを判断する最終的な基準は実証的なものであると考えられる．企業は利益を追求する，企業は満足する，企業は比較的単純なルールに従う，企業は利益が出るときは拡大する，などといった考え方は，進化理論にとってすべて興味ある事柄である．しかしながら，これらはすべて実証的一般化として妥当であるならば（そうしてその範囲で）そのようにいえるのである．この観点は，企業行動それ自体の研究に，正統派理論とはまったく違う位置づけを与えることとなる．企業が実際にどう行動するかを学べば学ぶほど，特定の淘汰環境の下で多くの企業が相互に作用する，大きなシステムを支配する進化の法則をさ

らに理解することができる.

とりわけ，企業が実際に用いるルーティーンは幅広い領域の研究を提供しており，そこから進化理論的理論化が必要とする実証的な規律を導き出すことができる．そこで関連する問題は，我々がルーティーンという言葉を柔軟に使用していることでわかるように多様である．そして，可能なアプローチもこれに対応して多数存在する．サイアート，マーチとムーアのマークアップ値上げ価格決定の研究（サイアートとマーチ，1963，第7章）はこのような研究の古典的な例である．すなわち，個々の企業の意思決定ルールの詳細な検討とコンピュータープログラミングによるシミュレーションが行われている．価格決定行動は，これ以外にもさまざまな方法論によって検証されている．実際，価格決定に関する研究は，正統派の企業行動のとらえ方に対する実証的批判の大きな部分となっている[6]．残念ながら，研究を導き蓄積していくための適切な理論構造が欠如しているために，その利用価値を限られたものにしている．進化理論は，必要とされている構造を提供している．価格決定に関するこれまでの研究は再検証と拡張が必要である．

一つの非常に構造化された一連のルーティーンに支配されている企業行動が存在する領域は会計である．現実の組織の他のルーティーンと同様に，会計の手続きは，実際に利用可能な情報に基づき適用されるという重要な性質をもっている．正統派にとって，会計手続きは（その他すべての実際の意思決定過程と同様に），企業の意思決定の真実の上のベールであり，それは，知ることのできない将来のデータを合理的に扱おうとする．正統派が会計手続きを副次的なものとしてまったく無視してきたおかげで，この分野では初等レベルの会計簿があれば，直接的な実証研究はまったく必要なしで企業行動の理論化を大いに発展させることが可能かもしれない．しかし，会計上の慣行が実際の意思決定をシステマティックに〝ゆがめる〞その程度についてのきわめて興味深く重要な実証的課題がいくつか存在する．この歪みは，経済学者が意思決定問題の基本的な誤解とみなすものをいっそう促進することや，計測されたパフォーマンスにお化粧をほどこしてしまうことに関わる懸

---

[6] この価格決定の問題のついての古典的な名著は，ホールとヒッチ（1939）である．シルバーストン（1970）は，実証的なサーベイと議論を提供している．

念などによってもたらされる．我々はこのような効果が普通に見られ，多くの場合に重要であると考える．何か観察できないプロセスがあって，それが現実の企業で行われていると思われる意思決定メカニズムを意味のないものとし，正統派の研究結果に置き換えるというようなことはありえないだろう，正統派の会計に対する無関心さは，おそらく反対の見方を前提にしているからである．この分野は，二つの理論的な視点が直接的にぶつかり合い，したがって，いくつかの重要な実証テストが可能かもしれない一つの分野である．

第5章の〝目標としてのルーティーン〟をめぐる議論は，進化理論に関連する別の分野の実証研究へのガイドとなっている．多くのきわめて類似した制度を運営する組織は，たとえば小売りやファーストフードチェーンなどは，管理や再現性の問題を研究するための自然な実験室を提供しているといえる．新しい技術の普及についてはいくつかの研究があり，また技術移転に関しては多くの研究が行われている．これらの分野では，価格決定と同様に，進化理論による解釈のフレームワークが将来の研究にとって効果的な構造とガイダンスを提供する．

進化理論に関連のある実証的課題の最後の例として，今日の経済学における実証研究において支配的なタイプの計量経済学のテクニックを用いた検討にむいたものをとりあげてみよう．投資に関する実証研究は数多く存在し，また企業成長についての実証研究も同様に多いが，しかしこれら二つの研究のつながりはほとんどない．投資と企業の成長は深い関係があると普通は思うはずであり，我々のモデルではそのようになっている．しかし，理論的関心事の焦点が異なることにともなうデータの利用可能性の制約を中心としたいくつかの理由により，この関係は計量経済学の研究では明らかではない．もっとも単純な進化モデルでは，利益を追求する企業は，ルーティーン化された行動を再度行うのはコストもかからないし，また現在の市場によるシグナルは投資すると利益をもたらすことを示しているので投資を行う．投資は，必ずしも売り上げ収入の増加をもたらさないかもしれないが能力の増加をもたらし，企業間のこうした成長の違いは，産業でみられるさまざまなルーティーンの適応的な変化のメカニズムである．もちろん，この図式は過度に単純化されているし，概念的な問題やデータの制約の問題がこの関係を推定す

る際に立ちはだかっている．たとえば，多くの産業において能力について明確に定義されていない．とくに，複数の製品を生産している企業ではそうである．また収益性と投資判断と能力の成長の間には複雑で変動するラグが存在しているかもしれない．しかしながら，一般的にこの分野では，これまでは淘汰メカニズムの量的検討が実証研究の中心的な課題とはなってきておらず，多くの実行可能で理論的にも重要なプロジェクトが待っていることは明らかである．

政策的課題

　進化理論の助けにより，どのような公共政策の問題が適切に検討されるであろうか．〝政策研究〟というのは，〝理論研究〟や〝実証研究〟のようにあるカテゴリーを確定するのではなくむしろすべての政策志向の研究は，理論と実証の要素をもっている．他方で，すべての研究は最終的にはどのように迂回した経路をたどったとしても，答えを必要としている現実の問題に最終的には関わっていることが望まれよう．そうした期待にてらしてみると，すべての研究は政策研究であるといえる．狭義の政策研究として独立した取り扱いが必要になるのは，その動機や構造によるものである．政策研究は，政策課題に答えるために研究され，その目的のための構造を明らかにもつ．

　広い意味では，進化理論は〝物事のやり方〟の運命に関わる研究である．それは，機能している組織を社会の重要なノウハウの保管場所であり，新しいノウハウの創造者であると考える．これらの核となる考えは，進化理論がもっとも直接適用できる政策課題を示唆し，それが提供する視点の性質を明白にする．第Ⅴ部のシュンペーター的競争の研究では，たとえば，構造や進歩性についてもっと直接政策に関係する研究に不可欠なバックグラウンドを提示している．こうした研究に必要なのは，何よりも我々のモデルが提供している現実的な一連の代替的な政策レジームの抽象的な表現である．とりわけ，許容される市場シェアに絶対的な上限を設けるといった定型化された反トラスト政策の帰結を評価することを我々は意図している．この政策の帰結に対する評価は，産業の進化の全体的なコースに対する予想される影響を分析するものであり，実質的に政策は淘汰環境の特質の一部になる．こうした

分析のみが，政策介入による構造や進歩性への間接的な影響も含めることとなる．

我々の研究開発に対する政策の議論は，同様に，さらなる研究の出発点となる．それは，政策ツールを使って民間の新技術創造への私的インセンティブを増大したり修正したりすることの微妙な問題をいくつか明らかにする．関わっている利益の重要性，産業を巡る環境の多様性，技術的問題の複雑性をあわせて考慮すると，将来もこれまでと同様に研究開発に介入する政策は，数多く，多種多様で状況に応じたものになるものと考えられる．また，これまでもそうであったように，政府と民間の活動の適切な役割と相対的なメリットについての一般的な原則や命題が，実際の経験を正確に描写することや規範的ガイダンスを提供することはない．それらの修辞上の利用価値を別にすると，こうした命題の有効性は，主に政策の道のりの分岐点に立つさまざまな警告サインということであろう．残念ながら，我々の住む不完全な世界では，こうした政策論争における警告は政策効果の約束よりは実質があるように思われる．

ある特定のケースに対して合理的な政策を提案するには，既存の制度のフレームワークを詳細に評価し，不確実な将来について暫定的な判断を下し，関連する問題についてこれまでの経験を省みることが必要である．そして，何より重要なのは，将来が明らかになるにつれ常に新しい情報が入ってくることを理解することである．こうした政策形成過程では，技術に関する一連の選択肢や推測についての専門的知識が，高度な経済分析と制度の理解と組み合わされなければならない．正統派理論は，それが真に新しいことは起こらない非歴史的な世界についての理論であるため，分析と理解を適切に提供できないのである．進化理論的アプローチは，特定なケースを分析するにはまだまだ入念な彫琢が必要ではあるが，少なくとも変化を分析の中心に置いた点ではメリットが大きい．

最後に，本書の範囲から外れているが，きわめて重要であり，進化理論が究極的には有益であると考える領域がある．"マクロ経済のミクロ経済学的基礎"の探求は，適切なミクロ経済理論が存在しないことからあまり大きな成功にはいたっていない．価格決定，雇用，生産の決定要因，投資の分野で，

経済学者はミクロ的行動について利用可能な証左に目も向けたがらないのは，おそらくその証左が均衡のなかでの最大化とはうまく接合できず，したがって正統派から見て破棄すべきものと受け止められているからであろう．行動に関するデータをそのままに受け取り，準進化理論的均衡と整合的であるか，もしそうでなければ進化理論的変化の方向性とスピードについてたしかめてみることは意味がある．おそらく正統派経済学者がマクロ経済を理解しにくいという理由は，彼らがモデルのなかの個々のアクターの行動に無制限の合理性を課すことに固執していることが主な理由である．本当のアクターは，熟練した，ときには複雑なルーティーンに従う高度にパターン化された行動を取る．その行動は，しばしば熟練したものであり，あるいは複雑なルーティーンに従ったものである．それは合理性に基づいているが明確に限定された合理性である[7]．

　要約すると，進化理論の分析の優位な立場は，ものごとを違う角度から明らかにしていることである．このような見方に慣れてくると，見えてくるほとんどのものはよく知られた普通のことである．しかし，これまで普通のものでも気づかなかった特徴が明白になり，正統派の視点により明らかだったいくつかのものが突然不思議に消える．それらはいったい本物であったのか幻想であったのか．これまで，見過ごされていたものが明らかに見え始める．それは，これまでよく知られているものではあるが今までとは違った特徴が見え始めるというだけではなく，まったく新しいものも見え始める．総じて述べると，異なった角度からの視点をとることによって歪められた暗闇から救い出してくれるかのようにより明瞭に見え始めたようである．この眺望を

7）アーサー・オークン（1981）の最後の研究で，過去10年間の低迷しているマクロ経済の問題の源となっているメカニズムについて広範囲な議論を展開している．彼の議論は，彼の現代経済の制度的な経済的現実の比類のない理解と彼のマクロ経済分析の的確なミクロ経済的基礎への真摯な探求を明らかにしている．しかし，彼の取り組みは，最近の正統派ミクロ経済理論に集中している．我々は，彼の理論的説明において制度や行動分析にみられる限定された合理性をもっと表に出して理論を展開すれば，より成功したであろうと考える．対照的な研究としては，ジョージ・アカロフ（1979）がある．彼は，社会的慣行ないし〝標準的商慣行〟が個々の最大化行動に対する効果的な制約条件であると明確に認識している．実際に行われている行動の均衡と非均衡特性に理論的考察を加えることが重要としている彼の研究は，我々の研究と平行している．

多くの人に味わっていただきたいと願うばかりである．

訳者あとがき

　本書は Richard R. Nelson and Sidney G. Winter, *An Evolutionary Theory of Economic Change*, The Belknap Press of Harvard University Press, 1982. の訳である．

　本訳書の出版に際して著者から日本語版への序文を寄稿していただいたので，本書に収録した．このなかに本書の主要なポイント，本書の出版後の研究の発展について詳しく記されているので，ここではできる限り，簡潔に述べるにとどめることとしたい．

　本書は経済の動学的変化を理解するための新しい経済学の理論の構築をおこなったものであり，その影響は経済学をこえて，経営学，社会学，経済史，経営史，科学技術論など広範に及んでいる．また，本書の発想の原点となっている進化理論の展開にも少なからぬ影響を及ぼしている．*Industrial and Cultural Change, Research Policy, Journal of Evolutionary Economics* 等々の専門誌に掲載されている数多くの論文は本書の理論と思想を基盤にしているといっても過言ではない．2001年には本書の出版20周年を記念するコンファレンスがデンマークで開かれ，250人の参加者が170本の論文を発表している．また，特許制度のような占有可能性に関する制度と，科学知識を生み出す大学と産業の関係に関わる制度とが技術開発に果たす役割を強調する考え方は，ナショナル・イノベーションション・システムという概念に発展し，実際の政策の大きな影響を与えた．

　しかし，本書はあくまでも新しい理論を構築する，という姿勢で一貫しており，単に〝正統派〟経済学は非現実的な仮定の上になりたっている，といった批判のみの書とは明確に一線を画している．その意味で，経済学の知識

がない読者には難しい箇所もあるものとおもわれるが，そのような箇所はスキップしても，ネルソンとウインターの主張と思想は理解可能である．とりわけ，日本の読者は，明治以来のダイナミックな経済発展とその中核となった技術進歩を念頭に置きつつ本書を読むことによって，経済の進化のプロセスについて様々な新たな理解を得ることができるものと我々は確信している．この翻訳により，本書のフレームワークを用いて日本経済の発展過程を解明し，さらに，それを通じて経済変動の進化理論の進化へと貢献していく，という研究が日本からでてくることが，訳者の願いである．

　本書の翻訳の過程では，小山田和仁氏に多大の貢献をしていただいた．氏の貢献がなければ翻訳はさらに遅れてしまっていたであろう．ここに記して改めて謝意を表したい．
　本書の編集を担当していただいた島崎勁一氏には，丁寧な編集作業に加えて，数多くおこなった訳者の間での打ち合わせに参加していただき，訳者の1人ともいえるほどに内容についてもいろいろとご示唆をいただいた．訳者一同，ここに記して心からの謝意を表したい．

　2007年2月

後藤晃　角南篤　田中辰雄

参考文献

アート (1968). Art, R. *The TFX Decision; McNamara and the Military*. Boston: Little, Brown.

アーリー (1956). Early, J. S. "Marginal Policies of 'Excellently Managed' Companies." *American Economic Review* 46: 44-70.

アーリー (1957). Early, J. S. "The Impact of Some New Developments in Economic Theory: Discussion." *American Economic Review* 47: 330-335.

アカロフ (1979). Akerlof, G. "The Case against Conservative Macro-Economics: An Inaugural Lecture." *Economica* 46: 219-238.

アッシャー (1956). Asher, H. "Cost Quantity Relations in the Airframe Industry." Report no. R-291. Santa Monica: RAND Corporation.

アトキンソン, スティグリッツ (1969). Atkinson, A., and J. Stiglitz. "A New View of Technical Change." *Economic Journal* 79: 573-578.

アリソン (1971). Allison, G. *Essence of Decision: Explaining the Cuban Missile Crisis*. Boston: Little, Brown (宮里政玄訳, 1977, 『決定の本質——キューバ・ミサイル危機の分析』, 中央公論新社).

アルチアン (1950). Alchian, A. A. "Uncertainty, Evolution and Economic Theory." *Journal of Political Economy* 58: 211-222. Reprinted in *American Economic Association Readings in Industrial Organization and Public Policy*, ed. R. B. Heflebower and G. W. Stocking. Homewood, Ill.: Irwin.

アルチアン, デムセッツ (1972). Alchian, A. A. and H. Demsetz. "Production, Information Costs, and Economic Organization." *American Economic Review* 62: 777-795.

アロー (1951). Arrow, K. J. *Social Choice and Individual Values*. New York: Wiley (長名寛明訳, 1977, 『社会的選択と個人的評価』, 第2版, 日本経済新聞社).

アロー (1962 a). Arrow, K. J. "The Economic Implications of Learning by Doing." *Review of Economic Studies* 29: 155-173.

アロー (1962 b). Arrow, K. J. "Economic Welfare and the Allocation of Resources for Invention." In *The Rate and Direction of Inventive Activity*, ed. R. Nelson. Princeton: Princeton University Press.

アロー (1974). Arrow, K. J. *The Limits of Organization*. New York: Norton (村上泰亮訳, 1976, 『組織の限界』, 岩波書店).

アロー, チェネリー, ミンハス, ソロー (1961). Arrow, K. J., H. B. Chenery. B. S. Minhas, and R. M. Solow. "Capital Labor Substitution and Economic Effi-

ciency." *Review of Economics and Statistics* 43: 225-250.
アロー，ハーン (1971). Arrow, K. J., and F. H. Hahn. *General Competitive Analysis*. San Francisco: Holden-Day（福岡正夫，川又邦雄訳，1976，『一般均衡分析』，岩波書店）．
イジリ，サイモン (1964). Ijiri, Y., and H. A. Simon. "Business Firm Growth and Size." *American Economic Review* 54: 77-89.
イジリ，サイモン (1974). Ijiri, Y., and H. A. Simon. "Interpretations of Departures from the Pareto Curve Firm-Size Distributions." *Journal of Political Economy* 82: 315-331.
岩井 (1981a). Iwai, K. "Schumpeterian Dynamics I: An Evolutionary Model of Innovation and Imitation." Mimeo. New Haven: Cowles Foundation.
岩井 (1981b). Iwai, K. "Schumpeterian Dynamics II: An Evolutionary Model of Innovation and Imitation." Mimeo, New Haven: Cowles Foundation.
ヴァーノン (1966). Vernon, R. "International Investment and International Trade in the Product Cycle." *Quarterly Journal of Economics* 80: 190-207.
ヴァイニング (1976). Vining, D, R., Jr. "Autocorrelated Growth Rates and the Pareto Law: A Further Analysis." *Journal of Political Economy* 84: 369-380."
ウィリアムソン (1963). Williamson, O. E. "Managerial Discretion and Business Behavior." *American Economic Review* 53: 1032-57.
ウィリアムソン (1964). Williamson, O. E. *The Economics of Discretionary Behavior: Managerial Objectives in a Theory of the Firm*. Englewood Cliffs. N.J.: Prentice-Hall（井上薫訳，1982，『裁量的行動の経済学――企業理論における経営者目標』，千倉書房）．
ウィリアムソン (1970). Williamson, O. E. *Corporate Control and Business Behavior*. Englewood Cliffs, N.J.: Prentice-Hall（岡本康雄，高宮誠訳，1975，『現代企業の組織革新と企業行動』，丸善）．
ウィリアムソン (1972). Williamson, O. E. "Dominant Firms and the Monopoly Problem: Market Failure Considerations." *Harvard Law Review* 85: 1512-31.
ウィリアムソン (1975). Williamson, O. E. *Markets and Hierarchies: Analysis and Antitrust Implications*. New York: Free Press（浅沼萬里，岩崎晃訳，1980，『市場と企業組織』，日本評論社）．
ウィリアムソン (1979). Williamson, O. E. "Transaction-Cost Economics: The Governance of Contractual Relations." *Journal of Law and Economics* 22: 233-261.
ウィリアムソン (1981). Williamson, O. E. "The Modern Corporation: Origins, Evolution, Attributes." *Journal of Economic Literature*, 19:1537-1568.
ウィルソン (1975). Wilson, E. O. *Sociobiology: The New Synthesis*. Cambridge. Mass.: Harvard University Press（伊藤嘉昭監訳，1983，『社会生物学』，思索社）．
ウィルソン，ボッサート (1971). Wilson, E. O. and W. H. Bossert. *A Primer of Population Biology*. Stamford, Conn.: Sinauer Associates（巖俊一，石和貞男訳，

1977，『集団の生物学入門』，培風館）．
ウィルダフスキー（1964）．Wildavsky, A. *The Politics of the Budgetary Process*. Boston: Little, Brown（小島昭訳，1972，『予算編成の政治学』，勁草書房）．
ウィルダフスキー（1966）．Wildavsky, A. "The Political Economy of Efficiency." *Public Administration Review* 26: 298-302.
ウィンター（1964）．Winter, S. G. "Economic 'Natural Selection' and the Theory of the Firm." *Yale Economic Essays* 4: 225-272.
ウィンター（1971）．Winter, S. G. "Satisficing, Selection and the Innovating Remnant." *Quarterly Journal of Economics* 85: 237-261.
ウィンター（1975）．Winter, S. G. "Optimization and Evolution in the Theory of the Firm." In *Adaptive Economic Models*, ed. R. H. Day and T. Groves. New York: Academic Press.
ウィンター（1981）．Winter, S. G. "Attention Allocation and Input Proportions." *Journal of Economic Behavior and Organization* 2: 31-46.
ウォーカー（1969）．Walker, J. L. "The Diffusion of Innovation among American States." *American Political Science Review* 63: 880-899.
ウォースウィック（1972）．Worswick, G. D. N. "Is Progress in Economic Science Possible?" *Economic Journal* 82: 73-86.
ウォールステッター（1962）．Wohlstetter, R. *Pearl Harbor, Warning and Decision*. Stanford: Stanford University Press（岩島久夫・斐子訳，1987，『パールハーバー——トップは情報洪水の中でいかに決断すべきか』，読売新聞社）．
エッカーマン，ヘスラー（1981）．Ackerman, B., and W. Hassler. *Clean Coal, Dirty Air*. New Haven: Yale University Press.
エノス（1962）．Enos, J. L. *Petroleum Progress and Profits*. Cambridge, Mass.: MIT Press（加藤房之助，北村美都穂訳，1972，『石油産業と技術革新』，幸書房）．
エバンソン，キスレフ（1976）．Evenson, R., and Y. Kislev. "A Stochastic Model of Applied R and D." *Journal of Political Economy* 84: 265-281.
エライアソン（1974）．Eliasson, G. *Corporate Planning —— Theory, Practice, Comparison*. Stockholm: Federation of Swedish Industries.
エライアソン（1977）．Eliasson, G. "Competition and Market Processes in a Simulation Model of the Swedish Economy." *American Economic Review* 67: 227-231.
オークン（1981）．Okun, A. *Prices and Quantities: A Macroeconomic Analysis*. Washington, D.C.: Brookings Institution（薮下史郎訳，1986，『現代マクロ経済分析——価格と数量』，創文社）．
オブライアン（1975）．O'Brien, G. L. "The Comparison Method for Stochastic Processes." *Annals of Probability* 3: 80-88.
オルソン（1976）．Olson, M. "The Political Economy of Comparative Growth Rates." In *U.S. Economic Growth from 1976 to 1986*, vol. 2, Joint Economic Committee. Washington. D.C.: U.S. Government Printing Office.

カーソン（1962）. Carson, R. *Silent Spring*. Boston: Houghton Mifflin（青樹簗一訳，1974，『沈黙の春』，新潮社）.

カーツナー（1979）. Kirzner, I. M. *Perception, Opportunity, and Profit: Studeis in the Theory of Entrepreneurship*. Chicago: University of Chicago Press.

カウフマン（1975）. Kaufman, H. "The Natural History of Human Organizations." *Administration and Society* 7: 131-149.

カトナ（1963）. Katona, G. "The Relationship between Psychology and Economics." In *Psychology: A Study of a Science*, vol. 6, ed. S. Koch. New York: McGraw-Hill.

カミエン，シュワルツ（1975）. Kamien, M. I., and N. L. Schwartz. "Market Structure and Innovation: A Survey." *Journal of Economic Literature* 13: 1-37.

カミエン，シュワルツ（1982）. Kamien, M. I., and N. L. Schwartz. "Market Structure and Innovation: Cambridge Surveys of Economic Literature." Cambridge: Cambridge University Press.

ガルブレイス（1952）. Galbraith, J. K. *American Capitalism: The Concept of Countervailing Power*. Boston: Houghton Mifflin（藤瀬五郎訳，1970，『アメリカの資本主義（改定新版）』，時事通信社）.

ガルブレイス（1967）. Galbraith, J. K. *The New Industrial State*. New York: New American Library（斎藤精一郎訳，1984，『新しい産業国家』，講談社文庫（上・下），講談社）.

キャンベル（1969）. Campbell, D. "Variation and Selective Retention in Socio-Cultural Evolution." *General Systems* 16: 69-85.

クアーク，サポスニック（1962）. Quirk, J. P., and R. Saposnik. "Admissibility and Measurability of Utility Functions." *Review of Economic Studies* 29: 140-146.

クーター，コーンハウザー（1980）. Cooter, R., and L. Kornhauser. "Can Litigation Improve the Law without the Help of Judges?" *Journal of Legal Studies* 9: 139-163.

クープマンズ（1957）. Koopmans, T. C. *Three Essays on the State of Economic Science*, New York: McGraw-Hill.

グールド（1968）. Gould, J. P. "Adjustment Costs in the Theory of Investment of the Firm," *The Review of Economic Studies*, Vol. 35, No. 1 (Jan., 1968), pp. 47-55.

クーン（1970）. Kuhn, T. S. *The Structure of Scientific Revolutions*, 2nd ed. Chicago: University of Chicago Press（中山茂訳，1971，『科学革命の構造』，みすず書房）.

クーン，シャベル（1974）. Kohn, M., and S. Shavell. "The Theory of Search." *Journal of Economic Theory* 9: 95-123.

クニース，シュルツ（1975）. Kneese, A., and C. Schultze. *Pollution, Prices, and Public Policy*. Washington. D.C.: Brookings Institution.

クラーク（1955）. Clark, J. M. "Competition: Static Models arid Dynamic Aspects." *American Economic Review* 45: 450-462.

グラーフ (1957). Graaf, J. de V. *Theoretical Welfare Economics*. Cambridge: Cambridge University Press (南部鶴彦, 前原金一訳, 1973, 『現代厚生経済学』, 創文社).
クライン (1967). Klein, B. "The Decision-Making Problem in Development." In *The Rate and Direction of Inventive Activity*, ed. R. Nelson. Princeton: Princeton University Press.
クライン (1977). Klein, B. *Dynamic Economics*. Cambridge. Mass.: Harvard University Press.
グラボウスキー, ミューラー (1972). Grabowski, H. G., and D. C. Mueller. "Managerial and Stockholder Welfare Models of Firms' Expenditures." *Review of Economics and Statistics* 54: 9-24.
グリリカス (1957). Griliches, Z. "Hybrid Corn: An Exploration in the Economics of Technological Change." *Econometrica* 25: 501-522.
グリリカス (1967). Griliches, Z. "Distributed Lags: A Survey." *Econometrica* 35: 16-49.
グリリカス (1973). Griliches, Z. "Research Expenditures and Growth Accounting." In *Science and Technology in Economic Growth*, ed. B. R. Williams. New York: Wiley.
クレイン (1966). Crain, R. "Fluoridation: The Diffusion of an Innovation among American Cities." *Social Forces* 44: 467-484.
クレイン, カッツ, ローゼンタール (1969). Crain, R., E. Katz, and D. Rosenthal. *The Politics of Community Conflict: The Fluoridation Decision*. Indianapolis: Bobbs-Merrill.
グレーザー, プロット (1979). Grether, D. M., and C. R. Plott. "Economic Theory of Choice and the Preference Reversal Phenomenon." *American Economic Review* 69: 623-638.
グロスマン, ハート (1980). Grossman, S., and O. Hart. "Takeover Bids, the Free Rider Problem, and the Theory of the Corporation." *Bell Journal of Economics*. 11: 42-64.
クワイン (1961). Quine, W. V. "Two Dogmas of Empiricism." In *From a Logical Point of View*, 2nd ed. New York: Harper Torchbooks (中山浩二郎, 持丸悦朗訳, 1972, 『論理学的観点から――9つの論理・哲学の小論』, 岩波書店；飯田隆訳, 1992, 『論理的観点から――論理と哲学をめぐる九章』, 勁草書房).
クンロイター (1978). Kunreuther, H., with R. Ginsberg et al. *Disaster Insurance Protection: Public Policy Lessons*. New York: Wiley-Interscience.
ケイブス (1980). Caves, R. 1980. "Corporate Strategy and Structure." *Journal of Economic Literature* 18: 64-92.
ケイブス, ポーター (1977). Caves, R. and M. E. Porter. "From Entry Barriers to Mobility Barriers." *Quarterly Journal of Economics* 91: 241-261,"
ケインズ (1964). Keynes, J. M. *The General Theory of Employment, Interest and*

Money. New York: Harcourt Brace（塩野谷祐一訳，1995，『雇用・利子および貨幣の一般理論（普及版）』，東洋経済新報社）.

ケネディ（1964）. Kennedy, C. "Induced Bias in Innovation and the Theory of Distribution." *Economic Journal* 74: 541-547.

ケネディ，サールウォール（1972）. Kennedy, C. and A. P. Thirlwall. "Technical Progress." *Economic Journal* 82: 11-72.

コース（1937）. Coase, R. "The Nature of the Firm." *Economica* 4: 386-405.

コース（1960）. Coase, R. "The Problem of Social Cost." *Journal of Law and Economics* 3: 1-44,

ゴードン（1945）. Gordon, R. A. *Business Leadership in the Large Corporation*. Washington, D.C.: Brookings Institution（平井泰太郎，森昭夫共訳，1954，『ビジネス・リーダーシップ──アメリカ大会社の生態』，東洋経済新報社）.

コールマン，カッツ，メンゼル（1957）. Coleman, J., E. Katz, and H. Menzel. "The Diffusion of an Innovation among Physicians." *Sociometry* 20: 253-270,"

サイアート，ヘドリック（1972）. Cyert, R. M., and C. Hedrick. "Theory of the Firm: Past, Present, and Future: An Interpretation." *Journal of Economic Literature* 10: 398-412.

サイアート，マーチ（1963）. Cyert, R. M., and J. G. March. *A Behavioral Theory of the Firm*. Englewood Cliffs, N. J.: Prentice-Hall（松田武彦監訳，井上恒夫訳，1967，『企業の行動理論』，ダイヤモンド社）.

サイモン（1951）. Simon, H. A. "A Formal Theory of the Employment Relation." *Econometrica* 19: 293-305. Reprinted in *Models of Man*. 1957. New York: Wiley（宮沢光一監訳，1970，『人間行動のモデル』，同文舘出版）.

サイモン（1955a）. Simon, H. A. "A Behavioral Model of Rational Choice." *Quarterly Journal of Economics* 69: 99-118. Reprinted in *Models of Man*. 1957. New York: Wiley（同上）.

サイモン（1955b）. Simon, H. A. "On a Class of Skew Distribution Functions." *Biometrika* 42: 425-440.

サイモン（1959）. Simon, H. A. "Theories of Decision Making in Economics." *American Economic Review* 49: 253-283.

サイモン（1965）. Simon, H. A. *Administrative Behavior: A study of Decision-Making Proccesses in Admimistrative Organization*. 2nd ed. New York Free Press（松田武彦，高柳暁，二村敏子訳，1989，『経営行動──経営組織における意思決定プロセスの研究』，ダイヤモンド社）.

サイモン，ボニーニ（1958）. Simon, H. A. and C. P. Bonini. "The Size Distribution of Business Firms." *American Economic Review* 48: 607-617.

サミュエルソン（1947）. Samuelson, P. A. *Foundations of Economic Analysis*. Cambridge. Mass.: Harvard University Press（佐藤隆三訳，1986，『経済分析の基礎（増補版）』，勁草書房）.

サミュエルソン (1967). Samuelson, P. A. "The Monopolistic Competition Revolution." In *Monopolistic Competition Theory: Studies in Impact. Essays in Honor of Edward H. Chamberlin*. New York: Wiley.
サミュエルソン (1972). Samuelson, P. A. "Maximum Principles in Analytical Economics." *American Economic Review* 62: 249-262.
サルター (1966). Salter, W. E. G. *Productivity and Technical Change*, 2nd ed. Cambridge: Cambridge University Press (黒澤一清訳, 1969, 『生産性と技術進歩』, 好学社).
ジェークス, サワーズ, スティラーマン (1961). Jewkes, J., D. Sawers, and R. Stillerman. *The Sources of Invention*. New York: Norton (星野芳郎, 大谷良一, 神戸鉄夫訳, 1975, 『発明の源泉 (第2版)』, 岩波書店).
シェーラー (1980). Scherer, F. M. *Industrial Market Structure and Economic Performance*, 2nd ed. Chicago: Rand McNally.
シュタインドル (1965). Steindl, J. *Random Processes and the Growth of Firms: A Study of the Pareto Law*. New York: Hafner.
シェリング (1971). Schelling, T. C. "On The Ecology of Micromotives." *Public Interest* 25: 65-88.
ジェンセン, メクリング (1976). Jensen, M. C., and W. H. Meckling. "Theory of the Firm: Managerial Behavior. Agency Costs and Ownership Structure." *Journal of Financial Economics* 3: 305-360.
ジャコビー, スタインブルーナー (1973). Jacoby, H., and J. D. Steinbruner. *Clearing the Air: Federal Policy on Automotive Emissions Control*, Cambridge, Mass.: Ballinger.
シャンク, エーベルソン (1977). Schank, R., and R. Abelson. *Scripts, Plans, Goals and Understanding*. Hillsdale, N. J.: Lawrence Erlbaum Associates.
シュービック (1970). Shubik, M. "A Curmudgeon's Guide to Microeconomics." *Journal of Economic Literature* 8: 405-434.
シュッテ (1980). Schuette, H. L. "The Role of Firm Financial Rates and a Simple Capital Market in an Evolutionary Model." Dissertation. Ann Arbor: University of Michigan.
シュッテ, ウィンター (1975). Schuette, H. L. and S. G. Winter. "SSIR2: A Computer Simulation Model Based on 'Satisficing, Selection, and the Innovating Remnant.'" Discussion Paper No. 51. Ann Arbor: University of Michigan Institute of Public Policy Studies.
シュムックラー (1966). Schmookler, J. *Invention and Economic Growth*. Cambridge, Mass.: Harvard University Press.
シュルツ (1968). Schultze, C. *The Politics and Economics of Public Spending*. Washington, D.C.: Brookings Institution.
シュンペーター (1934). Schumpeter, J. A. *The Theory of Economic Development: An*

Inquiry into Profits, Capital, Credit, Interest and the Business Cycle. Cambridge, Mass.: Harvard University Press（塩野谷祐一，中山伊知郎，東畑精一訳，1977，『経済発展の理論――企業者利潤・資本・信用・利子および景気の回転に関する一研究』，岩波文庫（上・下），岩波書店）．

シュンペーター（1950）．Schumpeter, J. A. *Capitalism, Socialism, and Democracy*. 3rd ed. New York: Harper（中山伊知郎，東畑精一訳，1995，『資本主義・社会主義・民主主義（新装版）』，東洋経済新報社）．

ジョスコー（1973）．Joskow, P. L. "Pricing Decisions of Regulated Firms: A Behavioral Approach." *Bell Journal of Economics* 4: 118-140.

シルバーストン（1970）．Silberston, A. "Surveys in Applied Economics: Price Behaviour of Firms." *Economic Journal* 80: 511-582.

シン，ホイッティントン（1975）．Singh, A., and G. Whittington. "The Size and Growth of Firms." *Review of Economic Studies* 42: 15-26,"

スタイナー（1971）．Steiner, G. *The State of Welfare*. Washington, D.C.: Brookings Institution.

スタインブルーナー（1974）．Steinbruner, J. D. *The Cybernetic Theory of Decision: New Dimensions of Political Analysis*. Princeton: Princeton University Press.

スティグラー（1957）．Stigler, G. J. "Perfect Competition, Historically Contemplated." *Journal of Political Economy* 65: 1-17.

スティグラー（1971）．Stigler, G. J. "The Theory of Economic Regulation." *Bell Journal of Economics and Management Science* 2: 3-21.

ストーキー，ゼックハウザー（1978）．Stokey, E., and R. Zeckhauser. *A Primer for Policy Analysis*. New York: Norton（佐藤隆三，加藤寛監訳，1998，『政策分析入門（新装版）』，勁草書房）．

スペンス（1979）．Spence, A. M. "Investment Strategy and Growth in a New Market." *Bell Journal of Economics* 10: 1-19.

スペンス（1981）．Spence, A. M. "The Learning Curve and Competition." *Bell Journal of Economics* 12: 49-70.

セーラー（1980）．Thaler, R. "Toward a Positive Theory of Consumer Choice." *Journal of Economic Behavior and Organization* 1: 39-60.

セッツァー（1974）．Setzer, F. "Technical Change over the Life of a Product: Changes in Skilled Inputs and Production Processes." Dissertation. New Haven: Yale University.

ソロー（1957）．Solow, R. M. "Technical Change and the Aggregate Production Function." *Review of Economics and Statistics* 39: 312-320.

ソロー（1970）．Solow, R. M. *Growth Theory: An Exposition*. New York: Oxford University Press（福岡正夫訳，2000，『成長理論（第2版）』，岩波書店）．

ソロー（1980）．Solow, R. M. "On Theories of Unemployment." *American Economic Review* 70: 1-12.

ソロー，トービン，フォン・ワイツゼッカー，ヤーリ (1966). Solow, R. M., J. Tobin., C. E. VonWeizacker, and M. E. Yaari. "Neoclassical Growth with Fixed Factor Proportions." *Review of Economic Studies* 33: 79-116.

ソンダ (1977). Sonda, J. *Technology Forcing and Auto Emissions Control*. Dissertation. Ann Arbor: University of Michigan.

ダール (1961). Dahl, R. *Who Governs ?: Democracy and Power in the American City*. New Haven: Yale University Press（河村望，髙橋和宏監訳，1988，『統治するのはだれか——アメリカの一都市における民主主義と権力』，行人社）.

ダウンズ (1957). Downs, A. *An Economic Theory of Democracy*. New York: Harper and Row（古田精司監訳，1980，『民主主義の経済理論』，成文堂）.

ダスグプタ，スティグリッツ (1980a). Dasgupta, P., and J. Stiglitz. "Uncertainty: Industrial Structure and the Speed of R&D." *Bell Journal of Economics* 11: 1-28.

ダスグプタ，スティグリッツ (1980b). Dasgupta, P., and J. Stiglitz. "Industrial Structure and the Nature of Innovative Activity." *Economic Journal* 90: 266-293.

タロック (1977). Tullock, G. "Economics and Sociobiology: A Comment." *Journal of Economic Literature* 15: 502-506.

ダン (1971). Dunn, E. S. *Economic and Social Development: A Process of Social Learning*. Baltimore: Johns Hopkins Press.

ダンズビー，ウィリング (1979). Dansby, R. E., and R. D. Willig. "Industry Performance Gradient Indices." *American Economic Review* 69: 249-260.

チャンドラー (1962). Chandler, A. *Strategy and Structure*. Cambridge. Mass.: MIT Press（有賀裕子訳，2004，『組織は戦略に従う』，ダイヤモンド社）.

チャンドラー (1977). Chandler, A. *The Visible Hand: The Managerial Revolution in American Business*. Cambridge. Mass.: Harvard University Press（鳥羽欽一郎，小林袈裟治訳，1979，『経営者の時代——アメリカ産業における近代企業の成立（上・下）』，東洋経済新報社）.

デイ，グローヴィス (1975). Day, R. H., and T. Groves, eds. *Adaptive Economic Models*, New York: Academic Press.

デイ，ティンニー (1968). Day, R. H., and E. H. Tinney. "How to Cooperate in Business without Really Trying: A Learning Model of Decentralized Decision Making." *Journal of Political Economy* 76: 583-600.

デイ，モーレイ，スミス (1974). Day, R. H., S. Morley, and K. R. Smith. "Myopic Optimizing and Rules of Thumb in a Micro-Model of Industrial Growth." *American Economic Review* 64: 11-23.

ティース (1977). Teece, D. J. "Technology Transfer by Multinational Firms: The Resource Cost of Transferring Technological Know-How." *Economic Journal* 87: 242-261.

ティース (1980). Teece, D. J. "Economies of Scope and the Scope of the Enterprise:

The Diversification of Petroleum Companies." *Journal of Economic Behavior and Organization* 1: 223-247.

デイヴィッド (1975). David, P. A. *Technical Choice, Innovation and Economic Growth: Essays on American and British Experience in the Nineteeth Century*. London: Cambridge University Press.

デリンジャー，ピオレ (1971). Doeringer. P., and M. Piore. *Internal Labor Markets and Manpower Analysis*. Boston: D. C. Heath.

トービン (1972). Tobin, J. "Inflation and Unemployment." *The American Economic Review* 62: 1-18.

トバースキー，カーネマン (1974). Tversky, A., and D. Kahneman. "Judgment under Uncertainty: Heuristics and Biases." *Science* 185: 1124-31.

ドブリュー (1959). Debreu, G. *Theory of Value: An Axiomatic Analysis of Economic Equilibrium*. New York: Wiley（丸山徹訳，1977，『価値の理論——経済均衡の公理的分析』，東洋経済新報社）.

トレッドウェー (1970). Treadway, A. B. "Adjustment Costs and Variable Inputs in the Theory of the Competitive Firm." *Journal of Economic Theory* 2: 329-347.

ナーラヴ (1972). Nerlove, N. "Lags in Economic Behavior." *Econometrica* 40: 221-251.

ナイト (1921). Knight, F. *Risk, Uncertainty, and Profit*. Boston: Houghton Mifflin（奥隅榮喜訳，1959，『危險・不確實性および利潤』，文雅堂書店）.

ナスベス，レイ (1974). Nasbeth, L., and G. Ray. *The Diffusion of New Industrial Processes: An International Study*. Cambridge: Cambridge University Press.

ナディリ (1970). Nadiri, M. I. "Some Approaches to the Theory and Measurement of Total Factor Productivity: A Survey." *Journal of Economic Literature* 8: 1137-77.

ナディリ，ローゼン (1973). Nadiri, M. I. and S. Rosen. *A Disequilibrium Model of the Demand for Factors of Production*. New York: Columbia University Press for the National Bureau of Economic Research.

ニスカネン (1971). Niskanen, W. *Bureaucracy and Representative Government*. Chicago: Aldine Publishing.

ニューウェル，サイモン (1972). Newell, A., and H. A. Simon. *Human Problem Solving*. Englewood Cliffs, N.J.: Prentice-Hall.

ニューウェル，ショー，サイモン (1962). Newell, A., J. C. Shaw, and H. A. Simon. "The Processes of Creative Thinking." In *Contemporary Approaches to Creative Thinking*, ed. H. E. Gruber, G. Terrell, and M. Wertheimer. New York: Atherton Press.

ネルソン (1981). Nelson, P. B. *Corporations in Crisis: Behavioral Observations for Bankruptcy Policy*. New York: Praeger.

ネルソン (1961). Nelson, R. R. "Uncertainty, Learning and the Economics of Parallel

R and D." *Review of Economics and Statistics* 43: 351-364.

ネルソン (1968). Nelson, R. R. "A 'Diffusion' Model of International Productivity Differences in Manufacturing Industry." *American Economic Review* 58: 1219-48.

ネルソン (1972). Nelson, R. R. "Issues and Suggestions for the Study of Industrial Organization in a Regime of Rapid Technical Change." In *Policy, Issues and Research Opportunities in Industrial Organization*, ed. V. R. Fuchs. New York: National Bureau of Economic Research.

ネルソン (1973). Nelson, R. R. "Recent Exercises in Growth Accounting: New Understanding or Dead End?" *American Economic Review* 63: 462-468.

ネルソン (1977). Nelson, R. R. *The Moon and the Ghetto: An Essay on Public Policy Analysis*. New York: Norton.

ネルソン (1978). Nelson, R. R. "R and D, Knowledge, and Externalities." Mimeo. New Haven: Yale University.

ネルソン (1979). Nelson, R. R. "The Resource Allocation Problem When Innovation Is Possible." Mimeo. New Haven: Yale University.

ネルソン (1980). Nelson, R. R. "Production Sets, Technological Knowledge and R and D: Fragile and Overworked Constructs for Analysis of Productivity Growth?" *American Economic Review* 70: 62-67.

ネルソン (1981). Nelson, R. R. "Balancing Market Failure and Governmental Inadequacy: The Case of Policy Towards Industrial R&D." Mimeo. New Haven: Yale University.

ネルソン, ウィンター (1973). Nelson, R. R., and S. G. Winter. "Toward an Evolutionary Theory of Economic Capabilities." *American Economic Review* 63: 440-449.

ネルソン, ウィンター (1974). Nelson, R. R., and S. G. Winter. "Neoclassical vs. Evolutionary Theories of Economic Growth: Critique and Prospectus." *Economic Journal* 84: 886-905.

ネルソン, ウィンター (1975). Nelson, R. R., and S. G. Winter. "Factor Price Changes and Factor Substitution in an Evolutionary Model." *Bell Journal of Economics*. 6: 466-486.

ネルソン, ウィンター (1977a). Nelson, R. R., and S. G. Winter. "Simulation of Schumpeterian Competition." *American Economic Review* 67: 271-276.

ネルソン, ウィンター (1977b). Nelson, R. R., and S. G. Winter. "In Search of Useful Theory of Innovation." *Research Policy* 5: 36-76.

ネルソン, ウィンター (1977c). Nelson, R. R., and S. G. Winter. "Dynamic Competition and Technical Progress." In *Economic Progress, Private Values and Public Policy: Essays in Honor of William Fellner*, ed. B. Balassa and R. Nelson. Amsterdam: North-Holland.

ネルソン, ウィンター (1978). Nelson, R. R., and S. G. Winter. "Forces Generating and Limiting Concentration under Schumpeterian Competition." *Bell Journal of Economics* 9: 524-548.

ネルソン, ウィンター (1980). Nelson, R. R., and S. G. Winter. "Firm and Industry Response to Changed Market Conditions: An Evolutionary Approach." *Economic Inquiry* 18: 179-202.

ネルソン, ウィンター, シュッテ (1976). Nelson, R. R., S. G. Winter, and H. L. Schuette. "Technical Change in an Evolutionary Model." *Quarterly Journal of Economics* 90: 90-118.

ネルソン, ペック, カラチェック (1967). Nelson, R. R., M. J. Peck, and E. D. Kalachek. *Technology, Economic Growth and Public Policy*. Washington. D.C.: Brookings Institution (矢島鈞次, 中村寿雄訳, 1972, 『技術開発と公共政策』, 好学社).

ノードハウス, トービン (1972). Nordhaus, W., and J. Tobin. "Is Growth Obsolete?" In *Economic Research: Retrospect and Prospect, Economic Growth*, ed. R. A. Gordon. New York: National Bureau of Economic Research.

ノル (1975). Noll, R. "Government Policy and Technological Innovation: Where Do We Stand and Where Should We Go?" Social Science Working Paper. Pasadena: California Institute of Technology.

ハーシュ (1952). Hirsch, W. Z. "Manufacturing Progress Functions," *Review of Economics and Statistics* 34: 143-155.

ハーシュライファー (1977a). Hirshleifer, J. "Economics from a Biological Viewpoint." *Journal of Law and Economics* 20: 1-52.

ハーシュライファー (1977b). Hirshleifer, J. "Shakespeare vs. Becker on Altruism: The Importance of Having the Last Word." *Journal of Economic Literature* 15: 500-502.

バーゼル (1968). Barzel, Y. "Optimal Timing of Innovation." *Review of Economics and Statistics* 50: 348-355.

ハート (1977). Hart, O. D. "Take-Over Bids and Stock Market Equilibrium." *Journal of Economic Theory* 16: 53-83.

バーリー, ミーンズ (1933). Berle, A. A., Jr., and G. C. Means. *The Modern Corporation and Private Property*. New York: Macmillan (北島忠男訳, 1958, 『近代株式会社と私有財産』, 文雅堂書店).

ハーン (1949). Hahn, F. H. "Proportionality, Divisibility and Economies of Scale: Comment." *Quarterly Journal of Economics* 63: 131-137.

ハーン (1970). Hahn, F. H. "Some Adjustment Problems." *Econometrica* 38: 1-17.

ハイエク (1945). von Hayek, F. A. "The Use of Knowledge in Society." *American Economic Review* 35: 519-530.

パヴィット (1971). Pavitt, K. *The Conditions for Success in Technological Innovation*.

Paris: Organization for Economic Cooperation and Development (OECD編, 村井仁訳, 1974, 『イノベーション――技術革新成功の諸条件』, 通商産業調査会).

ハウス (1977). Hause, J. "The Measurement of Concentrated Industrial Structure and the Size Distribution of Firms." *Annals of Economic and Social Measurement* 6: 73-108.

ハウタッカー (1956). Houthakker, H. S. "The Pareto Distribution and the Cobb-Douglas Production Function in Activity Analysis." *Review of Economic Studies* 23: 27-31.

ハナン, フリーマン, J. (1977). Hannan, M. T., and J. Freeman. "The Population Ecology of Organizations." *American Journal of Sociology* 82: 929-964.

ハバクック (1962). Habakkuk, H. J. *American and British Technology in the Nineteenth Century: The Search for Labour-Saving Inventions*. Cambridge: Cambridge University Press.

ハフバウアー (1966). Hufbauer, G. C. *Synthetic Materials and the Theory of International Trade*. London: Duckworth.

ハヤミ, ルタン (1971). Hayami, Y., and V. Ruttan. *Agricultural Development: An International Perspective*. Baltimore: Johns Hopkins Press.

ヒール, シルバーストン (1972). Heal, G, M., and A. Silberston. "Alternative Managerial Objectives: An Exploratory Note." *Oxford Economic Papers* 24: 137-150.

ピオレ (1968). Piore, M. J. "The Impact of the Labor Market upon the Design and Selection of Productive Techniques within the Manufacturing Plant." *Quarterly Journal of Economics* 82: 602-620.

ピグー (1950). Pigou, A. C. *Economics of Welfare*. London: Macmillan (気賀健三他訳, 1965, 『ピグウ厚生経済学 (改訂重版)』, 東洋経済新報社).

ヒックス (1932). Hicks, J. R. *The Theory of Wages*. New York: Macmillan (内田忠寿訳, 1965, 『賃金の理論 (新版)』, 東洋経済新報社).

ヒッチ (1955). Hitch, C. J. "An Appreciation of Systems Analysis." *Journal of the Operations Research Society of America* 6: 466-481.

ヒッチ, マッキーン (1960). Hitch, C. J. and R. McKean. *The Economics of Defense in the Nuclear Age*. Cambridge, Mass.: Harvard University Press (前田寿夫訳, 1967, 『核時代の国防経済学』, 東洋政治経済研究所).

ヒューズ (1971). Hughes, W. "Scale Frontiers in Electric Power." In *Technological Change in Regulated Industries*, ed. W. Capron. Washington, D.C.: Brookings Institution.

ビンスワンガー, ルタン (1978). Binswanger, H. D., and V. N. Ruttan. *Induced Innovation: Technology, Institutions, and Development*. Baltimore: Johns Hopkins Press.

ファレル (1970). Farrell, M. J. "Some Elementary Selection Processes in Economics." *Review of Economic Studies* 37: 305-319.

フィッシャー, F. M. (1971). Fisher, F. M. "Aggregate Production Functions and the Explanation of Wages: A Simulation Experiment." *Review of Economics and Statistics* 53: 305-325.

フィッシャー, F. M., テミン (1973). Fisher, F. M. and P. Temin. "What Does the Schumpeterian Hypothesis Imply?" *Journal of Political Economy* 81: 56-70.

フィッシャー, R. A. (1958). Fisher, R. A. *The Genetical Theory of Natural Selection*. New York: Dover (originally published 1930).

フィリップス (1971). Phillips, A. *Technology and Market Structure: A Study of the Aircraft Industry*. Lexington, Mass.: D. C. Heath.

ブーアマン, レビット (1980). Boorman, S., and P. Levitt. *The Genetics of Altruism*. New York: Academic Press.

フェラー (1957). Feller, W. *An Introduction to Probability Theory and Its Applications*. Vol.1. New York: Wiley(卜部舜一 他訳, 1960,『確率論とその応用(上・下)』, 紀伊國屋書店).

フェルナー (1949). Fellner, W. J. *Competition among the Few*. New York: Knopf(越後和典他訳, 1971,『寡占──少数者の競争』, 好学社).

フェルナー (1951). Fellner, W. J. "The Influence of Market Structure on Technological Progress." *Quarterly Journal of Economics* 65: 556-577.

フェルプス・ブラウン (1972). Phelps Brown, E. H. "The Underdevelopment of Economics." *Economic Journal* 82: 1-10.

フェルプス他 (1970). Phelps, E. S., et al. *Microeconomic Foundations of Employment and Inflation Theory*. New York: Norton.

フティア (1977). Futia, C. "The Complexity of Economic Decision Rules." *Journal of Mathematical Economics* 4: 289-299.

フティア (1980). Futia, C. "Schumpeterian Competition." *Quarterly Journal of Economics* 94: 675-696.

フラハティ (1980). Flaherty, M. T. "Industry Structure and Cost Reducing Investment." *Econometrica* 48: 1187-1210.

フリードマン, L. (1973). Friedman, L. "Innovation and Diffusion in Non-Markets: Case Studies in Criminal Justice" Dissertation. New Haven: Yale University.

フリードマン, M. (1953). Friedman, M. "The Methodology of Positive Economics." In *Essays in Positive Economics*. Chicago: University of Chicago Press.

フリーマン (1974). Freeman, C. *The Economics of Industrial Innovation*. Harmondsworth, England: Penguin.

プレストン (1975). Preston, L. "Corporation and Society: The Search for a Paradigm." *Journal of Economic Literature* 13: 434-453.

プレスマン, ウィルダフスキー (1973). Pressman, J., and A. Wildavsky. *Implementation*. Berkeley: University of California Press.

ヘイダー, ラッセル (1969). Hadar, J., and W. R, Russell. "Rules for Ordering Uncer-

tain Prospects." *American Economic Review* 59: 25-34.
ヘクロ (1974). Heclo, H. *Modern Social Politics in Britain and Sweden: from Relief to income Maintenance.* New Haven: Yale University Press.
ベッカー (1962a). Becker, G. S. "Irrational Behavior and Economic Theory." *Journal of Political Economy* 70: 1-13.
ベッカー (1962b). Becker, G. S. "Investment in Human Capital: A Theoretical Analysis." *Journal of Political Economy* 70: 9-44.
ベッカー (1976). Becker, G. S. "Altruism, Egoism and Genetic Fitness." *Journal of Economic Literature* 14: 817-826.
ベッカー (1977). Becker, G. S. "Reply to Hirshleifer and Tullock." *Journal of Economic Literature* 15: 506-507.
ペック (1962). Peck, M. J. "Inventions in the Postwar American Aluminum Industry" In *The Rate and Direction of Inventive Activity.* Princeton: Princeton University Press for the National Bureau of Economic Research.
ペルツマン (1976). Peltzman, S. "Towards a More General Theory of Regulation." *Journal of Law and Economics* 19: 211-240.
ペロー (1979). Perrow, C. *Complex Organizations: A Critical Essay.* Glenview, III.: Scott. Foresman.
ヘンダーソン，クォント (1958). Henderson, J., and R. Quandt. *Microeconomic Theory: A Mathematical Approach,* New York: McGraw-Hill（小宮隆太郎，兼光秀郎訳，1973,『現代経済学——価格分析の理論（増訂版）』，創文社).
ペンローズ (1952). Penrose, E. T. "Biological Analogies in the Theory of the Firm." *American Economic Review* 42: 804-819.
ペンローズ (1959). Penrose, E. T. *The Theory of the Growth of the Firm.* New York: Wiley（末松玄六訳，1980,『会社成長の理論（第2版）』，ダイヤモンド社).
ホーガン (1958). Hogan, W. P. "Technical Progress and Production Functions." *Review of Economics and Statistics* 40: 305-325.
ポーター，スペンス (1982). Porter, M. E., and A. M. Spence. "The Capacity Expansion Process in a Growing Oligopoly: The Case of Corn Wet Milling." *The Economics of Information and Uncertainty.* Chicago: University of Chicago Press.
ホーナー (1977). Horner, S. "Stochastic Models of Technology Diffusion." Dissertation. Ann Arbor: University of Michigan.
ボーモル (1959). Baumol, W. J. *Business Behavior, Value and Growth.* New York: Macmillan.（伊達邦春，小野俊夫訳，1962,『企業行動と経済成長』，ダイヤモンド社).
ボーモル (1962). Baumol, W. J. "On the Theory of Expansion of the Firm." *American Economic Review* 52: 1078-87.
ボーモル (1967). Baumol, W. J. "The Macro Economics of Unbalanced Growth."

American Economic Review 57: 415-426.
ボーモル (1968). Baumol, W. J. "Entrepreneurship in Economic Theory." *American Economic Review* 58: 64-71,"
ボーモル，クォント (1964). Baumol, W. J. and R. E. Quandt. "Rules of Thumb and Optimally Imperfect Decisions." *American Economic Review* 54: 23-46.
ボーモル，スチュワート (1971). Baumol, W. J., and M Stewart. "On the Behavioral Theory of the Firm." In *The Corporate Economy: Growth, Competition and Innovation Potential*, ed. R. Marris and A. Wood. Cambridge, Mass.: Harvard University Press.
ホーランダー (1965). Hollander, S. *The Sources of Increased Efficiency: A Study of Dupont Rayon Plants*. Cambridge, Mass.: MIT Press.
ホール, G. R., ジョンソン (1967). Hall, G. R., and R. E. Johnson. *Aircraft Co-Production and Procurement Strategy*. Santa Monica: RAND Corporation.
ホール, R. L., ヒッチ (1939). Hall, R. L., and C. J. Hitch. "Price Theory and Business Behavior." *Oxford Economic Papers* 2: 12-45.
ボックス，ドレーパー (1969). Box, G. E. P., and N. R. Draper., *Evolutionary Operation: A Statistical Method for Process Improvement*. New York: Wiley.
ポランニー (1962). Polanyi, M. *Personal Knowledge: Towards a Post-Critical Philosophy*. New York: Harper Torchbooks（長尾史郎訳，1985，『個人的知識——脱批判哲学をめざして』，ハーベスト社）．
ポランニー (1967). Polanyi, M. *The Tacit Dimension*. Garden City, N.Y.: Doubleday（佐藤敬三訳，1980，『暗黙知の次元——言語から非言語へ』，紀伊國屋書店；高橋勇夫訳，2003，『暗黙知の次元』，筑摩書房）．
ポランニー (1969). Polanyi, M. "The Republic of Science." *Minerva* 1: 54-73.
ホワイト (1982). White, L. "The Motor Vehicle Industry." In *Government and Technical Progress: A Cross-Industry Analysis*, ed. R. Nelson. New York: Pergamon Press.
ホワイトヘッド (1925). Whitehead, A. N. *Science and the Modern World*. Harmondsworth, England: Penguin（上田泰治，村上至孝訳，1987，『科学と近代世界（第3版）』，松籟社）．
マーシャル (1948). Marshall, A. *Principles of Economics*, 8th ed. New York: Macmillan（永沢越郎訳，1985，『経済学原理——序説』，岩波ブックセンター信山社）．
マーチ (1962). March, J. G. "The Business Firm as a Political Coalition." *Journal of Politics* 24: 662-678.
マーチ (1978). March, J. G. "Bounded Rationality, Ambiguity and the Engineering of Choice." *Bell Journal of Economics* 9: 587-608.
マーチ，オルセン (1976). March, J. G., and J. P. Olsen. *Ambiguity and Choice in Organizations*. Bergen: Universitetsforlaget（遠田雄志，アリソン・ユング訳，1986，『組織におけるあいまいさと決定』，有斐閣）．

マーチ，サイモン (1958). March, J. G., and H. Simon. *Organizations*. New York: Wiley (土屋守章訳，1977，『オーガニゼーションズ』，ダイヤモンド社).

マイヤー，クー (1957). Meyer, J. R., and E. Kuh. *The Investment Decision: An Empirical Study*. Cambridge, Mass.: Harvard University Press (1958，『投資決意の諸要因について』，近代資本主義研究会).

マイヤーソン，バンフィールド (1955). Meyerson, M., and E. Banfield. *Politics, Planning, and the Public Interest: The case of public housing in chicago*. New York: Free Press.

マクナルティ (1968). McNulty, P. J. " Economic Theory and the Meaning of Competition." *Quarterly Journal of Economics* 82: 639-656.

マクファデン (1969). McFadden, D. " A Simple Remark on the Second Best Pareto Optimality of Market Equilibria." *Journal of Economic Theory* 1: 26-38.

マハルップ (1946). Machlup, F. " Marginal Analysis and Empirical Research." *American Economic Review* 36: 519-554.

マハルップ (1967). Machlup, F. " Theories of the Firm: Marginalist, Behavioral, Managerial." *American Economic Review* 57: 1-33.

マホーネ，ウィルダフスキー (1978). Majone, G., and A. Wildavsky. " Implementation as Evolution." In *Policy Studies Annual Review*, vol. 2, ed. H. Freeman. Beverly Hills: Sage Publications .

マリス (1964). Marris, R. *The Economic Theory of ' Managerial ' Capitalism*. New York: Free Press (大川勉，森重泰，沖田健吉訳，1971，『経営者資本主義の経済理論』，東洋経済新報社).

マリス，ミューラー (1980). Marris, R. and D. Mueller. " The Corporation, Competition, and the Invisible Hand." *Journal of Economic Literature* 18: 32-63.

マルシャック (1953). Marschak, J., " Economic Measurements for Policy and Prediction." In *Studies in Econometric Method*, ed. W. C. Hood and T. C. Koopmans. New York: Wiley.

マルシャック，ラドナー (1972). Marschak, J., and R. Radner. *Economic Theory of Teams*. New Haven: Yale University Press.

マルシャック，グレナン，サマーズ (1967). Marschak, T. A., T. K. Glennan, and R. Summers. *Strategy for R and D: Studies in the Microecomomics of Development*. New York: Springer-Verlag.

マンスフィールド (1962). Mansfield, E. " Entry, Gibrat's Law, Innovation and the Growth of Firms." *American Economic Review* 52: 1023-51.

マンスフィールド (1968). Mansfield, E. *Industrial Research and Technological Innovation: An Econometric Analysis*. New York: Norton (村上泰亮，髙島忠訳，1972，『技術革新と研究開発』，日本経済新聞社).

マンスフィールド (1971). Mansfield, E. *Research and Innovation in the Modern Corporation*, New York: Norton.

マンスフィールド (1972). Mansfield, E. "The Contribution of R&D to Economic Growth in the U.S." *Science* 175: 477-486.

マンスフィールド (1973). Mansfield, E. "Determinants of the Speed of Application of New Technology." In *Science and Technology in Economic Growth*, ed. B. R. Williams. New York: Wiley.

マンスフィールド, ラポポート, ロメオ, ヴィラニィ, ワーグナー, ヒュージック (1977). Mansfield, E., J. Rapoport, A. Romeo, E. Villani, S. Wagner, and F. Husic. *The Production and Application of New Industrial Technology*, New York: Norton.

ミーゼス (1951). von Mises, L. *Socialism: An Economic and Social Analysis*. New Haven: Yale University Press.

ミシャン (1971). Mishan, E. J. *Cost Benefit Analysis*. London: Allen and Unwin.

ミューラー (1967). Mueller, D. C. "The Firm's Decision Process: An Econometric Investigation." *Quarterly Journal of Economics* 81: 58-87.

ミラー, G. A., ガランター, プリバム (1960). Miller, G. A., E. Galanter, and K. H. Pribam. *Plans and the Structure of Behavior*, New York: Holt, Rinehart and Winston (十島雍蔵他訳, 1980, 『プランと行動の構造――心理サイバネティクス序説』, 誠信書房).

ミラー, R. E., サワーズ (1968). Miller, R. E., and D. Sawers. *The Technical Development of Modern Aviation*. London: Routledge and Kegan Paul.

メイナード・スミス (1976). Maynard-Smith, J. "Evolution and the Theory of Games." *American Scientist* 64: 41-45.

メイヒュー (1974). Mayhew, D. *Congress: The Electoral Connection*. New Haven: Yale University Press.

メドウズ, 他 (1972). Meadows, D. H., D. L. Meadows, J. Randers, and W. Behrens. *The Limits to Growth*, New York: Umiverse Books (大来佐武郎監訳, 1972, 『成長の限界』, ダイヤモンド社).

モーア (1969). Mohr, L. B. "The Determinants of Innovation in Organizations." *American Political Science Review* 63: 111-126.

モーゲンスターン (1972). Morgenstern, O. "Thirteen Critical Points in Contemporary Economic Theory: An Interpretation." *Journal of Economic Literature* 10: 1163-1189.

ヨハンセン (1972). Johansen, L. *Production Functions*. Amsterdam: North-Holland.

ライト (1980). Wright, B. "The Economics of Invention Incentives: Patents, Prizes and Research Contracts." Mimeo. New Haven: Yale University.

ライベンシュタイン (1966). Leibenstein, H. "Allocative Efficiency vs. X-Efficiency." *American Economic Review* 56: 392-415.

ライベンシュタイン (1976). Leibenstein, H. *Beyond Economic Man: A New Foundation for Microeconomics*. Cambridge, Mass.: Harvard University Press.

ライベンシュタイン (1979). Leibenstein, H. "A Branch of Economics is Missing: Micro-Micro Theory." *Journal of Economic Literature* 17: 477-502.
ラドナー (1975a). Radner, R. "A Behavioral Model of Cost Reduction." *Bell Journal of Economics* 8: 196-215.
ラドナー (1975b). Radner, R. "Satisficing." *Journal of Mathematical Economics* 2: 253-262.
ラドナー, ロスチャイルド (1975). Radner, R. and M. Rothschild. "On the Allocation of Effort." *Journal of Economic Theory* 10: 358-376.
ランゲ (1938). Lange, O. "On the Economic Theory of Socialism." In *On the Economic Theory of Socialism*, ed. O. Lange and F. M. Taylor. Minneapolis: University of Minnesota Press (土屋清訳, 1951, 『計畫經濟理論——社會主義の經濟學説』, 社會思想研究會出版部).
ランデス (1969). Landes, D. *The Unbound Prometheus: Technical Change and Industrial Development in Western Europe 1750 to Present*. London: Cambridge University Press (石坂昭雄, 富岡庄一訳, 1980, 『西ヨーロッパ工業史——産業革命とその後1750-1968』, みすず書房).
リッカー (1967). Ridker, R. *Economic Costs of Air Pollution*, New York: Praeger.
リップマン, マッコール (1976). Lippman, S., and J. McCall. "The Economics of Job Search: A Survey." *Economic Inquiry* 14: 155-189.
リトルチャイルド, オーウェン (1980). Littlechild, S. C., and G. Owen. "An Austrian Model of the Entrepreneurial Market Process." *Journal of Economic Theory* 23: 361-379.
リンドブロム (1959). Lindblom, C. E. "The Science of Muddling Through." *Public Administration Review* 19: 79-88.
リンドブロム (1965). Lindblom, C. E. *The Intelligence of Democracy: Decision Making Through Mutual Adjustmeut*. New York: Free Press.
リンドブロム, コーエン (1979). Lindblom, C. E. and D. Cohen. *Usable Knowledge: Social Science and Social Problem Solving*. New Haven: Yale University Press.
ルーカス (1967a). Lucas, R. E., Jr. "Tests of a Capital Theoretic Model of Technological Change." *Review of Economic Studies* 34: 175-189.
ルーカス (1967b). Lucas, R. E., Jr. "Adjustment Costs and the Theory of Supply." *Journal of Political Economy* 75: 321-334.
ルーリー (1981). Lurie, R. S. "The Diversion of Investment Due to Environmental Regulation." Dissertation. New Haven: Yale University.
レヴァイン (1981). Levine, M. "Revisionism Revised? Airline Deregulation and the Public Interest." *Law and Contemporary Problems* 44: 179-195.
レオンチェフ (1971). Leontief, W. "Theoretical Assumptions and Nonobserved Facts." *American Economic Review* 61: 1-7.
レビン (1974). Levin, R. "Technical Change Economics of Scale, and Market Struc-

ture." Dissertation. New Haven: Yale University.

ロウィ (1969). Lowi, T. *The End of Liberalism: Ideolgy, Policy, and the Crisis of Public Authority*. New York: Norton (村松岐夫監訳, 1981, 『自由主義の終焉——現代政府の問題性』, 木鐸社).

ローゼンバーグ (1969). Rosenberg, N. "The Direction of Technological Change: Inducement Mechanisms and Focusing Devices." *Economic Development and Cultural Change* 18: 1-24.

ローゼンバーグ (1972). Rosenberg, N. *Technology and American Economic Growth*. N. Y.: Harper and Row.

ローゼンバーグ (1974). Rosenberg, N. "Science, Invention, and Economic Growth." *Economic Journal* 84: 90-108.

ローゼンバーグ (1976). Rosenberg, N. *Perspectives on Technology*. Cambridge: Cambridge University Press.

ローリー (1979). Loury, G. C. "Market Structure and Innovation." *Quarterly Journal of Economics* 93: 395-410.

ロジャーズ, シューメーカー (1971). Rogers, E., and F. F. Shoemaker. *Communication of Innovations: Across Cultural Approach*. New York: Free Press (宇野善康監訳, 青池慎一他訳, 1981, 『イノベーション普及学入門——コミュニケーション学, 社会心理学, 文化人類学, 教育学からの学際的・文化横断的アプローチ』, 産業能率大学出版部).

ロス (1973). Ross, S, "The Economic Theory of Agency: The Principal's Problem." *American Economic Review* 63: 134-139.

ロスリシバーガー, ディクソン (1939). Roethlisberger, F., and W. Dickson, *Management and the Worker*. Cambridge, Mass.: Harvard University Press.

ロバーツ, ワイツマン (1981). Roberts, K., and M. Weitzman. "Funding Criteria for Research Development and Exploration Projects." *Econometrica* 49: 1261-88.

ワーナー (1974). Warner, K. E. "Diffusion of Leukemia Chemotherapy." Dissertation. New Haven: Yale University.

ワイツマン (1979). Weitzman, M. "Optimal Search for a Best Alternative." *Econometrica* 47: 641-654.

人名索引

ア

アート, R.　432
アカロフ, G.　478
アッシャー, H.　308, 310
アリソン, G.　69, 119, 469
アルチアン, A. A.　49, 50, 65, 176-179
アロー, K. J.　72, 126, 409, 411, 413, 440

イーノス, J. L.　307, 308, 310
イジリ, Y.　366
岩井克人　406

ウィリアムソン, O. E.　5, 41, 43, 65, 119, 133, 136, 151, 364, 382
ウィルソン, E. O.　51, 201
ウィルダフスキー, A.　434, 436, 444, 469
ウィンター, S. G.　50, 159, 175, 205, 216, 238, 242, 254, 295, 363
ウォーカー, J. L.　321
ウォールステッター, R.　81, 469

エーベルソン, R.　97, 105
エッカーマン, B.　430
エバンソン, R.　301
エライアソン, G.　48

オーウェン, G.　49
オークン, A.　478
オブライエン, G. L.　238
オルセン, J. P.　84
オルソン, M.　467

カ

カーク, J. P.　233
カーソン, R.　429
カーツナー, I. M.　49
カーネマン, D.　468
カウフマン, H.　51
カッツ, E.　320
カミエン, M. I.　340, 384
カラチェック, E. D.　384
ガランター, E.　91, 95, 97
ガルブレイス, J. K.　46, 57, 450
カルミコフ, G. I.　238

キスレフ, Y.　301
キャンベル, D.　51

クー, F.　317
クーター, R.　51
クープマンス, T. C.　53, 176, 177
グールド, J.　29
グールドナー, A.　119
クオント, R. E.　29
クニース, A.　431
クラーク, J. M.　46
グラーフ, J. deV.　77
クライン, B.　12, 48
グラボウスキー, H. G.　317
グリリカス, Z.　29, 249, 283
クレイン, R.　322, 432
グレーザー, D. M.　468
グレナン, T. K.　456
グロスマン, S.　41

ケイブス, R. 44, 167
ケインズ, J.M. 428

コーエン, D. 437
コース, R. 43, 133, 455
ゴードン, R.A. 18
コールマン, J. 320
コーンハウザー, L. 51

サ

サイアート, R.M. 5, 21, 42, 43, 64, 67, 68, 215, 474
サイモン, H.A. 42, 43, 48, 91, 105, 119, 133, 166, 366, 381, 440
サポスニック, R. 233
サマーズ, R. 456
サミュエルソン, P.A. 29, 53
サルター, W.E.G. 251
サワーズ, D. 249, 307, 308

シェラー, F.M. 380, 384
ジェンセン, M.C. 41
ジャコビー, H. 430
シャンク, R. 97, 105
ジュークス, J. 249
シュービック, M. 5
シュタインドル, J. 366
シュッテ, H.L. 254, 471
シュムックラー, J. 245, 249, 300, 301, 303
シュルツ, C. 431, 439
シュワルツ, N.L. 340, 384
シュンペーター, J.A. 26, 34, 37, 46-48, 119, 121, 163, 243, 251, 313, 316, 327-331, 333, 406, 416, 423, 427, 450, 456, 457
ショウ, J.C. 166
ジョンソン, R.E. 154
シルバーストン, A. 66, 474
シン, A. 365

スタイナー, G. 432

スタインブルナー, J.D. 430
スティグラー, G.J. 438
スティグリッツ, J. 301, 340, 384
スティラーマン, R. 249
ストーキー, E. 437
スペンス, A.M. 44
スミス, A 7, 40, 52, 241, 329, 415, 424

セーラー, R. 468
ゼックハウザー, R. 437
セッツァー, F. 310

ソロー, R.M. 5, 243, 251, 256, 257, 262, 263, 266-270, 273
ソンダ, J. 430

タ

ダーウィン, C. 10
ダール, R. 434, 469
ダウンズ, A. 433, 438
ダスグプタ, P. 301, 340, 384
タロック, G. 51
ダン, E.S. 50, 467

チャンドラー, A. 44, 167

ティース, D.J. 154
デイヴィッド, P.A. 48, 249, 310, 311
ディクソン, W. 469
デムセッツ, H. 65
デリンジャー, P. 68, 119, 133, 136

トービン, J. 5, 251
トバースキー, A. 468
ドブリュー, G. 71, 413
ドレーパー, N.R. 306
トレッドウェー, A.B. 29

ナ

ナーラヴ, N. 29
ナイト, F. 37, 49

ナスベス, L.　318
ナディリ, M. I.　29

ニスカネン, W.　433
ニューウェル, A.　91, 166, 440

ネルソン, P. B.　153
ネルソン, R. R.　205, 238, 242, 254, 285, 295, 302, 363, 384, 432, 447

ノードハウス, W.　251
ノル, R.　456

ハ

ハーシュ, W. Z.　307, 308, 310
ハーシュライファー, J.　51, 201
バーゼル, Y.　448
ハート, O. D.　41, 65
ハーン, F. H.　5, 31, 72, 146, 148, 411
ハイエク, F. A. von　49, 410, 415, 420, 421
パヴィット, K.　48, 304
ハウタッカー, H. S.　250, 251
ハナン, M. T.　51
ハバクック, H. J.　249, 303
ハヤミ, Y.　245, 303, 308

ヒール, G. M.　66
ピオレ, M. J.　68, 119, 133, 136, 310
ピグー, A. C.　54
ヒックス, J. R.　243, 246
ヒッチ, C. J.　437, 439, 474
ヒューズ, W.　309
ビンスワンガー, H. D.　303

ファレル, M. J.　50
フィッシャー, R. A.　292
フィリップス, A.　48, 334, 364, 380, 464
ブーアマン, S.　201
フェラー, W.　189, 192
フェルプス, E. S.　29

フェルプス・ブラウン, E. H.　5
フォン・ワイツゼッカー, C. E.　251
フティア, C.　48
ブラウン, D.　205
フラハティ, T. H.　340, 384
フリードマン, L.　320
フリードマン, M.　113, 114, 117, 175-178, 181, 198
フリーマン, C.　48, 249, 304
フリーマン, J.　51
プリバム, K. H.　91, 95, 97
プレストン, L.　5
プレスマン, J.　469
プロット, C. R.　468

ヘイダー, J.　233
ヘクロ, H.　432
ヘスラー, W.　430
ベッカー, G. S.　51, 178
ベック, M. J.　48, 249, 384
ヘドリック, C.　5
ペルツマン, S.　438
ペロー, C.　119, 469
ヘンダーソン, J.　29
ペンローズ, E. T.　43, 50

ホイッティントン, G.　365
ボウモル, W. J.　38, 41, 66
ポーター, M. E.　44
ホーナー, S.　406
ホール, G. R.　154
ホール, R. L.　474
ボックス, G. E. P.　306
ボッサート, W. H.　201
ホテリング, H.　448
ポランニー, M.　93, 94, 96, 98-100, 119, 148, 453, 461
ホワイト, L.　430
ホワイトヘッド, A. N.　167, 168

マ

マーシャル, A． 7, 19, 53, 54, 56, 57, 205, 415
マーチ, J．G． 21, 42, 43, 64, 67, 68, 84, 105, 119, 133, 215, 474
マイヤー, J．R． 317
マスキー, E． 430
マッキーン, R． 437
マッコール, J． 302
マハルップ, F． 113-115, 117, 118
マホーネ, G． 444
マリス, R． 5, 41, 66
マルクス, K． 52, 427
マルサス, T．R． 10, 241
マルシャック, J． 80, 208, 414, 456
マンスフィールド, E． 48, 249, 283, 317, 363, 365

ミーゼス, L．von． 415
ミシャン, E．J． 437
ミューラー, D．C． 5, 317
ミラー, G．A． 91, 95, 97
ミラー, R．E． 307, 308
ミル, J．S． 7, 52

メイナード・スミス, J． 201
メイヒュー, D． 469
メクリング, W．H． 41
メドウズ, D．H． 429
メンゼル, H． 320

モーア, L．B． 321
モーゲンスターン, O． 5

ヤ

ヤーリ, M．E． 251

ヨハンセン, L． 251

ラ

ライベンシュタイン, H． 5, 43, 133
ラッセル, W．R． 233
ラドナー, R． 80, 208, 414
ランゲ, O． 415
ランデス, D． 249

リカード, D． 7, 241
リップマン, S． 302
リドカー, R． 429
リトルチャイルド, S．C． 49
リンドブロム, C．E． 428, 437

ルーカス, R．E．, Jr． 29
ルーリー, R．S． 430
ルタン, V．N． 245, 303, 308

レイ, G． 318
レヴァイン, M． 438
レオンチェフ, W． 5
レビット, P． 201
レビン, R． 309, 385

ローゼン, S． 29
ローゼンバーグ, N． 48, 249, 301, 303, 308, 310, 311
ロス, S． 133
ロスリスバーガー, F． 469
ロバーツ, K． 301

ワ

ワースウィック, G．D．N． 5
ワーナー, K．E． 320
ワイツマン, M． 301
ワルラス, L． 7

事項索引

ア

暗黙知　93-101, 114, 144
意志決定
　スキルと――　118
　政府の――　435
　ルーティーンと――　157-161
意思決定ルール
　――での収益性の順位　199-203
　研究開発の水準を決める――　299-303
　進化的モデルでの――　206-207
　正統派モデルでの――　206, 211-213
イノベーション　161-168
　――としての既存ルーティーン　163-165
　――と淘汰　179-180
　――と発明の区別　313-315, 340
　――の成功と結果としての集中度の上昇　363-364
　――の正統派による分析　31-35
　――の探索の局地性　264
　研究開発支出の――への影響　365
　市場の構造と――の関係　331-334
　私的独占の下での――の効率性の低下　422-423
　シュンペーターの――の概念　329-330
　消費者による――の評価　319-322
　動学的競争のなかでの――　317-319, 327-328
　誘発された――　205-207

カ

会計の手続き　474
外部性　422-425
　典型的な――　447-448
寡占　390-391, 394-396, 450-451
　＊集中も見よ
合併　79
環境
　――としての市場　316-319
　一時的――　199-203
　進化理論における――の役割　277-278
　淘汰の――　312-322
　非市場的な淘汰――　319-322
管理
　――としてのルーティーン　139-146
機械化　311
企業
　――の規模，イノベーションと――　333, 365, 403
　――の市場条件の変化に対する反応　204-232
　――の縮小　151-153
　――の主体的行動　45-47
　――の組織と戦略　43-45
　――の変化への反応の説明　206-218
　正統派の――モデル，――の目的　63-71
技術
　――伝播　283
　――と発展途上国　283-288
　――の経済的・技術的側面　297-299

――の再現性　149
　　――の地図（トポグラフィー）　277
　　――の模倣　153-155
　　ベストプラクティスの――　251, 385
　　累積的――進歩　305-312, 392-393, 399-403, 448
技術進歩　330
　　――の社会的コスト　384-388
　　多くの技術と要素があるときの――　289-294
　　旧技術から新技術へ，技術が二つのときの進化モデルでの――　283-288
　　残差による――の分析（新古典派理論）　244-251
　　進化モデルでの――　252
　　正統派による――の分析　31-32, 48
　　動学的競争と――　327-358
　　ミクロレベルでの――　295
　　＊また，模倣，イノベーション，発明も見よ
技術的知識　72-80
技術伝播　283
技術レジーム　308-309
規制　429-431
　　＊反トラスト，政策問題，厚生経済学も参照
規模の経済　311, 332, 382, 448-449
吸収　79
供給の弾力性　230
競争　32
　　――対中央計画経済　410-420
　　――とイノベーション　331-334,
　　――の意味　328-329
　　――の生物学的類推　49-51
　　動学的――　シュンペーター的競争を見よ
　　不完全――　45-46
競争環境　277-278
均衡理論
　　――の役割　204-206
　　静学的な――　180-181

　　正統派の――　4-5, 15-16, 30-35, 175, 179-181, 183-184
　　淘汰――　175, 204
　　非正統的――　192-193

クールノー戦略　338

計画の意味　106-109, 157
経済成長
　　――の残差による説明　244-251
　　――の進化モデル　253-281
　　――理論への進化アプローチの必要性　252
　　純粋な淘汰過程としての――　282-294
　　新古典派の――理論　241-252, 281
　　利潤率と――の系列相関　365
契約義務　418
研究開発　79, 248
　　――での政府の役割　231, 427, 445-446
　　――の意思決定、技術の経済的側面と技術的側面　297-299
　　――の過程の描写　301-303
　　――のコスト　74, 213-214
　　――の水準を決める意志決定ルール　299-303
　　革新と模倣の能力への――の影響　404
　　企業規模と――　333, 365, 403
　　進化的成長モデルのなかでの――　258
　　全体予算が所与のとき――の努力配分に影響を与える要因　303-305
　　動学的競争のなかでの――　328, 341
　　累積的技術進歩と――　305-312, 448

公共性　422, 423-425
厚生経済学　204, 410
　　――と組織の問題　411-420
　　――における外部性と公共性の問題

事項索引　509

422-424
　　——における情報と計算の問題　413, 415
　　——における命令と制御の問題　413, 415
　　資源配分と——　409-412, 414, 416
　　＊反トラスト政策，政策問題，規制も見よ
合理性　9, 34, 69-70
　　限定された——　42-44, 48, 80-81
個人の行動，メタファとしての……, 88-89, 156-157
古典派の理論家　52-53
コブ・ダグラス型生産関数　73, 246, 270-273

サ

サイバネテックス理論　91
財産権　418
最適化のルーティーン　157-161
産業
　　——の状態　22-24, 189
　　——の反応の説明　206-219
　　市場条件の変化に対する——の反応　204-238
参入
　　——の条件と集中　381-382
　　進化理論的成長モデルでの——　261

資源配分　409-412, 414
市場
　　——の失敗　421-422, 425, 447, 451-452, 454-455
　　自由——対中央計画　411-420
　　淘汰環境としての——　316-319
市場構造
　　——とイノベーションの関係　331-334
　　——のイノベーションへの効果　403-404
　　——の進化　352-358

　　動学的競争の中での——　327-328
自然淘汰
　　——の基本理論　292
ジブラの法則　228, 364-365
集中
　　——の損失　384
　　寡占下での——とトレイドオフのシミュレーション　390-391, 394-396
　　シュンペーター的競争下で——を促進する力と抑制する力　363-383, 391-392
　　模倣の容易さと——　366
縮小
　　ルーティーンと——　151-153
需要側の組織の問題　423
シュンペーター仮説　330
シュンペーター的競争　250, 451, 471-473
　　——が提示する政策問題　384-388, 403-406, 476-477
　　——でのイノベーターと模倣者　327-358
　　——での市場構造についての議論　331-334
　　——での集中を促進する力と抑制する力　363-383, 391-392
　　——の進化モデルでの行動，特別なケース　341-344
　　——の進化モデルの記述　334-341
　　——の進化モデルのシミュレーション　344-358
　　——の正統派によるモデル　34-35
　　——のトレイドオフのシミュレーション　388-403
消費者　277, 313, 319-322, 411, 416
情報の問題
　　厚生経済学での——　413-415, 420-421
進化経済学　10-12, 21-23
　　——の応用　229-232
　　——の実証的課題　473-476

——の政策的課題　　476-479
　　　——の味方と先人　　40-54
　　　——の要約　　461-467
　　　——の理論的問題　　471-473
　　規範的——　　409-426
　　＊正統派経済学，厚生経済学も見よ
新古典派
　　　——成長理論　　241-252, 281
　　　——の理論家　　53-54, 241

スキル　　89-90
　　　——と暗黙知　　93-101, 114, 143-144
　　　——と選択　　101-105, 117
　　　——の範囲の曖昧さ　　109-113
　　　——の名称　　106-109
　　計画としての——　　90, 95, 97
　　ビジネスマンの——　　113-118
　　ルーティーンとしての——　　90-93, 106-109
スクリプト
　　　——としてのスキル　　90, 97-98, 105

政策問題　　230-232
　　　——，自由市場対中央経済の論争　　411-420
　　　——，所得分配と誘引　　425
　　　——と私的独占　　422-423
　　　——，何が良い政策かの指針　　441-445
　　　——，民間の研究開発への政府の政策　　445-457
　　シュンペーター的競争と——　　384-388, 403-406, 476-477
　　政策形成の制度と手続き，——の進化　　428-436
生産集合　　71-80
生産性
　　技術伝播と——　　283-288
正統派経済学　　6-10
　　　——での企業の目的　　63-71
　　　——での規範経済学，進化理論との比較　　409-426
　　　——での最大化選択という行動　　80-87
　　　——での生産集合と組織の能力　　71-79
　　　——での知的自己完結性　　467-470
　　　——による経済変動の取り扱い　　28-35
　　　——のモデルの不十分さ　　61-63, 461-462
　　＊進化経済学，厚生経済学も見よ
正統派理論における所得分布と誘引の対立　　425
セイの法則　　266
選択
　　　——肢　　17-18, 328
　　　——すること　　18
　　最大化——という行動　　80-87
　　スキルと——　　101-105, 117
組織内対立　　133-137
組織の行動
　　　——の進化モデル　　13, 16-24
　　　——の正統派モデル　　13-16, 61-87
　　遺伝子としての——　　10, 16, 20-21, 168-171, 201-202
　　選択の結果としての——　　71-87
　　＊ルーティーン，スキルも参照
組織のメンバー　　120-121

タ
代替の弾力性　　230, 245-247
大局的分析　　428
探索　　187, 195-197, 218, 257
　　——戦略と地図（トポグラフィー）　　296-312
　　——の性質　　214, 276-277
　　——モデルの結果　　188-189
　　局所——　　259, 264
　　要素代替のマルコフモデルと——　　219-218

事項索引 | 511

探索効果　219

知識のコスト　101, 213
　＊研究開発も見よ
地図（トポグラフィー）　277

投資　197-199
　――の集中度への影響　380
　進化理論的成長モデルにおける――　260-261
淘汰　175, 177
　――過程の特性　177-181
　――環境としての市場　316-319
　――環境のモデル　312-322
　――の均衡モデル　181-194
　――の静学的分析　204
　――のタイミング　217-218
　――の動学　184-188
　多くの技術と生産要素があるときの経済成長における――　289-294
　技術が二つのときの――モデル　283-288
　自然――の基本定理　292
　純粋な――過程としての成長　282-294
　非市場的な――環境　319-322
　要素代替のマルコフモデルと――　219-228
淘汰効果　209, 217, 219
独占
　――の下での研究開発　449-450
　私的――　422-423

ハ

ハーバード・ビジネススクール　44, 167
発展理論
　――と各国の異なる経済発展　285-288
　――への進化理論的アプローチ　283-288
発明　298, 300

　――と技術革新の区別　313-316
ハロッド・ドーマー成長モデル　242
反トラスト政策　364, 387, 421, 427
　＊政策問題，規制，厚生経済学も参照

ビヘイビアリズム（行動主義）　41-43, 50-51, 69, 207
ヒューリスティック，発見的方法
　ルーティーンとしての――　165-168, 439-440

不確実性，探索と　214
複製
　ルーティーンと――　146-151
プログラム
　――としてのスキル　90-93, 105

ベスト・プラクティス　251, 260, 346-352, 385-386

法システム　418

マ

マネジリアリズム　41-43, 66
マルクス派経済学者　52
マルコフ過程　22-23, 185, 189
　――モデルと要素代替　219-228
　動学的競争の――モデル　328
満足化原理　258-259
モデル
　最大化――　14, 80
　シミュレーション――と対解析的――　254-256
　進化的な――　13, 16-24
　正統派の――　13-16, 22, 35
模倣
　――と産業の集中度　423
　――と淘汰　179-180
　――に影響を与える要因　315
　――の容易さ，集中と――　366

イノベーションの普及メカニズムとしての── 315, 318-319
経済成長の進化モデルの中での── 259-260, 265
研究開発支出の──への影響 365-366
すぐ起こる── 332
動学的競争のなかでの── 340
ルーティーンと── 153-155

ヤ

油田効果 447-448

要素シェア
　技術伝播と── 283
要素代替
　マルコフモデルと── 219-227

ラ

ラマルク主義 12

利潤率
　──と成長率との系列相関 364-366

ルーティーン 16-21, 119-122
　──としてのスキル 90-93, 155-157
　──としての戦略 165-168
　──の突然変異 144-145
　遺伝子としての── 168-171, 201-203
　イノベーションと── 161-168
　最適な──と最適化── 157-161
　組織内紛争の一時的休止状態としての── 133-139
　組織的記憶としての── 123-133, 136-137
　探索と可能性のある──の集合 195-197
　望ましいノルムあるいは縮小としての── 151-153
　望ましいノルムあるいは複製としての── 146-151
　望ましいノルムあるいは模倣としての── 153-155
　望まれたノルムあるいは目標としての── 139-146
ルールに沿った効果 210-213

労働市場
　進化理論的成長モデルの中での── 261-262

●著訳者紹介

リチャード R. ネルソン（Richard R. Nelson）
コロンビア大学教授．1956年にイェール大学より「マルサスの罠」に関する研究で博士号を取得．1957年からランド研究所でエコノミストとして活躍．そこで，本書の共著者であるシドニー・ウィンターと出会う．その後，大統領経済諮問委員会スタッフなどを経て，1968年からイェール大学で教鞭を取った．1981年から86年まで，同大学社会・政策研究所（Institution for Social and Policy Studies）所長を務める．87年よりコロンビア大学教授（政治学部，国際関係学部，ビジネススクール，ロースクール）．2005年タフツ大学よりレオンティエフ賞を受賞．

シドニー G. ウィンター（Sidney G. Winter）
ペンシルバニア大学教授．1964年にイェール大学で博士号を取得．その後，イェール大学，ミシガン大学，カリフォルニア大学で教鞭を取り，93年よりペンシルバニア大学ウォートンスクールで経営学を教えている．99年より同経営政策・戦略・組織センターのディレクター．その他，ランド研究所エコノミスト，大統領経済諮問委員会スタッフ，General Accounting Office の主任エコノミストを歴任．2001年から05年まで，国際シュンペーター学会副会長．

後藤晃（ごとう・あきら）
公正取引委員会委員．一橋大学大学院経済学研究科修了．1973年成蹊大学経済学部助教授．同教授を経て89年一橋大学経済学部教授．1993年一橋大学博士（経済学）．1997年一橋大学イノベーション研究センター教授．2001年東京大学先端経済工学研究センター教授．同センター所長，同大学先端科学技術センター教授を経て2007年より現職．

角南篤（すなみ・あつし）
政策研究大学院大学准教授．ジョージタウン大学卒業．1989年野村総合研究所研究員，1997年サセックス大学科学政策研究所フェロー，2001年コロンビア大学 Ph. D. 取得．2001年，独立行政法人経済産業研究所TAGSフェロー．2003年より現職．

田中辰雄（たなか・たつお）
慶應義塾大学経済学部准教授．東京大学大学院経済学研究科修了．1991年国際大学グローバルコミュニケーションセンター研究員，97年コロンビア大学客員研究員を経て，1998年より現職．

経済変動の進化理論

2007年10月10日　初版第1刷発行

著　者―――リチャード R. ネルソン／シドニー G. ウィンター
訳　者―――後藤晃／角南篤／田中辰雄
発行者―――坂上弘
発行所―――慶應義塾大学出版会株式会社
　　　　　〒108-8346　東京都港区三田 2-19-30
　　　　　TEL　〔編集部〕03-3451-0931
　　　　　　　〔営業部〕03-3451-3584〈ご注文〉
　　　　　　　〃　　　　03-3451-6926
　　　　　FAX　〔営業部〕03-3451-3122
　　　　　振替　00190-8-155497
　　　　　http://www.keio-up.co.jp/
装　丁―――間村俊一
印刷・製本――中央精版印刷株式会社

Ⓒ 2007 A. Goto, A. Sunami, T. Tanaka
Printed in Japan ISBN 978-4-7664-1389-2